所有企业均可上市　　时间老人告诉一切

企业境内外上市融资与管理 丛书

企业境内外融资上市
必修课

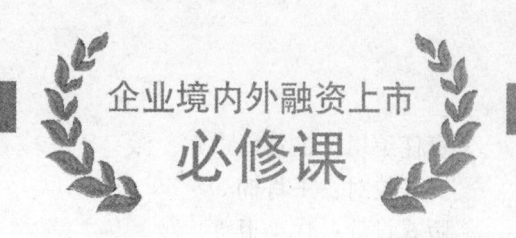

上市公司内部控制
——全球趋势与中国操作实务

Internal Control of Listed Company
—Global Trend and Actual Practice in China

◎ 刘李胜／主编

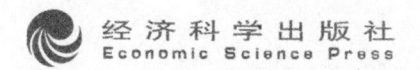

经济科学出版社
Economic Science Press

责任编辑：王长廷　袁　潋
责任校对：王肖楠
版式设计：代小卫
技术编辑：邱　天

图书在版编目（CIP）数据

上市公司内部控制：全球趋势与中国操作实务/刘李胜主编 . —北京：经济科学出版社，2011.12
（企业境内外上市融资与管理丛书）
ISBN 978 – 7 – 5141 – 1188 – 0

Ⅰ.①上… Ⅱ.①刘… Ⅲ.①上市公司 - 企业内部管理 - 研究 Ⅳ.①F276.6

中国版本图书馆 CIP 数据核字（2011）第 216323 号

上市公司内部控制
——全球趋势与中国操作实务
刘李胜　主编
经济科学出版社出版、发行　新华书店经销
社址：北京市海淀区阜成路甲 28 号　邮编：100142
总编部电话：88191217　发行部电话：88191540
网址：www.esp.com.cn
电子邮件：esp@esp.com.cn
固安华明印刷厂印装
787×1092　16 开　25.75 印张　460000 字
2011 年 12 月第 1 版　2011 年 12 月第 1 次印刷
ISBN 978 – 7 – 5141 – 1188 – 0　定价：78.00 元
（图书出现印装问题，本社负责调换）
（版权所有　翻印必究）

导 言
重视和强化企业内部控制

　　内部控制（Internal Control）是企业管理的重要组成部分。它随着人类生产实践活动的发展而产生，是社会经济发展至一定阶段的产物。在组织内部，内部控制是为了合理保证组织实现其目标而设计的控制机制及相应的执行管理活动。

　　目前，企业内部控制已日益成为国内外理论界和实务界关注的问题。在经历安然、巴林银行、默克制药等一系列公司丑闻曝光后，人们对于强化公司内部控制与治理的呼声越来越高，全球监管当局为保护资本市场健康发展，大力推动企业加强内部控制制度建设。与此同时，企业管理层出于重树企业诚信形象、控制运营风险等目的，对内部控制的内生性需求也越来越强烈。在外部动力和企业内在需求的共同推动下，内部控制的理论与实践得到了长足发展。可以说，上市公司内部控制的全球化浪潮，正从资本市场发达的国家向发展中国家乃至全球地区席卷而来。

　　一般来说，内部控制的构成要素有五个：控制环境、风险评估、控制活动、信息与沟通、内部监督。控制环境作为内部控制五大要素之一，是其他要素的基础，为它们提供了基本规则和构架。根据COSO报告对内部控制环境的描述，内部控制环境主要是指企业的核心人员，以及这些人的个别属性和所处的工作环境，包括个人诚信正直、道德价值观与所具备的完成组织承诺的能力、董事会与稽核委员会、管理阶层的经营理念与营运风格、组织结构、职责划分和人力资源的政策与程序。控制环境决定了企业的基调，影响企业员工的控制意识。企业的核心是人及其所处的环境，环境是企业发展的基础，也是推动企业发展的引擎。

　　科学有效的管理理念和组织结构是完成企业使命的基础，但是良好的内部

上市公司内部控制
Internal Control of Listed Company

控制环境构建并不意味着企业能够顺利实现目标。企业在经营活动中，会面临各种各样的风险，风险对其生存和竞争能力会产生诸多影响，上市公司更不例外。对风险的管理则是社会生产力和科学技术发展到一定阶段的产物。充分理解风险构成因素和不同种类的风险表现，有助于企业及时发现风险隐患，特别是根据企业的实际情况建立风险管理机构，对企业生产经营活动中可能面临的风险进行实时监控，可以使风险管理更加有效。一般来说，风险是指在特定的情况下，在特定的期间内，某一事件的预期结果与实际结果之间的变动程度。变动程度越大，表明风险越大；反之，风险则越小。企业管理层必须确定能够谨慎地接受多少风险，并尽力将风险保持在该水平之内。

作为内部控制基本要素之一的信息与沟通，在内部控制中发挥着不可替代的作用，为内部控制的其他要素有效发挥作用提供了信息支撑，也为企业整个内部控制的有效运行提供了信息支持。信息就是经过加工具有一定含义的、对决策有价值的数据。企业的各个层次、每个员工都需要运用信息来确认、评估和应对风险，以便更好地履行职责并实现公司目标。信息流动贯穿于企业的整个风险管理过程。沟通是信息从发送者传递到接受者的过程和行为。任何一种沟通都需要围绕一定的内容（统称为信息），在"两方"之间进行，并借助于一定的渠道和方式。所以沟通过程有四个基本要素：发送者（信源）、接收者或接受者（信宿）、所传递的内容（信息）和传递信息的渠道（信道）。企业应当建立有效的信息收集系统和信息沟通渠道，确保与影响内部环境、风险评估、控制措施、监督检查有关的信息有效传递，促进企业董事会、管理层和员工正确履行相应的职责。

内部监督作为内部控制的基本要素之一，对于内部控制的有效运行，以及内部控制的不断完善起着重要的作用。公司内部监督机制，就是指公司内部监督系统各构成要素相互作用的关系及其运行过程和方式。它是公司内部控制的重要组成部分，是公司的利益相关者对公司代理人的经营行为、过程或决策等经营活动实施客观、及时的监控所涉及的一系列监督制度的总称。公司监督机制包括内部监督机制和外部监督机制。现实中由于企业仅仅注重有关制度的建立，而不注重相关制度的执行，这已成为我国企业内部控制普遍薄弱的一个关键性因素。要使企业内部控制的效能得到充分地发挥，不仅需要企业建立健全的内部控制，更需要企业本身和社会各方对其内部控制实行有效的监督。

对于我国大多数境内外上市公司而言，企业内部控制作为公司治理与风险管理的核心内容目前仍处于认识的初级阶段。上市公司仍不同程度地存在内控弱化、资产流失、损失浪费严重等问题，加强企业内部控制机制，已成为当前

导　言
Introduction

中国上市公司的迫切需要。目前，我国政府部门和市场监管者已经意识到了加强企业内部控制的必要性和紧迫性，出台了一系列的指引和通知。

2005年11月，中国证监会发布了《关于提高上市公司质量的意见》，明确提出上市公司要严格按照《公司法》等相关法律法规和现代企业制度的要求，完善股东大会、董事会、监事会制度，形成权力机构、决策机构和监督机构与经理层之间权责分明、各司其职、有效制衡、科学决策、协调运作的法人治理结构；同时，要求上市公司加强内部控制制度建设，强化内部管理，对内部控制制度的完整性、合理性，以及实施的有效性进行定期检查和评估，并通过外部审计对公司的内部控制制度及公司的自我评估报告进行核实评价，通过自查和外部审计，及时发现内部控制的薄弱环节，认真整改，堵塞漏洞，有效提高风险防范能力。

2006年5月17日，中国证监会发布了《首次公开发行股票并上市管理办法》，该办法第29条规定："发行人的内部控制在所有重大方面是有效的，并由注册会计师出具无保留结论的内部控制鉴证报告。"首次对上市公司内部控制提出具体要求。

2006年6月和9月，上海证券交易所和深圳证券交易所相继出台了《上市公司内部控制指引》，要求上市公司建立内部控制体系。

2007年3月，中国证监会发布《关于开展加强上市公司治理专项活动有关事项的通知》，要求上市公司本着实事求是的原则，严格对照《公司法》、《证券法》等法律法规及《公司章程》、《董事会议规则》等内部规章制度，对公司近百项重要治理事项进行自查，其中多项内容涉及内部控制规范。同年，中国证监会还要求上市公司应在2007年年报中全面披露公司内部控制建立健全的情况。

值得注意的是，2008年6月28日，财政部会同审计署、证监会、银监会、保监会联合发布《企业内部控制基本规范》。《企业内部控制基本规范》在形式上借鉴了COSO内部控制五要素框架，同时在内容上体现了风险管理八要素框架的实质，实现了与国际内部控制规范的接轨。

2010年4月26日，财政部、证监会、审计署、银监会、保监会又联合发布了《企业内部控制配套指引》，以推进《企业内部控制基本规范》的实施和应用。《企业内部控制基本规范》和其配套指引共同构成了我国企业内部控制规范体系。

经过几年的努力，上市公司在内部控制方面已经取得了显著性的突破，但是由于内部控制规范体系的建设尚不完善，企业内部控制机制仍然存在许多亟

待解决的问题。希望本书的出版能为进一步提升上市公司的内部控制水平有所帮助，能为上市公司和管理者带来新的资讯。无论是境内上市公司，还是境外上市公司，都需要建立起扎实有效的内控制度，使上市公司质量提高到一个新的水平。

刘李胜

2011年9月28日

于北京金融街

目　录
CONTENTS

第 1 章　内部控制的基本理论
第 1 节　内部控制的基本概念　　2
第 2 节　内部控制的理论基础　　8
第 3 节　内部控制的目标与标准　　10
第 4 节　内部控制的作用与局限性　　17

第 2 章　内部控制的国际比较
第 1 节　美国的内部控制　　24
第 2 节　加拿大的内部控制　　41
第 3 节　英国的内部控制　　45
第 4 节　我国的内部控制　　54

第 3 章　控制环境
第 1 节　控制环境概述　　78
第 2 节　对诚信和道德价值观念的沟通与落实　　80
第 3 节　对胜任能力的重视　　86
第 4 节　治理层的参与程度　　90
第 5 节　管理层的理念和经营风格　　98
第 6 节　组织结构及职权与责任的分配　　101
第 7 节　人力资源政策与实务　　107

第 8 节　我国上市公司内部控制环境不佳的表现　　　　　　　113

第 4 章　风险评估
第 1 节　风险概述　　　　　　　　　　　　　　　　　　　118
第 2 节　目标设定　　　　　　　　　　　　　　　　　　　127
第 3 节　风险识别　　　　　　　　　　　　　　　　　　　135
第 4 节　风险分析　　　　　　　　　　　　　　　　　　　153
第 5 节　风险应对　　　　　　　　　　　　　　　　　　　162

第 5 章　控制活动
第 1 节　控制活动概述　　　　　　　　　　　　　　　　　172
第 2 节　职责分工控制　　　　　　　　　　　　　　　　　176
第 3 节　授权审批控制　　　　　　　　　　　　　　　　　181
第 4 节　会计系统控制　　　　　　　　　　　　　　　　　186
第 5 节　财产保护控制　　　　　　　　　　　　　　　　　217
第 6 节　预算管理控制　　　　　　　　　　　　　　　　　219
第 7 节　运营分析控制　　　　　　　　　　　　　　　　　228
第 8 节　绩效考评控制　　　　　　　　　　　　　　　　　232

第 6 章　信息与沟通
第 1 节　信息与沟通概述　　　　　　　　　　　　　　　　240
第 2 节　信息　　　　　　　　　　　　　　　　　　　　　241
第 3 节　信息系统　　　　　　　　　　　　　　　　　　　244
第 4 节　沟通　　　　　　　　　　　　　　　　　　　　　257
第 5 节　沟通机制　　　　　　　　　　　　　　　　　　　261

目 录
Contents

第 7 章　内部监督
第 1 节　监督控制及其方式　268
第 2 节　持续性监督　273
第 3 节　专项监督　277
第 4 节　内部控制缺陷报告　279
第 5 节　内部控制自我评价（CSA）　283
第 6 节　内部审计　295

第 8 章　内部控制实例——商业银行的内部控制
第 1 节　城市商业银行内部控制制度基本描述　310
第 2 节　巴塞尔委员会对商业银行内部控制的强调　313
第 3 节　商业银行内部控制实例——花旗银行的内部控制体系　319
第 4 节　完善内部控制体系，保障稳健经营——中国工商银行　322

附录　328
参考文献　397
后记　400

内部控制的基本理论

Chapter 1 Basic Theory of Internal Control

第 1 节　内部控制的基本概念
第 2 节　内部控制的理论基础
第 3 节　内部控制的目标与标准
第 4 节　内部控制的作用与局限性

上市公司内部控制
Internal Control of Listed Company

当前，加强企业和公司的内部控制已经成为一种全球化的浪潮和趋势。在经历安然、巴林银行、默克制药等一系列公司丑闻曝光后，人们对强化公司内部控制与治理的呼声越来越高，全球监管当局为保护资本市场健康发展，大力推动企业加强内部控制制度建设。与此同时，企业管理层出于重树企业诚信形象、控制运营风险等目的，对内部控制的内生性需求也越来越强烈。在外部动力和企业内在需求的共同推动下，内部控制的理论与实践得到了长足发展。可以说，上市公司内部控制的全球化浪潮，正从资本市场发达的国家向发展中国家乃至全球地区席卷而来。

我国政府适应这一全球化的浪潮和趋势，十分重视企业内部控制建设问题。近几年来，我国的财政部、证监会等机构先后颁布了一系列规定和指引，以促进企业的内部控制建设。例如，《企业内部控制基本规范》（2008）、《中央企业全面风险管理指引》（2006）等。

2010年4月26日，我国财政部、证监会、审计署、银监会、保监会联合发布《企业内部控制配套指引》。该配套指引连同2008年发布的《企业内部控制基本规范》，标志着适应我国企业的实际情况，融合国际先进经验的企业内部控制规范体系基本建成。

《企业内部控制配套指引》将自2011年1月1日起，首先在境内外同时上市的公司施行。自2012年1月1日起，扩大到在上海证券交易所、深圳证券交易所主板上市的公司施行。在此基础上，择机在中小板和创业板上市公司施行。同时，鼓励非上市大型企业提前执行。

在这一形势下，上市公司面对着社会投资者、债权人、社会公众等多个利益相关群体，受到更为严格的监管，也具有更高的内部控制要求。其业绩表现较之非上市公司而言，对资本市场、宏观经济有更大的影响。在上市公司率先实施合理的内部控制，是一个非常重要且紧迫的问题。

本章旨在通过介绍内部控制的基本概念、理论基础、目标与控制标准、作用与局限性等，介绍企业及上市公司内部控制的基本方面，使读者对企业特别是上市公司如何设计、建立、维护内部控制体系有一个基本的理解。

第1节 内部控制的基本概念

一般来说，控制意为驾驭、支配，即使人类的一切活动处于掌握与支配之

第1章 内部控制的基本理论
Chapter 1　Basic Theory of Internal Control

中，不超出一定的范围和界限。人类社会活动的各个方面，大至国家的经济运行，小至企业单位的业务活动，都离不开一定程度的调节与控制。就企业组织而言，需要通过一定的控制来保证组织在高效率方式下有条不紊运行，使失误与缺陷尽可能减少。

内部控制就是在组织系统内部实施的控制活动。内部控制通过在组织内部实施各种制约与调节的组织、计划和程序等，能够提高组织的经营效率，优化组织内部的资源配置，使组织的经营管理策略和决策得到有效执行，完成组织的经营管理目标。

企业的内部控制（Internal Control）是企业管理的重要组成部分。它随着人类生产实践活动的发展而产生，是社会经济发展至一定阶段的产物。在组织内部，内部控制是为了合理保证组织实现其目标而设计的控制机制及相应的执行管理活动。

一、国外对内部控制概念的阐述

现代内部控制作为完整概念，始于20世纪40年代。其后，内部控制作为一个动态的概念，在不同时期得到进一步演进与发展。它逐渐被人们所认识和接受，并呈现出不断完善的态势。人们对内部控制从多个方面和角度进行了研究和既定。

（一）内部控制是一种方法和措施

内部控制概念最初由美国注册会计师协会提出。其下属的审计程序委员会于1949年在《内部控制——一种协调制度要素及其对管理当局和独立会计师的重要性》的报告中，把内部控制概念描述为："内部控制包括组织机构的设计和企业内部采取的所有相互协调的方法和措施。这些方法和措施都用于保护企业的财产，检查会计信息的准确性，提高经营效率，推动企业坚持既定的管理方针。"

（二）内部控制是一种制度

美国学者库克和温克尔（1980）认为，内部控制是公司里的一种制度。它包括：公司的组织规划，任务和责任的委派，账户和报表的设计，以及为保护公司资产、保障会计及其他业务资料和报告的正确、可靠所采取的措施。

（三）内部控制是一个组织计划

加拿大学者安德逊（1984）认为，内部控制包括企业管理部门设置的全部协调系统和组织计划，尽可能实用、有条不紊和高效率地进行业务活动，从而保证达到管理目标。

（四）内部控制是一个系统

美国管理会计协会（CIMA，1994）将内部控制定义为："它是一个整体系统，由管理者建立的旨在以一种有序和有效的方式进行公司的业务，确保其与管理政策和规章的一致，保护资产、尽量确保记录的完整性和正确性。"

（五）内部控制是一个过程

20 世纪 90 年代，由美国会计学会（AAA）、美国注册会计师协会（AICPA）、财务经理协会（FEI）等多个职业团体参与发起全国舞弊性财务报告委员会。其下属的发起人委员会（COSO）把内部控制定义为："内部控制是由企业董事会、经理阶层和其他员工实施的，为营运的效益效果、财务报告的可靠性、相关法令的遵循性等目标的实现而提供合理保证的过程。"

上述几种观点分别从不同侧面强调了内部控制的作用机制，但未能从理论高度概括出内部控制整体作用机制的本质。程序论强调了内部控制机制的作用手段；制度论强调了这些作用手段所具有的制度化特征；组织论强调了内部控制的组织协调功能；系统论从系统观点强调了内部控制机制的整体性和目的性特征，但却忽略了内部控制系统的层次性特征和系统的整体作用机制；过程论强调了内部控制是一个动态的过程[①]，在整个企业风险管理的大框架下，将内部控制看做是合理实现企业目标所设计的控制系统，旨在识别可能影响主体的潜在事项，力求把整体风险控制在风险容量以内。

二、我国相关机构对内部控制概念的阐述

我国财政部、国资委、证监会、证券交易所等相关部门在不同时期，分别

[①] 林钟高、魏立江：《会计再造——美国 2002 年萨班斯—奥克斯莱法案启示录》，经济管理出版社 2004 年版，第 248~250 页。

第1章 内部控制的基本理论
Chapter 1　Basic Theory of Internal Control

从不同角度对企业加强内部控制提出了明确要求。

（一）财政部的规定

我国财政部对企业加强内部控制提出的要求如表 1-1 所示。

表 1-1　　　　　　　财政部对企业内部控制的规定

时间	出处	概念表述	简评
1986 年	《企业会计工作基础工作基本规范》	内部会计控制是指单位为了提高会计信息质量，保护资产的安全完整，确保有关法律和规章制度的贯彻执行等而制定和实施的一系列方法、措施和程序	将内部会计控制当做会计监督的一部分
1997 年	《独立审计准则》第 9 号	内部控制是指企业为了保证业务活动的有效运行，保证资产的安全和完整，防止、发现、纠正错误和舞弊，保证会计资料的真实、合法、完整而制定和实施的政策与程序，由控制环境、会计系统和控制程序构成	该定义是审计的概念，套用 AICPA 在 1988 年提出的内部控制结构的定义
2001 年	《内部会计控制基本规范》（试行）	内部会计控制是指单位为了提高会计信息质量，保护资产的安全完整，确保有关法律和规章制度的贯彻执行等而制定和实施的一系列方法、措施和程序	同 1986 年提法，只提内部会计控制
2008 年	《企业内部控制基本规范》	本规范所称内部控制，是指由企业董事会、管理层和全体员工共同实施的、旨在合理保证实现以下基本目标的一系列控制活动（基本目标包括战略、经营等四个方面）	不再限于内部会计控制，认为是一系列活动

（二）证券监管机构的相关规定

我国证券监管机构对企业加强内部控制提出的要求如表 1-2 所示。

表 1-2　　　　　　　证券监管机构对企业内部控制的规定

时间	出处	概念表述	简评
2001 年	中国证监会，《证券公司内部控制指引》	本指引证券公司内部控制是指证券公司为实现经营目标，根据经营环境变化，对证券公司经营与管理过程中的风险进行识别、评价和管理的制度安排、组织体系和控制措施	目标导向内部控制，考虑环境因素

续表

时间	出处	概念表述	简评
2006年	《深圳证券交易所上市公司内部控制指引》	本指引所称内部控制是指上市公司（以下简称"公司"）董事会、监事会、高级管理人员及其他有关人员为实现下列目标而提供合理保证的过程：（一）遵守国家法律、法规、规章及其他相关规定；（二）提高公司经营的效益及效率；（三）保障公司资产的安全；（四）确保公司信息披露的真实、准确、完整和公平	是一种过程
2006年	《上海证券交易所上市公司内部控制指引》	内部控制是指上市公司（以下简称公司）为了保证公司战略目标的实现，而对公司战略制定和经营活动中存在的风险予以管理的相关制度安排。它是由公司董事会、管理层及全体员工共同参与的一项活动	是制度安排和一项活动

（三）国务院国资委的规定

2006年6月6日，国务院国资委颁布《中央企业全面风险管理指引》，把内部控制系统作为全面风险管理体系的一部分。"本指引所称内部控制系统，指围绕风险管理策略目标，针对企业战略、规划、产品研发、投融资、市场运营、财务、内部审计、法律事务、人力资源、采购、加工制造、销售、物流、质量、安全生产、环境保护等各项业务管理及其重要业务流程，通过执行风险管理基本流程，制定并执行的规章制度、程序和措施。"

（四）其他部门的规定

审计署、银监会、保监会、中组部、中纪委等部门也分别从不同角度给出对内部控制的概念，但只是侧重于某一方面，并没有涵盖内部控制的全部内容。

三、科学厘定：内部控制概念的内涵

概念的内涵是一个具有历史文化内容的内涵。没有任何一个概念有固定的定义。所有的定义都是一个历史发展过程。"内部控制"概念也不例外。所以，需要按照哲学的"反思"精神，超越常识性概念框架下对内部控制的认识和描述，而采用科学的方法来厘定内部控制概念的科学内涵。科学框架下内部控制概念，应当是以其自身和内部"要素"及其相互关系为逻辑，通过精

第1章 内部控制的基本理论
Chapter 1　Basic Theory of Internal Control

确化和系统化的特征来表述的。

明确内部控制的内部"要素"是认识和理解内部控制概念的基础。它包括：主体和客体要素、目标要素、手段（方法）要素、环境要素等。理清内部控制"要素"之间的相互关系，是认识和理解内部控制概念的重要手段。所以，要科学地把握内部控制的概念内涵，必须从内部控制的要素及其关系入手。

本书认为，内部控制就是特定主体为了实现其既定目标，在充分考虑企业内外部环境因素的基础上，针对某些特定对象，通过具体有效的形式，建立信息沟通的有效机制。这一概念包含了内部控制的以下几个方面：

（1）控制主体，即为实现其既定目标的实施者，包括治理层、管理层及全体员工。

（2）控制客体，影响控制主体目标实现的可控因素，即控制主体控制活动的承担者，主要包括企业的人、财、物等各种生产要素及相关的业务活动。

（3）控制目标，控制主体所要实现或达到的目的和效果，这是内部控制的动因所在。在不同的发展阶段，关于内部控制出现了"一目标论"、"三目标论"与"五目标论"。目前较为广泛认同的是，法律遵循、信息质量、资产安全、风险控制和提高效率等五个方面的目标。

（4）控制手段，是指控制主体所采取的作用于控制客体（或对象）的方式，通常包括控制方法、控制流程和控制制度。

（5）控制环境，是指影响企业内部控制的各种内外部环境因素，包括治理结构、控制文化、领导风格、员工素质等；控制机制，是指控制主体和客体之间的交流渠道和反馈机制，即以信息沟通为基础的相互制约、反馈及时、有效激励的机制。

这五个内部控制方面的相互作用如图1-1所示。

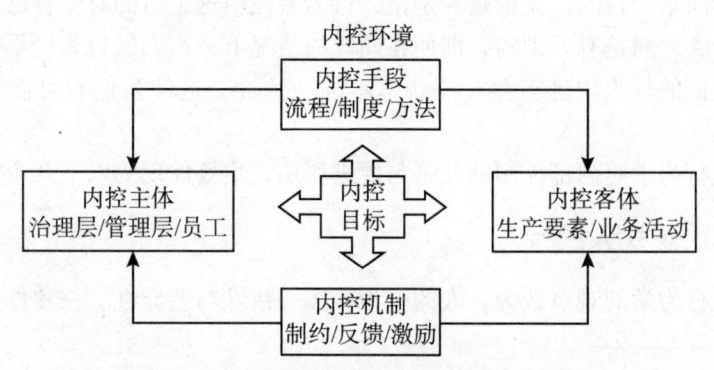

图1-1　五个内部控制方面的相互作用示意

综上所述，内部控制的概念内涵是不断发展的，其发展的基本动因是委托代理经济责任关系、制度化的法人治理结构和企业的管理目标，随着企业目标的变化、委托代理理论和公司治理理论的发展，内部控制的概念与内涵也将不断发展与充实。

第 2 节　内部控制的理论基础

内部控制是在组织行为学、信息论、系统论、控制论等各种理论的基础上构建起来的，其理论的构建与完善及实际作用的发挥离不开其他学科理论基础的支撑。

一、内部控制的组织行为学基础

内部控制的对象的主要部分是企业中的人。所以，为实施良好的内部控制，需要对企业中人的行为进行深入研究。组织行为学研究在组织中以及组织与环境相互作用中，人们从事工作的心理活动和行为的反应规律性。其对组织中人的行为规律的研究，为内部控制理论体系提供了一定的理论基础。

从管理应用方面来定义，组织行为学是研究组织中人的心理和行为表现及其客观规律，提高管理人员预测、引导和控制人的行为的能力，以实现组织既定目标的科学，其基本信念包括：行为是由某种原因引起的，而非随机产生。它一定指向某个目的，无论是对是错，行为者相信这个目的对他自己是最有利的；人与人之间是有差别的，即使在同样的情况下，人们的行为也不会完全一样，但人们的行为中确实存在一些基本的一致性，这使我们有可能预测人的行为。[1]

组织行为学对内部控制的奠基与促进作用，主要体现为以下几个方面：

（一）重视人的行为

组织行为学的观点认为，人的行为存在一致性与差异性。一致性使得我们

---

[1] 潘琰：《内部控制》，高等教育出版社 2008 年版，第 31 页。

能够预测组织成员与群体的行为，并采取措施加以控制，这产生了对企业内部控制的需求；而差异性预示着企业内部控制需要根据不同个体、部门的情况进行设计、执行、监督与评价，遵循适用性与有效性原则。

（二）重视授权

在内部控制的过程中，授权意味着管理者需要适当将控制权下放给部门与员工，积极引导与调动员工参与的积极性；同时，员工应学会承担自己的工作责任，在一定范围内进行决策。在内部控制的设计执行中应注意授权控制、审批控制与职责分工控制。

（三）重视环境变化

权变理论的核心概念告诉我们，不存在的一成不变的管理模式。管理是一门操作性非常强的艺术，管理层应根据环境的不同而及时变换管理方式。因此，企业的内控制度需要随着情况的变化而进行调整，其调整与完善依赖于企业内部与外部的约束条件，例如企业的经营战略、组织结构及外界的经济、政治环境等。

二、内部控制的控制论基础

控制论是20世纪40年代末出现的一门新型学科，所研究的系统是有依靠因果关系链连接在一起的因素集合，这些因素间的关系称为耦合。所以，控制论是耦合运行系统控制和调节的一般科学。

内部控制运用控制论的科学方法，分析研究每个具体组织的内部经营管理过程，研究每个单位如何发挥管理功能，如何对管理过程进行有效调节与控制。内部控制的建立主要依据以下一些理论与方法。

（一）自动控制理论、同构性系统与自检系统

控制论认为，所有耦合运行系统都具有类似的结构，不管这些系统本身的性质如何。内部控制是对组织内部的业务活动与会计活动实行的控制，而任何单位及其内部的管理过程，不仅与社会及经济过程具有同构性，与生物系统、技术系统也同样具有同构性，它们都是依靠因果关系连接在一起的因素的集合。因此，在任何单位建立自我检验与自我控制机制都是可行的，且内部控制的方法适用于不同性质的单位与过程。内部控制正是根据同构性系统都适用自

动控制的原理而建立起来的。

（二）调节、控制原理与调节方式

控制论创始人维纳说：一个闭合系统总是存在着组织程度降低的自然趋势，为使系统能稳定保持或达到所需的状态，必须对系统施加一定的作用，以克服系统的组织性降低趋势与系统基础的不稳定性，这种作用可称为控制作用。内部控制的根本目的是控制单位既定目标的实现，而对于目标在实际执行过程中不可避免会出现的偏差，需要进行调节控制以消除偏差。内部控制的总体调节方式可分为前馈控制与反馈控制两类。前者是通常所称的预防控制（排除干扰调节），如审核批准控制；后者可根据反馈源来自系统自身还是系统外而具体分为闭环控制（平衡偏差调节）及开环控制（补偿干扰调节），如分离不相容职务。

此外，信息论、系统论、博弈论、委托代理理论等理论也为内部控制的发展完善提供了一定的理论支持。

第3节　内部控制的目标与标准

目标是主体在一定时间内期望达到的成果。内部控制是基于一定的组织目标而设计执行的，有了目标才能很好地确定内部控制的具体层次与手段。

一、内部控制的目标

（一）传统内部控制目标及其局限性

1. 传统的内部控制目标

内部控制目标是决定内部控制运行方式和方向的关键，也是认识内部控制基本理论的出发点。从内部控制理论的沿革过程来看，内部控制概念大体经过了内部会计控制、内部控制、内部控制结构和内部控制成分等几个主要阶段。纵览这些理论，可将内部控制目标的要义归纳如下：

（1）经济、高效地实现组织的目标；

第1章 内部控制的基本理论
Chapter 1　Basic Theory of Internal Control

（2）按管理当局一般的或特殊的授权进行业务活动；
（3）保障资产的安全与信息的完整性；
（4）防止和发现舞弊与错误；
（5）保证财务报告的质量并及时提供可靠的财务信息。

2. 传统内部控制目标的局限性

尽管传统理论关于内部控制目标的认识几乎体现了内部控制的所有动机，但随着组织外部环境的不断变迁和组织管理水平的精益求精，人们对内部控制目标的已有认识显然存在着一定的不足和局限性。主要表现在：

（1）会计中关于资产的概念排斥了一些重要的经济资源，如人力资源及其信息。要达到组织的目标，必然要对这类资源加以保护，并进行合理的开发利用，否则，人的能力和知识也会被破坏或流失到其他组织中去。同时，信息也有可能被偷窃、滥用和收买，因此，只注重信息的完整性而忽视其安全性同样是片面的。

（2）传统理论强调会计信息的准确性和可靠性，但因为会计信息系统也应收集许多非财务信息，所以内部控制需要保证所有与决策相关的数据和信息都是准确和可靠的。

（3）传统理论只强调了经营效率，忽视了作为衡量一个组织业绩的经济性和有效性的重要性。效率是对投入与产出关系的计量（有效的经营在生产过程中以最低的消耗生产产品），经济性衡量投入的成本（经济的经营以低成本生产出质量合格的产品），有效性涉及与目标相应的实际结果。

（4）传统理论隐含地强调了内部控制的消极作用，即只强调用以阻止和防范不必要行为的特定政策和程序，而忽视了内部控制既"防止"又"激励"的双重功能。"控制"并非简单而机械的"限制"，要确保内部控制的效果，内部控制一定是一个组织激励员工实现组织目标的有效机制。

上述这些认识的偏差和局限性，是导致内部控制在组织中实施效果不佳的重要原因。因此，进一步拓展内部控制的内涵，重新认识和界定内部控制目标就显得尤为重要。

（二）现代内部控制目标的重新界定

从内部控制理论的发展过程来看，现代组织中的内部控制目标已不是传统意义上的查错和纠弊，而是涉及组织管理的方方面面，呈现出多元化、纵深化的趋势。

1. 确保组织目标的有效实现

任何组织都有其特定的目标。要有效实现组织的目标，就必须及时对那些构成组织的资源（财产、人力、知识、信息等）进行合理的组织、整合与利用，这就意味着这些资源要处于控制之下或在一定的控制之中运营。如果一个组织未能实现其目标，那么该组织在从事自身活动时，一定是忽视了资源的整合作用，忽视了经济性和效率性的重要性。例如，一家医院有优秀的医生、能干的工作人员和先进的设备，但如果这些条件没有充分用于医疗，这家医院是没有效率的。如果病人由于医院的不良饮食而不能及时痊愈，这家医院就没有实现其目标。因为内部控制系统的目标就是直接促进组织目标的实现。所以，所有的组织活动和控制行为必须以促进实现组织的最高目标为依据。

2. 服从政策、程序、规则和法律法规

为了协调组织的资源和行为以实现组织的目标，管理者将制定政策、计划和程序，并以此来监督运行并适时做出必要的调整。另一方面，组织还必须服从由社会通过政府制定的法律法规、职业道德规则以及利益集团之间的竞争因素等所施加的外部控制。内部控制如果不能充分考虑这些外部限制因素，就会威胁组织的生存。因此，内部控制系统必须保证遵循各项相关的法律法规和规则。

3. 经济且有效地利用组织资源

因为所有的组织都是在一个资源有限的环境中运作，一个组织实现其目标的能力取决于能否充分地利用现有的资源，制定和设计内部控制必须根据能否保证以最低廉的成本取得高质量的资源（经济性）和防止不必要的多余的工作和浪费（效率）。例如，一个组织能够经济地取得人力资源，但可能因缺乏必要的训练和不合适的生产计划而使得工作效率很低。管理者必须建立政策和程序来提高运作的经济性和效率，并建立运作标准来对行动进行监督。

4. 确保信息的质量

除了建立组织的目标并沟通政策、计划和方法外，管理者还需利用相关、可靠和及时的信息来控制组织的行为。事实上，控制和信息是密不可分的，决策导向的信息受制于内部控制，没有完备的内部控制便不能保证信息的质量。

也就是说，管理者需要利用信息来监督和控制组织行为，同时，决策信息系统特别是会计信息系统也依赖于内部控制系统来确保提供相关、可靠和及时的信息。否则，管理者的决策就有可能给组织造成不可弥补的损失。因此，内部控制系统必须与确保数据收集、处理和报告的正确性的控制相联系。

5. 有效保护组织的资源

资源的稀缺性客观上要求组织通过有效的内部控制系统确保其安全和完整。如果资源不可靠、损坏或丢失，组织实现其目标的能力就会受到影响。保护各种有形与无形的资源，一是确保这些资源不被损害和流失，二是要求确保对资产的合理使用和必要的维护。

在现代社会，信息作为一种特殊的资源，其遗失、损坏和失窃也会影响组织的竞争力和运作能力。因此，一个组织的数据库必须防止非授权的接触和使用。

人力资源是组织获得竞争力的根本性财富，高素质的员工队伍是一个组织行动能力的"放大器"。一个组织的员工队伍代表了组织在培训、技能和知识上的大量投资，其作用是难以替代的。因此，工作环境，尤其是内部控制环境不仅要有助于他们的身心健康，而且要培养其对组织的忠诚。

二、内部控制的标准

内部控制评价标准既可以从企业管理与控制目标方面入手，也可以从内部控制要素入手。但是，无论从哪个方面入手，都可以分为一般标准和具体标准两部分。一般标准以具体标准为基础，同时也是具体标准的升华，二者相辅相成，缺一不可，共同构成一个完整的体系。

一般标准包括三方面：完整性、合理性、有效性；具体标准由内部控制要素评价标准和作业层级评价标准两部分组成。要素评价标准可分为五个方面：控制环境、风险评估、控制活动、信息与沟通、监督；作业层级评价标准因其浩繁复杂，不能穷尽，故笔者以生产性企业为例进行框架构建，也分为五个业务循环：销售业务循环、购货业务循环、生产业务循环、薪金业务循环、理财业务循环。在内部控制评价的具体标准中，要素评价标准以作业层级评价标准为基础，确切地说就是，作业层级评价标准主要是控制活动要素评价标准的细化，对企业控制活动要素的评价要以作业层级的评价为基础和前提。但是，这并不意味着其他内部控制要素不体现在企业的业务活动中，恰恰相反，在进行

作业层级评价时都会涉及其他内部控制要素，如控制环境与风险评估要素是渗透在业务活动中的，控制活动的好坏同时也体现着信息与沟通及监督的良莠。

（一）内部控制评价一般标准

内部控制评价的一般标准，是指应用于内部控制评价的各个方面的标准，即内部控制制度整体运行应遵循和达到的目标。正如同我国注册会计师执行报表审计的目的是对被审计单位会计报表的合法性、公允性及会计处理方法的一贯性发表审计意见一样，在执行内部控制评价业务时，也应该有一个明确的目标。结合已有的研究成果及法律法规，我们认为，注册会计师执行内部控制评价业务的目标应该是对被评价企业内部控制的完整性、合理性及有效性发表意见，即内部控制评价的一般标准是内部控制的完整性、合理性及有效性。

1. 内部控制的完整性

内部控制的完整性包含两层含义：一方面是指企业根据生产经营的需要，应该设置的内部控制都已设置；另一方面是指对生产经营活动的全过程进行自始至终的控制。完整性是内部控制评价一般标准中首要的一条，也是其他一般标准的基础。若内部控制的完整性都达不到，则内部控制的合理性与有效性就无从谈起。

完整性标准还要求，对内部控制以不同方法进行评价时都能呈现出一种系统性。例如，从资源利用角度看，应建立人力资源控制系统、物力资源控制系统、财力资源控制系统、信息资源控制系统。从经营环节看，应有供应环节控制系统、生产环节控制系统和销售环节控制系统。理解内部控制的完整性，还要认识到内部控制本身并不是一种单独的管理制度或者管理活动，也不是所有管理制度或管理活动的综合体，当然也不只是一种管理手段、方法或所有管理手段和方法的总和。其实质上是一个发现问题、解决问题、发现新问题、解决新问题的循环往复的过程。

2. 内部控制的合理性

内部控制的合理性同样包括两层含义：一是指内部控制设计和执行时的适用性；二是指内部控制设计和执行时的经济性。在满足了完整性这条首要标准之后，合理性是对内部控制更深一层次的要求。如果内部控制不具有完整性、则合理性与有效性就无从谈起。同样，若只追求全而又全的各种内部控制措

第 1 章　内部控制的基本理论
Chapter 1　Basic Theory of Internal Control

施、方法等，而忽略设计和执行中的适用性和经济性，其结果只能是完全背离实施内部控制的初衷，甚至会给企业的正常生产经营造成负面影响，有效性也同样成了无稽之谈。

在评价内部控制的合理性时，适用性是首要的。它是指企业所建立的内部控制制度适应企业的特点和要求。各行业及各企业由于其组织规模、交易性质、经济技术条件、人员素质等所存在的差异，就相应地需要制定出不同特点的内部控制控制，照搬其他企业的做法是行不通的。对某一特定企业来说，评价其内部控制的适用性要注意以下内容：控制点的设置是否合理；有没有安排过多或不必要的控制点；在每一个需要控制的地方是否都建立了控制环节；控制职能是否划分清楚；人员间的分工和牵制是否恰当，既不能分工过细，又能起到相互牵制的作用。

然而，内部控制的适用性要以经济性为限制条件。内部控制的最终目的是提高企业的经济效益，减少低效和投资浪费，因而制定内部控制要以成本效益原则为指导。一方面内部控制的设计和运行应有重点，对企业经济活动有重要影响的部门和环节应实施强有力的控制；另一方面要在实行内部控制所花费的成本和由此产生的经济效益之间保持适当的比例，即因实行内部控制所花费的代价不能超过由此而获得的效益，否则就得不偿失。

3. 内部控制的有效性

内部控制的有效性也有两层含义：一是指企业的内部控制政策和措施没有与国家法律法规相抵触的地方；二是指设计完整、合理的内部控制在企业的生产经营过程中，能够得到贯彻执行并发挥作用，实现其为提高经营效率效果、提供可靠财务报告和遵循法律法规提供合理保证的目标。有效性是内部控制的精髓，如果一种内部控制制度不能实现"有效控制"，则实质上就不存在什么内部控制制度了。在内部控制评价的三个一般标准中，内部控制的有效性以其完整性与合理性为基础，内部控制的完整性与合理性则以其有效性为目的。若不具有完整性与合理性，则内部控制的有效性无从谈起；同理，若没有了有效性，则内部控制的完整性与合理性也就丧失了基本的意义。

在评价内部控制的有效性时，第一层含义即不与国家法律法规相抵触是前提，只有满足了这一点，才能考虑其执行的效果。而第二层含义对企业来说则是根本性的，也是企业的追求目标。如果只满足了合法合规的前提，而在实际中根本不予执行或执行起来达不到预计效果，则内部控制对此企业来说就相当

于不存在。

(二) 内部控制评价具体标准

内部控制评价具体标准是指应用于内部控制评价具体方面的标准，是具体内部控制制度运行应遵循和达到的目标。内部控制评价具体标准是一般标准的基础，一般标准是具体标准的升华。注册会计师在对内部控制进行评价时，只有先从操作性较强的具体标准入手，对具体内部控制的设计与运行有了认识之后，才能通过总结、升华，从整体上对企业内部控制的完整性、合理性和有效性作出判断。

内部控制评价的具体标准还可以分为两个层次：第一层次是内部控制要素评价标准；第二层次是内部控制作业层级评价标准。借鉴美国COSO报告的研究成果，内部控制组成要素包括控制环境、风险评估、控制活动、信息与沟通、监督五个。每一个要素又可以再分为更多的项目。例如，控制环境要素涵盖的项目就有操守及价值观、执行能力、董事会、管理哲学及经营形态、组织结构、权责分派体系、人力资源政策及实行等。至于作业层级评价标准主要是控制活动要素的细化，控制活动是确保管理阶层的指令得以实现的政策和程序，旨在帮助企业保证其已针对"使企业目标不能实现的风险"采取了必要的行动。控制活动是针对控制点而制定的，企业一般根据其生产经营活动的特点来设计控制活动，所以，作业层级评价标准比内部控制要素评价标准更繁杂。在以上标准体系图中，我们仅以生产性企业为例，对作业层级标准进行构造。

一个企业的具体内部控制浩繁庞杂，因此，无论是设计内部控制制度要素评价标准，还是作业层级评价标准，都需要有一个较为统一的评价标准模式。我们认为，评价标准模式可以按以下层级设计：(1) 控制目标。在实际工作中，管理人员和审计人员总是根据控制目标，建立和评价内部控制。因此，设计评价标准模式，首先应根据经济活动的内容特点和管理要求提炼内部控制目标。(2) 控制点。各项控制目标分别需要通过若干相应的控制因素予以实现，而这些控制因素作用的发挥，则是根据某些容易发生错弊的业务环节特点进行针对性控制。这些可能发生错弊的业务环节，称为控制点。(3) 控制措施。不同的控制点，有着不同的业务内容和控制目标，因此需要采取不同的控制手续和方法，才能预防和发现各种错弊。这些为预防和发现错弊而在某控制点所运用的各种控制手续和方法等，即为控制措施。

第1章 内部控制的基本理论
Chapter 1　Basic Theory of Internal Control

第4节　内部控制的作用与局限性

内部控制作为现代组织管理的重要组成部分，对于微观企业与宏观经济都有重要作用。然而，任何事物并非完美，内部控制自身也存在局限性，实施内部控制的企业对其局限性需要有正确的认识，并采取一定措施调整、改善。

一、内部控制的作用

现代组织管理的理论与实践表明，组织的一切管理工作与日常活动都无法游离于内部控制之外，建立与健全组织的内部控制制度对微观企业的稳定运行与宏观经济环境的良性发展都有着不可或缺的作用。

（一）内部控制在微观企业中的作用

1. 内部控制有助于企业应对风险、稳定发展

进入21世纪，企业面临着更激烈的市场竞争以及充满挑战和不确定性的外部环境。对于现代企业而言，仅管理好其内部生产经营，已不足以应对瞬息万变的外部环境，它们还需要拥有把握与应对风险的能力；企业之间的竞争也不仅是其提供的产品或服务的竞争，更表现为战略思维与战略定位等更高层次的竞争。

在企业的经营过程中，内部控制能够协助公司管理层制定正确的战略目标，识别、评估和控制风险，确保战略得到切实实施或及时调整。有效的内部控制系统应当能够根据内部与外部环境的变化来分析企业所面临的风险或不确定性，协助企业制定动态战略目标，最终将风险控制在企业可接受的最小范围之内，使得企业能够向着战略目标稳健前进，在挑战与风险中实现长期稳定发展。

2. 内部控制有助于保护企业资源的安全完整

企业的资源既包括有形资产，也包括人力、信息、信用、商誉等无形资产。资源的安全完整是企业持续正常运作的可靠基础，内部控制作为保护企业

上市公司内部控制

资源的第一道关卡，在保证企业资源安全完整的过程控制中起到了重要作用。

内部控制通过实施财产保护控制、信息系统控制、绩效考评控制等一系列具体的控制过程，保证企业的有形财产、信息资源与人力资源等宝贵资源的安全完整性，从而为企业稳定运行提供基础。

3. 内部控制有助于企业内部的协调统一

在一个企业整体中，虽然有不同的部门或经营活动，但要达到企业的经营目标以及长期的战略目标，需要企业上下及各个部门之间相互协作、全面配合，以发挥出企业的整体作用。

内部控制涉及企业中的所有机构和所有活动及其具体环节，并非以个别活动或机构为控制对象，而是由点到线、由线及面，逐级整合、统御整体。良好的内部控制系统能够有效利用企业内部的业务、销售、会计、审计等部门的日常活动、制度规定及相关信息报告，作为实现其各级控制的基本依据，将企业各部门的工作结合到一起并进行一定的必要控制。因此，内部控制有助于企业内部各部门与活动的相互协调与统一，推动企业内部同心合力实现共同的目标。

4. 内部控制有助于克服人性弱点

企业中"人"是最重要的因素，是推动企业前进的最为活跃的因素，企业运营的各个环节都离不开人的活动。然而，由于人性弱点的存在，人也是风险的制造者。理性经济人假设下，个体是理性而自利的经济人。因此，在特定的环境下，理性经济人在追求经济利益最大化的行为过程中，可能会给企业带来风险隐患。

内部控制的对象之一便是企业中的人。对于企业中的人，无论是管理层还是普通员工，内部控制都将其列为控制对象，通过监督、评价及适当的控制，起到激励与制约的作用。内部控制的监督考核能够真实反映企业内人的工作状况及工作业绩，有助于克服人性弱点，提高工作效率。同时，基于内部控制考核结果的奖励，能激发人们的工作热情，使企业各项经营活动有序进行，获得预期效果。

（二）内部控制在宏观经济中的作用

1. 内部控制有助于宏观经济中的企业实现合规运营

任何企业都处在特定的宏观经济环境中，其运营受所处国家及地方的一系

第1章 内部控制的基本理论
Chapter 1 Basic Theory of Internal Control

列法律法规制约。合规运营是对宏观经济环境中企业的基本要求。内部控制作为内部监控系统，一直将合规性列为其控制管理的基本目标之一。通过对企业的所有部门与运营环节进行有效的监督与控制，内部控制系统能够及时发现并制止、纠正偏离法律法规的行为，保证企业的经营活动服从相关的政策法规，从而有利于国家或地方的政策法规和监管要求在各个企业内部的实施，推动宏观经济的良好运行。

2. 内部控制有助于防止会计信息失真

在市场经济环境中，特别是在资本市场，投资者、债权人、相关监管部门等都是企业会计信息的使用者。无论是国家的宏观经济调控、投资者的投资决策、债权人的信贷决策，还是企业管理者的管理决策，都离不开真实可靠的会计信息。在我国证券市场，会计信息失真的情况依旧存在，一系列上市公司的会计信息造假案件给资本市场投资者带来了巨大损失。例如，"琼民源"、"银广夏"、"蓝田股份"等，这使各方利益相关者日益认识到真实会计信息的重要性。

内部控制中的会计控制的有效运行与企业会计信息的质量密切相关。合理设计的内部控制通过对企业财务管理部门的监督核查，可以有效防止人的主观意志凌驾于公司制度之上而导致的一系列伪造虚假会计信息与交易事项的行为，确保企业会计信息系统的完整性。

3. 内部控制有助于遏制经济犯罪

近年来，随着市场经济的深入发展，经济犯罪呈现高发态势，种类日趋多样，涉及的地区与领域也不断扩大。虽然各级部门采取了一系列措施严厉打击经济犯罪活动，然而，从源头上遏制经济犯罪才是治本之道。从源头上控制犯罪，则需要从企业内部入手，建立完善的内部控制制度，提高企业中的各级人员守法意识和自觉意识，利用有效监管、惩罚机制，制约企业内部各部门的经济行为，防止权力膨胀导致的贪污舞弊等经济犯罪。

二、内部控制的局限性

有效的内部控制对于企业实现其战略目标不可或缺，但内部控制作为一个人为设计的机制，无法保证企业不出现任何问题，其自身存在一定的局限性，企业需要对此有清晰认识。

上市公司内部控制

（一）成本和效益问题

虽然内部控制对于企业规范发展有重要意义，良好的内部控制系统能够给企业带来一定的效益。然而，建立与实施内部控制是有成本的，其设计、建立、实施及后期维护、完善都需要耗费一定的人力、物力、财力。例如，聘请专业人员设计内部控制制度，需要支付相关的费用；企业人员实施内部控制，有机会成本。据某中介机构提供的一份关于美国上市公司首次遵从《萨班斯—奥克斯利法案》第404条款的工作调查报告显示，收入在200亿美元以上的受访公司，有85%的公司在第404条款的第一年合规性工作中的投入超过了1 000万美元；60%的公司投入的工作量超过了100 000小时。未来可以预期的成本支出将由体系维护和外部审计费用两方面构成。有资料表明，内控审计工作量大约是传统财务审计的2~3倍。由于对内控审计人员的要求较高，平均人工费用也将增长30%。每年例行的工作包括：体系维护、管理层测试、独立审计师内控审计等。相关的费用支出将维持在一个较高的水平，这也超出了第一年合规性工作的成本水平。在美国上市的中国人寿按照美国《萨班斯—奥克斯利法案》第404条款要求，建立内控制度耗费人力6 000人，财力5 000万元人民币，还有大量的电子设备及相关软件。项目实施的成本投入大大超过了预期。

因此，实施内部控制的过程中需要考虑成本效益的问题。需要寻求一项长期有效、降低成本、增加价值的途径成为公司持续性策略。内部控制带来的成本不能超过其帮助企业避免的风险与错误可能造成的损失，即企业应合理评估内部控制带来的效益，防止出现控制过度的情况导致资源的浪费及人员的积极性下降。在评估内部控制的效益时，应区别对待不同的单位或业务性质，具体情况具体分析，合理分析其潜在风险及所需的控制程度。通过充分分析成本与效益，权衡利弊，寻找到一个恰当的平衡点，做出关于内部控制的合理决策。

（二）失误与控制盲点

内部控制实施过程中，一些具体的决策需要人的判断，而这将受到设计或实施人员的经验及知识水平的限制，具有"先天"缺陷。此外，在执行过程中，不可避免地会出现人员的疏忽大意、信息传递失误等，导致内部控制出现失误，达不到预期效果，甚至产生负面影响。因此，必要的人员培训与监督是必不可少的。

另外，即使内部控制的设计良好，但由于企业所处的外部环境复杂多变，

第1章 内部控制的基本理论
Chapter 1　Basic Theory of Internal Control

常常会出现一些意外或偶发事件，可能会导致内部控制的意外故障。突发的非经常性事件极有可能在事前尚未被预期，因此在内部控制的设计过程中未予以考虑，没有现行的制度规章可循，造成了内部控制的系统盲点。

（三）人员舞弊与合谋

授权批准制度是内部控制的重要实施手段之一，处于不同层级的人员或部门在内部控制系统中可能拥有大小不等的业务处理与决定权限，这就为内部控制人员滥用职权创造了条件，容易滋生舞弊。

此外，内部控制制度具有内部牵制的作用。但是，当系统中的两个或两个以上人员串通合谋时，可能会导致内部控制的失效。例如，不相容职务上的人员相互串通、勾结，为己谋私，使得内部控制的这一部分失去了不相容职务之间的相互制约能力，难以发挥出符合其设计初衷的效力。

（四）不确定性

在考察内部控制的局限性时，应该看到，内部控制是针对企业的未来运行制定的系统，与未来事项有关，不可避免地会受到未来事项的不确定性的影响，这是任何设计精良的内部控制系统所无法克服的。

因此，企业在设计内部控制系统时，应尽可能利用现有的知识与经验，对未来不确定及其影响做出合理的预计，制定应急管理机制，在突发事件来临时不至于毫无准备。同时，应做好善后处理与总结评估，防微杜渐，及时调整与完善内部控制系统。

内部控制的国际比较

Chapter 2 International Comparison for Internal Control

第 1 节　美国的内部控制
第 2 节　加拿大的内部控制
第 3 节　英国的内部控制
第 4 节　我国的内部控制

从欧美等发达市场经济国家的历史来看，企业内部控制经历着从零散到系统的发展阶段。1992年，美国全国虚假财务报告委员会下属的发起人委员会（The Committee of Sponsoring Organizations of The National Commission of Fraudulent Financial Reporting，COSO）制定了内部控制框架，它将内部控制的理论和实践都推进了一大步，得到世界各国的广泛认可，各国纷纷制定自己的内部控制框架。从我国国内的情况来看，内部控制的理论研究与法规建设近年来有了较快发展。尤其是2008年6月28日，财政部等五个部委推出了《企业内部控制基本规范》，使内部控制又一次成为各界人士关注的新焦点。本章希望通过介绍美国、加拿大、英国和中国的内部控制理论演进，帮助读者全面了解世界各国的内部控制理论及其演进。

第1节 美国的内部控制

一、COSO内部控制框架

（一）COSO的发展背景

在经历了20世纪70年代一连串财务失败和可疑的商业行为相继爆发之后，国际社会上又出现了另一连串更为耸人听闻的以金融机构破产为代表的财务失败事件，这些银行惨败事件给纳税人最终带来超过1 500亿美元的成本。导致这些失败的因素有很多，如波动的利率，过度的投机等。但是，在随后的调查中发现，几乎所有的案件中，审计师都没有发出危险的信号。美国国会反财务舞弊委员会（National Commission on Fraudulent Financial Reporting）发现，它所研究的欺诈性财务报告案例中，将近50%是因为内部控制不健全或者失效导致的，并指出薄弱的内部控制是许多欺诈性财务报告发生的主要原因。会计造假案的层出不穷，导致了1985年美国国会反财务舞弊委员会的五个发起组织另外联合成立了一个新的委员会——COSO来制定内部控制通用的指南，用于考虑哪些财务报告舞弊破坏了财务报告的诚实性，研究独立会计师在检测舞弊中的作用，并识别可能导致舞弊行为的公司的结构特征等，最终旨在遏制这种愈演愈烈的会计舞弊活动。

第 2 章　内部控制的国际比较
Chapter 2　International Comparison for Internal Control

1992 年，COSO 在进行了深入研究之后，发布了一份关于内部控制的纲领性文件，即《内部控制整体框架》(Internal Control-Integrated Framework)。该文件强调了内部控制的重要性，提出内部控制的五个重要组成要素，深化了内部控制的理念和应用。COSO 报告一经发布，便得到了业界的认可与采纳，其中的许多定义、建议及思想被吸收到立法与规则制定中，并在全世界范围内产生了广泛的影响。根据《萨班斯—奥克斯利法案》第 404 条款以及 SEC 的相应实施标准，要求公众公司的管理层评估和报告公司最近年度的财务报告的内部控制的有效性。2004 年 3 月 9 日，美国公众公司会计监督委员会（PCAOB）发布了其第 2 号审计标准："与财务报表审计相关的针对财务报告的内部控制的审计"，并于 6 月 18 日经 SEC 批准。SEC 对该标准的认同，等于从另外一个侧面承认了 1992 年 COSO 公布的《内部控制整体框架》（也称"COSO 内部控制框架"）。虽然不能把 COSO 内部控制框架看做是符合 SEC 要求的唯一适宜框架，但是相对于以往各行其是的内部控制评估标准来说，PCAOB 的工作对于规范化的内部控制设计、实施、监督、评估与不断改进是有重大进步意义的，它使许多美国公司的各层管理者能在一个统一的框架内有效履行其内部控制的职责，并为会计师行业对内部控制的评估提供了一个基础。该标准将力促公司建立有效的内部控制监督体系，这为有效的公司治理奠定了良好的基础。同时也表明，COSO 框架已正式成为美国上市公司内部控制框架的参照性标准。

（二）内部控制的内涵

1992 年，COSO 提出的《内部控制整体框架》，对内部控制作了如下定义："内部控制是由董事会、管理当局和其他职员实施的一个过程，旨在为下列各类目标的实现提供合理保证：经营效果和效率；财务报告的可靠性；遵循适用的法律与法规。"在 COSO 提出这个内部控制定义以前，内部控制对于不同的人具有不同的意义和内涵，内部控制内涵的多样性使得对内部控制难以有一个公认的理解。这造成了商业人士、立法者、监管机构和其他相关方的困惑，同时导致企业由于沟通有误和期望不同而产生问题。所以，COSO 内部控制框架是在考虑管理层和其他方面的需求和期望的基础上，将对内部控制的不同概念整合到一个框架中，从而达到对内部控制的共识，确定控制的构成要素，试图建立一个适用于各方需求的通用的定义；提供一个标准，无论规模大小、公众还是私人的、营利性的还是非营利性的业务和企业，均可以参照该标准评估他们的控制系统并决定如何改进，从而帮助公司和企业的管理层更好地控制组织

的活动。COSO 整合后的内部控制更强调了以下理念：

（1）内部控制是一个过程，是达到目的的工具，而不是目的本身；

（2）内部控制不是附加于企业活动的某些东西，而是与企业经营活动交织在一起的；

（3）内部控制不只是政策手册和表格，而是由组织中各层级的人员实施的；

（4）内部控制为企业的管理层和董事会提供合理的保证，而不是绝对保证；

（5）内部控制通过调整来达到一个或多个独立但又有交叉的目标。

COSO 的内部控制框架在一定程度上是将审计技术导向内部控制与管理导向内部控制的整合，是对构建统一内部控制平台的第一次尝试，并得到了各方面的认可。1998 年 9 月，巴塞尔银行监管会发布的《银行组织内部控制系统的框架》，就是根据 COSO 内部控制框架来制定的银行组织内部控制框架。另外，2003 年 6 月，SEC 明确指出，COSO 内部控制框架满足它们的标准，可作为管理层年度内控评价和披露要求的评价框架。

（三）内部控制目标

在界定内部控制的内涵时，COSO 指出，内部控制是为实现三类目标提供合理保证的。这三类目标是：

（1）经营的效率和效果，即经济有效地使用企业资源，以最优方式实现企业的目标；

（2）财务报告的可靠性，这一经营目标与管理层履行财务报告编制责任密切相关；

（3）适用法律法规的遵循性，即在法律法规的框架下从事经营活动。

具体来说，第一类目标是针对企业的基本业务目标，包括业绩和盈利目标以及资源的安全性；第二类目标是关于编制可靠的公开发布的财务报表，包括中期和简要的财务报表以及从这些公开发布的报表中精选的财务数据，如业绩公告；第三类目标涉及对企业所适用的法律及法规的遵循。

（四）COSO 内部控制框架的构成要素

COSO 报告认为，为了实现内部控制的有效性，为上述三个目标提供保证，需要下列五个要素的支持：控制环境（Control Environment）、风险评估（Risk Assessment）、控制活动（Control Activities）、信息和沟通（Information and Communication）和监督（Monitoring）。这些要素源于管理层经营业务的方式，并与管理的流程整合在一起。

1. 控制环境

控制环境包括治理职能和管理职能，以及治理层和管理层对内部控制及其重要性的态度、认识和措施。控制环境塑造企业文化，影响企业员工控制意识。它是其他内部控制组成要素的基础，是所有控制方式与方法赖以存在和运行的载体，为其他要素提供规则和结构。具体来讲，评价一个企业的控制环境，可以从操守与价值观、对胜任的承诺、董事会或审计委员会、管理层的理念和经营模式、组织结构、权力和责任的分配、人力资源政策与实务七个方面进行。

2. 风险评估

风险评估是指辨认和分析影响目标达成的各种不确定因素，它是决定风险应如何管理的基础。任何企业都面临着来自内部和外部的各种风险，企业必须对这些风险进行评估。评估风险的前提条件是设定目标，企业目标自上而下有不同层次。根据COSO报告，企业目标设定可以按组织程序严格进行，也可以不拘泥于组织程序而灵活地制定。企业目标也不一定要以书面形式确定。在评估风险要素时，通常需要考虑目标设定、风险分析、应变管理等因素。同时，报告指出，并不是涉及风险评估过程的所有管理活动都是内部控制的内容，目标设定和对风险的管理不是内部控制的要素。

3. 控制活动

控制活动是企业内部促使管理指令得以贯彻和实施的各项政策与程序，它能够促使企业对经营过程中出现的各类影响目标实现的风险采取适当和适时的应对措施。控制活动存在于企业的各个层面、各项作业和各个部门中，通常包括批准、授权、核实、审查经营业绩，保护资产安全和严格职责分工等。通常包括两个要素：确定应该做什么政策和影响该政策的一系列程序。组织内各阶层和各种职能均渗透有不同的控制活动。由于组织性质、规模、组织方式的不同，其控制也不同。

4. 信息与沟通系统

来自企业内部和外部的相关信息必须以一定的格式和时间间隔进行确认、

捕捉和传递,以保证企业的员工能够执行好各自的职责。信息与沟通系统的内容包括确认记录有效的经济业务、采用恰当的货币价值计量、在财务报告中恰当的揭示。有效的沟通也是广义上的沟通,包括企业自上而下、自下而上以及横向的沟通,有效的沟通还包括将相关信息与企业外部的相关方的有效沟通和交换,如客户、供应商、行政管理部门和股东等。

5. 监督

这是经营管理部门对内控的管理监督和内审监管部门对内控的再监督与再评价活动的总称,是评估风险管理要素内容的运行,以及一段时期的执行质量的过程。内部控制系统需要一套随时评价内部控制系统运行状况的流程来完成监督。以评价内部控制人员在一段时间内的业绩表现。对内部控制的监督包括持续监督和个别评价。监督过程中发现的内部控制方面的缺陷或不足应及时向上级报告,发现重大问题时应直接向高层管理者或董事会报告。

综上所述,内部控制整体框架如图 2-1 所示。

内部控制整体框架

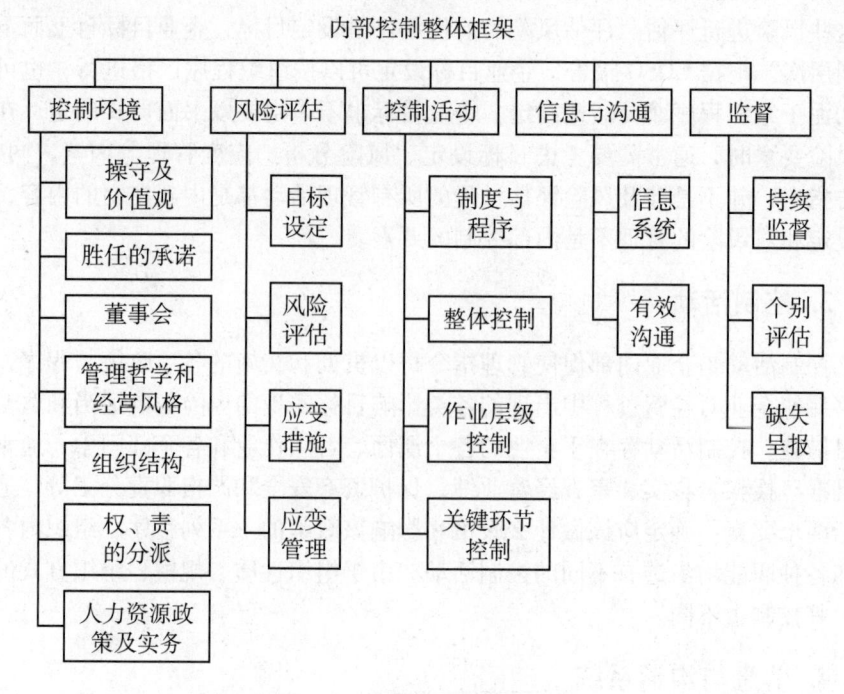

控制环境	风险评估	控制活动	信息与沟通	监督
操守及价值观	目标设定	制度与程序	信息系统	持续监督
胜任的承诺				
董事会	风险评估	整体控制	有效沟通	个别评估
管理哲学和经营风格				
组织结构	应变措施	作业层级控制		缺失呈报
权、责的分派	应变管理	关键环节控制		
人力资源政策及实务				

图 2-1 COSO 内部控制框架

第 2 章　内部控制的国际比较
Chapter 2　International Comparison for Internal Control

内部控制五要素的关系如图 2-2 所示。

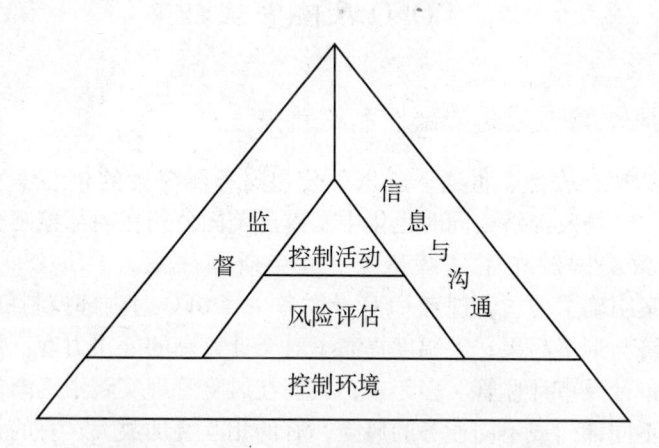

图 2-2　COSO 内部控制框架下五要素关系

根据 COSO 报告的观点，内部控制目标体系中，每一目标的实现都需要控制环境、风险评估、控制活动、信息与沟通、监督这五个要素的协同作用。也就是说，COSO 内部控制的三个目标与五个要素可以组成的体系和结构，如图 2-3 所示。

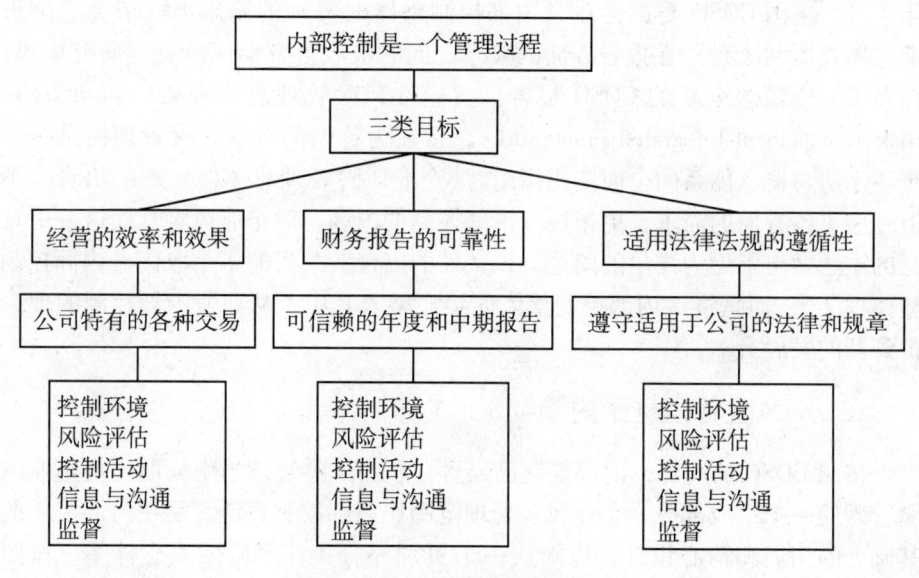

图 2-3　COSO 内部控制的结构

二、COSO 风险管理框架

（一）风险管理成为内部控制的新关注点

2001 年以来，安然、世通、施乐等公司财务舞弊案的相继爆发，不但重创了美国资本市场及经济，同时也集中暴露出美国公司在内部控制上存在的问题，由此导致美国颁布了《萨班斯—奥克斯利法案》（The Sarbanes-Oxley Act）。该法案明确了公司管理者 CEO 及财务主管 CFO 对内部控制负直接责任，并将承担经济与刑事后果；大幅度提高了对会计舞弊的处罚力度；强化了内部审计、外部审计及审计监管。多年来，人们在风险管理实践中逐渐认识到，一个企业内部不同部门或不同业务的风险，有的相互叠加放大，有的相互抵消减少。因此，企业不能仅仅从某项业务、某个部门的角度考虑风险，必须根据风险组合的观点，从贯穿整个企业的角度看风险。然而，尽管很多企业意识到企业风险管理，但是对企业风险管理有清晰理解的却不多，已经实施了企业风险管理的企业则更少。

为了改变这种状况，COSO 从 2001 年起开始进行这方面的研究，于 2003 年 7 月完成了"企业风险管理框架"（草案），并公开向业界征求意见。2004 年 4 月，美国 COSO 委员会在《内部控制整体框架》的基础上，结合《萨班斯—奥克斯利法案》在报告方面的要求，同时吸收各方面风险管理研究成果，颁布了一个概念全新的 COSO 报告：《企业风险管理总体框架》（Enterprise Risk Management-Integrated Framework），旨在为各国的企业风险管理提供一个统一术语与概念体系的全面应用指南。《企业风险管理总体框架》的出台，不但顺应了各方面的需求，更拓展了内部控制的内涵，对企业风险管理这一更宽泛的主题做出了更为详尽的阐述。该文件的出台，其目的不是取代《内部控制整体框架》，而是将《内部控制整体框架》融入其中，从而使内部控制的理论得到新的发展。

（二）风险管理框架内涵

按照 COSO 的观点，内部控制已经含在企业风险管理当中，而且是企业风险管理的一个组成部分。企业风险管理范围比内部控制宽泛，是在内部控制的基础上的拓展和精心设计，以形成一个更加充分关注风险的概念体系。按照 COSO 的设想，他们不打算也的确没有用企业风险管理框架取代内部控制框

第2章 内部控制的国际比较
Chapter 2　International Comparison for Internal Control

架,而是将内部控制框架纳入其中。公司不仅可以借助这个企业风险管理框架来满足内部控制的需要,还可以借此转向一个更加全面的风险管理过程。

COSO委员会主席约翰·J·弗拉赫蒂(Jonh J. Flaherty)曾说过:"尽管许多人在谈论风险,但是对于风险管理还没有形成一个可普遍接受的定义,也没有一个全面的框架,能够刻画出风险管理的执行程序,在董事会与管理层遭遇困难和挫折时能够对风险进行沟通。"因此,COSO首先为企业风险管理确立了一个可普遍接受的定义。该定义融入众多观点,并达成共识,为各组织识别风险和加强对风险管理提供的坚实理论基础,即"企业风险管理是一个过程,是由企业的董事会、管理层和其他员工共同参与,应用于企业战略制定和企业内部各个层次和部门的,贯穿整个企业旨在识别影响组织的潜在事件,为组织目标的实现提供合理的保证。"这是一个包容性很强的风险管理定义,没有针对性,可适用于各类行业、组织和部门。但究其含义,仍能提炼出几个必不可少的要素:企业风险管理是一个由人参与的过程而非结果,因此企业必须将风险管理融入日常的经营管理之中,并涉及企业的每一个员工;风险管理能够识别对企业造成影响的潜在风险;企业风险管理能在一定程度上能够帮助企业实现合理的既定目标。

风险管理框架对内部控制的定义明确了以下内容:(1)是一个过程;(2)被人影响;(3)应用于战略制定;(4)贯穿整个企业的所有层级和单位;(5)旨在识别影响组织的事件并在组织的风险偏好范围内管理风险;(6)合理保证;(7)为了实现各类目标。

对比原来的定义,企业风险管理概念要细化得多。由于新COSO报告提出了风险偏好、风险容忍度等概念,使得企业风险管理的定义更加明确、具体。同时,又涵盖了内部控制所有合理的内容。比如,原COSO的内部控制定义尽管非常宽,但从某种角度来说,又比较模糊,存在某些片面性。因此,原COSO报告1992年出版后不久,就有声音批评该报告缺乏保障资产的概念。例如,美国审计总署(GAO)认为,这个文件对于内部控制重要性的强调还不够,它丧失了提高内部控制监督和评估的机会。新的企业风险管理框架非常明确了对保护资产概念的运用。新报告认为,保护资产,或者保护资源,是一个广义的概念,资产或资源的损失可能由于偷盗、浪费、无效率或错误的商业决策等。因此,广义的保护资产,目标范围集中为特定的报告目标,使得保护资产适用于所有未经授权的获得、使用、处置资产。又如,在原报告中并没有清晰内部控制与管理活动的区别,有些对错误纠正的管理行为并不包括在原有COSO报告的内部控制活动之中,而新的企业风险管理框架已经将纠正错误的管理行为

明确地列为控制活动之一。

(三) 风险管理框架的目标

COSO 认为，在主体既定的使命或愿望范围内，管理当局制定战略目标、选择战略，并将目标在企业内自上而下进行分解、挂钩。企业风险管理框架提出，要力求实现主体的以下四类目标：

(1) 战略 (Strategic) 目标。较高层次的目标，与企业的使命相一致，企业所有的经营管理活动必须长期有效地支持该使命。

(2) 运营 (Operations) 目标。与企业经营的效果与效率相关，包括业绩指标与盈利指标，旨在使企业能够有效及高效地使用资源。

(3) 报告 (Reporting) 目标。企业组织报告的可靠性，分为对内报告和对外报告，涉及财务和非财务信息。

(4) 遵循 (Compliance) 目标。层次较低，也是最基础的目标，指企业经营是否遵循相关的法律法规。

在这个目标体系中，增加了内部控制框架所没有的一类目标，即战略目标。战略目标源于企业的使命或者愿景，在这个目标体系中属于最高层级的，其他目标都应该与战略目标一致，并为战略目标服务。

(四) 风险管理框架的要素内容

根据 COSO 于 2004 年提出的《企业风险管理总体框架》，企业风险管理包含八个相互关联的要素。这些要素来自于管理者的经营方式，并贯穿于整个经营过程中。

1. 内部环境 (Internal Environment)

内部环境是企业风险管理所有要素的基础，对其他要素的各方面都能产生影响。它由《内部控制整体框架》五个要素之一的控制环境发展演变而来，较之控制环境，内部环境的视野更加广泛，包含了多方面的内容。例如，风险文化、操守和价值观、管理方法和经营模式、职责和权限的分配等。控制环境仅仅关注一切可控的或与控制相关的事务，从而忽视了一些看似不可控却与企业的生存发展息息相关，如员工诚实性、道德观等风险文化层次的考虑。因此，作为八大要素之首，内部环境能为建立企业风险管理体系提供更全面、深刻架构基础。

第 2 章 内部控制的国际比较
Chapter 2　International Comparison for Internal Control

2. 目标设定（Objectives Setting）

报告认为，企业的管理层在可以有意义的评估风险之前必须确立目标，针对不同的目标分析相应的风险，并且拥有一套能将企业目标与企业使命紧密联系并与企业风险容忍度和风险偏好相一致的制定目标的流程。

3. 事件识别（Event Identification）

报告认为，事件可分为正面影响、负面影响或者两者兼而有三种。风险是带有负面影响的，能阻止价值创造或侵蚀现有价值的事件发生的可能性；机遇则是一种将会对目标实现发生正面影响的可能性的事件。现今各种不确定性因素充斥着社会的各个角落，学会识别风险、把握机遇是企业求生的必备法则之一。管理层应当全面考虑影响事件发生的各种因素，结合相应方法，正确识别和规避风险以把握机遇。

4. 风险评估（Risk Assessment）

COSO 将风险评估定义为识别和分析实现目标的过程中存在的重要风险，它是决定如何管理风险的基础，一旦风险得到识别，就应该对风险进行分析评估。这样，管理层就能根据被识别的风险的重要性来计划如何管理，即通过风险管理这个过程识别和分析风险并采取减弱风险效果的行动来管理风险。内部控制框架和风险管理框架都强调对风险的评估，但风险管理框架建议更加透彻地看待风险管理，即从固有风险和残存风险的角度来看待风险，对风险影响的分析则采用简单算术平均数、最差的情形下的估计值或事项的分布等技术来分析[1]。企业风险评估的方法有多种，主要分为定量分析和定性分析两种。企业无须对所有的风险采用同样一种评估方法，可根据不同的风险目标确定相应的风险评估方法，达到成本最低情况下的效益最大化目的。

5. 风险对策（Risk Response）

风险对策是指管理层在评估了相关的风险之后，所做出的防范、控制、转移、补偿风险的各种策略和措施。框架将风险对策又细分为规避风险、减少风险、共担风险和接受风险四种方式，要求管理者既要考虑成本和效益，又要从

---

[1] 朱荣恩、贺欣：《内部控制框架的新发展——企业风险管理框架》，载《审计研究》2003 年第 6 期。

企业总体角度出发在期望的风险容忍度内选择可以带来预期可能性和影响的风险方案。COSO 认为,有效的风险管理是管理者的选择能使企业风险发生的可能性和影响都落在风险的容忍度内。

6. 控制活动（Control Activities）

COSO 把控制活动定义为帮助确保管理层的指示得到实施的政策和程序。由于控制活动是被作为适当的管理风险的工具,所以控制活动和风险评估过程是联系在一起的。

7. 信息与沟通（Information and Communication）

框架并没有对信息和沟通下统一的定义,可能是因为它们通常的意义已经广为人知,它认为信息尤其是大量的财务和经营信息对治理企业和实现目标来说是必不可少的;沟通是信息系统固有的部分,在更广泛的意义上,沟通在处理预期、责任和其他重要事项时都必须占有一席之地。信息是沟通的基础,沟通必须满足不同团体和个人的期望,使他们能够有效履行自己的职责。沟通越有效,管理层就能更好地行使其监督职能,企业就越容易达到既定的目标。

8. 监督（Monitoring）

COSO 把监督看成评估企业各个时期的风险管理质量过程的一个部分。这个过程包括持续监督、个别评估或者两者的结合。持续监督和个别评估的频率,则取决于评估过程中所包含的风险水平。

COSO 认为,要使每种类型的风险管理真正有效,这八个要素必须包含在内,因为它们可以共同为企业风险管理服务。企业风险管理是一个动态的、多方向反复的过程。在这个过程中,大多数风险组成要素会影响另外的部分。因此,当企业需要利用风险管理各要素进行控制时,应综合考虑八个要素的影响,并结合企业实际情况,以求做出最科学的决策。

（五）企业风险管理框架的体系与结构

COSO 对其定义为:企业风险管理是一个过程。这个过程受董事会、管理层和其他人员的影响。这个过程从企业战略制定一直贯穿到企业的各项活动中,用于识别那些可能影响企业的潜在事件并管理风险,使之在企业的风险偏好之内,从而合理确保企业取得既定的目标。

企业风险管理框架有三个维度:第一维是企业的目标;第二维是企业风险

第 2 章　内部控制的国际比较
Chapter 2　International Comparison for Internal Control

管理要素；第三维是企业的各个层级。第一维企业的目标有四个，即战略目标、经营目标、报告目标和合规目标。第二维企业风险管理要素有八个，即内部环境、目标设定、事件识别、风险评估、风险对策、控制活动、信息与沟通和监督。第三个维度是企业的层级，包括整个企业、各职能部门、各条业务线及下属各子公司。企业风险管理框架三个维度的关系是：企业风险管理的八个要素都是为企业的四个目标服务的；企业各个层级都要坚持同样的四个目标；每个层次都必须是最近的。

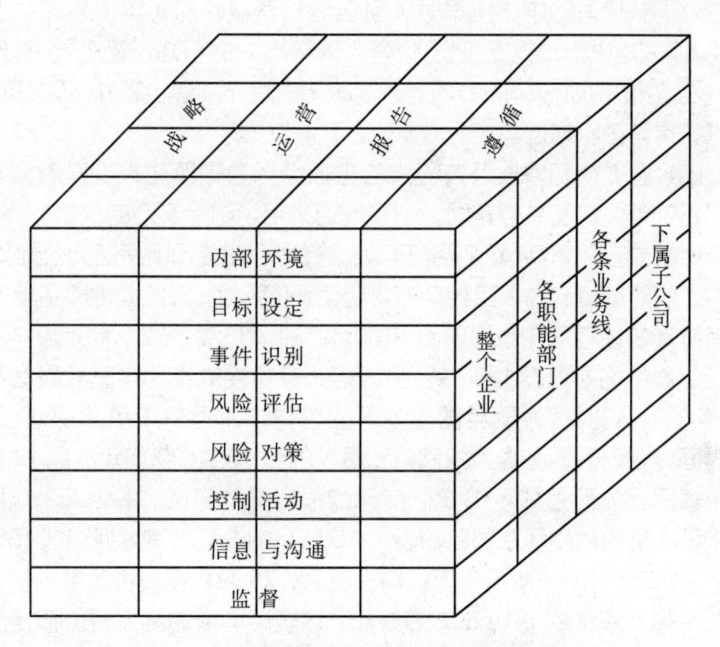

图 2－4　企业风险管理的要素、目标与层次

☞ 案例 1　中航油新加坡公司内部控制案例分析

中航油是一家于 2001 年 12 月 6 日在新加坡股票交易所上市的公司，主营业务为：石油实业投资、国际石油贸易和进口航油采购等。从经营业绩和业务结构来看，中航油公司属于业绩优良的高成长型企业，具有非常好的投资前景。该公司在 1998～2003 年 6 年间的经营业绩斐然，收入增长 14 倍，净利润增长 8.44 倍，股东权益增长 33.52 倍，平均净资产收益率为 46.31%，公

司从一家小型贸易企业快速成长为一家业绩优良的知名石油投资与贸易型大型企业。

从业务结构来看，中航油石油实业投资、国际石油贸易和进口航油采购的"三足鼎立"型主业战略清晰且极具发展潜力。在石油实业投资方面，它在我国最大航油消费量的经济发达地区（上海）拥有强大的商业网络和极高的市场占有率，它拥有北京首都机场航油有限公司的独家航油供应权，2002年收购了上海浦东国际航空油料有限公司33%股权，2004年2月收购了英国富地石油公司所持有的中国华南蓝天航空油料有限公司（以下简称"蓝天公司"）24.5%的股权。此外，它还拥有西班牙最大的石油设施公司CLH公司5%的股权。在进口航油采购市场上，中航油占有1/3以上的中国进口航油的市场份额，具有垄断地位。

优良的经营业绩和增长潜力巨大的主业结构为中航油大规模融资和并购创造了优越的条件。在并购方面，公司成功采用了国际流行的"现金+股票"的并购支付模式，在2004年2月收购英国富地石油公司所持蓝天公司24.5%的股权中，收购的模式为：支付2 170万美元的现金，加上配售3 775万股中航油的新股（占配售后中航油总股本的5.2%）以及给予2 600万股中航油的认购权（认股价格为每股1.60新元）。这一支付模式说明中航油具备并购大型企业的能力，同时也表明英国富地石油公司非常看好中航油的增长潜力。在融资方面，公司表现出强大的债务和股权融资能力。2003年7月18日，中航油与十家国际银行签署了1.6亿美元的银行贷款协议。2004年10月，控股股东中国航空油料集团公司以每股1.35新元的价格将其所拥有的15%的中航油股份14 520万股股票配售给机构投资者，75家机构投资者参与配售，认购率为2.5倍，募集资金19 602万新元。这表明中航油的投资价值得到机构投资者的广泛认可，公司股票融资渠道畅通。强大的并购能力和融资能力表明中航油已具备高速扩张的基础。

以上情况表明，中航油是一家主业结构清晰、经营业绩优良、融资能力和并购能力强大的石油投资和贸易型上市公司。但是，由于公司轻视企业风险管理各要素的统一，在价格风险管理政策、制度以及实施制度能力方面的缺陷，导致了公司走向衰败。

资料来源：根据刘华：《中航油新加坡公司内部控制案例分析》（中图分类号：F270 文献标识码：A 文案编号：1672-3988（2008）03-0016-05）等相关信息整理。

第 2 章 内部控制的国际比较
Chapter 2　International Comparison for Internal Control

三、内部控制框架与风险管理框架的对比

从二者联系的角度来看，美国 COSO 委员会于 2004 年发布的《企业风险管理框架》，相对于其在 1992 年发布的《内部控制整体框架》，在范围上和在内容上都要更全面和深刻。它要求企业管理者应从企业总体层面上，把握分散于企业各层次及各部门的风险，实施企业风险管理。风险管理框架建立在内部控制框架的基础上，内部控制则是企业风险管理必不可少的一部分。

从二者区别的角度来看，在实质内容方面存在以下几项重要差异：一是内部控制仅是管理的一项职能，而企业风险管理属于风险范畴，贯穿于管理过程的各个方面。二是在企业风险管理框架中，由于把风险明确定义为"对企业的目标产生负面影响的事件发生的可能性"（将产生正面影响的事件视为机会）。因此，该框架可以涵盖信用风险、市场风险、操作风险、战略风险、声誉风险及业务风险等各种风险；内部控制框架没有区分风险和机会。三是由于企业风险管理框架引入了风险偏好、风险容忍度、风险对策、压力测试、情景分析等概念和方法。因此，该框架在风险度量的基础上，有利于企业的发展战略与风险偏好相一致，增长、风险与回报相联系，进行经济资本分配及利用风险信息支持业务前台决策流程等，从而帮助董事会和高级管理层实现企业风险管理的四项目标。这些内容都是内部控制框架中没有的，也是其所不能做到的（杨书怀，2006）[1]。其区别具体体现在以下三个方面：

（一）观念更新与创新方面的区别

1. 企业风险管理提出了风险组合观和整体风险管理观念

企业风险管理要求企业管理者从企业总体层面上，把握分散于企业各层次及各部门的风险，对相关的风险进行识别，并采取措施，使企业所承担的风险在风险偏好的范围内。管理者要防止两种倾向：一是部门风险处于风险偏好可承受的能力之内，但总体效果可能超出企业的承受限度。例如，集团某子公司应收账款坏账率小于既定水平，但集团总体坏账率可能大于既定水平。二是个别部门的风险超过其限度，但总体风险水平还没超出企业的承受范围。此时，

---

[1] 杨书怀：《〈企业风险管理框架〉与〈内部控制整体框架〉的比较分析》，载《技术经济》2006 年第 4 期，第 75～77 页。

还有进一步承受风险,争取更高回报与成长的空间。因此,应从企业总体的风险组合的观点看待风险。

2. 针对企业目标实现过程中所面临的风险,企业风险管理提出风险偏好和风险容忍度两个概念

风险偏好是指企业在实现其目标的过程中,愿意接受的风险的数量。企业的风险偏好与企业的战略直接相关。企业在制定战略时,应考虑将该战略的既定收益与企业的风险偏好结合起来,目的是要帮助企业管理者在不同战略间选择与企业的风险偏好相一致的战略。

风险容忍度是指在企业目标实现过程中对差异的可接受程度,是企业在风险偏好的基础上设定的对相关目标实现过程中所出现差异的可容忍限度。风险容忍度较大,说明企业承受风险的能力较强,在容忍度范围内的小风险可以采取通常日常应对措施。企业可以根据本企业的经营环境、经营规范、资本结构等确定风险容忍度,在风险事件来临时采取不同的措施加以应对。

(二) 目标的区别

内部控制和风险管理的根本目的都是维护投资者利益,保全企业资产,并创造新的价值。它们都是为企业目标的实现提供合理的保证。具体目标层面,风险管理的目标有四类,即战略目标、经营目标、报告目标和遵循目标,其中后三类与内部控制的目标(经营的效率与效果、财务报告的可靠性和相关法律法规的遵循性目标)相同或相似(见表2-1)。但是,风险管理中的报告类目标有所扩展,它不仅包括财务报告的准确性,还要求所有对内对外发布的非财务类报告准确可靠。另外,风险管理增加了战略目标,即与企业的远景或使命相关的高层次目标。这意味着,风险管理不仅仅是确保经营的效率与效果,而且介入了企业战略(包括经营目标)制定过程。

表2-1　　　　　　　　　　　　　　目标比较

内部控制目标	企业风险管理目标
	战略目标
经营的效率与效果	经营目标
财务报告的可靠性	报告目标
相关法律法规的遵循性	遵循目标

第2章 内部控制的国际比较
Chapter 2 International Comparison for Internal Control

(三) 组成要素方面

风险管理框架与内部控制整体框架的组成要素有五个方面是相同或相似的,即控制或内部环境、风险评估、控制活动、信息与沟通和监督(见表2-2)。这些相似是由它们目标的重合决定的。

表2-2　　　　　　　　　　要素比较

内部控制的五大要素	风险管理的八大要素
控制环境	内部环境
	目标设定
	事件识别
风险评估	风险评估
	风险对策
控制活动	控制活动
信息与沟通	信息与沟通
监督	监督

在相同或相似的要素中,风险管理框架所涉及的内涵也有所扩展。例如,内部控制整体框架中控制环境包括诚实正直性及道德价值观、员工素质与能力、董事会与审计委员会、经营理念、方式和风格、组织结构、权力与责任的分配、人力资源政策和外部影响等八个方面。风险管理框架将"控制环境"扩展为"内部环境",企业的内部环境是其他所有风险管理要素的基础,为其他要素提供规则和结构,除包括上述八个方面外,还包括风险管理哲学、风险偏好和风险文化三个新内容;在风险评估要素中,风险管理要求考虑内在风险与剩余风险,用期望值、最坏情形值或概率分布来度量风险,考虑时间偏好以及风险之间的关联作用;在信息与沟通方面,风险管理强调过去、现在以及关于未来的相关数据的获取与分析处理,规定了信息的深度与及时性等。

除此之外,企业风险管理框架还新增了目标设定、事件识别和风险对策三个要素。

1. 目标设定

根据企业确定的任务或预期,管理者制定企业的战略目标,选择战略并确

定其他与之相关的目标并在企业内层层分解和落实。管理者必须首先确定企业的目标，才能够确定对目标的实现有潜在影响的事项。而企业风险管理就是提供给企业管理者一个适当的过程，既能够帮助制定企业的目标，又能够将目标与企业的任务或预期联系在一起，并且保证制定的目标与企业的风险偏好相一致。

2. 事件识别

不确定性的存在，使得企业的管理者需要对这些事件进行识别。而潜在事件对企业可能有正面的影响、负面的影响或者两者同时存在。有负面影响的事件是企业的风险，要求企业的管理者对其进行评估和反映。因此，风险是指某一对企业目标的实现可能造成负面影响的事件发生的可能性。对企业有正面影响的事件，或者是企业的机遇，或者是可以抵消风险对企业的负面影响的事件。机遇可以在企业战略或目标制定的过程中加以考虑，以确定有关行动抓住机遇。可能潜在地抵消风险的负面影响的事件则应在风险的评估和反应阶段予以考虑。

3. 风险对策

风险对策可以分为规避、减少、共担和接受四类。规避风险是指采取措施退出会给企业带来风险的活动。减少风险是指减少风险发生的可能性、减少风险的影响或两者同时减少。共担风险是指通过转嫁风险或与他人共担风险，降低风险发生的可能性或降低风险对企业的影响。接受风险则是不采取任何行动而接受可能发生的风险及其影响。对于每一个重要的风险，企业都应考虑所有的风险对策方案。有效的风险管理要求管理者选择可以使企业风险发生的可能性和影响都落在风险容忍度之内的风险对策方案。选定某一风险对策方案后，管理者应在残存风险的基础上重新评估风险，即从企业总体的角度或者组合风险的角度重新计量风险。各行政部门、职能部门或者业务部门的管理者应采取一定的措施对该部门的风险进行复合式评估并选择相应的风险对策方案。

内部控制整体框架和企业风险管理框架是相互依存和相互完善的一个整体，风险管理框架以内部控制框架为理论基础，并将其拓展和完善。在实践中，需要根据实际情况并将二者有机地结合起来，才能发挥其预期的作用。

第2章 内部控制的国际比较
Chapter 2　International Comparison for Internal Control

第2节　加拿大的内部控制

（一）COCO 的发展背景

自 1992 年的 COSO 委员会的内部控制出台和英国的卡德伯瑞（Cadbury）委员会报告发布后，各国都不同程度地给予了内部控制以更多的关注。在加拿大，关于内部控制的三个趋势日益明显：（1）多数企业越来越重视内部控制；（2）社会公众对公司公开披露其内部控制的有效性的呼声日益高涨；（3）为保护利益相关者的利益，加拿大监管机构越来越重视公司内部控制。

鉴于上述趋势，1992 年加拿大特许会计师协会（CICA）成立了 COCO（Criteria of Control Board）委员会，该委员会的使命是发布有关内部控制系统设计、评估和报告的指导性文件。经过三年的研究，COCO 委员会于 1995 年 10 月正式发布了关于内部控制的框架性文件——《控制指南》（Guidance on Control）。该指南对内部控制的定义、内部控制的要素、内部控制的作用、参与者、原则进行了阐述，建立了一个完整的内部控制理论体系。在随后的几年中，COCO 委员会又陆续发布了一系列指导性文件，为 COCO 内部控制框架的应用提供了具体详尽的操作规范。

（二）COCO《控制指南》的内涵

COCO 指出，内部控制是指为了支持组织成员达到营运的效果与效率，提高内部与外部报告的可信赖程度，遵循相关法规以及内部政策办法等目标，而由组织资源、系统、过程、文化、结构与作业等元素组成。COCO 的控制模式更具动态和管理阶层导向。COCO 将内部控制的概念扩展到"控制"，其定义是一个企业中的要素集合体，包括资源、系统、过程、文化、结构和任务等，这些要素结合在一起，支持达成该企业的目标。对控制性质指出控制需要企业内所有成员的参与，包括董事会、管理层和所有其他员工。控制对达成企业目标只能提供合理的保证，而不是绝对的保证，这是因为控制本身存在内在的缺陷，如存在人为的错误或成本效益约束等。控制的终极目的是为了创造财富，而不只是单纯地控制成本。有效的控制需要保持独立和整体、稳定和适应变化之间的平衡。

(三) COCO《控制指南》的要素

COCO 指南认为，控制的基本要素包括目的、承诺、能力、学习和监督。这四个基本要素通过"行动"连接成一个循环。COCO 从四个基本要素出发，制定出了有效控制的 20 个规范标准如表 2-3 所示。

表 2-3　　　　　　　　　　有效控制的 20 个规范标准

	要素			
	目的	承诺	能力	学习和监督
标准	①应拟定与沟通各种目标	①应制定、沟通与实施组织全面性的道德价值观的共识如诚信正直等	①成员应具有达成组织目标所必要的知识、技巧与工具	①应监督外部与内部环境以获得资讯，这些资讯可能发出需要重新评估组织目标或控制的信号
	②应识别与评估组织于达成目标期间所面临重大性的内部与外部风险	②人力资源政策与实务应与组织道德价值观以及目标达成一致性	②沟通过程应能支持组织的价值观及达成其目标	②应针对组织目标与计划中所认定的特定目标与指标来监督绩效
	③应制定、沟通与实施为支持组织目标达成与风险管理所设计的政策，使得成员了解组织对自身的期许以及他们能自由行动的范畴	③应清楚界定权力、职责与其应负责任与组织目标一致，并能由适当的人完成决策	③应能及时识别与沟通相关和适当资讯，以使得成员能够执行他们的职责	③应能挑战组织目标与制度背后的各种假设
	④应建立与沟通各种为达成组织目标所从事的计划	④应加强互信的气氛，以支撑组织成员彼此之间的资讯流通以及他们朝着达成组织目标有效的表现	④应能整合组织中不同的领域的决策与行动	④当遇到目标变更或看到缺失报告，就应重新评估对资讯需要与相关资讯系统

第 2 章 内部控制的国际比较
Chapter 2 International Comparison for Internal Control

续表

	要素			
	目的	承诺	能力	学习和监督
标准	⑤各种目标与相关计划应包括可衡量的绩效目标与指标		⑤控制作业的设计应为组织不可分割的一部分,并考虑到组织目标,达成这些目标所面临的风险以及控制元素之间的关联性	⑤应建立与执行稽催程序以确保适当地改变与改善措施
				⑥管理阶层应定期评估组织内的控制成效,并且将结果与该等应负责的个人沟通

(四)COCO《控制指南》的评价

尽管 COCO 委员会的内部控制框架并非尽善尽美,比如说,控制要素的界定比较抽象和宽泛,控制原则的一些隐含的假设值得推敲。但是,COCO 委员会的《控制指南》一经发布,便受到理论界和实务界的广泛认可。COCO 委员会的内部控制框架日益显示出了它的前瞻性和适用性,从而获得了越来越多的企业的青睐。此外,COCO 委员会的内部控制框架在国际上的影响也正在不断扩大,许多关于内部控制的理论文献已把 COCO 和 COSO 的框架相提并论,作为现代内部控制两大理论框架。同时,越来越多的国家开始把加拿大内部控制规范和内部控制实务作为借鉴的对象。由于它在内部控制方面的远见,会计职业界正在把这一控制框架带入 21 世纪。

(五)COCO 内部控制框架与 COSO 内部控制框架的区别

1. 内部控制定义的区别

COCO 委员会认为,内部控制是组织中有助于实现其目标的各个要素(包括企业资源、信息系统、企业文化、组织结构和运作过程等)的总和。这一定义不仅比 CICA 执业手册中内部控制的定义范围要广,而且比 COSO 委员会的定义也更为宽泛。COCO 控制模式更具动态和管理阶层导向。与 COSO 报告中使用的"内部控制"术语相比,COCO 指南更倾向于使用"控制"一词。COSO 委员会

有意把目标确定、战略规划、风险管理和纠错行动排除在"内部控制"外，而 COCO 则把这些活动看成是"控制"概念的组成部分。显然，COCO 指南比 COSO 报告更宽泛，而且没有从注册会计师的角度做更多的考虑。

2. 内部控制内容的区别

加拿大的 COCO 报告包括了目的、承诺、能力、学习和监督等四个方面的内容。COCO 报告比 COSO 报告更进一步关注保持使企业发现和利用机遇的能力，保持企业的反应能力——对意外风险和机遇的反应和适应能力，以及根据不确定性的信息做出决定的能力。最大的不同在于，它提出了应用于整个组织的 20 条标准。COCO 认为，它们以循环的方式彼此相关，并且反映了控制过程是连续的。应该说，COCO 委员会的重要贡献并不在于对内部控制重新进行了定义，而是第一次明确区分了基于独立审计的内部控制观和基于公司治理的内部控制观。COSO 委员会的内部控制定义尽管在原来的概念上有重大突破，但没能明确指出独立审计和公司治理对内部控制概念的不同要求，同时其定义受会计职业界的影响较为明显。

3. 内部控制目标的区别

COCO 界定了经营的效率和效果；内部和外部报告的可靠性；遵守适用的法律、规章及内部政策三个目标。这个目标体系与 COSO 报告的内部控制目标体系在形式上非常相似，不同之处是相对于 COSO 内部控制的目标体系，扩充了以下内容：在报告目标方面，COSO 的报告目标只包括对外公开的报告，而 COCO 的报告目标，不但包括对外报告，也包括对内报告。这一点使得 COCO 的"控制"更能服务于企业的经营管理。在合规目标方面，COSO 的合规目标只是要遵守企业适用的法律和法规，而 COCO 的合规目标，不但要遵守外部的法律法规，也要遵守内部控制的政策和制度。同样，这样的定位使得内部控制更能体现出对企业管理的价值。因此，从目标体系来比较，COCO 的目标体系要比 COSO 的目标体系更完整、更全面，它在传统内部控制范围的基础上，更多地考虑了企业管理的需要，因为内部报告和遵守内部规章制度对企业经营来说更为重要，力图使它既能服务于外部报告的要求，又能服务于企业经营管理。

4. 风险管理的区别

COCO 更明确地将风险管理视为控制的组成要素。COCO 认为，控制包括识别和降低以下两种风险：一是无法保持企业识别和利用机会的能力；二是无法保持企业的弹性（适应的能力）。COSO 对此则没有提及。COCO 对"监督"的理解，包括对经营成果的监督，COSO 则只关注对特定控制活动的监督。COCO 认为，"有效控制"的标准是指能让员工拥有可信赖的信息，并能在管理风险过程中灵活地、适时地得到利用，使企业仅仅保留可以接受的风险，从而为达到企业目标提供合理程度的保证，并且增进外部团体的信任。

第 3 节　英国的内部控制

一、几个报告

在美国安然公司倒闭前的很长一段时间内，英国就把公司治理问题提上了日程。在其公司治理规划的早期阶段，其主要参考的是美国 COSO 于 1992 年 9 月发布的《内部控制整体框架》。但是，综观英国公司治理研究历程，可以发现内部控制始终是其研究的一个重点，并且贯穿始终。

从历史上看，英国内部控制的发展离不开公司治理研究的推动。20 世纪 80~90 年代，英国的公司治理像今天的美国一样，面临着巨大的信任危机。面对创造性（Creative Accounting）的泛滥、公司经营的失败和连续不断的丑闻、董事薪酬激增以及短期行为主义猖獗等一系列公司治理问题，公众、监管机构的不满情绪日益升温。一些知名的公司，如麦斯威尔（Maxwell）、莱维特（Levitt）集团、吉尼斯（Guinness）、国际信贷商业银行，都出现了丑闻甚至于破产。

> **案例 2　国际信贷商业银行事件始末**
>
> 国际信贷商业银行（Bank of Credit & Commerce International，以下均简称为 BCCI）于 1972 年注册于小国卢森堡。该银行 1991 年资产曾高达 250 亿美元，是一家名副其实的大型跨国银行。卢森堡是离岸金融中心，BCCI 作为离岸金融机构则可以免受一系列监管。由此，BCCI 这样的离岸银行则成了犯罪分子洗钱的天堂。直到 1988 年，该银行的一些欺诈活动才在美国司法部的介入下逐渐被发现。1991 年英国中央银行——英格兰银行宣布关闭国际商

上市公司内部控制

业信贷银行（BCCI），其他69个国家的银行监管者紧随其后。导致BCCI被关闭的主要原因之一是母国并表监管的缺位和不力。当银行从事国际银行业务能够轻而易举地将业务从一国转移到另一国时，信息不对称现象非常严重，这使得政府对国际银行业的监管更加困难。另外，一些保密文件显示，英格兰银行官员们多次被告知BCCI进行洗钱活动，但他们置若罔闻，任由洗钱活动持续数年之久。董事会未及时确定其审查内部控制有效性所采取的程序，管理层忽视了对银行风险的全面评估，内部控制系统的不健全致使银行监督体系的极度缺失。为此，更加翔实的关于内部控制的法案呼之欲出。

资料来源：据 http://www.tianya.cn/publicforum/content/develop/1/108714.shtmal "经济论坛"〔案例分析〕余治国：《国际信贷商业银行事件始末》摘要整理。

这一阶段也就成为英国公司治理问题研究的一个高峰期，各种专门委员会纷纷成立，并发布了各自的研究报告。其中比较著名的有：卡德伯瑞报告（Cadbury Report，1992）、茹特曼报告（Rutterman Report，1994）、格林伯瑞报告（Creenbury Report，1995）和哈姆佩尔报告（Hampel Report，1998）。在吸收这些研究成果的基础上，1998年最终形成了公司治理委员会联合规则（Combined Code of the committee on Corporate Governance）。联合规则很快就被伦敦证券交易所认可，成为交易所上市规则的补充，要求所有英国上市公司强制性遵守。这些研究成果从理论和实践两个方面，极大地推动了英国公司治理和内部控制的发展，尤其是卡德伯瑞报告、哈姆佩尔报告，以及作为综合准则指南的特恩布尔报告（Turnbull Report，1999），堪称英国公司治理和内部控制研究历史上的三大里程碑。

（一）卡德伯瑞报告

1994年11月，英格兰和威尔士特许会计师协会（ICAEW）下属的公司治理财务委员会（Cadbury委员会），制定了《内部控制和财务报告》，称为卡德伯瑞（Cadbury）报告。卡德伯瑞报告从财务角度研究公司治理，同时将内部控制置于公司治理的框架之下。

其实，1985年"公司法"第221条款就规定，董事对公司保持充分的会计记录负责，为满足上述要求，在现实中董事必须建立公司财务管理方面的内部控制制度，包括设计程序使舞弊风险最小化。也就是说，1985年的"公司法"已经对董事确保适当的内部控制制度提出了含蓄的要求。卡德伯瑞报告进

第2章 内部控制的国际比较

一步认为，有效的内部控制是公司有效管理的一个重要方面。因此，建议董事们应发表一个声明，对公司内部控制的有效性进行详细描述，外部审计师对其声明进行复核（Review）和报告。同时，规定在董事会认可声明之前，审计委员会应对公司的内部控制声明进行复核。该报告还认为，内部审计有助于确保内部控制的有效性，内部审计的日常监督是内部控制的整体组成部分，会计师职业应在以下方面起到领导作用：（1）开发用以评估有效性的一整套标准；（2）开发董事会报告形式的具体指南；（3）开发审计师用以相关审计程序和报告格式的具体指南。

该报告将内部财务控制定义为"内部控制的建立是为以下目标提供合理的保证：保障未经授权处置的资产；保持组织所采用的或公布的会计记录的适当性以及财务信息的可靠性。"

卡德伯瑞报告在许多方面开创了英国公司治理历史的先河，它明确要求建立审计委员会、实行独立董事制度，同时将内部控制作为公司治理的组成部分。尽管该报告尚存在许多局限性，但它所确认的公司治理的许多原则一直沿用至今。

（二）茹特曼报告

1994年下半年，茹特曼报告问世。该报告建议，董事披露建立有效内部控制的程序，即认为董事应当确认他们已对公司内部财务控制制度进行了全面检查。但是，其仅关注了内部财务控制，却要求董事不要对内部财务控制的有效性发表意见。

（三）格林伯瑞报告

1995年，亨帕尔（Hampel）委员会接替了卡德伯瑞委员会的职责。该委员会通过察看卡德伯瑞报告的履行情况，形成了格林伯瑞报告。该报告主要涉及公司主管报酬评价方法，在巩固以前有关公司治理的研究成果基础上，形成了关于董事报酬、透明度和政策的最符合实际的公司治理规则。

（四）哈姆佩尔报告

1998年发布的哈姆佩尔报告，特别强调了股东与审计人员在公司治理上的重要作用，其将内部控制的目的定位于保护资产的安全、保持正确的财务会计记录、保证公司内部使用和向外部提供的财务信息的可靠性。同时，鼓励董事对内部控制的各个方面进行复核，包括确保高效经营、遵守法规方面的控

制。哈姆佩尔报告认为，很难将财务控制与其他控制区分开来，并坚信董事及管理人员对控制的各个方面进行复核具有重要意义，内部控制不应仅局限于公司治理的财务方面。该报告全面赞同卡德伯瑞报告将内部控制视为有效管理的重要方面的观点，并认为董事会应该对内部控制进行复核，以强调相关控制目标，这些目标包括对企业风险评估和反映、财务管理、遵守法律法规、保护资产安全以及使舞弊风险最小化等方面。

尽管哈姆佩尔报告所提出的准则，将公司治理向前推进了一步，但并未满足普遍的要求，其主要的批评意见集中于该报告的缺乏新意、委员会主要由既得利益者组成、有关原则难以付诸实施、责任不够明确等。当时贸易与部的负责人玛格丽特·贝凯特就认为，报告在受托责任与透明度方面仍有不足。

（五）联合规则

1998年6月，伦敦股票交易所公布了《联合规则》。该准则提出了成功公司的治理以及最佳实践的规则，将卡德伯瑞、格林伯瑞和哈姆佩尔的工作统一起来。随后，英格兰与威尔士特许会计师协会（ICAEW）表示，愿意帮之指导上市公司实施《联合规则》中关于内部控制的规定。该准则于2003年进行了修改。

（六）特恩布尔报告

由于之前的几个内部控制报告均未就如何构建健全的内部控制提供详细的指南，英格兰和威尔士特许会计师协会与伦敦证券交易所达成一致，为上市公司执行准则中与内部控制相关的要求提供具体指南。1999年9月，英格兰和威尔士特许会计师协会组成的以尼格尔·特恩布尔（Nigel Turnbull）为主席的10人工作小组公布了《内部控制：综合准则董事指南》，即特恩布尔报告。特恩布尔报告的意义在于为公司及董事会提供了可行性较高的内部控制指引（刘秋明，2003）[①]。

特恩布尔报告的主要内容是：董事会对公司的内部控制负责，应制定正确的内部控制政策，寻求日常的保证，使内部控制系统有效发挥作用，在此基础上还应进一步确认内部控制在风险管理方面是有效的。在评估特定环境下内部控制的构成时，董事会应对以下进行深入思考：首先是公司面临风险的性质和

[①] 刘秋明：《公司治理下的内部控制与审计——英国的经验与启示》，载《中国注册会计师》2003年第2期。

程度；其次是公司可承受风险的程度和类型；再次是风险发生的可能性以及公司减少事故的能力及对已发生风险的应对能力；最后是实施特殊风险控制的成本和从相关风险管理中获取的利益。

执行风险控制政策是管理层的职责，在履行其职责的过程中，管理层应确认、评价公司所面临的风险，并执行董事会所设计、运行的内部控制政策。公司员工有义务将内部控制作为实现其责任目标的组成部分，他们应集体具备必要的知识、技能、信息和授权，以建立、运行和监督公司内部控制系统。这要求对公司及其目标所处的产业和市场以及面临的风险有深入的理解。

合理的内部控制要素包括政策、程序、任务、行为以及公司的其他方面。这些要素结合在一起，对影响公司目标实现的重大的商业性、业务性、财务性和遵循性风险做出正确反应，以提高公司经营的效率和效果。其中包括避免资产的不当使用、损失或舞弊，并保证已对负债进行了确认和管理。

公司的内部控制应反映组织结构在内的控制环境，包括：（1）控制活动；（2）信息和沟通程序；（3）持续性监督程序。特恩布尔报告指出了健全的内部控制所应具备的基本特征：（1）它根植于公司的经营之中，形成公司文化的一部分，换言之，它不仅仅是为了取悦监管者而进行的年度例行检查；（2）针对公司面临的不断变化的风险，具有快速反应的能力；（3）具有对管理中存在的缺陷或失败进行快速报告的能力，并且能及时地采取纠正措施。

对内部控制有效性进行复核是董事会职责的必备部分。董事会应在谨慎、仔细地了解信息的基础上，形成对内部控制是否有效的正确判断。董事会应限定对内部控制复核的过程，包括一年中复核的范围、收到报告的频率以及年度评估的程序等，这也将为公司年报和记录中的内部控制声明提供适当的支持。

2005年，特恩布尔指南在保持原基本原则不变的情况下，进行了局部的修改，并于2005年10月颁布了修改后的特恩布尔指南。

二、英国目前实行的内部控制框架

英国内部控制的特色建立在其特定的内部控制法律框架基础上，主要包括了四个部分：（1）公司法和普通法；（2）上市股票登记规则；（3）公司治理的联合规则；（4）特恩布尔指南。这个框架起始于普通法规定的董事的受托责任，后又加入了一些具体的责任，如董事要编制真实、公允并经过独立审计的财务报表。对于上市公司来说，上市登记规则提出了进一步的要求，包括报告《联合规则》遵守情况的责任。接下来要考虑的是《联合规则》，最后是特

恩布尔指南。

(一) 普通法和公司法

根据普通法，董事公司负有受托责任，包括管理公司的责任。对于公司的责任包括董事的技能和关注，这要求他们作为董事在管理和做出决定时要：

(1) 诚心诚意的代表公司的最大利益；
(2) 把授予他们的权力用于适当的目的；
(3) 代表公司利益行事时，应用技能和合租的关注。

公司董事的一些具体责任已经在相关法规中做了规定。比如，1985年的公司法案包括了有关会计记录和财务记录的具体要求，在第221节第一部分内规定了董事保持会计记录的指责，"每一个公司都应该保持会计记录，要足以展示和解释公司的交易，从而：(1) 以合理的准确性在任何时候披露公司当时的财务状况；(2) 使董事确保编制的任何资产负债表和利润、损失账目遵守了公司法的要求。"如果不遵守，就会受到包括罚款、坐牢或者同时受到这两种处罚。

在2005年3月发布的公司法改革白皮书中，贸易和工业部（DTI）建议，把当前在普通法以及平等规则内的董事的职责在公司法中形成文化。在与白皮书一起发布的条款中，要求董事：

(1) 以一种他们认为最可能促进公司为了成员整体的利益而成功的方式行事；
(2) 只为了所赋予的目标而行使权力；
(3) 考虑这样一种需要：公司要保持一个高商业行为的声誉；
(4) 实行合理的关注、技能和勤勉。

违背上述合伙人中的一项职能都会与违背相应普通法规或公平原则的后果一样。因为"公司法案1985（经营与财务复核和董事报告等）规则2005"["The Companies Act 1985（Operating and Financial Review）Regulations 2005"]已经赋予了董事新的职责。这些规则规定，上市公司的董事要编制在2005年4月1日或以后开始的那一财务年度的经营与财务审核（Operating and Financial Review，OFR）。经营与财务审核需要包含在公司的年度报告和说明中，且财务报告复核小组将会强制要求在2006年4月1日开始的那一个财务年度遵守这些规则。除其他因素之外，OFR必须包括那些与可能会影响公司长期价值的主要风险和不确定性相关的信息。会计准则委员会在2005年5月发布了OFR的报告准则。报告准则规定，"OFR应当描述公司所面临的风险和不确定

第2章 内部控制的国际比较
Chapter 2 International Comparison for Internal Control

性方法及相关处理方法的评价"。

对于审计师，1985年公司法案同样与之相关联的责任。比如第237节就规定，公司的审计师在准备报表时应该实施一些调查，从而使他们能够形成对于下列事项的意见：（1）公司是否保持了适当的会计记录，而且是否从那些没有拜访过的部门受到了审计所需要的适当回复；（2）公司的单科会计科目是否与会计记录保持一致。如果审计师认为上述两项中有一项没有得到遵守或者他们未能获得审计所必需的所有信息和解释，那么审计师应该在审计报告中陈述这一事实。

（二）上市登记规则

根据财务服务和《市场法案2000》，英国上市登记管理局是英国法定的管理机构，是财务服务局的一部分，负责制定和实施管理上市登记准入的上市登记规则。修订后的上市登记规则将在2005年7月1日生效。修订后的上市登记规则里第9.8.6小节规定，如果一个上市公司是在英国组建的，其年度报告和说明必须包括下列项目：

（1）说明上市公司对《联合规则》第1节所规定原则的应用情况，说明的方式要能够使得股东可以对这些原则的应用情况进行评价。

（2）说明上市公司是否已经：①在整个会计期间遵守了《联合规则》第1节所列示的相关规定；②若在整个会计期间没有遵守该规定，要列出以下内容：那些没有得到遵守的规定，如果有的话；在那些规定的要求具有持续性质的情况下，它没有遵守一些或所有那些规定的期间，如果有的话，公司要说明没有遵守的原因。

（三）《联合规则》

联合规则中强调了披露的重要性。准则的原则集中在董事会需要实现的结果，而准则的规定则是准则的"遵守或解释"部分。在内部控制方面，联合规则中有一条原则和一条规定：

（1）原则C.2指出，"董事会应当维持一套健全的内部控制系统，以保护股东和公司的资产"。

（2）规定C.2.1指出，董事会应当至少每年对内部控制系统的有效性进行一次审查，并向股东报告他们已经这样做了。这项审查应当涵盖所有重要的控制，包括财务、经营和遵从控制以及风险管理系统。

根据上市公司登记规则，外部审计师要审核董事会有关其审查内部控制系

统的遵循报告。审计实务委员会（APB）的指南建议，审计师应当评价公司发布的有关内部控制的报告是否有文档支持，以及是否反映了董事会审查内部控制系统的过程。如果外部审计师认为，董事会的内部控制报告与审计师了解的情况不一致，那么就会在其审计报告中增加一个补充段。

（四）特恩布尔指南

特恩布尔指南提供了有关公司如何应用《联合规则》的内部控制原则和规定，以及董事会如何做出必要披露的指导。它的目标是：反映把内部控制嵌入到公司追求其目标的经营过程中去的健全经营实践；长期与不断变化的经营环境保持相关性，使得公司能够根据自身的特点情况应用该项指南。为了实现这些目标，特恩布尔指南具有以下特点：

（1）将内部控制活动扩展到所有的重要控制，而不仅仅是财务方面。

（2）指南是高级的、原则导向的，使用风险基础方法。该项指南需要具有灵活性，因此它是高级的和原则导向的。而且建议董事会在他们的审查中实施判断和风险基础方法。这就意味着评价单个风险的可能性和影响，以确定重要性。

（3）主要内容包括：保持健全的内部控制系统，审查内部控制的有效性，内部控制的董事会报告书，内部审计。

特恩布尔报告的应用指南认为，经济活动中的风险是不可避免的，完全规避风险是不可取的，因为过分追求安全通常会导致利润和回报率的低下。风险管理的目标在于避免、防止不必要的损失，以及在风险发生概率较高的情况下降低不利结果出现的概率，在不利结果较严重的情况下降低其影响。英国的《公司治理综合条例》规定，英国所有上市公司都必须实行"基于风险的管理方法"，也就是对风险进行辨别、评估、分级，然后根据风险的影响和概率分别采用不同的管理方式。它主要依靠内部控制来确保风险能得到恰当、持续的监控。进行风险管理和内部控制时要注意以下几点：

（1）从成本效益原则考虑，找出最重要的风险，将主要精力放在对它们的管理和控制上；

（2）将责任分配给个人；

（3）提交给董事会的报告要简单明了；

（4）建立适当的风险控制程序并予以实施。

特恩布尔指南强调了核心风险的识别，将风险划分为商业风险、财务风险、遵循性风险、运营风险和其他风险。其中商业风险包括因错误的商业策

第 2 章　内部控制的国际比较
Chapter 2　International Comparison for Internal Control

略、价格和市场上的竞争压力、宏观的经济问题、地方的经济问题、政治风险、过时的技术、替代性产品、不利的政府政策、处于下降中的行业、接管对象、不能获得更多资本、不适当的合并、过慢的改革进程等而造成的风险。财务风险包括流动性风险、市场风险、持续经营风险、贸易过度风险、信用风险、利率风险、货币风险、资本成本过高风险、融资风险、财务资源滥用风险、员工的欺诈行为风险、公布的财务信息存在的误报风险、会计系统的崩溃风险、未记录的负债风险、不可信的会计记录风险、黑客对 IT 系统的袭击和破坏风险、对信息过多或不足的分析风险、对投资者未实现的承诺风险等。遵循性风险包括对各项法规制度（如公司法、上市公司章程、财务规章及其他法规）的违反风险、诉讼风险、税务惩罚风险、健康和安全风险、环境问题带来的风险等。运营风险和其他风险包括因商业运作未完全遵循战略目标、主要变革的失败、企业文化的丧失、原材料的库存不足、熟练工人的缺乏、无形资产开发利用的失败、无形资产的损失、机密资料的泄露、实物资产的损失、商业运作缺乏连续性、关键人物的损失、无法降低成本、过于依赖某个主要供应商或顾客、新产品或服务的失败、服务水平低下等而造成的风险。

英格兰和威尔士特许会计师协会（ICAEW）认为，评估风险首先得找出某个事件发生的可能性以及其可能带来的影响，然后判断各种情况下应该做出的反应。ICAEW 将风险分为 A、B、C、D 四类：A 是严重而且经常发生的风险，需要立即采取行动来化解；B 是虽然严重但不经常发生的风险，需要有一应急方案来降低风险的严重程度；C 是不严重但经常发生的风险，需要考虑采取适当的行动来化解，并努力降低其发生频率；D 是不严重也不经常发生的风险，只需要定期复核即可。

值得注意的是，在考虑风险的影响时，不仅仅要从财务角度考虑，更重要的是从公司目标的实现角度考虑其潜在的影响。并不是所有的风险都被确认为重要的，非重要的风险需要定期复核，特别是在外部环境不断变化的情况下，要定期检查它们的重要程度。

（1）核心风险的管理。当确认并决定哪些风险是最重要的之后，采取行动之前要考虑：董事会能否接受这样的风险；如何避免或减少风险带来的损失；谁来负责管理风险并监控风险控制的情况；在实施一定的控制程序之后，还会存在多大程度的风险；有没有预警机制等等。

（2）风险控制报告。风险控制报告使董事会知晓公司面临的重要风险，并制定相应的程序对风险进行管理。同时，董事会应向股东汇报是否保持了公司内部控制系统的有效性。

上市公司内部控制
Internal Control of Listed Company

风险控制报告包括内部报告和外部报告两部分。其中内部报告是指董事会要定期接受并研究高级经理提交的报告，以及内部审计部门和其他专业人士提交的报告。报告应当包括对重大风险控制系统的评估，并从实际和潜在应用两个方面系统地探讨其弱点以及应该采取的修正措施。董事会下属的专业委员会，如内部审核委员会，要定期提交主要风险指标的信息和一般控制报告中的关键信息。

外部报告指的是董事会每年至少有一次对公司内部控制系统的有效性进行检查并向股东汇报有关情况。报告可以不讨论公司面临的主要风险，但要声明公司具有对重大风险进行实时监督、评估和管理的管理系统，并对此系统进行定期检查，以符合特恩布尔报告的要求与 COSO 的企业风险管理相比，特恩布尔报告确定的风险管理流程包括董事会承诺，制定目标，确认重大风险，风险的评估、评级与排序，管理风险，监控、报告与进展。因此，特恩布尔报告更加关注了企业所具有的各层结构与企业风险管理的关系。

第4节　我国的内部控制

一、几个主要的内部控制规则

我国对内部控制的关注，早在 1997 年中国人民银行印发《加强金融机构内部控制的指导原则》时就已开始。2001 年，我国财政部开始实施《内部会计控制规范——基本规范》及其具体准则，指出内部会计控制是"指单位为了提高会计信息质量，保护资产的安全、完整，确保有关法律法规和规章制度的贯彻执行等而制定的一系列控制方法、措施和程序"。同年，中国证券监督管理委员会发布《证券公司内部控制指引》，其规定"公司内部控制包括内部控制机制和内部控制制度两个方面。内部控制机制是指公司的内部组织结构及其相互之间的运行制约关系；内部控制制度是指公司为防范金融风险，保护资产的安全与完整，促进各项经营活动的有效实施而制定的各种业务操作程序、管理方法与控制措施的总称"。中国证监会并在 2003 年的《证券公司治理准则》中，强调证券公司经理层建立健全有效的内部控制制度和内部控制机制的责任。2002 年，中国人民银行发布的《商业银行内部控制指引》指出，"内部

第 2 章　内部控制的国际比较
Chapter 2　International Comparison for Internal Control

控制是商业银行为实现经营目标,通过制定和实施一系列制度、程序和方法,对风险进行事前防范、事中控制、事后监督和纠正的动态过程和机制"。此后一系列的内部控制在各行各业纷纷出台。

然而,在 2004 年至 2005 年年初,伊利股份董事长被拘、创维数码董事局主席以及金正数码和深圳石化原董事长被捕事件,将内地与香港资本市场搞得沸沸扬扬。与此几乎同时发生的中航油巨亏事件,对国内外相关各方更产生了重大冲击和深远影响,中航油的国企背景也对我国的国家信用及我国企业海外上市前景都产生了负面作用。在这一系列企业丑闻与失败的背后,隐藏着巨大的危机,高层管理人员的监督问题日渐突出,社会对改善公司治理的呼声日益高涨。在此背景下,2005 年 10 月,中国证监会出台《关于提高上市公司质量意见》,这是国务院首次就上市公司工作批转发布的文件。2006 年 5 月 17 日,证监会发布第 32 号令——《首次公开发行股票并上市管理办法》,该办法规定"发行人的内部控制在所有重大方面是有效的,并由注册会计师出具了无保留结论的内部控制鉴证报告",这是我国首次对上市公司内部控制提出具体的要求。

2006 年 6 月 5 日,上海证券交易所出台了《上海证券交易所上市公司内部控制指引》(简称"上交所内部控制指引"),为上市公司建立并有效执行内部控制制度提供指引,针对上市公司内部控制的信息披露提出了强制性要求。而在上交所内部控制指引出台的第二天,即 2006 年 6 月 6 日,国资委也发布了《关于印发〈中央企业全面风险管理指引〉的通知》;紧接着 2006 年 7 月,财政部发出了《关于成立企业内部控制标准委员会的通知》。2006 年 9 月 28 日,深圳证券交易所也出台了《深圳证券交易所上市公司内部控制指引》(简称"深交所内部控制指引"),做出了比上交所内部控制指引更为详尽的规定。这两个版本的内部控制指引一经颁布,标志着我国上市公司内部控制制度及监督体系的建设和完善已经走到了关键的时期。如此高密度的政策出台,表明我国对内部控制制度建设的重视程度。这些政策的出台不仅标志着我国有了自己的全面风险管理指导性文件,更说明了我国企业正向管理的更高阶段——全面风险管理迈进,将企业管理推向了一个新的管理平台。

特别需要说明,2008 年 6 月 28 日,我国财政部、证监会、审计署、银监会、保监会联合发布了《企业内部控制基本规范》,原定于 2009 年 7 月 1 日开始实行。但是,由于企业培训等准备工作没有做完等原因,这一规范的实施范围当时被缩小至境外上市的企业,境内上市企业的实行时间则推迟到了 2010 年 1 月 1 日。《企业内部控制基本规范》被称为中国的《萨班斯—奥克斯利法

案》，目的在于加强和规范企业内部控制，提高企业经营管理水平和风险防范能力，促进企业可持续发展。中国成为继美国和日本之后第三个要求对本国企业实施全面内控审计的国家。

该规范规定，执行基本规范的上市公司应对公司内部控制的有效性进行自我评价，披露年度自我评价报告，并可聘请具有证券、期货业务资格的中介机构对内部控制的有效性进行审计。注册会计师发现在内部控制审计过程中注意到的企业非财务报告内部控制重大缺陷，应当提示投资者、债权人和其他利益相关者关注。

从中国上市公司的内部控制建设情况来看，实施《企业内部控制基本规范》也显得十分必要的。德勤在2008年和2009年对国内上市公司的内部控制状况进行了调查。他们发现，有56%的公司没有建立或现有内部控制机制尚不完善，而72%的公司认为其公司没有持续监控内部控制的有效机制。

紧接着，在2011年1月26日，我国财政部、证监会、审计署、银监会、保监会联合发布《企业内部控制配套指引》。该配套指引包括18项《企业内部控制应用指引》、《企业内部控制评价指引》和《企业内部控制审计指引》，连同此前发布的《企业内部控制基本规范》，这些文件的出台标志着适应我国企业实际情况、融合国际先进经验的企业内部控制规范体系基本建成。

根据以上五个部门制定的实施时间表，《企业内部控制配套指引》将自2011年1月1日起，首先在境内外同时上市的公司施行；自2012年1月1日则扩大到上海证券交易所、深圳证券交易所主板上市的公司；在此基础上，择机在中小板和创业板上市公司施行；同时，鼓励非上市大型企业提前执行。

（一）《中央企业全面风险管理指引》

2006年6月6日，国务院国有资产监督管理委员会发布了《中央企业全面风险管理指引》。此《指引》是在对我国过去20多年来国有企业因风险控制而造成的大量损失的教训进行反思的基础上，参考、借鉴了发达国家已颁布的风险管理体系框架、风险管理标准而提出的。

1. 内涵

《中央企业全面风险管理指引》中指出："全面风险管理，指企业围绕总体经营目标，通过在企业管理的各个环节和经营过程中执行风险管理的基本流程，培育良好的风险管理文化，建立健全全面风险管理体系，包括风险管理策略、风险理财措施、风险管理的组织职能体系、风险管理信息系统和内部控制系统，从而为实现风险管理的总体目标提供合理保证的过程和方法。"全面风险管理体系与企业现有的管理体系之间的关系是有机的结合，不是互不相关的两张皮。全面风险管理对现有的管理体系起到的是提升、整合、强化的作用。

现有的管理体系基本是对业务流程的管理，而所有的业务流程的管理中都应当有风险管理的内容。也就是说，全面风险管理为现有管理体系提供了基础和操作平台。从全面风险管理的角度审视现有的各种管理体系，可以看到许多应当改进的地方。因此，全面风险管理对现有的各种管理体系有提升的作用。

现有的企业中的管理体系往往是互相重叠的、关系不清的。全面风险管理体系的系统性强，覆盖了企业管理的各个方面，表现了现代企业管理的核心内容。所以，实施全面风险管理能够将现存的管理功能联系起来，协调互相不一致、不连贯的地方，将现存的管理功能去粗取精。从管理的理念来看，全面风险管理与一般的管理有着更深刻的区别。或者可以说，有了全面风险管理以后，整个的管理过程就被风险管理化了。一般的管理是从确定目标、制订计划、配备资源、执行监控的角度来看问题的。但是，在这样一个过程中，计划是确定的，而执行过程中的非确定性的处理则没有被充分注意。由于风险的存在，这样的管理对于复杂的竞争环境而言，只能是粗线条的、过于依赖于直观的判断。管理者通常对于过程的把握是不够的。全面风险管理对于企业的管理是把它放到一个不确定性的框架中去考虑的，重点是对过程的监控，目光永远是向前看的、主动的。全面风险管理认识到企业经营过程的不确定性所带来的各种后果，认识到创造性地解决问题的必要性。

2. 目标

企业开展全面风险管理，要努力实现以下风险管理总体目标：

（1）确保将风险控制在与总体目标相适应并可承受的范围内；

（2）确保内外部，尤其是企业与股东之间实现真实、可靠的信息沟通，包括编制和提供真实、可靠的财务报告；

（3）确保遵守有关法律法规；

（4）确保企业有关规章制度和为实现经营目标而采取重大措施的贯彻执行，保障经营管理的有效性，提高经营活动的效率和效果，降低实现经营目标的不确定性；

（5）确保企业建立针对各项重大风险发生后的危机处理计划，保护企业不因灾害性风险或人为失误而遭受重大损失。

简单来说，企业建立全面风险管理体系的总体目标，就是为企业实现其经营目标提供合理的保证。也就是说，为了保证企业经营目标的实现，将企业的风险控制在由企业战略决定的范围之内。换句话说，全面风险管理可以帮助所有的企业，不管其大小或目标是什么，来全面系统地辨识、衡量、排序并处理所面临可导致其偏离企业目标的风险。

同时，企业建立全面风险管理体系，还可以确保企业遵守有关法律法规，确保企业内外部尤其是企业与股东之间实现真实、可靠的信息沟通，保障企业经营管理的有效性，提高经营效率，保护企业不至于因灾害性事件或人为失误而遭受重大损失。

3. 框架与内容

《指引》包括总则、风险管理初始信息、风险评估、风险管理策略、风险管理解决方案、风险管理的监督与改进、风险管理组织体系、风险管理文化和风险管理信息系统等方面内容。同时，也对以上内容进行了详细的阐述，并对中央企业如何开展全面风险管理工作提出了明确要求。

（1）收集风险管理初始信息。

收集风险管理的初始信息，包括战略风险、财务风险、市场风险、运营风险、法律风险等信息的收集。实施全面风险管理，企业应广泛、持续不断地收集与本企业风险和风险管理相关的内部、外部初始信息，包括历史数据和未来预测。应把收集初始信息的职责分工落实到各有关职能部门和业务单位。企业对收集的初始信息应进行必要的筛选、提炼、对比、分类、组合，以便进行风险评估。

（2）进行风险评估。

企业应对收集的风险管理初始信息和企业各项业务管理及其重要业务流程进行风险评估。风险评估包括风险辨识、风险分析、风险评价三个步骤。风险评估应由企业组织有关职能部门和业务单位实施，也可聘请有资质、信誉好、风险管理专业能力强的中介机构协助实施。风险辨识是指查找企业各业务单元、各项重要经营活动及其重要业务流程中有无风险，有哪些风险。风险分析是对辨识出的风险及其特征进行明确的定义描述，分析和描述风险发生可能性的高低、风险发生的条件。风险评价是评估风险对企业实现目标的影响程度、风险的价值等。企业应对风险管理信息实行动态管理，定期或不定期实施风险辨识、分析、评价，以便对新的风险和原有风险的变化重新评估。

第2章　内部控制的国际比较
Chapter 2　International Comparison for Internal Control

(3) 制定风险管理策略。

风险管理策略，是指企业根据自身条件和外部环境，围绕企业发展战略，确定风险偏好、风险承受度、风险管理有效性标准，选择风险承担、风险规避、风险转移、风险转换、风险对冲、风险补偿、风险控制等适合的风险管理工具的总体策略，并确定风险管理所需人力和财力资源的配置原则。

一般情况下，对战略、财务、运营和法律风险，可采取风险承担、风险规避、风险转换、风险控制等方法。对能够通过保险、期货、对冲等金融手段进行理财的风险，可以采用风险转移、风险对冲、风险补偿等方法。企业应根据不同业务特点统一确定风险偏好和风险承受度，即企业愿意承担哪些风险，明确风险的最低限度和不能超过的最高限度，并据此确定风险的预警线及相应采取的对策。确定风险偏好和风险承受度，要正确认识和把握风险与收益的平衡，防止和纠正忽视风险、片面追求收益而不讲条件、范围，认为风险越大、收益越高的观念和做法；同时，也要防止单纯为规避风险而放弃发展机遇。

企业应定期总结和分析已制定的风险管理策略的有效性和合理性，结合实际不断修订和完善。其中，应重点检查依据风险偏好、风险承受度和风险控制预警线实施的结果是否有效，并提出定性或定量的有效性标准。

(4) 提出和实施风险管理解决方案。

企业应根据风险管理策略，针对各类风险或每一项重大风险制定风险管理解决方案。方案一般应包括风险解决的具体目标，所需的组织领导，所涉及的管理及业务流程，所需的条件、手段等资源，风险事件发生前、中、后所采取的具体应对措施以及风险管理工具（如：关键风险指标管理、损失事件管理等）。

企业制定风险解决的内控方案，应满足合规要求，坚持经营战略与风险策略一致、风险控制与运营效率及效果相平衡的原则，针对重大风险所涉及的各管理及业务流程，制定涵盖各个环节的全流程控制措施；对其他风险所涉及的业务流程，要把关键环节作为控制点，采取相应的控制措施。

企业制定内控措施，一般至少包括以下内容：建立内控岗位授权制度、内控报告制度、内控批准制度、内控责任制度、内控审计检查制度、内控考核评价制度、重大风险预警制度、健全以总法律顾问制度为核心的企业法律顾问制度、重要岗位权力制衡制度。

(5) 风险管理的监督与改进。

企业应以重大风险、重大事件和重大决策、重要管理及业务流程为重点，对风险管理初始信息、风险评估、风险管理策略、关键控制活动及风险管理解决方案的实施情况进行监督，采用压力测试、返回测试、穿行测试以及风险控

制自我评估等方法对风险管理的有效性进行检验，根据变化情况和存在的缺陷及时加以改进。

企业应建立贯穿于整个风险管理基本流程，连接各上下级、各部门和业务单位的风险管理信息沟通渠道，确保信息沟通的及时、准确、完整，为风险管理监督与改进奠定基础。企业各有关部门和业务单位应定期对风险管理工作进行自查和检验，及时发现缺陷并改进，其检查、检验报告应及时报送企业风险管理职能部门。

全面风险管理的程序的执行不是一个从上到下的直线式的过程，而是互相联系的循环过程。这种循环式的执行程序表现了全面风险管理作为企业管理的核心内容的连续性特征，使得全面风险管理成为一个动态的过程。

案例3　三鹿：企业内控失败的典型案例

2008年9月，陕甘宁和江苏等地出现了多个婴儿患肾结石病例，疑为食用问题奶粉所致。11日，卫生部证实，经调查，高度怀疑三鹿集团旗下的三鹿牌婴幼儿配方奶粉受到三聚氰胺污染；同日，三鹿集团承认奶粉受污染，全部召回8月6日以前产品。由此，席卷全国的三鹿奶粉风暴开始了。

原料奶进门的质量控制是乳品企业的重要风险点。三鹿集团的原奶采购模式是"奶农—奶站—乳企"。随着企业规模快速扩张，奶农、奶站愈来愈加分散，控制难度越来越大。此次事件的发生，说明三鹿集团在采购环节的质量控制已经是形同虚设。风险意识不够致使企业内部管理的松懈，从而放松了采购质控。三鹿事件曝光后，三鹿集团采取了能推就推、能拖就拖、能瞒就瞒的处理方式，应急机制很不健全，内部控制活动失效，最终导致了事态恶化。

三鹿集团在养殖区建立技术服务站，派出驻站员，监督检查饲养环境、挤奶设施卫生、挤奶工艺程序的落实。如果驻站员监督检查能够落实到位，如果有内部控制的专门监督机构能够对驻站员的工作进行日常监督，发现并报告这种控制方式存在的缺陷或有效性，及时予以改进和加强，三鹿集团的问题就绝对不会是现在这样的严重。三鹿事件让我们警醒，建立和实施有效的企业内部控制，不是可有可无，而是意义重大、影响深远，关乎企业的盛衰荣辱、生死存亡。

资料来源：根据石斌：《三鹿集团内部控制透视》；汪靖中、张瑶瑶：《三鹿：企业内控失败的典型案例》，《中国财经报》2008年9月25日及相关信息整理。

第2章　内部控制的国际比较
Chapter 2　International Comparison for Internal Control

4. 评价

在我国，目前风险管理理论的发展及应用相对滞后，有相当一部分企业普遍存在风险管理意识不足，缺乏风险策略、风险管理较为被动、缺少风险管理专业人才，以及风险管理技术、资金不足等问题。

从《指引》的内容上，我们可以看出，《指引》是在借鉴了国际上发达国家有关企业风险管理的标准及法规，汲取了国外大公司在风险管理方面的先进经验，并结合了我国现有的法规及企业的现实情况的基础上提出的。它的出台对增强中央企业竞争力，促进中央企业持续、健康、稳定发展和提高国有资产保值增值率有着深远的意义。虽然《指引》只对中央企业开展全面风险工作提出了要求，但是它的指导范围并不仅限于中央企业。《指引》所描述的风险管理的范围，既涵盖了类似公司治理结构这样的公司层面的问题，也涵盖了业务层面的操作问题，对其他企业具有普遍的指导意义。

（二）《企业内部控制基本规范》

1. 背景

1999年，修订后的《会计法》第一次以法律的形式，对企业建立健全内部控制提出原则要求。2001年，财政部随即连续制定发布了《内部会计控制规范——基本规范》等7项内部会计控制规范，审计署、国资委、证监会、银监会、保监会以及上海、深圳证券交易所等也从不同角度对加强内部控制提出明确要求。然而，随着市场经济的发展，企业面临的环境不断变化，仅以会计作为控制手段已难以应对企业面对的市场风险，会计控制必须向风险控制发展。同时，各部门之间的对内控不同要求也有待于进一步协调，以便为进行内部控制自我评估和外部评价提供统一标准。

另外，在经济全球化的背景下，越来越多的国家（地区）意识到，强化企业内部控制系统，将有助于防止和管理风险，提高运营的效率和效果，确保财务报告的可靠性，提高企业战略目标的能力，并维护投资者的合法权益。2002年7月，美国国会通过的《萨班斯—奥克斯利法案》，也对目前国际上各国（地区）企业内控制度建设产生积极的影响。

在基本规范发布前，尽管我国一些海外上市的企业已经开始按照国际准则进行企业内部控制体系建设，但从总体上来看，我国企业内部控制体系建设仍然处于起步阶段，国内一直没有统一的内控规范，导致上市的中国企业在建立

并实施各具特色的内控制度时,存在内控监管要求政出多门、企业无所适从的状况。

综上所述,在国内资本市场中,由于没有统一的企业内部控制规范,加上一些上市公司内部控制意识淡薄,从而出现了一些企业内部控制失效甚至舞弊的案件,损害了投资者利益,导致国内资本市场发展比较缓慢。此外,由于企业和银行内部控制不规范,银行发生大量不良贷款的现象也屡见不鲜。

针对这些问题,财政部、证监会、审计署、银监会、保监会于2006年7月15日,发起成立具有广泛代表性的企业内部控制标准委员会,研究推动企业内部控制规范体系建设问题。2007年3月2日,企业内部控制标准委员会公布《企业内部控制基本规范》和17项具体规范的征求意见稿。2008年6月28日,《企业内部控制基本规范》正式发布。此次基本规范的印发,标志着企业内部控制规范体系建设取得重大突破。

2. 内涵

《企业内部控制基本规范》科学界定内部控制的内涵,强调内部控制"是由企业董事会、监事会、经理层和全体员工实施的、旨在实现控制目标的过程",有利于树立全面、全员、全过程控制的理念。企业是不同理性主体之间的一系列契约。内部控制通过明确企业内部各成员的职责,以及制定各种交易规则,保护企业各方的正当利益,最大限度地维护企业内部交易的公正和公平,基本规范认为,企业的每个管理主体就是控制主体,经营者对企业的管理是宏观层次的资源配置,管理者对其所负责部门的管理也是资源配置,员工则是在其岗位上直接操持一定的资源并实现对资源的控制,员工是最基本的管理者,是直接对资源进行控制的主体,而且是企业内部控制的最终落脚点。

所以员工也就成为控制主体之一,每一个员工必须合理地使用自己直接控制的资源,保护企业财产和资源的安全,如实报告各种相关信息。从组织的全体来看,自下而上的全员控制有助于改善内部信息不对称,由此受益的不仅仅是一般员工;对管理者的不同层次来说,同样也可以减少信息不对称造成的控制困难。因此可以说"人人都是控制者"。

3. 目标

《企业内部控制基本规范》中,提到了内部控制的目标是"合理保证企业经营管理合法合规、资产安全、财务报告及相关信息真实完整,提高经营效率和效果,促进企业实现发展战略。"该目标在要求企业在保证经营管理合法合

第 2 章　内部控制的国际比较
Chapter 2　International Comparison for Internal Control

规、资产安全、财务报告及相关信息真实完整、提高经营效率和效果的基础上，着力促进企业实现发展战略。

基本规范从企业最根本的目标出发，充分考虑投资者、债权人、管理者及其他利益相关者的要求，以提高企业战略管理和自我引导能力为目的，判断现有的内部控制方法、控制对象与控制目标是否相容，及其之间存在相互关系，这些目标的不同层面，每个层面作用的特定控制要素，相应的配套措施；考虑了哪些目标层面的可控性更强，哪些目标层面受其他系统的影响更多等。

4. 原则

《企业内部控制基本规范》规定了若干原则：（1）全面性原则，即内部控制应当贯穿决策、执行和监督全过程，覆盖企业及其所属单位的各种业务和事项；（2）重要性原则，即内部控制应当在全面控制的基础上，关注重要业务事项和高风险领域；（3）制衡性原则，即内部控制应当在治理结构、机构设置及权责分配、业务流程等方面形成相互制约、相互监督，同时兼顾运营效率；（4）适应性原则，即内部控制应当与企业经营规模、业务范围、竞争状况和风险水平等相适应，并随着情况的变化及时加以调整；（5）成本效益原则，即内部控制应当权衡实施成本与预期效益，以适当的成本实现有效控制。

5. 要素

《企业内部控制基本规范》规定，企业建立与实施有效的内部控制，应当包括下列要素：（1）内部环境。内部环境是企业实施内部控制的基础，一般包括治理结构、机构设置及权责分配、内部审计、人力资源政策、企业文化等；（2）风险评估。风险评估是企业及时识别、系统分析经营活动中与实现内部控制目标相关的风险，合理确定风险应对策略；（3）控制活动。控制活动是企业根据风险评估结果，采用相应的控制措施，将风险控制在可承受度之内；（4）信息与沟通。信息与沟通是企业及时、准确地收集、传递与内部控制相关的信息，确保信息在企业内部、企业与外部之间进行有效沟通；（5）内部监督。内部监督是企业对内部控制建立与实施情况进行监督检查，评价内部控制的有效性，发现内部控制缺陷，应当及时加以改进。上述要素有机融合世界主要经济体加强内部控制的做法经验，构建了以内部环境为重要基础、以风险评估为重要环节、以控制活动为重要手段、以信息与沟通为重要条件、以内部监督为重要保证，相互联系、相互促进的五要素内部控制框架。

无论是内部控制、公司治理还是风险管理，都是为了控制企业可能面临的

上市公司内部控制
Internal Control of Listed Company

各种风险而产生的,伴随企业由自然人企业向公司制企业过渡,企业的组织层次发生变化,相应的风险控制也由员工层次向经理层、董事会以至股东大会转换,风险控制也由内部控制发展为公司治理;在企业较高层次,其主要的职责是经营决策,所以公司治理主要存在就是决策非理性的风险;早期企业面临的主要风险是财物侵吞和信息欺诈风险,风险控制的主要任务是保证财产安全和信息真实,而现代企业财物的安全控制体系和信息体系不断地建立健全,企业面临的主要风险已转变为市场竞争风险,所以风险控制就更加关注战略风险和经营风险。从这个意义出发内部控制、公司治理、风险管理都属于企业管理的范畴,都是为了进行风险控制。

(三)《上海证券交易所上市公司内部控制指引》及《深圳证券交易所上市公司内部控制指引》

1. 背景

自 2001 年以来,东方创业副总经理陶洪涉嫌违规贷款担保、山东巨力原董事长王清华涉嫌欺诈发行股票、浙江东方前任董事长刘宁生、前任副董事长吴建华严重违反国家财经纪律、ST 京西董事长刘利华涉嫌挪用公款罪、深圳机场总经理崔绍先"涉嫌个人犯罪"、利嘉股份公司总经理陈翔因个人涉嫌合同诈骗罪、开开实业前总经理张晨携款潜逃、三毛派神前董事长张晨潜逃,以及东北高速事件等上市公司高管的恶性违规、违法事件的发生,暴露出我国上市公司治理结构的不完善、司法手段相对滞后、内控制度存在漏洞、内控机制严重缺位等问题,引起了我国证券市场的广泛关注,建立完整的上市公司内控制度成为刻不容缓的大事。

在美国安然、世通事件爆发后,美国国会通过了《萨班斯—奥克斯利法案》,对上市公司的内部控制及其披露制度做出了严格规定。伴随着美国证券市场强制性要求的实施,强化内控制度建设已经成为全球化的趋势。日本等其他国家和地区证券市场也纷纷建立了与内部控制有关的披露制度。上海证券交易所在深入研究的基础上,借鉴国际经验,颁布了《上海证券交易所上市公司内部控制指引》简称"《指引》",于 2006 年 7 月 1 日正式执行。《指引》是我国第一部指导上市公司建立健全内控机制的规范性文件,将推动我国上市公司建立有效透明的监督体制,提升我国上市公司质量上市公司内部控制的信息披露提出了强制性要求。而 2006 年 9 月 28 日,深圳证券交易所也出台了《深圳证券交易所上市公司内部控制指引》(简称"深交所内部控制指引"),做出了比上交所内部控制指引更为详尽的规定。这两个版本的内部控制指引一经颁布，就被业界称为中国版的《萨班斯—奥克斯利法案》，这标志着我国上市公司内部控制制度及监督体系的建设和完善已经走到了关键的时期。

> **案例 4　利嘉股份事件**
>
> 　　豪盛四川公司成立于 2003 年 4 月 8 日，注册资本 2 亿元人民币。其中利嘉股份投资 1.4 亿元，另外的 6 000 万元由成都众志成城投资管理有限公司出资。但是，两家股东的出资方式中，除了 500 万元现金之外，其余的 1.95 亿元均为机器设备。公司成立不久，豪盛四川公司就向中国建设银行广汉市支行借款 5 000 万元，至今这笔钱也没有归还。利嘉股份作为担保方也没有按照相关规定，进行及时的披露。利嘉股份同时表示，公司只是代为持股，实际出资人为利嘉集团。豪盛四川公司已经在 2004 年下半年被清算，利嘉股份公司总经理陈翔因个人涉嫌合同诈骗罪被捕，当天公司股价每股深度下挫 9.47 元，几近跌停。
>
> 　　利嘉股份事件的出现，大部分是由于证券市场在相当长的时期内存在法律缺位和执法效率低下、执法不严的情况。同时，企业内部控制活动难以正常有效展开，是实质性的原因。因此，面对上市公司内控不足的情况，我们应当加强监管，发挥监管机构的作用，监管前移，最好做到事前控制。另外，要使公司的权力分散，形成相互制约；独立董事监督经理层，防止内部人控制；监事会要真正成为监督和纠正董事、经理违法违规行为的机构；同时，要发挥会计事务所、媒体等机构的作用，充分利用第三方的力量，对其进行全方位的监管。通过加强监管措施，化解旧的风险，利用合理的制度安排形成相互制衡的体制，培育诚信的市场环境，从而促成我国上市公司健康成长。
>
> 　　资料来源：根据王唤明：《高管频出事，何药可以治》及 biz.cn.yahoo.com 相关信息整理。

2. 内涵

　　上海证券交易所的内部控制指引，把内部控制定义为："内部控制是指上市公司为了保证公司战略目标的实现，而对公司战略制定和经营活动中存在的风险予以管理的相关制度安排。它是由公司董事会、管理层及全体员工共同参与的一项活动。"深圳证券交易所的内部控制指引，把内部控制定义为："内部控制是指上市公司董事会、监事会、高级管理人员及其他有关人员为实

现下列目标而提供合理保证的过程……"

这两个定义都明确了内部控制的以下特征：（1）是一个过程；（2）受人的影响；（3）旨在识别影响组织的事件并管理风险；（4）合理保证；（5）为了实现各类目标。相比而言，上海证券交易所的定义进一步明确了应用于战略制定的内容，对于这点的明确是非常重要的。公司制定战略的时候，是否考虑了可能发生的风险，是否考虑了公司对风险的偏好和承受能力是非常重要的，有时候最大的风险往往出现在战略制定环节。

3. 目标

上海证券交易所的内部控制指引，对内部控制目标的设定如下：提高公司经营的效果与效率，增强公司信息披露的可靠性，确保公司行为合法合规。深交所内部控制指引则在定义中设定了内部控制的目标：（1）遵守国家法律、法规、规章及其他相关规定；（2）提高公司经营的效益及效率；（3）保障公司资产的安全；（4）确保公司信息披露的真实、准确、完整和公平。

对于内部控制目标的设定，两个框架均明确了如下三点：（1）经营的效果和效率；（2）报告的可靠性；（3）法律法规的遵循性。其中"报告的可靠性"，应包括内部的和外部的、财务的和非财务的报告，其关键在于保证公司内部信息传递的通畅，往往很多漏洞产生的原因就在于信息的不对称，决策层的决策没有信息支持，审批流于形式，舞弊的发生也就有了可能。因此，可以说，报告的可靠性目标是最基本也是最难以达到的。深圳证券交易所的内部控制指引，更明确了保障资产安全的目标，相对于提高经营效率与效果的目标，遵守法律法规、保障资产安全是内部控制的根本。对于我国大部分的上市公司而言，目前还应将这两个目标作为完善内部控制制度的主要目标，只有真正做到了这两点，才能够去谈如何提高经营效率与效果。

4. 要素

上海证券交易所的内部控制指引框架中，提出了八个基本要素：目标设定、内部环境、风险确认、风险评估、风险管理策略选择、控制活动、信息沟通以及检查监督。深圳证券交易所的内部控制指引框架中，也提出了以内部环境、目标设定、事项识别、风险评估、风险对策、控制活动、信息与沟通以及检查监督为内部控制的要素。对于控制要素的界定，上交所和深交所的内部控制指引均采用了八要素的方式，将风险框架细致分解。其中"目标设定"是指董事会和管理层根据公司的风险偏好设定战略目标；"内部环境"是指公司的组织文化，以及其他影响员工风险意识的综合因素，包括员工对风险的看法、管理层风险管理理念和风险偏好、职业道德规范和工作氛围、董事会和监事会对风险的关注和指导等。"风险确认"（深交所为"事项识别"）强调董事会和管理层对影响公司目标实现的内外事项进行识别，"风险评估"和"风险管理策略选择"（深交所为"风险对策"）则是董事会和管理层对内外风险进行分析后，根据公司风险承受能力和风险偏好选择风险管理策略。这四个要素均是强调从战略层面对风险进行界定、确认以及选择，并引入了"风险承受能力"及"风险偏好"的概念，更好地在战略层面区分风险与机会。"控制活动"指为确保风险管理策略有效执行而制定的制度和程序，包括核准、授权、验证、调整、复核、定期盘点、记录核对、职能分工、资产保全、绩效考核等。"信息沟通"指产生服务于规划、执行、监督等管理活动的信息并适时向使用者提供的过程。"检查监督"指公司自行检查和监督内部控制运行情况的过程。在检查监督方面，上交所要求"公司董事会应在年度报告披露的同时，披露年度内部控制自我评估报告，并披露会计师事务所对内部控制自我评估报告的核实评价意见"。深交所内部控制指引也要求，"公司根据自身经营特点和实际状况，制定公司内部控制自查制度和年度内部控制自查计划"，并且"注册会计师在对公司进行年度审计时，应参照有关主管部门的规定，就公司财务报告内部控制情况出具评价意见"。就内部控制检查监督以及信息披露而言，在上交所和深交所内部控制指引框架中，均强调内部自评与外部审核相结合，这对于我国上市公司来说是一个极大的挑战，也是一种有益的尝试。

5. 评价

内部控制指引为公司内部监管提供了思路，同时加强了外部监管，对完善我国上市公司的内部控制能够起到积极的推动作用。

上交所和深交所的内部控制指，引均已体现了COSO报告的最新研究成果。我国对内部控制的认识已经上升到了"风险管理"的层面，开始关注战略层面的风险界定，并认识到内部控制制度执行的有效性是以各层级的努力为基础的。内部控制是否贯穿整个企业的所有层级和单位，也往往影响内部控制制度执行的有效性，上市公司只有实现了内部控制的信息通畅，才能及时识别风险并做出反应。

《指引》从内容上呈现几个特点：没有给出各家公司普遍使用的内部控制制度范本格式，主要为了推动和指导上市公司建立和实施内部控制制度；要求上市公司自行建立内控制度，建立适合自己的具有个性化的内部控制制度；要

求上市公司通过信息披露监管来督促上市公司完善内部控制。《指引》中对上市公司信息披露具有强制性的要求，上市公司应在定期报告中披露内部控制制度的实施情况，在发生重大的内部控制风险时，应及时以临时公告形式披露。各公司应认识到内部控制不只是内部审计工作的责任，也不仅仅是高级管理层应关心的问题，而是公司所有员工的事。全员参与可使员工了解哪里存在缺陷以及可能导致的后果，然后让员工自己采取行动改进这种状况，而不是等内部审计人员站出来指出问题。

符合《指引》要求的内控制度，并不是对原有的规章制度全盘否定，而是在公司原有的治理模式、管理制度和管理模式基础上，按照《指引》的要求进行整体梳理、规范，补充遗漏，完善层次，规划公司内控的整体框架。《指引》并未提供上市公司内部控制制度范本，但给上市公司提供建立个性化内控制度的基本框架。各个公司根据自身特点，结合运作经验，建立个别的内部控制制度，既具有形式上的规范性又具备实质控制效果的控制制度；既注重对过程进行控制更注重对将来不确定因素的控制制度；既包括公司内部各层次、各业务环节、各系统的控制制度，也包括公司的治理结构、目标导向的控制制度。

然而，我国上市公司的控制环境普遍存在执行难以及信息不通畅等问题，这成为内部控制发展的重要障碍。而且，内部控制体系对中国上市公司来讲，应该是一个比较新的概念，认识相对比较肤浅，理解参差不齐，与控制制度要求完善性和有效性差距较大。目前我国大多数上市公司已经建有不同层次、不同认识的内部控制制度，有的公司设有审计委员会对重大事项进行事前预算、事中控制和事后复核；有的公司每个季度会对上季度的内控情况进行总结，并制定下季度控制目标；有的内控只是针对财务制度的控制等。总体来讲，公司还未形成内控制度体系，欠缺全面性，并不清晰内控制度的实质是董事会、管理层及全体员工共同参与的一项活动，是对公司制度的全面化、流程化的动态监控。针对这种现状，《指引》的颁布将使上市公司更加重视内控制度建设，要求运用先进的内控理论和方法，强化内部控制，提高管理水平，规避企业的经营风险。

(四) 我国主流内部控制规范及指引比较

1. 中国内部控制的原则

在中国目前这些有关内部控制的法规中，不少都规定了内部控制的原则。

第2章 内部控制的国际比较
Chapter 2　International Comparison for Internal Control

2002年，财政部颁布实施的《内部会计控制规范——基本规范》指出，内部会计控制应当遵循的基本原则包括：（1）内部会计控制应当符合国家有关法律法规和本规范，以及单位的实际情况。（2）内部会计控制应当约束单位内部涉及会计工作的所有人员，任何个人都不得拥有超越内部会计控制的权力。（3）内部会计控制应当涵盖单位内部涉及会计工作的各项经济业务及相关岗位，并应针对业务处理过程中的关键控制点，落实到决策、执行、监督、反馈等各个环节。（4）内部会计控制应当保证单位内部涉及会计工作的机构、岗位的合理设置及其职责权限的合理划分，坚持不相容职务相互分离，确保不同机构和岗位之间权责分明、相互制约、相互监督。（5）内部会计控制应当遵循成本效益原则，以合理的控制成本达到最佳的控制效果。（6）内部会计控制应随着外部环境的变化、单位业务职能的调整和管理要求的提高，不断修订和完善。

自2009年7月1日起施行的《企业内部控制基本规范》，规定内控应当遵循的原则包括：（1）全面性原则。内部控制应当贯穿决策、执行和监督全过程，覆盖企业及其所属单位的各种业务和事项。（2）重要性原则。内部控制应当在全面控制的基础上，关注重要业务事项和高风险领域。（3）制衡性原则。内部控制应当在治理结构、机构设置及权责分配、业务流程等方面形成相互制约、相互监督，同时兼顾运营效率。（4）适应性原则。内部控制应当与企业经营规模、业务范围、竞争状况和风险水平等相适应，并随着情况的变化及时加以调整。（5）成本效益原则。内部控制应当权衡实施成本与预期效益，以适当的成本实现有效控制。

2006年12月，中国银行业监督管理委员会第54次主席会议通过的《商业银行内部控制指引》认为，商业银行内部控制应当贯彻全面、审慎、有效、独立的原则，包括：（1）内部控制应当渗透商业银行的各项业务过程和各个操作环节，覆盖所有的部门和岗位，并由全体人员参与，任何决策或操作均应当有案可查；（2）内部控制应当以防范风险、审慎经营为出发点，商业银行的经营管理，尤其是设立新的机构或开办新的业务，均应当体现"内控优先"的要求；（3）内部控制应当具有高度的权威性，任何人不得拥有不受内部控制约束的权力，内部控制存在的问题应当能够得到及时反馈和纠正；（4）内部控制的监督、评价部门应当独立于内部控制的建设、执行部门，并有直接向董事会、监事会和高级管理层报告的渠道。

2003年12月，中国证监会发布的《证券公司内部控制指引》指出，公司完善内部控制机制必须遵守：（1）健全性原则：内部控制应当做到事前、事中、事后控制相统一；覆盖证券公司的所有业务、部门和人员，渗透到决策、

执行、监督、反馈等各个环节，确保不存在内部控制的空白或漏洞；（2）独立性原则：承担内部控制监督检查职能的部门应当独立于证券公司其他部门；（3）制衡性原则：证券公司部门和岗位的设置应当权责分明、相互牵制；前台业务运作与后台管理支持适当分离；（4）合理性原则：内部控制应当符合国家有关法律法规和中国证监会的有关规定，与证券公司经营规模、业务范围、风险状况及证券公司所处的环境相适应，以合理的成本实现内部控制目标。

2002年12月，中国证监会发布的《证券投资基金管理公司内部控制指导意见》指出，公司内部控制应当遵循：（1）健全性原则；（2）有效性原则；（3）独立性原则；（4）相互制约原则；（5）成本效益原则。公司制定内部控制制度应当遵循：（1）合法合规原则；（2）全面性原则；（3）审慎性原则；（4）适时性原则。

综上所述，内控的基本原则是对内控的基本问题进行的原则性规定，从中国的情况来看，对内控的基本原则虽然已经形成了一些体系，但各部门的法规之间还存在不一致不协调的地方，还具有一定的行业特点。

2. 中国内部控制的内容与结构

2001年，财政部颁布的《内部会计控制规范——基本规范》指出，内部控制的内容主要包括：货币资金、实物资产、对外投资、工程项目、采购与付款、筹资、销售与收款、成本费用、担保等经济业务的会计控制。内部会计控制的方法主要包括：不相容职务相互分离控制，授权批准控制，会计系统控制，预算控制，财产保全控制，风险控制，内部报告控制，电子信息技术控制。

2006年8月，中注协发布的《中国注册会计师审计准则第1211号》指出内部控制的要素有：控制环境；风险评估过程；信息系统与沟通；控制活动；对控制的监督。

2006年12月，中国银行业监督管理委员会第54次主席会议通过的《商业银行内部控制指引》指出内部控制应当包括以下要素：内部控制环境；风险识别与评估；内部控制措施；信息交流与反馈；监督评价与纠正。

2004年12月，银监会通过的《商业银行市场风险管理指引》指出，市场风险管理体系包括：董事会和高级管理层的有效监控；完善的市场风险管理政策和程序；完善的市场风险识别、计量、监测和控制程序；完善的内部控制和独立的外部审计；适当的市场风险资本分配机制五个基本要素。

第 2 章 内部控制的国际比较
Chapter 2　International Comparison for Internal Control

2003年12月,中国证监会发布的《证券公司内部控制指引》指出,证券公司内部控制是指证券公司为实现经营目标,根据经营环境变化,对证券公司经营与管理过程中的风险进行识别、评价和管理的制度安排、组织体系和控制措施。证券公司主要控制内容包括:经纪业务内部控制、自营业务内部控制、投资银行业务内部控制、受托投资管理业务内部控制、研究咨询业务内部控制、业务创新的内部控制、分支机构内部控制、财务管理内部控制、会计系统内部控制、信息系统内部控制、人力资源管理内部控制。

2002年12月,中国证监会发布的《证券投资基金管理公司内部控制指导意见》指出,公司内部控制制度由内部控制大纲、基本管理制度、部门业务规章等部分组成。公司内部控制大纲是对公司章程规定的内控原则的细化和展开,是各项基本管理制度的纲要和总揽,内部控制大纲应当明确内控目标、内控原则、控制环境、内控措施等内容。基本管理制度应当至少包括风险控制制度、投资管理制度、基金会计制度、信息披露制度、监察稽核制度、信息技术管理制度、公司财务制度、资料档案管理制度、业绩评估考核制度和紧急应变制度。部门业务规章是在基本管理制度的基础上,对各部门的主要职责、岗位设置、岗位责任、操作守则等的具体说明。内部控制的基本要素包括控制环境、风险评估、控制活动、信息沟通和内部监控。内部控制的主要内容包括投资管理业务控制、信息披露控制、信息技术系统控制、会计系统控制、监察稽核控制。

综上所述,我国内部控制的内容和结构呈现以下特点:(1)内容广泛,不仅涉及会计控制,也涉及管理控制和风险管理;不同行业呈现出不同的特色;(2)内部控制结构不尽相同,呈现出三种类型:实务型内控结构直接针对实务操作进行规范;框架结构型采用内控要素的形式构建内部控制的整体框架,类似于COSO的内部控制框架;框架与实务结合型,既描述内部控制的框架结构,又描述内部控制的实务操作。总之,中国目前尚未形成统一的内部控制框架。(3)基本上与COSO的内部控制框架的结构和要素相类似,但具体包含的内容又有所差别。

3. 中国内部控制的评价与报告

2000年7月1日开始实施的《会计法》第四条规定,单位负责人对本单位的会计工作和会计资料的真实性、完整性负责。2001年的《内部会计控制基本规范》规定,单位负责人对本单位内部会计控制的建立健全及有效实施负责。

上市公司内部控制

2002年5月,中注协发布实施的《内部控制审核指导意见》中规定,内部控制审核是指注册会计师接受委托,就被审核单位管理当局对特定日期与会计报表相关的内部控制有效性的认定进行审核,并发表审核意见。审核报告的意见段应当说明被审核单位于特定日期在所有重大方面是否保持了与会计报表相关的有效的内部控制。

2004年8月,中国银监会第25次主席会议通过的《商业银行内部控制评价试行办法》指出,商业银行内部控制评价是指对商业银行内部控制体系建设、实施和运行结果独立开展的调查、测试、分析和评估等系统性活动。内部控制评价包括过程评价和结果评价。过程评价是对内部控制环境、风险识别与评估、内部控制措施、监督评价与纠正、信息交流与反馈等体系要素的评价。结果评价是对内部控制主要目标实现程度的评价。

2004年12月,中国银监会通过的《商业银行市场风险管理指引》规定:"银监会应当定期对商业银行的市场风险管理状况进行现场检查,检查的主要内容有:(1)董事会和高级管理层在市场风险管理中的履职情况;(2)市场风险管理政策和程序的完善性及其实施情况;(3)市场风险识别、计量、监测和控制的有效性;(4)市场风险管理系统所用假设前提和参数的合理性、稳定性;(5)市场风险管理信息系统的有效性;(6)市场风险限额管理的有效性;(7)市场风险内部控制的有效性;(8)银行内部市场风险报告的独立性、准确性、可靠性,以及向银监会报送的与市场风险有关的报表、报告的真实性和准确性;(9)市场风险资本的充足性;(10)负责市场风险管理工作人员的专业知识、技能和履职情况;(11)市场风险管理的其他情况。"

中国证监会2001年第202号文《关于做好证券公司内部控制评审工作的通知》中指出,证券公司接受内部控制评审的方式有两种:一种是自愿评审,即证券公司应当根据《证券公司内部控制指引》及公司自身的业务情况、财务状况和管理水平,聘请有证券执业资格的会计师事务所对公司内部控制进行评审,以防范风险并促进公司内部控制水平的提高;另一种是强制评审,由证监会指令证券公司聘请有经验的合格的会计师事务所实施内部控制评审,并对内部控制评审过程进行协调、检查和监督。内部控制评审可以分为常规评审和非常规评审、全面评审和专项评审;可以单独进行评审,也可以结合年度报告审计进行评审。内部控制评审的内容包括但不限于:合规经营、公司治理、环境控制、业务控制、财务控制、资金控制以及电子信息系统控制等。内部控制评审应当侧重于风险控制的薄弱环节。会计师事务所应当向证券公司提交内部控制评审报告,并由证券公司及时转报中国证监会。必要时,中国证监会可以直接从会计师事务所取得内部控制评审报告。内部控制评审报告的内容包括但不限于：审查的范围、有关客户的背景资料、当前重大风险的说明、内部控制现状及控制效果不佳的原因说明、改进或整改方案以及相关附件（如组织结构图、详细的测试流程及其他凭证、图表和资料）。

综上所述，中国的内部控制评价呈现以下特点：（1）内部控制评价可以由注册会计师来实施，也可以由企业自己来实施（如检查）；（2）由注册会计师实施的内部控制评价以审计鉴证为主，一般不会直接对有效性发表意见；（3）相关法律法规没有对企业自己实施的内部控制评价进行具体的要求，但有的企业已经采取了检查等方式来评价内部控制和风险管理。

二、我国内部控制存在的问题和展望

（一）我国内部控制存在的问题

1. 对内部控制概念的认识滞后

相当长一段时间，我国将内部控制定义为保证政策和程序。而新修订的法规虽然有所拓展，但仍停留在将内部控制视为是静态的过程，由大量的规则、手册、制度组成，而没有将其与实务中企业的发展战略结合起来。另外，仅仅靠内部控制的规定是不能防范高级管理层的舞弊行为的，企业必须从自觉建立内部控制的动机方面寻求解决问题的思路，研究企业自觉进行内部控制建设的动机问题及其影响因素。另一方面，内部控制制度是否有效关键取决于企业的内部环境。如果企业在管理哲学、员工道德价值观、责任分配与授权以及人力资源政策与实务等某一方面出现问题，则无论企业的内部控制程序多么详细，会计系统多么完善，最终都无法避免问题的发生。

2. 内部控制内容不全面

《会计法》、《内部会计控制规范》等法律法规多见于从会计控制的角度来规范内部控制，独立审计准则中也是着重于企业的会计责任方面，与现代管理结合的内容太少，也没有真正地拓展到经营的效果与效率领域。

3. 内部控制理论与实务结合不够

我国企业在内部控制实务方面，经常取决于高层领导的素质和领导风格。

上市公司内部控制
Internal Control of Listed Company

虽然有很多企业都建立了内部控制制度，甚至部分大型国有企业还请国际知名管理咨询公司为公司设计了较健全的内部控制制度，但由于管理层的不重视及体制的缺陷等内外环境因素，很多企业的内部控制制度仅成为摆设。多数学者对于内部控制的研究也仅仅局限于内部控制制度的建立上，而忽视了对于后期执行的有效性及如何提高有效性的研究。由于企业内部控制实践的动态性以及经营管理活动的差异性和复杂性等特征，虽然相关理论是内部控制实践的提炼和总结，但具有一般指导意义的内部控制理论不可避免地存在一定的滞后性，不可能是完美的。关于内部控制的理论研究终究要回到企业管理实践当中，服务于企业实务，并关注企业利益相关者的利益要求。

（二）我国内部控制的展望

1. 完善企业的内部控制环境

强化和完善企业的内部控制，第一位是应加强内部控制环境的建设。首先，内部控制环境是一种企业文化，深刻影响员工的自觉性及控制意识，决定着其他控制要素能否发挥作用，是内部控制其他要素发挥作用的基础；其次，内部控制环境的完善，直接影响着企业的内部控制制度的执行效果和企业经营目标及战略目标的实现，对于企业长远发展具有重要的影响和意义。

2. 拓宽内部控制的范围

我国内部控制的范围应该更加宽泛，它应涉及企业各方面活动，也应涉及对经营效果的认可和对经营效率评价标准的确定问题。在今后内部控制规范的制定中应强调，作为企业外部条件的控制环境要素与风险评估要素部分、信息与沟通要素等各要素。将内部控制系统与其他管理系统有机的结合，譬如，企业预算系统、风险管理系统、ERP 系统等，从而解决现阶段我国企业所面临的实际问题。最后，内部控制内容的拓宽还应结合并运用相关学科知识，如经济学、管理学、博弈论、产权理论，来阐述内部控制理论，以期有所突破。

3. 要健全管理机构，理清管理权限

首先，应建立和完善符合现代经济管理要求的内部管理组织机构，形成科学的决策机制、执行机制和监督机制，确保企业经营管理目标的实现；其次，建立行之有效的风险控制机构和制度，强化风险管理，确保各项业务活动的健康运行；最后，应该堵塞漏洞、消除隐患，以防止或及时有效地发现和纠正各

种欺诈舞弊行为，确保企业财产的安全完整。

4. 真正实现内部控制理论与实务的融合

企业内部控制的关键在于实务性，即对于防范企业风险来说，完善的内部控制设计需要严格执行来保证其有效性。我们应从企业利益相关者的角度出发，使内部控制的理论回归到企业管理实践中，实现理论与实务的统一。实务性体现在两个阶段：一是内部控制制度的设计。每个企业要理顺企业的自身业务流程，分析流程中高风险环节，从而有针对性地设计控制点、控制方法及应对措施，考虑到制度设计不可能很完善，在设计时要留有规范的修正程序，以便在实施过程中及时针对内控漏洞进行修改。二是内部控制制度的执行。制度在企业生产经营活动中要有刚性约束的作用，除了要企业各层次的部门认真执行之外，更重要的是要防范管理层凌驾于内部控制之上。

控制环境

Chapter 3 Control Environment

第1节 控制环境概述
第2节 对诚信和道德价值观念的沟通与落实
第3节 对胜任能力的重视
第4节 治理层的参与程度
第5节 管理层的理念和经营风格
第6节 组织结构及职权与责任的分配
第7节 人力资源政策与实务
第8节 我国上市公司内部控制环境不佳的表现

上市公司内部控制
Internal Control of Listed Company

在前面的两个章节中,我们介绍了内部控制的基本概念,并就国内外内部控制的理论进行了国际比较,为之后的章节做了基本理论铺垫。从本章开始我们将分别从内部控制的控制环境、风险识别、控制活动、信息与沟通、内部监督这五个要素出发,具体论述内部控制的理论与实践。本章将具体阐述控制环境这个要素的内容。

第1节 控制环境概述

控制环境作为内部控制五大要素之一,是其他要素的基础,为它们提供了基本规则和构架。控制环境决定了企业的基调,影响企业员工的控制意识。控制环境的主要因素包括:对诚信和道德价值观念的沟通与落实;对胜任能力的重视;治理层的参与程度;管理层的理念和经营风格;组织结构及职权与责任的分配以及人力资源政策与实务。

一、什么是控制环境

企业的核心是人及其所处的环境,环境是企业发展的基础,也是推动企业发展的引擎。控制环境是影响、制约企业内部控制建立与执行的各种内部因素的总称。

COSO对控制环境的描述是:内部控制环境主要指企业的核心人员以及这些人的个别属性和所处的工作环境,包括个人诚信正直、道德价值观与所具备的完成组织承诺的能力、董事会与审计委员会、管理阶层的经营理念与营运风格、组织结构、职责划分和人力资源的政策与程序。

在COSO报告《内部控制整体框架》中的企业内部控制五要素中,控制环境被放在了第一位上,它作为推动企业发展的动力,是所有其他内控组成部分的基础和核心,影响内部控制的控制活动、信息和沟通系统、监控行为等要素的具体设计与日常运转,对企业内部控制的建立和实施有重大影响,其好坏直接决定了企业内部控制整体框架实施的效果。

第 3 章 控制环境
Chapter 3　Control Environment

二、控制环境要素

根据《内部控制基本规范》的框架,控制环境因素包括:对诚信和道德价值观念的沟通与落实;对胜任能力的重视;治理层的参与程度;管理层的理念和经营风格;组织结构及职权与责任的分配以及人力资源政策与实务。

尽管每个要素都很重要,但根据企业的不同,侧重的程度还是有所差异。例如,一个集中经营的小作坊的总裁,也许不会建立正式的职责分工和详细的经营策略,但其仍可能有一个适当的控制环境。

在本章的第 2 节至第 7 节,将分别对控制环境的各个要素进行讨论。

三、控制环境与内部控制的关系

控制环境与内部控制的其他各方面独立运作,却又相互影响与制约,共同推进企业的有效运行。内部控制作为一个系统,必然要与其所处的控制环境发生相互作用。

(一) 控制环境是内部控制的基础

良好的控制环境是实施有效内部控制的基础,它设定了企业的内部控制基调,影响员工对内部控制的认识和态度,为内部控制提供基本规则和构架。例如,管理层在治理层的监督下,是否营造并保持了诚实守信和合乎道德的文化,关系到企业内部控制的成败。

作为内部控制要素中关键的一个要素,控制环境影响着内部控制的观念、组成形式、质量和实施,决定了其他控制要素能否发挥作用,对企业的内部控制系统的职能发挥有重大而持久的影响。若控制环境出现了任何问题,则会导致内部控制无法很好地实施。因此,为了保证企业实施良好的内部控制,最基本的应是改善企业的控制环境。

(二) 控制环境与内部控制相互依存

内部控制的本质是一个过程,一种制度,而控制环境是其所处的环境,两者的性质是不同的,但是两者却又是相互依存,不可分割的。

控制环境的功能的有效发挥以及其各组成要素的完善,离不开内部控制的有效运行的推动。例如,诚信与道德价值观的建设,需要一定的制度去维持,

通过内部控制中的奖惩激励措施进行有效的引导,以在企业内部倡导并营造良好的风气。而对于内部控制而言,其所处的控制环境对其的重要性自不必言,完善的环境才能够使其控制制度得到有效实施,并且在运行中不断健全与完善。

(三) 控制环境与内部控制相互制衡

企业的内部控制及控制环境之间并非只是相互依存,同时,两者通过各自的作用相互制衡。良好的控制环境中,包含完善的公司治理与管理层的职能发挥,而这些对公司内部控制的设计、运行与调整有着重要的影响,同时良好的管理能够对内部控制的系统起补充作用,因此与内部控制相互协调、相互制衡。而内部控制中也有关于公司管理层的相应控制措施,制约他们的职能,防止滥用职权等问题的发生。

综上所述,内部控制与企业的控制环境之间相互依赖、相互作用、相互渗透、相互制约,完善的控制环境对于内部控制十分重要,而内部控制不仅适应动态的控制环境,也对其环境起控制与改善作用。

第2节 对诚信和道德价值观念的沟通与落实

一、诚信和道德价值观念的重要性

内部控制由人建立、执行和监督,因而其有效性不可避免地受到人的诚信和价值观的影响,诚信和道德价值观作为企业控制环境的关键要素,是有效实施内部控制的保障。

从内部控制的角度而言,其有效性直接依赖于负责创建、管理和监控内部控制的人员的诚信和道德价值观念,企业内部控制的其他要素的设计、管理和监控、内部控制的贯彻执行、企业经营目标及整体战略目标的实现,都受到诚信与道德价值观念的影响。树立有利于企业长期发展的诚信和道德价值观不仅要依靠诸如道德规范、处罚条例等这样的硬性规定,还要设计绩效考评体系,用柔性的方法去强化。

第 3 章 控制环境
Chapter 3　Control Environment

> ☞ **案例 5　中国企业信用缺失导致损失 5 855 亿元**
>
> 据有关部门统计：中国企业因为信用缺失而导致的直接和间接的经济损失高达 5 855 亿元，相当于中国年财政收入的 37%，中国国民生产总值每年因此至少减少 2 个百分点。具体来说，中国每年因逃废债务造成的直接损失约为 1 800 亿元，由于合同欺诈造成的损失约 55 亿元，由于产品质量低劣或制假售假造成的各种损失 2 000 亿元，由于三角债和现款交易增加的财务费用约有 2 000 亿元，另外还有逃骗税损失以及发现的腐败损失等。因此，诚信和道德价值观念的缺失会给企业带来巨大的经济损失。
>
> 资料来源：李卫玲：《中国企业信用缺失导致损失 5 855 亿元》，《国际金融报》2007 年 11 月 28 日及中国经贸信息网。

二、影响企业管理道德水平的主要因素

理解并具备良好的商业道德是管理者的工作职责之一。然而，从树立道德标准到具体的道德实践是一个非常复杂的过程，在这个过程中，影响和制约管理道德水平的基本要素主要体现在以下几个方面：

（一）管理者的道德水平

管理道德的作用是通过管理者内心信念的建立来发挥的，管理道德对管理者行为的善恶要求和价值导向，都必须反映在管理者的意识和观念上，然后才能外化为有道德的行为。

（二）企业内部的组织结构

在企业管理中，实现决策目标过程的行为控制有两种方式：一是靠管理制度实行控制，即通过制度、职责和权利关系来确定企业行为规范，这种控制方式是强制性的；二是通过共同的价值观，通过道德意识的暗示强化自我意识来实现员工的自我控制与约束，这是基于对员工个人价值的尊重和以充分信任员工的自觉性为前提的无形控制。这两种行为控制方式在现代企业管理中具有互补性，缺一不可。前者可以减少员工在执行过程中的盲目性，后者则需要发挥员工的自觉性。如果企业管理过分倚重正是规则、制度，并且在绩效评估体系中过分强调经营结果，强调经营目标与个人利益挂钩，则可能导致整个企业在管理过程中逐渐放松对道德标准的严格要求。

(三) 企业文化

企业文化是一个内容颇广的概念，包括价值观念、行为准则、道德规范、文化传统、管理制度以及企业形象等，它对企业的经营行为有着深刻的影响。在企业文化中，企业对风险与控制风险的态度、做法，对各种利益冲突的认识及解决方式的选择，都在不同程度上反映了管理道德的倾向与选择标准。即使员工有很高的道德标准，在一个鼓励不道德行为的组织环境中，他们也会偏离原来的方向。

案例6 海尔：经典经营理念取胜市场

在国内优秀的企业中，不少企业都拥有自己独到的企业文化。海尔集团拥有白色家电、黑色家电和米色家电的中国家电第一品牌。海尔集团的经营层和管理层不断积累不断丰富，形成了许多实用的企业文化和理念。

海尔的企业文化主要包括：

1. 海尔定律（斜坡球体论）：企业如同爬坡的一个球，受到来自市场竞争和内部职工惰性而形成的压力，如果没有一个止动力它就会下滑，这个止动力就是基础管理。以这一理念为依据，海尔集团创造了"OEC管理"，即海尔模式。

2. 80/20原则：管理人员与员工责任分配的80/20原则，即"关键的少数制约次要的多数"。

3. 市场观念："市场唯一不变的法则就是永远在变"，"只有淡季的思想，没有淡季的市场"、"卖信誉不是卖产品"、"否定自我，创造市场"。

4. 创名牌方面：名牌战略——要么不干，要干就要争第一；国门之内无名牌。

5. 质量观念：高标准、精细化、零缺陷；优秀的产品是优秀的人干出来的。

6. 售后服务理念：用户永远是对的。

7. 海尔发展方向：创中国的世界名牌。

作为海尔核心竞争力的海尔文化，是在激烈的市场竞争中，经过领导者张瑞敏的长期倡导和全体员工的积极认同与实践所形成的整体价值观念、信仰追求、经营特色、管理风格以及传统和习惯的总和。它是一种抽象的文化表现，也是一种先进的管理方式。十几年来，海尔正是以这种独特的、卓越的文化从一个负债累累的企业，发展成中国企业的巨人。

资料来源：宋联可：《海尔：经典经营理念取胜市场》，《人力资源源管理》，2008年2月3日。

三、诚信和道德价值观建设的途径

当前,在我国市场经济体制建设过程中,存在着大量的企业经营失范现象,这突出表现在企业侵害消费者利益、员工利益的事件时有发生,对企业的各种投诉日渐增多;一些企业通过采取伪造财务账目、虚开增值税发票、虚列成本等手段逃避纳税义务;企业自身利益至上,忽视社会利益,掠夺开发自然资源,破坏和污染环境现象严重等。

每一种经济体制都要有与之相适应的伦理规范,相应地,每个企业都应该确立与这种经济体制相适应的基本道德标准。为适应我国正在建立的社会主义经济体制和现代企业制度的要求,加强企业管理道德建设是一项迫在眉睫的任务。加强企业诚信与道德价值观建设基本途径包括如下几点:

(一) 以道德作为选拔人才的标准

企业应当从人力资源配置的角度,将道德标准贯彻于人才聘用和提拔过程中。同时,通过"以德为本"的选材标准对全体员工进行道德宣传和教育,使员工明确哪些行为是可以接受的,哪些是不可以接受的,当遇到不道德行为时自己应采取何种行为。

选拔人才,培养人才,最终是为了使用人才。企业的发展过程同时又是选才标准的不断演变、发展和完善的过程。这一特点告诉我们,在任何时间、任何情况下,德才兼备的选才标准动摇不得。同时,又必须坚持实践论与发展论的统一,对德才兼备的时代内涵适时地进行具体的研究和分析,不断地探索在实践中不断使选才标准富有新内容、富有生命力,吻合实际,指导实践,从而确保企业在激烈的市场竞争中战胜对手,发展壮大。

(二) 建立企业道德行为规范

企业是否存在道德行为规范,以及这些规范如何在企业内部得到沟通和落实,决定了企业中的人是否能产生诚信和道德的行为。企业应制定员工行为规范,并使其与相关法律法规、公司章程、企业精神与宗旨、企业核心经营管理哲学等保持一致。

企业最高负责人通过文件、讲话等适当方式把企业的职业道德规范介绍给全体员工,并提出执行的希望与要求,并在各种会议中对员工进行职业道德规范教育。可以制作文字化的行为准则和政策声明,通过新员工的岗前培训、对

现有员工的在岗培训等方式来传达企业的道德价值观。

　　企业人事部等相关部门根据企业管理层的授权对员工遵守职业道德规范情况进行监督。若员工出现有违反职业道德规范的行为时，除依照国家、上市公司监管的有关法规进行处理外，企业可根据相关文件规定对其进行处分甚至解除劳动合同。

　　同时，管理当局的诚信是一个企业活动的所有方面的道德行为的先决条件，道德行为能带来良好的经营。企业文化与道德价值观建设离不开公司高层管理人员的模范作用。对诚信和道德价值观念的沟通与落实既包括管理层如何处理不诚实、非法或不道德行为，也包括在企业内部通过行为规范以及高层管理人员的身体力行对诚信和道德价值观念的营造和保持。

☞ 案例 7　沃尔玛内控环境成功案例

　　沃尔玛将顾客定位于"公司最大的老板"，站在顾客角度提出天天平价、三米微笑、200%满意等原则。沃尔玛非常有名的"三米微笑"原则要求员工做到"当顾客走到距离你三米范围内时，你要温和地看着顾客的眼睛向他打招呼，并询问是否需要帮助"。同时，对顾客的微笑还有量化的标准，即对顾客微笑时要露出"八颗牙齿"，为此他们聘用那些愿意看着顾客眼睛微笑的员工。沃尔玛每周都有对顾客期望和反映的调查，管理人员根据电脑信息系统收集信息，以及通过直接调查收集到的顾客期望而及时更新商品的组合，组织采购，改进商品陈列摆放，营造舒适的购物环境。通过这一招，沃尔玛给顾客创造了一个非常舒适的购物环境。200%满意原则表现在鲜食部门的自制食品出现任何质量问题，沃尔玛都保证退货并免费赠送一份，沃尔玛的该承诺并不是一纸空文，它本着诚信的原则真真切切做到了让顾客200%满意。

　　树立并切实践行诚信和道德的企业价值观给企业带来的是运作流程的改变、分销系统的建立、连锁商店的林立。从1962年山姆在小城镇建立沃尔玛开始，沃尔玛的销售额年增长率达到40%，1991年，沃尔玛年销售额突破400亿美元，成为全球大型零售企业之一。据1994年5月美国《财富》杂志公布的全美服务行业分类排行榜，沃尔玛1993年销售额高达673.4亿美元，比上一年增长118亿多美元，超过了1992年排名第一位的西尔斯（Sears），雄居全美零售业榜首。1995年沃尔玛销售额持续增长，并创造了零售业的一项世界纪录，实现年销售额936亿美元，在《财富》杂志评选的1995年美国最大企业排行榜上名列第四。事实上,沃尔玛的年销售额相当于全美所有百货公司的总和,而且至今仍保持着强劲的发展势头。

资料来源:根据周丽玉:《内控环境的重要性在沃尔玛成功案例中的论证》及邓正汇:《顾客和员工是企业永远的支柱》,http://www.China.hrd.net/case/info/49267,2004-08-17。

(三) 建立科学的目标管理与绩效评估体系

目标管理的创始人杜拉克先生指出:"凡是工作状况和成果直接地、严重地影响着组织的生存和繁荣发展的部门,目标管理是必需的。"现代企业管理制度的重要内容是目标管理,它具有双重含义,既明确了每个人的经营指标,又建立了有效的激励和评估机制。但在具体运作过程中,企业整体目标与具体目标的设定必须具有可操作性,如果对员工要求不切实际,即使目标是明确的,也会使员工在不现实目标的压力下为实现目标而有可能放弃道德标准。与此同时,绩效评估体系不能只看重结果,也应该在结果评定的基础上,对实现目标的过程与手段进行综合评估,将道德因素融进评估体系中,不能过分强调产值、利润、市场占有率等结果,而忽视对管理道德社会责任的要求。

企业的绩效考评系统具有多重价值和功能,通过绩效考评系统,企业可以实现:(1) 目标管理效能提升。目标管理需要绩效考评作为保证,需要以绩效考评作为激励政策的依据。(2) 公司战略落实的保证。公司的战略执行需要在企业管理的细节进行检测和判断,夯实战略管理的基础,判断公司战略实现的阶段和程度。(3) 员工行为模式的塑造。员工行为模式是沉淀企业文化的载体,企业需要用绩效考评引导员工的行为模式,促成企业优秀文化的凝固。因此,在企业中建立健全绩效考评系统,有助于诚信与道德价值观建设。

(四) 加强对企业文化的建设

企业文化,包括企业的愿景、价值和战略目标等,是对企业内员工的思想观念、思维方式、行为方式等进行的融合与统一。企业文化作为企业管理制度以外的"软控制",能够有效提高企业的整体凝聚力,并规范企业员工的成信与道德价值观念。在良好的企业文化内建立的内部控制制度,能够影响人们的行为规范,从而得到更好地贯彻执行,防范企业的经营管理风险与员工的道德失范。

加强企业文化的建设可以从以下几个方面入手:

1. 设立企业的愿景、核心价值和战略目标

企业的愿景包括其核心理念及对未来的展望这两个要素，它们阐明了企业存在的基本意义及企业期望达到的未来的目标。企业的核心理念作为一种指导与精神，应贯穿企业发展过程，作为一种核心价值将企业不同时期与不同市场下的差异统一起来，不随企业产品种类、管理人员、生产技术等的变化而改变；而企业的战略目标应该是在基于现实的基础上，对未来企业通过努力能够实现的更高的目标，是企业的远期蓝图。确定企业愿景、核心价值与战略目标，可以使员工形成基本的在企业中的行为规范。

2. 建立企业文化建设管理程序

为加强企业文化建设，可以根据企业的实际情况制定企业文化建设管理程序，对企业的愿景、价值观和战略目标的建立和修改、宣传贯彻等具体工作予以明确。企业文化建设程序主要由人力资源部门广泛征求企业内部意见后确定，并由人力资源部门进行具体的企业文化建设工作开展。

3. 企业文化的培训宣传

企业文化具体的培训宣传可以通过以下几个方面完成：

（1）由企业的管理者或企业文化设计者提出企业文化建设的初步方案；

（2）在企业的各个部门培育企业文化，统一目标、明确分工；

（3）跟踪企业文化培育的实施情况，及时发现并解决出现的问题，确保企业文化建设任务顺利完成；

（4）归纳加工企业文化的核心内容，概括出简洁易懂又鼓舞人心的语言，便于在企业内部及对外的宣传推广；

（5）跟踪反馈，对某些不符合环境变化的内容予以调整或重塑企业文化。

第 3 节　对胜任能力的重视

一、什么是胜任能力

胜任能力是指具备完成某一职位的工作所应有的知识和能力。美国著名心

第3章 控制环境
Chapter 3 Control Environment

理学家麦克利兰于1973年提出了一个著名的素质冰山模型，从理论上定义了胜任能力[①]。所谓"冰山模型"，就是将人员个体素质的不同表现表式划分为表面的"冰山以上部分"和深藏的"冰山以下部分"。其中，"冰山以上部分"包括基本知识、基本技能，是外在表现，是容易了解与测量的部分，相对而言也比较容易通过培训来改变和发展。而"冰山以下部分"包括社会角色、自我形象、特质和动机，是人内在的、难以测量的部分。它们不太容易通过外界的影响而得到改变，但却对人员的行为与表现起着关键性的作用。根据冰山模型，素质可以概括为7个层级（见表3-1）。胜任能力是7个层级的合成体。

表3-1 素质层级

素质层级	定义	内容
技能	指一个人能完成某项工作或任务所具备的能力	表达能力、组织能力、决策能力、学习能力等
知识	指一个人对某特定领域的了解	管理知识、财务知识、文学知识等
角色定位	指一个人对职业的预期，即一个人想要做些什么事情	管理者、专家、教师
价值观	指一个人对事物是非、重要性、必要性等的价值取向	合作精神、献身精神
自我认知	指一个人对自己的认识与看法	自信心、乐观精神
品质	指一个人持续而稳定的行为特性	正直、诚实、责任心
动机	指一个人内在的自然而持续的想法和偏好，驱动、引导和决定个人行为	成就需求、人际交往需求

二、胜任能力在内部控制中的重要性

基于对成本与效益相匹配原则的考虑，企业要对每一份工作、每一个岗位的胜任能力有了明确的要求之后才能相应地选拔人才、调配人员，做到人尽其才、物尽其用。这样既可以调动员工的工作热情、激发进取精神、发掘自身潜力，又可以充分利用企业人力资源，创造高效的工作环境、减少人工成本，从而促进企业的发展，创造更大的价值。因此，管理层应当明确规定某一特定工

[①] 吴能全、许峰：《胜任能力模型设计与应用》，广东经济出版社2005年版。

作所要完成的任务，所需要的员工的能力水平，并且对构成能力水平的知识和技能有明确的要求。

《内部控制基本规范》指出，企业应当将职业道德素养和专业胜任能力作为选拔和聘用员工的重要标准，并适当关注应聘者的价值取向和行为特征是否与本企业的企业文化和内部控制的有关要求相适应。同时，在董事会下设立审计委员会的企业，应当保证审计委员会成员具备良好的职业操守和专业胜任能力，审计委员会及其成员应当具有相应的独立性。内部审计人员应当具备内审人员从业资格，拥有与工作职责相匹配备的道德操守和专业胜任能力。

此外，企业应当加强宣传引导和教育培训，通过多种途径广泛宣传企业内部控制，建立高级管理人员职业操守准则和员工行为守则，引导管理层和全体员工掌握企业内部控制的本质要求，促进管理层和全体员工加强职业道德修养、提高专业胜任能力，自觉遵守企业内部控制的各项规定。

三、胜任能力识别、测评与提高

胜任能力作为企业控制环境的一部分，在内部控制中具有重要的作用，在企业中，可以通过人力资源规划与适当的员工招聘与选拔过程对员工胜任能力进行识别与测评，并通过人才开发与职业发展提高相应岗位人员的胜任能力。

（一）人力资源规划

在人力资源规划的过程中，人力资源管理者必须清晰地知道谁是企业需要的人，哪些员工具备未来岗位所要求的素质。可以由管理部门制定正式或非正式的职务说明书，逐项分析并规定各个工作岗位所需具备的知识、技能等素质标准，编制岗位描述。人力资源管理者整合企业各部门主管提供岗位的岗位描述，确定未来企业总体人才需求的质量与数量，同时了解现有员工应该如何进行岗位调整与使用。

编制具体岗位描述时，应遵循以下原则[①]：

1. 整体原则

岗位作为企业的一部分，应能够在满足各项业务需要的同时保证企业的整

[①] 麻蔚冰、于增彪、于正东：《企业内部控制管理操作手册》，中国财政经济出版社 2003 年版，第 141 页。

体运作。因此，设置岗位是要从横向、纵向多方向考虑，使岗位描述符合所在部门工作内容，不超过该部门与该级别的授权范围。

2. 职责分离原则

对于业务程序中不相容的职务，应安排不同岗位的人员承担，例如会计与出纳、采购与验收等。在确定岗位工作任务时，应充分认识并重视不相容的职务，并根据企业的实际情况来对其进行防范与控制。

3. 无重叠原则

岗位具有的直接责任与领导责任及其下属人员应该与其他同级岗位没有重叠，避免多头管理、资源浪费等情况的出现。

4. 无空白原则

所有的岗位设置在按层级结合在一起之后，应能形成完整的企业管理责任范围，避免出现工作无岗位完成、岗位无人负责等情况。

（二）员工招聘与选拔

企业应当根据不同层级岗位要求的胜任能力，有针对性地开发面试问题和笔试题本，设置有效的问题。同时所有招聘人员都需要有效地掌握行为面试评估方法，在面试过程中寻找考察应聘者是否具备岗位所要求的关键技能与素质，这种方法不仅应该为招聘人员所掌握，也应该为负责招聘的业务经理掌握，从而提高招聘的成功率。

（三）人才开发与职业发展

人才开发的关键环节在于培养和发展，系统地开发各专业序列的培训课程体系，设定每一职业发展阶段所需要的职业技能培训和专业培训，使培训课程的针对性和体系化更强。通过对现有任职人员的胜任能力评估，发现每一个个体的能力优势和弱项，从而找到组织整体的能力短板，然后有针对性地制订能力培养发展计划，以各种培养手段提高个体乃至组织整体的专业能力。培养手段除了在职培训或脱产培训外，还包括上级辅导、轮岗等方式。

企业应当建立一个序列内的专业发展阶梯，并且明确每一发展阶段对胜任能力的要求，只有达到了能力要求，才能够进入相应的职位阶梯。同时，将相关培训体系与职业发展阶梯相匹配，针对不同发展阶段设置不同的职业和专业

技能培训。在多个专业序列内部发展阶梯建立起来后，还将建立起不同序列间的职位发展通道。

第4节 治理层的参与程度

一、公司治理

(一) 什么是公司治理

法人治理结构（Corporate Governance）是公司制的核心，作为现代企业制度中最重要的组织架构，是明确划分股东会（包括股东）、董事会（包括董事）、监事会（包括监事）和经理层之间权力、责任和利益以及明确相互制衡关系的一整套制度安排。通过这样一种制度安排，企业形成清楚的利益机制和决策机制，确保企业生产经营活动的有序、有效进行。

公司治理包括内部公司治理和外部公司治理。内部公司治理或称法人治理结构、内部监控机制，是由股东大会、董事会、监事会和内部审计委员会组成的，用来约束和管理经营者行为的控制制度，是董事会及经理层为确保企业财产安全完整、提高会计信息质量、实现经营管理目标而建立和实施的一系列具有控制职能的措施和程序。外部公司治理，则是通过竞争的外部市场，如资本市场、经理市场、产品市场等，以及管理体制对企业管理行为实施约束的控制制度。[1]

(二) 公司治理结构各方对内部控制的影响[2]

1. 股东对内部控制的影响

作为内部监督控制程序的最终受益者，股东逐渐参与到公司治理中来，而股权结构的合理与否也直接影响到企业治理的效率和内部控制权所属。

---

[1] 在无特殊说明的情况下，本书的公司治理指公司内部治理。
[2] 池国华：《内部控制学》，北京大学出版社2010年版，第100~105页。

股权集中制度会影响内部控制。由于企业利润分配时根据股东持有的股份多少来决定,大股东根据持有更多的公司股份从而能够获得更多股利,因此大股东与企业利益有较强的相关性,小股东的理性选择则是放弃监控权而"搭便车"。这样,股权的过于集中会导致公司治理结构的失衡,缺乏对大股东的约束,从而相应的内部控制也就流于形式。

此外,股东表决权方式也会对内部控制产生影响。我国目前采用一股一票及设定投票通过比例来决定事项。但这无法解决国有股一股超大是股东表决成为形式,股东会成为橡皮图章等问题。

2. 董事会对内部控制的影响

董事会为公司治理的核心,是内部控制中控制环境的重要因素,无论对公司治理结构还是对内部控制而言都是至关重要的。从内部控制的角度而言,董事会的角色是对责任进行委托,对整个企业的内部控制有效性负有最终责任,包括对各委员会负责的内部控制进行监督报告与审阅评价、对风险管理进行督导与调整。

3. 高级经理层对内部控制的影响

高级经理层在CEO(首席执行官)的领导下对企业进行管理,也是负责企业内部控制的高级管理者,有能力对企业产生巨大影响。高级经理层对企业的影响体现在规划企业前景、确定战略目标、人才激励与创新、维持企业核心竞争力等方面。在内部控制中,高级管理层对员工进行组织计划、指导监控,对内部控制的要素进行运营和实现,从而实现企业的内部控制目标。然而,由于高级经理层处于公司治理的较高等级,在企业中具有较大范围的自由度,因此,他们需要保持一定的自制力,确保自身行为的适当性。

(三)我国国有企业治理结构存在的问题

我国国有企业实行公司制改革以来,在法人治理结构方面取得了重大进展。主要表现在:一是政府与企业的关系正在逐步理顺,政府角色和职能有了重新定位;二是股权结构正在逐步优化,大股东侵占上市公司利益现象受到抑制,中小股东利益保护机制正在形成;三是公司董事会独立性和重要性有所增强,公司内部制衡机制正在形成;四是上市公司信息披露形式上渐趋合理,内容日趋完善;五是法律与监管环境持续改善,外部治理机制不断完善。

但不可否认,由于国有企业公司制改革的复杂性和艰巨性,企业公司治理

结构中还存在着许多问题。近几年，我国许多知名企业频频出事，企业高管层纷纷落马，这说明我国企业特别是国有企业治理结构方面确实存在着严重的制度缺陷。

目前国有企业公司治理结构存在的问题，突出地表现在以下几个方面：

1. 国有股权控制权不明确

没有明确谁是国有资产所有者的代表，谁作为上市公司国有股的代表行使权力。我国上市公司的国有股持股主体有：集团公司、国资局、国有资产经营或控股公司、行业主管部门、财政局等。这些国有股东并非是最终的财产所有者，只是国有资产的代理人。他们并不拥有索取其控制权使用收益的合法权益，当然也不承担其控制权使用的责任。这种情况使公司委托—代理关系不是一种财产所有者与法人所有者之间的关系，而成为一种政治功利和经济目标的混合体。

2. 股权结构严重不合理，过于集中

从公司治理结构产生的历史和逻辑来看，股权结构是公司治理结构的基础。股权结构安排会直接影响公司的价值和绩效。在我国，股份制改革初期，国家急于扶持国有企业上市，又担心国有资产流失，更担心境外资本冲击国内资本市场，因而确定了国家必须在上市公司中保持控股甚至绝对控股的指导思想。这种"计划+行政控制"的双重作用的结果，使得一些上市公司的股权结构极不合理，形成"一股独大"。当然，随着上市公司股权分置改革，已经有一定程度的好转。

3. "内部人控制"现象严重

由于国有股权过分集中，国有股股权主体虚置，所有者缺位，且在董事会人员组成中以执行董事和控股股东代表为主，缺少外部董事、独立董事的监督，所以国有控股上市公司造成"弱股东，强管理层"现象，"内部人控制"就不可避免，其突出的表现在于过分的职务消费、信息披露不规范、短期行为、过度投资和耗费资产、转移国有资产、置小股东利益于不顾、不分红或少分红、大量拖欠债务等。

4. 经理人员激励与约束"双重软化"

我国国有企业即使在实现了公司制改革以后，其高层经营管理人员仍然

第3章 控制环境
Chapter 3　Control Environment

是由党的组织部门或政府的人事部门任免的，或对其任免具有决定性影响力。因此，由于这种改革中的路径依赖性，上市公司经理人员的激励与约束机制基本上沿袭了改制前的模式：软激励与软约束同时并存。在这种情况下，国有股股东对公司的控制，表现为行政上的"超强控制"和产权上的"超弱控制"同时并存，经理人员与政府博弈的结果，使一部分经理人员利用政府行政上的"超强控制"转嫁经营风险，逃避经营失败的责任，同时又利用政府产权上的"超弱控制"形成内部人控制，追逐自己的利益，损害所有者权益。

二、公司治理与内部控制

内部控制存在于具体的控制环境中，公司治理是促使内部控制有效运行，保证内部控制功能发挥的基础，是实行内部控制的制度环境。内部控制在公司治理中担当的是内部管理监控系统的角色。良好的内部控制是完善公司治理的重要保证，健全的公司治理又是内部控制有效运行的前提。《内部控制基本规范》指出，健全的治理结构、科学的内部机构设置和权责分配是建立并实施内部控制的基本前提，是影响、制约内部环境的重要因素。

具体地说，公司的控制环境在很大程度上受到治理层的影响。治理层的职责应在公司的章程和政策中予以规定。治理层通常通过其自身的活动，并在审计委员会或类似机构的支持下，监督公司的财务报告政策和程序。其中，董事会对一个公司负有重要的受托管理责任，在董事会里成立一个有效的审计委员会，有利于公司保持良好的内部控制。董事会监督企业的各种经营活动，而审计委员会则监督会计报表。审计委员会除了协助董事会履行其职责外，还有助于保证董事会与公司外部及内部审计人员之间的直接沟通。董事会、审计委员会或类似机构应关注财务报告，并监督公司的会计政策以及内部、外部的审计工作和结果。治理层的职责还包括监督用于复核内部控制有效性的政策和程序设计是否合理，执行是否有效。

治理层对控制环境影响的要素有：治理层相对于管理层的独立性、成员的经验和品德、对公司业务活动的参与程度、治理层行为的适当性、治理层所获得的信息、管理层对治理层所提出问题的追踪程度，以及治理层与内部审计人员和注册会计师的联系程度等。

三、完善公司治理的途径

鉴于公司治理结构及其有效性对内部控制的重要作用,完善公司治理,提高董事会有效性至关重要。

(一)实行股权多元化和投资主体多元化

股权结构的合理性,能有效地对董事、监事和高级经理人员实行监督约束。针对目前我国企业股权结构集中的现象,应实行股权多元化,广泛吸收非国有资本入股。股权多元化后,包括国有股东在内的所有股东都只能根据股权平等的原则,依据《公司法》和《公司章程》,按其出资份额行使职权,使各家股东的利益在公司的总体利益中得到实现。而且凡是公司股东,就可名正言顺地进入股东会依法行使职权,确保经股东大会选举出来的董事会和监事会成员能维护公司的整体利益。

> **☞ 案例 8　股权分置改革**
>
> 股权分置是指上市公司的一部分股份上市流通,另一部分股份暂时不上市流通。前者主要称为流通股,主要成分为社会公众股;后者为非流通股,大多为国有股和法人股。在中国股市在特殊的发展演变中,中国 A 股市场的上市公司内部普遍形成了"两种不同性质的股票"(非流通股和社会流通股),这两类股票形成了"不同股不同价不同权"的市场制度与结构。股权分置问题被普遍认为是困扰中国股市发展的头号难题。由于历史原因,中国股市上有三分之二的股权不能流通。由于同股不同权、同股不同利等带来的弊端,严重影响着股市的发展。
>
> **股权分置改革的发展阶段**
>
> 股权分置的发展可以分为以下三个阶段:
>
> 第一阶段:股权分置问题的形成。中国证券市场在设立之初,对国有股流通问题总体上采取搁置的办法,在事实上形成了股权分置的格局。
>
> 第二阶段:通过国有股变现解决国企改革和发展资金需求的尝试,开始触动股权分置问题。1998 年下半年到 1999 年上半年,为了解决推进国有企业改革发展的资金需求和完善社会保障机制,开始进行国有股减持的探索性

尝试。但由于实施方案与市场预期存在差距，试点很快被停止。2001年6月12日，国务院颁布《减持国有股筹集社会保障资金管理暂行办法》也是该思路的延续，同样由于市场效果不理想，于当年10月22日宣布暂停。

第三阶段：作为推进资本市场改革开放和稳定发展的一项制度性变革，解决股权分置问题正式被提上日程。2004年1月31日，国务院发布《国务院关于推进资本市场改革开放和稳定发展的若干意见》，明确提出"积极稳妥解决股权分置问题"。

股权分置的弊端

第一，市场供需失衡问题。三分之二的非流通法人股，一旦被允许卖给个人投资者并在市场流通，似乎会导致市场上股票供应的剧增，如果对股票的需求跟不上大幅度增加的供应，可能会导致股价的大跌。股权分置时刻威胁着中国证券市场的进一步发展，因此，应该不惜一切代价，尽快解决股权分置问题，为中国证券市场的发展扫除一个重要的障碍。

第二，股东利益冲突问题。流通股与不流通法人股的长期法定分割导致上市企业在收入分配问题上面临大股东与小股东之间的明显及长期的利益冲突。

第三，控制权僵化的问题。三分之二的法人股不可以通过公开市场流通，这意味着上市公司的大股东，特别是其国企母公司，对上市公司具有不可动摇的控制权。某个大股东对企业的控制权如果运用不当，企业经营必然出问题，企业生产力将下降，利润减少，股价下跌。

2004年2月，我国政府从中国股市的实际出发，颁布了《国务院关于推进资本市场改革开放和稳定发展的若干意见》（简称《国九条》），明确指出，"积极稳妥解决股权分置问题。稳步解决目前上市公司股份中尚不能上市流通股份的流通问题。在解决这一问题时，要尊重市场规律，有利于市场的稳定和发展，保护投资者特别是社会公众投资者的合法权益"，并强调"坚持改革的力度、发展的速度与市场可承受程度的统一，处理好改革、发展、稳定的关系"。在14个月之后，2005年4月29日，证监会发布了《关于上市公司股权分置改革试点有关问题的通知》（简称《4.29通知》），提出了对价并轨的改革思路，并启动了这场处于新兴尚未转轨时期的中国股市所特有的股权分置改革。

（二）规范和完善董事会的运作

在法人治理结构中，董事会是核心。因为对于股东而言，董事会是受托者，接受股东的委托实现股东对资产保值增值的要求；对于经理层而言，董事会又是委托者，授权经理层开展公司经营活动并对其实施监督和控制，以实现其经营目标。董事会的治理水平是整个公司法人治理结构水平的缩影，如果公司的董事会治理出现问题，轻则影响公司经营效益，重则将会遭受灭顶之灾。因此，董事会如何定位、如何考核及如何对经理层进行有效的激励和约束，是完善法人治理结构的核心问题。企业可以从以下方面出发完善董事会的运作：

（1）严格按照《公司法》规定的程序召开股东大会，选举董事，组成董事会，彻底消除董事会产生的随意性、董事长兼任总经理以及董事会成员与经理层高度重合的现象，真正建立和完善董事会和经理层之间的委托代理关系。

（2）优化董事会的结构和功能，提高董事的经营管理水平和业务素质，使董事会的组成、功能及职责符合国际最新和最佳要求。实行独立董事制度，同时强化董事会的决策支持系统；确保董事会集体决策，防止内部合谋行为，保护中小股东的利益。

（3）建立和完善董事的信息披露制度，以确保公司法人治理结构更加透明。基于股东会和董事会之间的信托法律关系，公司股东有权利获悉关于董事活动、薪酬以及商业利益的相关信息。

除此之外，要对股东大会和董事会要进行合理、适当的分权，明确各自的权利和义务，同时对股东大会、股东的授权经营范畴及董事会的职责等要有明确的界定。

案例9 内控环境的重要性在沃尔玛成功案例中的论证

沃尔玛的董事会及其成员在内控制度的有效运行中充分发挥了作用，他们坚持董事应有的有效牵制原则，使得公司高层做出的决策具有高度预见性和创造力。下面以沃尔玛投资卫星系统为例。

在提出要建立自己的卫星系统时，山姆·沃尔顿是不太赞成的。然而公司的其他高层，包括几位董事（其中不乏技术专家），深知投资新技术对公司发展和控制成本、提高管理的重要性，他们勇于不断地向山姆施压，并以大量的数据证明了建立卫星系统的可行性以及将会给沃尔玛带来的巨大效益。

第 3 章 控制环境
Chapter 3　Control Environment

> 在他们的不懈努力下，山姆终于让步了，沃尔玛投资 4 亿美元由休斯公司发射了一颗商用卫星，实现了全球联网。
>
> 　　从此以后，沃尔玛在全球 4 000 多家门店通过全球网络可在 1 小时之内对每种商品的库存、上架、销售量全部盘点一遍，并通知货车司机最新的路况信息，调整车辆送货的最佳线路。凭借先进的电子信息手段，沃尔玛做到了商店的销售与配送保持同步，配送中心与供应商运转一致，提高了工作效率，降低了成本，使得沃尔玛超市所售货物在价格上占有绝对优势，成为消费者的重要选择对象。
>
> 　　正因为这种高速的信息处理与沟通系统，为沃尔玛的经营活动带来了高效率和高利润，同时也证实了沃尔玛董事会的超凡智慧和在内控中运作的有效性。
>
> 资料来源：参见《沃尔玛内部控制案例——控制环境分析》黄芳 PPT 文件，www.chaoshi168.com。

（三）强化监事会的作用

监事会的监督作用的有效发挥，对于保障企业的健康发展，规范公司的日常运作，将具有深远的意义。因此，国有企业都应按照《国有企业监事会暂行条例》的规定健全企业监事会制度，完善监督机制。

首先，要在制度上保证监事要知事。股东大会应制定和完善有关的监督制度或条例，具体规定监事会的职责、职权及其监督的程序和规范。如，监事（长）参加董事长或总经理召集的工作会议进行旁听的制度；财务部门定期向监事会报送有关财务报表等。其次，要优化监事会的成员结构。要控制监事会成员中内部成员的数量，适当增加外部监事，使监事会更具有独立性。还要减少兼职监事，增加专职监事。另外，还要加强对监事成员的业务培训工作，力求全面提高全体监事成员的素质，使监事会成员精通公司业务、财务、法律，变为真正的内行，保证监事会的监督治理机能正常运转。

（四）实行职工参与公司治理的制度

近年来，公司职工在公司治理结构中的作用日益重要。职工参与公司治理，既是人的经济价值的提高，也是缓和劳资冲突以提高公司组织效率的需要。为了充分发挥职工的主人翁意识，更应当创造条件让职工参与公司法人治理：

首先，要发挥好职代会及工会在公司中的作用。公司企业职工整体利益与国家的根本利益是一致的，但在具体利益上，由于牵扯到职工自己切身利益企业内部可能产生一些矛盾，这些矛盾是正常的，也是企业必须加以解决的，因此需要有职代会、工会代表全体职工与职业领导人进行协调；其次，应大力推行董事会、监事会的职工代表制。职工董事、职工监事是职工委派自己的代表，通过股东大会进入公司领导机构，是职工参与企业管理和监督的重要形式，也是职工维护和保护自身合法权益的体现；最后，要建立保障职工参与制度的相关配套制度，使职工真正起到参与公司管理的作用。

通过以上各方面的措施，可以使我国企业的法人治理结构更加完善，并促进其管理水平的提高。当然，完善和改进公司治理结构是一项复杂的工程，不是一朝一夕就能做到的。

第5节 管理层的理念和经营风格

一、管理理念和经营风格

公司的管理风格和经营理念有稳健型和创新型两种。

（一）稳健型

稳健型公司的特点是在管理风格和经营理念上以稳健原则为核心，一般不会轻易改变业已形成的管理和经营模式。因为成熟模式是企业内部经过各方面反复探索、学习、调整和适应才形成的，意味着企业的发展达到了较理想的状态。奉行稳健型原则的公司的发展一般较为平稳，大起大落的情况较少，但是由于不太愿意从事风险较高的经营活动，公司较难获得超额利润，跳跃式增长的可能性较小，而且有时由于过于稳健，会丧失大发展的良机。稳健并不排斥创新，由于企业面临的生存发展环境在不断变化之中，企业也需要在坚持稳健的原则下不断调整自己的管理方式和经营策略以适应外部环境的变化。如果排斥创新的话，稳健型的公司也可能会遭到失败。

第3章　控制环境
Chapter 3　Control Environment

（二）创新型

创新型公司的特点是管理风格和经营理念上以创新为核心，公司在经营活动中的开拓能力较强。创新型的管理风格是此类公司获得持续竞争力的关键。管理创新是指管理人员借助于系统的观点，利用新思维、新技术、新方法，创造一种新的更有效的资源整合方式，以促进企业管理系统综合效益的不断提高，达到以尽可能少的投入获得尽可能多的综合效益，具有动态反馈机制的全过程管理目的。管理创新应贯穿于企业管理系统的各环节，包括经营理念、战略决策、组织结构、业务流程、管理技术和人力资源开发等各方面，这些也是管理创新的主要内容。创新型企业依靠自己的开拓创造，有可能在行业中率先崛起，获得超常规的发展；但创新并不意味着企业的发展一定能够获得成功，有时实行的一些冒进式的发展战略也有可能迅速导致企业的失败。分析公司的管理风格可以跳过现有的财务指标来预测公司是否具有可持续发展的能力，而分析公司的经营理念则可据以判断公司管理层制定何种公司发展战略。

二、管理理念和经营风格与内部控制

（一）管理理念与内部控制的关系

管理层的理念包括管理层对内部控制的理念，即管理层对内部控制以及对具体控制实施环境的重视程度。管理层对内部控制的重视，将有助于控制的有效执行，并减少特定控制被忽视或规避的可能性。控制理念反映在管理层制定的政策、程序及所采取的措施中，而不是反映在形式上。因此，要使控制理念成为控制环境的一个重要特质，管理层必须告知员工内部控制的重要性。同时，只有建立适当的管理层控制机制，控制理念才能产生预期的效果。

衡量管理层对内部控制重视程度的重要标准，是管理层收到有关内部控制弱点及违规事件的报告时是否做出适当反应。管理层及时地下达纠弊措施，表明他们对内部控制的重视，也有利于加强企业内部的控制意识。

（二）经营理念与内部控制的关系

此外，了解管理层的经营风格也很有必要，管理层的经营风格可以表明管理层所能接受的业务风险的性质。例如，管理层是否经常投资于风险特别高的

领域或者在接受风险方面极为保守,不敢越雷池一步。经营管理者的观念、方式和风格,通常会从三个方面极大地影响控制环境:

(1)管理者对待经营风险的态度和控制经营风险的方法。如管理层是否谨慎从事,是否在对方案的风险和潜在利益进行仔细研究分析后才进一步采取措施。

(2)为实现预算、利润和其他财务及经营目标,企业对管理的重视程度。

(3)管理者对会计报表所持的态度和所采取的行动。

管理层负责企业的运作以及经营策略和程序的制定、执行与监督。控制环境的每个方面在很大程度上都受管理层采取的措施和做出决策的影响,或在某些情况下受管理层不采取某些措施或不做出某种决策的影响。在有效的控制环境中,管理层的理念和经营风格可以创造一个积极的氛围,促进业务流程和内部控制的有效运行,同时创造一个减少错报发生可能性的环境。在管理层以一个或少数几个人为主时,管理层的理念和经营风格对内部控制的影响尤为突出。

三、防范管理层风险的内部控制措施

根据《企业内部控制管理操作手册》,企业在防范管理层风险方面的规定应该包括:

(1)企业在决定为重大投资项目设立专门管理机构和配备任命管理人员时,应当在项目正式启动前对全体掌握审批、检查验收权力的管理人员和敏感岗位工作人员进行预防职务犯罪培训,对于高级管理人员要求签署管理廉政申明。

(2)禁止企业领导人不按批准程序,擅自调整变更企业组织机构和重要岗位工作职责。企业管理部在向总经理报送新设或调整组织机构报告前,必须先送内控经理审核,以确定是否与企业内控管理原则相冲突。

(3)禁止企业管理人员利用权力随意调整组织机构和管理岗位。禁止高级管理人员利用调整组织机构和工作岗位之机,安插私人亲属等。

(4)当企业领导人故意通过调整组织机构和工作岗位职责,企图实施贪污舞弊或损害企业利益时,所有员工有权利向董事会、监事会和集团内部控制部门等有关部门和人员检举揭发。对此类违反公司章程和法律法规的行为,应该按照有关管理程序或董事会决议,对相关管理人员予以严厉的处罚,触犯刑律者,送司法机关处理。

(5)上市公司设置或撤销企业高级管理人员职位之前,必须获得公司独立董事或监事会的批准。

（6）企业高级管理人员尤其是总经理和财务总监的授权内容应符合企业章程、合资协议以及相关董事会决议。

第6节 组织结构及职权与责任的分配

一、组织结构的定义

组织结构是组织中正式确定的使工作得以分解、组合和协调的体系，为计划、运作、控制及监督经营活动提供了一个整体框架。具体地说，它表现为对组织内部进行的职能分工，即横向的部门联系和纵向的层次体系。通过集权或分权决策，可在不同部门间进行适当的职责划分、建立适当层次的报告体系。组织结构将影响权利、责任和工作任务在组织成员中的分配。组织结构在一定程度上取决于公司的规模和经营活动的性质。

组织结构通常可以用图表来表示，即组织结构图。它以直观的方式，表明了组织中的各种职位及其排列顺序，展示了组织职权结构及个体的任务，反映了组织内部在职务范围、责任权利等方面所形成的关系体系，其本质是组织内部成员的分工协作关系。

二、组织结构的基本类型

归纳起来，常见的组织结构形式只要有以下几种。

（一）直线制结构

直线制组织结构，是一种实行直线领导，不设职能机构的管理组织形式。这种组织形式中，各层领导机构都是综合性的，由经理实行没有职能机构的集中管理，经理融直线指挥与职能管理于一身。图3-1所示为直线型组织结构示意图。

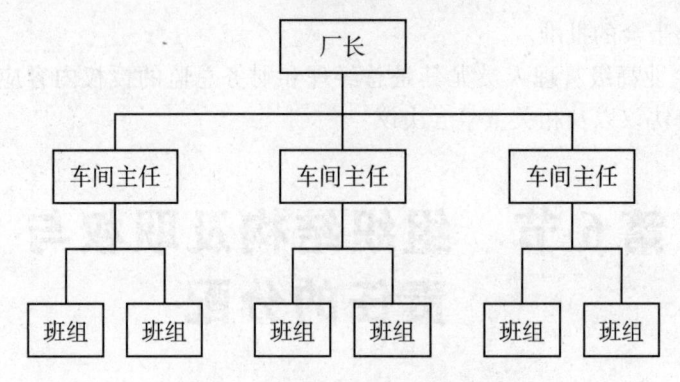

```
                    厂长
         ┌───────────┼───────────┐
      车间主任     车间主任     车间主任
      ┌──┴──┐    ┌──┴──┐    ┌──┴──┐
     班组  班组  班组  班组  班组  班组
```

图3-1 直线型组织结构示意

这种组织结构的优点是：结构简单、权力集中、指挥统一、决策迅速。其缺点是：(1) 由于直线指挥与职能管理不分，对领导者的知识和能力要求较高；(2) 各层领导机构实行综合管理，无专业化分工，不易提高专业管理水平；(3) 在层次较多的情况下，横向信息沟通比较困难。

这种组织结构，由于受领导者能力的限制，管理幅度不可能宽，因而企业的规模不可能大，只适于小型企业。业主制的商品流通企业通常采用这种组织结构形式，如专卖店、方便店等。

（二）垂直功能型

功能垂直型是按经营活动的功能划分部门，各部门的独立性小，权力集中于高层领导者手中。商品流通企业按功能划分的部门通常是研发、生产、营销、财务、人事等，各部门直接受高层经理领导，并直接向总经理负责，部门的经营决策必须有高层经理人员的介入才能做出。图3-2为制造业功能型垂直的管理组织结构。

垂直功能型管理组织结构是一种高度集权的一元结构（Unitary Structure），简称U型结构。这种结构的优点是权力集中，强化了高层主管人员对组织的控制，有利于集中资源进行优化配置，发挥整体优势；按功能划分部门，可避免人力和物力资源的重复配置，符合专业化分工的原则，有利于专业化技能的不断提高和有效利用。其主要缺点是：按功能划分部门容易导致有关人员重视方法和手段而忽视目的和成果；集权式的管理，增加了高层领导人的协调工作量，不能很好地发挥中层管理者的积极性，特别是规模大或是经营地域分散的企业，由于高层领导者的精力有限而不能有效控制，中层管理者的积极性不能

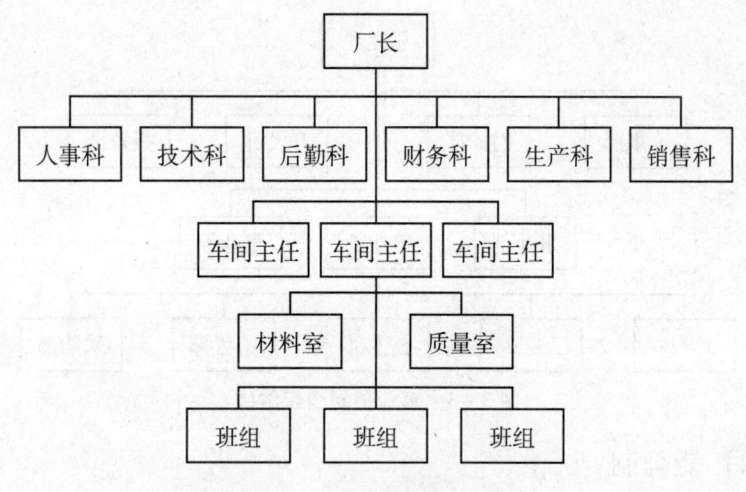

第 3 章 控制环境
Chapter 3 Control Environment

图 3-2 直线职能型组织结构

发挥而产生推诿、扯皮等消极现象,严重影响企业的效益和整体实力。

（三）事业部制结构

事业部制是在大型企业中,实行分权式的多分支单位（Multidivisional Structure）的组织结构形式,简称 M 型结构,即在总经理的领导下,按地区、市场或商品设立事业部,各事业部有相对独立的责任和权利。企业战略方针的确定和重大决策集中在总经理层,事业部在总经理的领导下,依据企业的战略方针和决策实行分权化的独立经营。各事业部作为利润中心,实行独立的财务核算,总部一般按事业部的盈利多少决定对事业部的奖惩。但事业部的独立性是相对的,不是独立的法人,只是总部的一个分支机构,即分公司。它的利润是依赖于公司总部的政策计算的,它在人事政策、形象设计、价格管理和投资决策方面一般没有大的自主权。事业部内部通常又是一个 U 型结构。事业部制组织结构如图 3-3 所示。

事业部制的优点是：使统一管理和专业化分工更好地结合起来,集中决策和分散经营使高层领导者摆脱了日常经营管理事务,同时又调动了各经营部门的积极性。其缺点是：集权与分权的程度有时难以掌握,处理不好会削弱统一性,协调难度大。

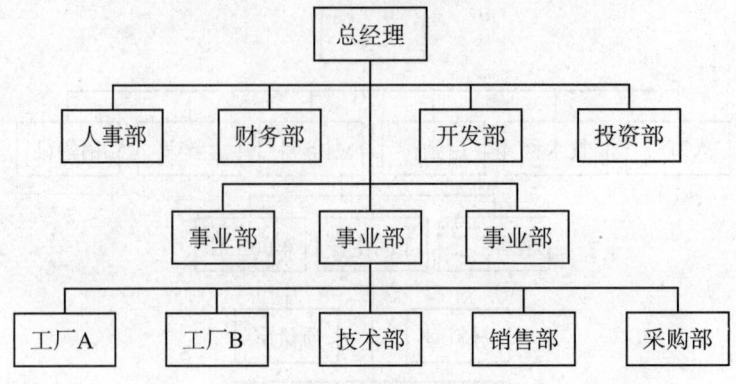

```
                    总经理
         ┌───┬───────┼───────┬───┐
       人事部 财务部        开发部 投资部
              ┌──────┼──────┐
            事业部  事业部  事业部
         ┌────┬────┼────┬────┐
       工厂A 工厂B 技术部 销售部 采购部
```

图 3-3　事业部制组织结构

（四）矩阵制

上述三种组织结构形式还有两个共同的弱点，就是横向信息沟通比较困难，缺乏弹性。为克服这些弊端，在企业中根据产品项目或某些专门任务成立跨部门的专门机构，这样形成的组织结构即为矩阵制。矩阵制中的专门机构如 A 产品市场开发小组、全面质量管理办公室等。专门小组的成员由各部门抽调，小组直属分管的副经理领导。有些专门机构是临时设置的，任务完成后即撤销。

矩阵制的优点是：有弹性、适应性好、横向信息沟通容易、协调配合好。其缺点是：缺乏稳定性，双重领导的结构容易产生矛盾。

矩阵制组织结构如图 3-4 所示。

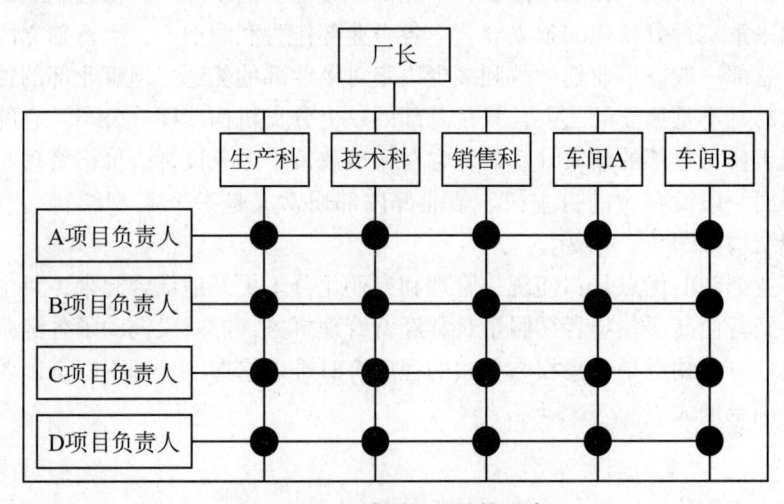

```
                       厂长
         ┌──────┬──────┬──────┬──────┐
      生产科  技术科  销售科  车间A  车间B
A项目负责人 ●     ●     ●     ●     ●
B项目负责人 ●     ●     ●     ●     ●
C项目负责人 ●     ●     ●     ●     ●
D项目负责人 ●     ●     ●     ●     ●
```

图 3-4　矩阵型组织结构示意

具体而言，组织结构受到环境、战略、规模及管理等因素的影响。公司选择何种组织结构需要综合考虑各方面的因素。

三、职权与责任的分配

（一）职权与责任

企业赋予某一岗位一定的职权主要是为了企业能够完成工作或者实现目标；岗位承担的责任越大，相应的权力就越大，同时就要求有更强的能力。如果一个岗位只有权力没有责任，即不用承担责任就能获取权力，那么这样的岗位无论什么人都能胜任。权力的滥用将会给企业带来极大的负面效应。

（二）职责分配

组织结构的设置只能给企业的合理运作提供一个合理的框架，真正的执行者还是处在各个岗位的员工，这就需要合理地进行职责分配。职责分配包括确认从事运营活动的权利与责任，以及建立沟通渠道和授权方式等。

职责分配的关键点是职责分离，其目的是保证单个人工作时不能欺骗单位，并由此减少两个或更多的人联合欺诈的机会。一般而言，职责分离包括：(1) 会计与业务职责的分离；(2) 财产保管与会计职责的分离；(3) 交易权与财产保管权的分离；(4) 会计内部职能的分离。

四、组织结构与内部控制

（一）组织机构设计的基本原则

一个企业的组织机构设置决定了内部控制的结构和流程，内部控制的有效性需要良好的组织机构的支持，因此企业在进行组织设计时，应该按照内部控制的要求，使得组织既能够高效地运营，又能适应内部控制环境的需要进行相应的调整。因此，组织结构的设计应该坚持以下原则：

1. 系统性原则

企业是由相互作用、相互依存的子部门有机结合在一起的系统，组织结构的设计应该将企业作为一个有机的整体进行系统化设计。体现有效内部控制的

组织设计必须坚持企业整体的系统性原则，广泛联系组织内以及组织和组织之间纵横交错的业务、行政关系，使其通过系统的设计达成各子部门的目标统一和相互协调。

2. 效率性原则

处理好组织层次和管理跨度的关系，才能提高组织的效率。垂直式组织管理层次多，管理幅度小，需要较多的管理人员，导致组织臃肿、信息沟通和反馈迟钝、运行效率低下。扁平式组织管理层次少，管理幅度大，因此对管理人员的素质有较高的要求，但扁平式组织效率较高，而且能有效减少组织内各部门之间的摩擦，增强协调与沟通。

3. 可控性原则

近年来，各企业的趋势是加大管理幅度，构造扁平化的组织结构，以提高管理效率，但相对于垂直式组织管理幅度小、可控性强来讲，扁平式组织的设计应该要特别注意组织的可控性。影响可控性的主要因素有：（1）员工的经验和受训练的程度；（2）工作任务的相似性和复杂性；（3）工作流程的标准化程度；（4）管理信息系统的先进程度；（5）组织文化；（6）管理者的凝聚力。

4. 权责匹配原则

权限与责任的分配包括如何授权、向谁授权、组织行为的分配、对组织目标的协同作用、责任与报告等。在内部控制中，授权和责任相匹配被认为是实施有效监督的前提条件。企业应该建立从组织结构的最高层到组织结构内部各成员的明确的直线权限，同时明确相应的责任，做到权限与责任相匹配。

（二）组织机构设置的相关内部控制规定

根据《企业内部控制管理操作手册》，企业在组织机构的设置方面的规定应该注意：

（1）设计组织机构时，企业管理部必须在考虑组织机构精简的同时，考虑建立内部组织牵制功能。对于存在高风险的重要业务项目，必须授权不同部门或不同人员共同处理。企业在考虑提高办事效率和降低控制风险之间应当进行恰当的平衡。

（2）岗位设计时应努力去除不相容工作职责并根据相关风险评估结果设

第 3 章 控制环境
Chapter 3 Control Environment

立组织牵制机制；特别是在设计重大或高风险业务处理程序时必须考虑建立各级各部门之间的组织牵制机制；对因机构人员较少且业务简单无法分职处理某些不相容业务时，公司应制定切实可行的替代控制措施。

（3）禁止企业管理不按照组织机构设置管理程序，随意增设部门小组，增加人员编制。对组织机构的风险防范应当根据企业实际条件和产品销售特点等因素综合考虑。

（4）要求执行机构与监督机构实行有效分离。内控部、质检部等监督检查机构必须与生产和业务执行机构相分离。

（5）上市公司在决定调整组织机构和设置高级管理人员时，必须获得独立董事或监事会的审查同意。

第 7 节　人力资源政策与实务

一、人力资源及其特征

人力资源是指组织具有智力劳动和体力劳动能力的人们的总和，它包括数量和质量两个方面。人力资源的最基本方面，包括体力和智力，从现实应用的状态，包括体质、智力、知识、技能四个方面。人力资源是一种特殊而又重要的资源，是各种生产力要素中最具有活力和弹性的部分。被誉为"资源中的资源"，人力资源具有以下基本特征：

（一）双重性

人力资源既是投资的结果，同时又能创造财富，或者说，它既是生产者，又是消费者。根据舒尔茨人力资本的理论，人力资本投资的程度决定了人力资源质量的高低。从生产和消费的角度来看，人力资本投资是一种消费行为，而且这种消费行为是必需的，是先于人力资本收益的，没有这种先前的投资，就不可能有后期的收益。人力资源作为一种经济性资源，它与物质资本一样具有投入产出规律，并具有高增值性。

（二）能动性

人力资源具有思想、感情和思维，具有主观能动性，这是人力资源同其他资源的最根本的区别。人力资源能够通过接受教育或主动学习，使得自身的各方面素质得到提高，并能够主动地运用自己的知识与能力、思想与思维、意识与品格，有效地利用其他资源推动社会和经济的发展。另外，人力资源还是唯一能起到创造作用的因素。这主要表现在两个方面：一方面是人力资源在社会和经济发展过程中往往能创造性地提出一些全新的方法，推动社会的进步和经济的发展；另一方面是人力资源能够适应环境的变化和要求承担起开拓进取和创新发展的任务，从而使企业更加充满活力。

（三）时效性

人力资源是一种具有生命的资源，它的形成、开发和使用都要受到时间的限制。作为生物有机体的人有其生命的周期，每个人都要经过幼年期、青少年期、中年期和老年期。由于在每个时期人的体能和智能的不同，因而在各个时期的学习能力和劳动能力也不同，这就要求对人力资源的培养要遵循人的成长规律，在不同阶段提供不同的学习与培训项目，对人力资源必须适时开发，及时利用，讲究时效。

（四）社会性

人类劳动是群体性劳动，每一个人都在一定的社会和组织中工作和生活，其思想和行为都要受到社会和所在群体的政治、经济、历史和文化氛围的影响，每个人的价值观念也各不相同。人们在社会交往中，其行为可能与特定的组织文化所倡导的行为准则相矛盾，可能与他人的行为准则相矛盾，这就要求人力资源管理要注重团队建设，注重人与人、人与群体、人与社会的关系及利益的协调与整合。

（五）再生性

经济资源分为可再生性资源和不可再生性资源两大类。人力资源是一种可再生性资源，这是基于人口的再生产和劳动力的再生产，通过人口总体内的各个个体不断地替换更新和劳动力消耗—生产—再消耗—再生产的过程实现的。这种再生产不同于一般生物资源的再生产，除了受生物规律支配外，还要受人的意识支配，受人类活动的影响和新技术革命的制约。

二、人力资源政策与内部控制

（一）人力资源的管理理念

近年来，随着新兴企业形态的出现及提高生产率、管理升级的要求，人力资源管理越来越受到经营管理者与专家学者的重视。20世纪90年代以来，在知识经济来临的时代里，企业中人力资本和知识要素的投入将逐渐超过传统资本要素的投入，尤其在高人力资本和知识密集型的企业，人力资源将进一步发挥它们高成长性的优势。

从微观角度来看，人力资源从数量上看是指一个组织所雇用的人员，从质量上是指这个组织内的人员所具有的综合素质和效率。人力资源是企业中最不稳定的资源，因而也是具有最大可改善余地的资源。人力资源的状况能够直接或间接地影响实物资源和财务资源。不幸的是，有些企业的管理人员经常忽视这一点。总而言之，人力资源在及其不断贬值、劳动和知识日益集中于人才之上的今天，成为现代经济中真正的资本和财富。

（二）人力资源管理与内部控制

1. 人力资源管理过程

人力资源的管理是企业管理的一个重要组成部分，能否实施科学、合理、有效的人力资源管理直接关系着企业当前的经营业绩和未来的发展潜力，因此人力资源管理应该得到企业的高度重视。一般企业人力管理过程中，可分为人力资源实务和人力资源政策两个方面。其中，人力资源实务主要指员工招聘、员工培训、绩效评估以及奖惩措施等相关程序，而人力资源政策是企业人力资源管理部门针对企业在聘用和管理员工的这些活动而制定并公布的指示和意见。企业必须根据企业自身发展的需要制定科学合理的人力资源政策，用以指导人力资源实务，从而实现高效的人力资源管理目标（见图3-5）。

内部控制强调"以人为本"，它既是对人的控制，又需要由人来控制，因此，企业员工的胜任能力对内部控制的效果产生直接而重要的影响。一个好的人力资源政策，能够在招聘环节就把好关，从而确保执行公司政策和程序的人员具有胜任能力和正直品行。公司必须雇用足够的人员并给予足够的资源，使

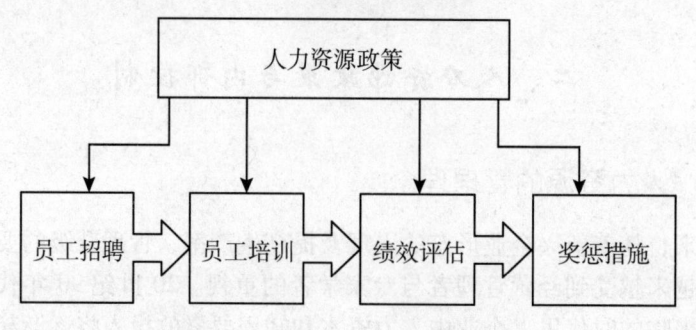

```
          ┌─────────────────┐
          │   人力资源政策    │
          └─────────────────┘
            │    │    │    │
            ▼    ▼    ▼    ▼
         ┌────┐┌────┐┌────┐┌────┐
         │员工││员工││绩效││奖惩│
         │招聘││培训││评估││措施│
         └────┘└────┘└────┘└────┘
```

图 3-5 组织的人力资源管理过程

其能完成所分配的任务，这是建立合适的控制环境的重要元素，人力资源政策和实务相当于内控制度的血液。公司职员的胜任能力和正直性在很大程度上取决于公司的有关雇用、训练、待遇、业绩考评及晋升等政策和程序的合理程度。

2. 人力资源政策的风险点

企业至少应当关注涉及人力资源政策的下列风险：

（1）人力资源政策违反国家法律法规，可能遭受外部处罚、经济损失和信誉损失。

（2）人力资源需求计划不合理，岗位职责安排不科学，可能导致企业无法获得经营管理所需员工。

（3）员工业务能力或者道德素养无法满足所属岗位要求，可能导致企业目标无法实现或者发生欺诈、舞弊等损害企业利益的行为。

（4）人力资源考核政策和薪酬制度不合理，可能导致企业员工流失或者业绩低下。

三、人力资源管理过程的关键控制环节

企业在建立与实施人力资源政策内部控制中，应当注意对下列关键方面或者关键环节的控制：

（一）员工聘用环节控制

（1）招聘新员工要采取公开招聘政策，公开招聘是指将招聘的种类、数量、条件、方法、时间、地点、通过媒体或者其他方式，在招聘简章里加以公

第 3 章 控制环境
Chapter 3　Control Environment

告。公开招聘可以使招聘工作处于社会监督之下，防止不正之风；同时有利于扩大招聘市场，公司有更多的选择机会。

（2）选拔员工要采取公平竞争、全面考核和择优录取原则。公平竞争就是要对所有应聘成员一视同仁，杜绝拉关系、走后门等现象。全面考核就是对应聘者德智体美等各方面进行考核，防止片面考察应聘者。择优录取的依据是全面考核的结果和用人基准，是招聘工作成败的关键。

（二）员工培训环节控制

企业所面临的市场、技术和服务节奏都在快速变化，为了适应这种变化，应对处于不同岗位的员工进行培训，鼓励于员工不断获得新知识和新技能，以保证个人目标与企业目标的一致性。员工培训期间在培训其工作技能提高工作熟练度的同时，应将企业行为准则、企业经营理念和文化灌输给员工，要求其正确认识企业的价值观体系并遵守企业制定的行为准则。企业针对不同岗位和不同的培训目的，应该选用不同的培训方式：

（1）高层培训。主要针对公司高层管理人员所进行的培训，目的是提高企业高层管理人员的素质，可采用派出参加 MBA 培训、到标杆企业进行考察等方式。

（2）新员工入职前培训。一般包括企业文化和岗位培训，目的是使员工迅速熟悉企业环境以及在岗位上尽快开展工作。企业内部控制的贯彻实施也需要培训，让员工掌握内部控制的流程、基本制度和方法。

（3）岗位跟踪培训。目的是使员工不断学习新的技能和知识，以应对不断发展中的企业及外部环境对员工知识、技能方面的要求。

（三）绩效评估环节

绩效评估是人力资源管理中非常重要的一个环节，企业应当实施公开公平公正的绩效评估办法，对企业内部所有的员工公平对待，而不能收到管理者的干涉。绩效考核的基本理念是：适当的绩效评估是激励，多度的绩效评估是负激励；没有绩效评估是不公平，不恰当的绩效评估加剧不公平。

（1）考核方法、标准、程序、责任、结果等各种绩效评估信息都应该公开，从而使员工对考核产生信任感，对考核结果感到自信。

（2）客观进行绩效评估，其中绩效评估体系的设计、考核体系的建立、考核资料的来源等是确定绩效评估客观、公正的要点。

（3）绩效评估的标准不宜将与工作无关的因素纳入考核范围，否则若将

有关人格问题的判断纳入考核的结论中,将造成许多负面影响。

(4) 在评估结束后,应将结果反馈给个人,并将今后努力的方向的参考意见告诉被考核者。同时还应当听取员工对企业的意见和建议,对企业确实存在的问题应当承认,并加以解决,以达到员工和企业之间的相互信任。

(四) 奖惩措施环节

(1) 企业内部要实施统一且易于理解的惩戒措施,企业应当按照有关规定对违反企业规章制度的员工实施惩罚。

(2) 同时,企业也应严格按照激励政策对绩效良好的员工坚持以公平公正的方式给予激励。切忌企业内部存在双重奖惩标准。

(3) 应该将奖惩措施与企业绩效评估相结合,严格按照绩效评估的结果来决定奖惩措施,而奖惩措施也是提高绩效评估效用的手段。

(五) 其他环节

企业在建立与实施人力资源政策内部控制中,还应当强化对下列关键方面或者关键环节的控制:

(1) 岗位职责和任职要求应当明确规范,人力资源需求计划应当科学合理。

(2) 人力资源考核制度应当科学合理,应当能够引导员工实现企业目标。

(3) 薪酬制度应当能保持和吸引优秀人才,并符合国家有关法律法规的要求,薪酬发放标准和程序应当规范。

☞ **案例 10　沃尔玛的人力资源政策**

"诚实"在沃尔玛的文化中是一个非常特别的词汇。每个沃尔玛同事都知道,沃尔玛不怕员工犯错误,而且会有专门的人帮助你去改正错误,但是有一个错误是不可以被原谅的,就是不诚实。只有诚实,才能百分之百遵守国家和地区的法律法规,才能百分之百遵守公司的政策规章和原则。因为诚实,沃尔玛才能成为最遵纪守法的企业,经营业务才能顺利发展,连续四年荣登《财富》杂志世界 500 强企业榜首,并连续两年上榜该杂志"最受尊敬企业"的排行。同样,个人只有诚实,才有保证遵守公司相关政策,对消费者健康安全负责,也才能在沃尔玛有光明的前途。

保障食品安全和消费者的身体健康,员工健康是根本。每一位新同事在

第 3 章 控制环境
Chapter 3　Control Environment

> 入职之前，沃尔玛都会组织其到市级医院进行体检，确认无任何传染性疾病之后方可聘用。并且沃尔玛每年组织同事体检一次，发现有患传染病者立即请其暂停工作进行治疗，治愈后方可返岗。
> 　　用专业的心，做专业的事。沃尔玛不但要求食品部门工作人员必须具有一定的工作经验，还为其提供专业的培训。在沃尔玛有一个比较新的概念，叫鲜食学院，也是沃尔玛（中国）自己发展起来的学院。鲜食学院的成员都是经验丰富的鲜食专家，他们定期到全国各地出差，给商场鲜食区域的管理层和员工提供鲜食培训和支持。课程覆盖全中国所有的鲜食部分的培训，包括鲜食卫生、鲜食标准、供应商、供应商鲜食情况、新品开发等，商场的采购、营运这两大前线部门里面有关鲜食方面的工作，鲜食学院都会涉及。此外，沃尔玛还对员工有一些公开课，主要就是帮助他们了解跟他们工作有关的其他技能和知识，更好地为顾客服务。
> 　　沃尔玛致力于招聘诚实、专业的同事并为其提供全面的培训，同时对其诚实的品质和专业技能进行定期考核。深圳总部每年都会组织鲜食技工进行两次专业考核，包括技能和理论两个部分。
> 　　资料来源：根据百度文库及《海峡都市报》"沃尔玛的人力资源政策"相关信息整理。

第 8 节　我国上市公司内部控制环境不佳的表现

现时我国上市公司的内部控制环境存在许多问题，影响整个内部控制制度的建立和实施。主要表现在以下三方面。

一、公司治理结构不完善，运作不规范

公司治理结构是内部控制环境的最高层次，它的完善是公司内部控制环境坚实的基础。目前我国大多数上司公司的治理结构仍不尽如人意，公司章程照抄《公司法》，缺乏实际指导意义。董事会、监事会、经理层的职责分工和议事规则不清晰，职能严重交叉或重合，董事会的战略决策职能下移，而经营层的日常经营权被董事会行使，监事会职能弱化。各机构运作机制不规范，许多

上市公司内部控制
Internal Control of Listed Company

企业会有董事会、监事会、经理层"三套班子一套人马",权、责、利的划分形同虚设的情况,有的甚至以传阅签字代替开会,严重混淆了各机构的职能和责任。

☞ 案例 11　我国上市公司信息披露问题

我国上市公司的股权结构是由国家股、法人股和社会公众股三部分组成的,"股权集中程控制环境度高"的现象明显。我们看到,大股东大多为上市公司改制前的上级单位或具有某种关联关系的单位,如母公司或集团公司等,但从上市公司所有权的最终追溯看,大多数上市公司的国家股或国有法人股的所有权都是属于国家的,由于所有者的"缺位",这些大股东只是"国有资产"的代理人,他们被委托行使对上市公司的经营权,这种特殊的"代理委托"关系构成了我国上市公司特殊的控股型公司法人治理结构:国有经济是纽带,上市公司股权结构中国有股"一股独大",容易形成由代理人组成的内部人控制的法人治理结构。与此同时,对"内部人"又缺乏有效的激励机制,企业经营好坏,与他们自身的经济利益没有挂上钩,导致不少上市公司管理层对责任和诚信义务的意识淡薄,甚至在管理与经营上存在过失行为,这样也很容易产生代理人存在"道德风险"和"败德行为",并导致他们与所有者(股东)之间产生矛盾和利益冲突。正是由于我国上市公司治理结构的不完善,导致上市公司各种违规现象层出不穷。像 ST 棱光、ST 猴王、济南轻骑和粤金曼等上市公司的大股东,利用他们对上市公司的控制权地位,假借各种名义,甚至利用虚假财务报告,来占用上市公司的资金,将上市公司当做自己的"提款机"。

资料来源:根据金明伟:《我国上市公司信息披露若干问题》,中南财经政法大学学报 2005 年 9 月及 http://business.sohu.com 有关信息整理。

二、管理层和员工整体素质不高,激励和约束机制缺乏

在我国企业,特别是国有上市公司,管理人员的选择和任用机制还是以政府选派为导向,没有形成成熟的职业经理人市场,政府人员和企业人员混用,企业经营者的素质尤其是专业素质得不到保证。企业用工制度还存在新的"铁饭碗"问题,"进出口"不畅,职工队伍素质停滞不前。

企业经营者享有的权利远远大于所承担的责任,激励机制和约束机制比较

第 3 章 控制环境
Chapter 3　Control Environment

弱,经营者缺乏自我提高的动力和压力,更缺乏自我管理的意识,造成管理层整体素质偏低的现象。在企业家市场比较成熟的前提下,逐步实行年薪制。再者,企业员工素质低下。在知识经济时代,单一的知识已经不能胜任关键岗位的工作了。例如单位财会人员知识面单一,重财经知识而相应的缺乏管理和生产技能,这也是内部控制制度失效的原因之一。

三、企业文化建设滞后

我国大多数企业提出了自己的经营理念和宗旨,但员工企业文化的认识不到位,措施不得力,没有形成具有本企业特征的基本信念、价值观念、道德规范、人文环境以及与此相适应的思维方式和行为方式。甚至有些单位的领导在推行企业文化建设的过程中,仅仅把企业文化建设作为一种"时尚",当做应付检查的"作秀",经常"说起来重要,干起来忘掉,忙起来不要"。企业没有无形的向上力量,没有凝聚力,一些消极落后甚至腐朽的文化影响企业的发展方向。

随着企业文化的发展,我国的企业文化的理论研究和实践,人们越来越认识到企业文化的重大价值,许多企业也开始有意识地培育企业文化。但从总体来看,目前由于我国市场经济体制建设时间较短,与市场经济相匹配的企业文化建设相对滞后,不少企业以市场经济文化为背景,以企业价值观为核心的企业文化尚不成熟,在与发达国家市场经济文化的沟通与竞争中显得乏力。

风险评估

Chapter 4   Risk Assessment

第 1 节   风险概述
第 2 节   目标设定
第 3 节   风险识别
第 4 节   风险分析
第 5 节   风险应对

上市公司内部控制

在前一章中,我们主要介绍了企业内部控制的内部环境。科学有效的管理理念和组织结构是完成企业使命的基础,但是良好的内部环境构建并不意味着企业能够顺利实现目标。企业在经营活动中,会面临各种各样的风险,风险对其生存和竞争能力会产生诸多影响,其中很多风险并不为经济组织所控制。所以,企业的管理层应当确定企业可承受的风险水平,及时识别风险,通过对风险的分析采取合适的应对措施。风险评估是及时识别、科学分析和评价影响企业内部控制目标实现的各种不确定因素,并采取应对策略的过程。风险评估是实施内部控制的重要环节。风险评估主要包括目标设定、风险识别、风险分析和风险应对等要素。

第1节 风险概述

任何企业在经营活动中,都会面临各种各样的风险,上市公司更不例外。对风险的管理则是社会生产力和科学技术发展到一定阶段的产物。充分理解风险构成因素和不同种类的风险表现,有助于企业及时发现风险隐患,特别是根据企业的实际情况,建立风险管理机构,对企业生产经营活动中可能面临的风险进行实时监控,使风险管理更加有效。

一、风 险

一般来说,风险是指在特定的情况下,在特定的期间内,某一事件的预期结果与实际结果之间的变动程度。[①] 变动程度越大,表明风险越大;反之,风险则越小。所有企业包括上市公司在内,无论其规模、结构、行业性质如何,其各级组织结构内都面临着各种风险。这是因为,实际上,企业有经营活动,就会有风险,风险影响企业生存的能力。企业管理层必须确定能够谨慎地接受多少风险,并尽力将风险保持在这一水平之内。

(一)风险的构成

一般认为,风险由三个基本要素构成,分别是风险因素、风险事故和风险

---

① 陈仕亮、周宜波:《风险管理》,西南财经大学出版社1994年版。

损失。

1. 风险因素

风险因素通常是指引起或增加风险事故发生的机会或扩大损失幅度的原因和条件。它是风险事故发生的潜在原因，是造成损失的内在的或间接的原因。

风险因素从形态上，通常分为实质风险因素、道德风险因素和心理风险因素三种类型。

实质风险因素是指增加某一标的发现发生机会或损失严重程度的直接条件，属于有形因素。道德风险因素是指由于个人不诚实或不良企图，故意使风险事件发生或扩大已发生的风险事件的损失程度的因素。心理风险因素是指由于人们主观上的疏忽或过失，而导致增加风险事件发生的机会或扩大了损失严重程度的因素。道德风险因素和心理风险因素均是与人的行为有关的风险因素，属于无形因素。

2. 风险事故

风险事故，又称风险事件，是指在风险因素的综合作用下，风险的可能变成了现实，以致引起损失的后果。风险事故是风险损失的原因和媒介，是造成损失的直接的或外在的原因。风险只有通过风险事故的发生，才能导致损失。

3. 风险损失

在风险管理中，风险损失是指非故意的、非预期的和非计划的可以用货币衡量的经济价值的减少。风险损失包括两方面的条件：一是非故意的、非预期的和非计划的观念；二是经济价值的观念，即损失必须能以货币来衡量。这二者缺一不可。

风险损失有两种表现形态，分别是直接损失和间接损失。前者是包括财产、收入、费用等在内的实质的、直接的损失；后者包括商业信誉、企业形象、社会关系以及由直接损失而导致的第二次损失。每一种风险事故所造成的损失形态均不会脱离上述范畴。

4. 风险因素、风险事故、风险损失三者的关系

风险是由风险因素、风险事故和损失三者构成的统一体。换言之，风险是由风险因素、风险事故和风险损失三个要素共同构成的。风险因素引起或增加风险事故；风险事故发生可能造成风险损失，导致实际结果与预期结果的差

异,如图4-1所示。

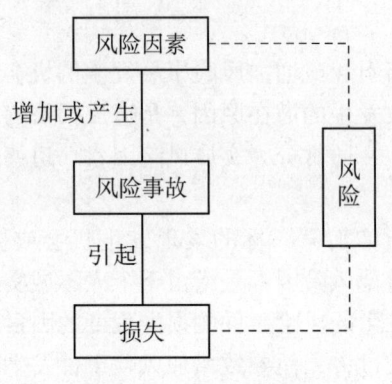

图4-1 风险的构成

(二) 风险的分类

风险分类是根据风险分析的目的不同,按照一定的标准,对各种不同的风险进行区分的过程。就企业风险管理的目的而言,一般会将风险按照风险的效应、风险的承受能力、风险发生的形态、风险的可控程度和风险暴露体性质进行划分。

1. 根据风险的效应,可以把风险分为

(1) 系统风险。由于经济因素、市场因素等引起的,对于所有资产都有影响的风险。这种风险不能通过分散化来消除。

(2) 非系统风险。它是由于特定原因引起,只对某些资产收益产生影响的风险。这种风险是可以通过分散化来完全消除的。

2. 根据风险的承受能力,可以把风险分为

(1) 可接受风险。在研究企业本身承受能力、经济状况的基础上,确认能够接受的最大损失的限度,低于这一限度称为可接受风险。可接受的最大损失限度的确定,取决于风险的可能后果与决策者的主观意愿。风险是否可以接受,最终应由企业决策者来判断。

(2) 不可接受风险。在研究企业本身承受能力、经济状况的基础上,风险已超过或大大超过所能承担的最大损失限度,就称为不可接受风险。

可接受风险与不可接受风险的界限并不是绝对的,它受时间、企业自身条件和决策者素质等多种因素的影响。从短期来看，一项风险可能是不可接受的风险，但是从长期分析，又可能是可接受的风险；在一个规模较小、竞争力较弱的企业，看来是不可接受的风险，但对于一个各方面实力很强的企业则可能是可以接受的风险；在一个比较保守的决策者看来是不可接受风险，而对于一个具有开拓精神的决策者而言是可接受的风险。

3. 根据风险发生的形态，可以把风险分为

（1）潜在风险。它是在风险事件发生之前的相当长的时间内不暴露出来，形成潜伏的风险状态，逐渐发展、扩大造成的风险事件。

（2）意外风险。它是指完全没有防备而突然发生的风险事件。

4. 根据风险的可控程度，可以把风险分为

（1）可控风险。它是指对于风险形成的原因和运行规律有了较多了解，并能够较好地把握，能够通过采取相应的恰当措施，将风险控制在一定的范围内的风险。

（2）不可控风险。它是指主要由于自然因素和外界因素的影响而造成的风险。对于此类风险形成的原因和风险运行规律认识不清，或者即使对于构成风险的原因和风险运行规律认识得比较清楚，但仍无力改变外界的条件，从而不能预防、抵御风险，对于风险不具备控制能力。

5. 根据风险暴露体性质，可以把风险分为

（1）实质资产风险。它是指不动产与非财务性动产可能遭受的风险，表现为毁损或贬值。

（2）财务资产风险。它是指财务性资产可能遭受的风险，如利率波动或股票跌价。

（3）责任暴露风险。它是指因法律上的侵权或违约导致第三人蒙受损失。

（4）人力资源风险。例如，公司员工因伤病死亡导致公司生产力衰退，以及其他非安全的风险。

（三）风险的特征

1. 指向未来性

指向未来性是风险的第一本质属性。已经发生的事实可以称做事件、事故

或者危机，它不是未来的风险。决策理论学家认为，风险是导致损失产生的未来不确定性。系统论的观点认为，有无限多的可能的未来，通往未来的路径是未知的，它包括不可胜数的分岔、突变和偶然事件的放大影响。关于对未来的不同认识，决定了人们对待风险的不同态度。

2. 不确定性

所有的风险都是指未来的结果有很多种可能性。由于事物处于变动与变化之中，最终哪一种结果会真正发生，是不确定的。风险的产生正是由于这种不确定性。这种不确定性可以用大于零的数值来衡量。如果不确定性等于零，那么系统的未来就是确定的。因此，确定性的未来也可以用不确定性为零来表述。

3. 客观性

风险是客观存在的，不以人的意志所转移。人们无法回避它、消除它，只能通过各种技术手段来应对风险，从而避免损失的产生。风险的客观性还表明，风险的存在独立于人们的主观意识之外。风险的发生，无论其范围、程度、频率还是其形式如何、发生的时间都可能表现各异，但最终是会以各自独特的方式表现自己的存在。人们通过收集资料，观察分析，有可能发现各种风险遵循的轨迹和规律。掌握了这些规律就能克服其带来的损害。

二、风险管理过程

（一）风险管理的概念

在 2004 年，COSO 机构发布《企业风险管理——整合框架》，其中对风险管理给出了比较完整的定义：企业风险管理处理影响企业价值创造或保持的风险与机遇。企业的风险管理是一个过程，它由一个主体的董事会、管理当局和其他人员实施，应用于战略制定并贯穿于企业之中，旨在识别可能会影响主体的潜在事项，管理风险以使其在该主体的风险容量之内，并为主体目标的实现提供合理保证。

可见，企业的风险管理是一个动态的、循环的过程，贯穿于企业的整个经营活动中，渗透于每一个员工的思想和行动之中。

（二）风险管理过程

企业风险管理过程一般由若干主要阶段组成。这些阶段相互作用、相互影响。目前，企业的风险管理已形成了公认的管理流程，企业按照目标设定、风险识别、风险分析、风险应对这四个程序进行风险管理。目标设定是风险管理的基础和前提；风险识别是在目标的指导下，及时认识到潜在的风险机会和潜在的损失，它是风险分析和风险应对的基础；风险分析是对所识别的发现进行分析的过程，是针对不同性质的风险采取不同应对措施的前提；风险应对又是在识别和分析的基础上，为实现目标而采取的策略。因此，这些程序是紧密衔接的，形成了一个完整的、动态循环的风险管理过程，如图4-2所示。

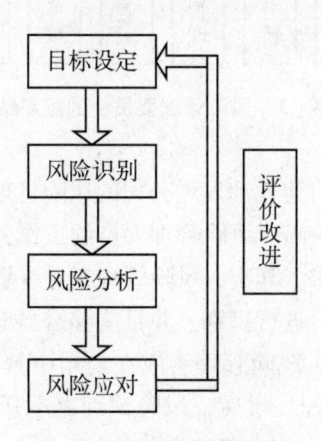

图4-2　风险管理过程

三、风险管理委员会

有些公司倾向于将风险管理业务分散于各个部门之中，而有的公司倾向于建立独立的部门来进行风险管理。研究表明，设立独立的风险管理机构如风险管理委员会，由专职人员负责风险管理，可以有效提高风险管理效率，并且可以节约管理成本。

（一）风险管理委员会的组织机构

一般而言，风险管理委员会是企业风险管理实施的主要负责部门。但是，风险管理的运行也离不开其他职能部门和业务模块的参与。通常，风险管理委

员会设置在董事会之下,直接对董事会负责,风险管理委员会委员为公司的高管或董事,如图4-3所示。

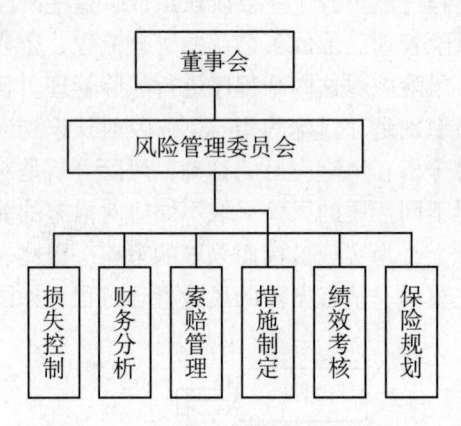

图4-3 风险管理委员会的组织结构

（董事会 → 风险管理委员会 → 损失控制、财务分析、索赔管理、措施制定、绩效考核、保险规划）

由于风险管理委员会对建立和发展公司的风险管理体系负有整体责任,所以对其组成人员的素质要求较高。风险管理人员的工作关乎企业的命运,因而责任感是对任职人员的首要要求。其次,风险管理者要有敏锐的眼光和面向未来的观念,能够对即将发生的风险进行识别,并且能够恰当地衡量、分析风险,据此提出控制和解决措施。再次,风险管理者应在公司中具有丰富的工作经验,熟知企业的内外环境和工作流程。最后,风险识别离不开企业工作人员的配合,风险管理措施也须由所有工作人员落实内化执行。这些都需要风险管理者与各部门人员的沟通和交流来实现。良好的沟通能力在这一过程中不可缺少。

（二）风险管理运行模式

（1）由风险管理委员会牵头和推动,由各个职能部门和业务单元对其面临的风险因素进行自我识别和评估,将结果上报至风险管理委员会。

（2）风险管理委员会综合各部门的因素,进行整体考虑和分析,补充各部门遗漏的风险和企业整体的风险,并据此制定风险应对策略,建立风险管理流程,将应对措施落实到各部门的业务流程中。然后,将应对策略和管理流程传递给各职能部门。

（3）各职能部门得到应对策略和流程控制指导后,结合部门的实际情况,将风险流程融入到业务流程中,落实风险管理的实施。同时,对风险管理的效

第 4 章 风险评估
Chapter 4　Risk Assessment

果进行评估，将评估结果反映至风险管理委员会。

（4）风险管理委员会对各部门的实施结果进行评价，据此对各责任人进行考核，然后根据实施的效果对风险管理进行改进，再将制定的改进措施传递给各部门。

可见，风险管理的运行需要风险管理委员会与各个部门在充分沟通的基础上，合作应对，互相传递信息。所以，企业的风险管理离不开有效的沟通机制和信息反馈渠道。

☞ 案例 12　二重集团（德阳）重型装备股份有限公司审计与风险管理委员会的年报工作制度

1. 目的

为了促进公司的规范运作，维护公司整体利益，保障全体股东特别是中小股东的合法权益不受损害，完善公司治理机制，切实发挥董事会审计与风险管理委员会在公司年报工作中的监督作用，进一步提高公司信息披露质量。

2. 制定依据

根据《中华人民共和国公司法》、《中华人民共和国证券法》、中国证券监督管理委员会相关监管要求以及《××××股份有限公司公司章程》、《××××信息披露事务管理制度》、《××××董事会审计与风险管理委员会工作细则》的有关规定，结合公司实际情况，制定本制度。

3. 适用范围

3.1　公司董事会审计与风险管理委员会成员

3.2　公司高级管理人员

3.3　配合董事会审计与风险管理委员会开展工作的委员会工作支撑机构、其他相关管理部门及其工作人员

4. 审计与风险管理委员会年报工作管理规定

4.1　审计与风险管理委员会在公司年报编制和披露过程中，应当按照有关法律、行政法规、规范性文件和公司章程的要求，认真履行职责，勤勉尽责地开展工作，维护公司整体利益。

4.2　易所及其他主管部门关于年度报告的要求，积极参加其组织的各类培训。

4.3　审计与风险管理委员会委员行使职权时，公司有关人员应当积极配合，不得拒绝、阻碍或隐瞒，不得干预其独立行使职权。

4.4 公司董事会秘书负责审计与风险管理委员会委员开展工作的沟通协调，公司各相关部门应积极为审计与风险管理委员会委员在年报编制过程中履行职责创造必要的条件。

4.5 对于审计与风险管理委员会在年报工作中提出的意见，公司有关部门应给予充分重视，及时落实和整改，审计与风险管理委员会工作支撑机构应跟踪落实和整改的情况，并向审计与风险管理委员会做专项汇报，落实和整改情况应书面报董事会办公室备案。

4.6 会计年度结束后，有效监控财务报表方面风险

4.6.1 每个会计年度结束后，审计与风险管理委员会委员应听取公司管理层全面汇报公司本年度的生产经营情况、财务状况和投、融资活动等重大事项的进展情况。

4.6.2 在每个会计年度结束后，审计与风险管理委员会与负责公司年度审计的会计师事务所协商确定年度财务报告审计工作的时间安排。

4.6.3 编制的财务会计报表。

4.6.4 与注册会计师进行有效的沟通，在年审注册会计师出具初步审计意见后再一次审阅公司财务会计报表，形成书面意见。

4.6.5 审计与风险管理委员会应督促会计师事务所在约定时限内提交审计报告，并以书面形式记录督促的方式、次数和结果以及相关负责人的签字确认。

4.6.6 见前与其沟通前期问题的处理情况，并召开委员会会议对年度财务会计报表进行表决，形成决议后提交董事会审核；同时应当向董事会提交会计师事务所从事本年度公司审计工作的总结报告和下年度续聘或改聘会计事务所的意见。

4.7 审计与风险管理委员会形成的上述文件均应在年报中予以披露。

4.8 在年度报告编制和审议期间，审计与风险管理委员会委员负有保密义务。在年度报告披露前，严防泄露内幕信息、内幕交易等违法违规行为发生。

5. 附则

5.1 本制度未尽事宜，审计与风险管理委员会应当依照有关法律、行政法规、部门规章、规范性文件和公司章程的规定执行。

5.2 本工作制度由董事会办公室负责制定并解释。

5.3 本制度已于×××年×月×日召开的公司第×届董事会第××次会议审议通过并施行。

资料来源：引自二重集团（德阳）重型装备股份有限公司审计与风险管理委员会年报工作制度。

第 4 章　风险评估
Chapter 4　Risk Assessment

第 2 节　目标设定

风险是不能实现目标的可能性。目标设定是风险识别、风险评估和风险应对的前提和基础。只有首先确立了目标，管理层才能针对目标确定风险，并采取必要的行动来管理风险。虽然目标设定并非内部控制要素，但却是管理过程的重要组成部分，是内部控制得以实施的先决条件。

一、目　　标

管理专家彼得·德鲁克（Peter Drucker）1954 年在其名著《管理实践》中提出了"目标管理"的概念，认为任何企业都是以目标为导向的。目标包括战略目标和具体目标，在公司层面上，战略目标常常表示为企业的使命和价值。伴随着对企业强势和弱势、机会和威胁的分析，战略目标最终表现为企业整体战略。具体目标是针对企业的不同活动更加专门化的目标，比如销售、生产和工程等。这些低层次的目标或称为操作层面的目标，包括确立目的和实现产品线、市场、财务和利润指标等。

通过设立战略目标和具体目标，企业能够确定关键的成功因素。这些是实现目标的关键所在。关键的成功因素存在于一个企业、商业单位、一项职能、一个部门或一个个人。设立目标有利于管理层将重点放在关键的成功因素上，从而确立业绩衡量的标准。

二、目标的种类

目标按照层次的不同，可以分为战略目标和具体目标。战略目标是高层次的目标，为具体目标的制定奠定了基础。尽管具体目标有多种多样，但是具体目标大致可分为经营目标、财务报告目标和合规目标三大类。

（一）战略目标

战略目标是企业的高层次的目标。它与企业的使命、愿景相协调，并支持使命和愿景。战略目标是对企业使命的进一步具体化，反映了企业在一定时期

内经营活动的方向和所要达到的水平。与企业使命不同的是，战略目标应该有具体的数量特征和时间界限，一般为3~5年或者更长时间。战略目标是企业制定战略的基本依据和出发点，是战略实施的指导方针和战略控制的评价标准。

企业在制定战略目标的时候，通常应遵循 SMART 原则。该原则分别是"Specific"（明确性）、"Measurable"（衡量性）、"Attainable"（可实现性）、"Relevant"（相关性）、"Time-based"（时限性）五个英文单词首字母的缩写。它要求企业战略必须与企业的使命相关一致。企业的目标是具体的、不含糊的、可以量化的。同时，企业目标又具有切实的可行性，此外还要规定完成的期限，以便控制监督目标的执行。

（二）经营目标

经营目标与企业经营的效果和效率有关，包括业绩、盈利目标以及保护企业资源不受损失等。它因管理者的组织结构和业绩的选择不同而不同。经营目标与企业的使命也密切相关，它的设定旨在增强企业的经营效果和效率，推动企业实现最终目标的实现。

经营目标要反映企业经营的特定业务、所属行业和经济环境。例如，这些目标要与产品质量、企业面临的竞争压力、从产品到市场的运作周期，以及企业的技术变化密切相关。管理层必须保证企业目标建立在现实和市场需求的基础上，并用专门的术语和可量化的指标来表示，以便于对其进行业绩衡量。

（三）财务报告目标

财务报告目标与编制可靠的公开财务报表有关。企业需要实现财务报告目标，来履行外部披露的义务。可靠的财务报表是获得自有资本和债权资本的前提，同时对获得补偿合同和积极应对供应商起着关键的作用。投资者、债权人、顾客和供应商通常借助企业的财务报表来评估管理层业绩，并将之与同行业和其他投资机会相比较。

财务报告的"可靠性"这一术语涉及依据公认的或其他相关和适用的会计原则和法规要求来编制公允披露的财务报表，以用于外部目的。根据 AICPA 及其所属准则制定机构公允披露的定义如下：

（1）所选择和应用的会计原则已被公认。
（2）会计原则应用的环境是恰当的。
（3）财务报表对影响其运用、理解和解释的事项已作说明。

(4) 信息披露以合理的方式进行归类和汇总，既不过分详细，也不过分简略。

(5) 财务报表应披露关联交易和事项。在可接受的范围内，披露财务状况、经营成果和现金流量，该范围应在财务报表中合理且实际的得以反映。

(6) 公允披露还包括财务报表的重要性概念。

与企业的其他目标一样，财务报告目标还存在一系列目标和相关的子目标。有关财务报表公允披露的要素可视为基本财务报告目标。这些基本目标可得到财务报表声明所代表子目标的支持，而这些子目标又得到企业各种操作目标的支持。

（四）合规目标

合规目标与遵守企业适用的法律和法规有关。它们依赖于外部因素，如法规环境，在某些方面对于所有的企业都很类似。在另一些情况下，它在一个行业内则有共性。

企业在从事经营活动和其他特定活动时，必须遵守适用的法律法规。这些要求可能与市场、定价、税务、环境、员工福利和国际贸易相关。法律和法规确定了企业在合规目标中规定的最低标准。例如，职业安全和健康法规可能使公司这样定义目标："依法包装和标注所有药品。"比起经营目标建立在企业风险偏好、风险可接受程度、企业对所面临的环境条件的判断和企业的管理风格等诸多内部因素的的基础上，合规目标取决于外部因素。某些合规目标与企业所从事的行业和具体业务密切相关。例如，共同基金必须每日评估净值。另一个企业只需对每季度的业绩进行评估。再如，所有的上市公司必须符合上市地证券监管机构的各种规定。这些外加的目标是通过所在国家（地区）的法律或法规来规定的。

三、目标的交叠与联系

上述各类企业目标之间可能会相互交叉，也可能相互提供支持。例如，"每季度在 10 个工作日内总结"，可能主要是一个经营目标。但是，它也支持定期财务报告和及时向监管机构递送报表。"向车间管理层及时提供原材料生产订单的准确数据"的目标，可能与所有的具体目标相联系。这一数据支持关于改变生产订单的决策（经营），促进监督危险的浪费（合规），提供成本核算的原始数据（财务报告和经营）。

上市公司内部控制

一项目标的归类有时取决于环境。防止资产被偷盗的控制——如在存货周围进行隔离,商品移动的授权得到管理者的确认——归属经营目标。这些控制一般与财务报表编制的可靠性不相关,因为任何存货损失可以根据定期实物盘点和与账面记录进行核对来发现。然而,如果出于财务报告的目的,管理层完全依赖永续盘存制记录,通常中期报告都是如此,实物保护控制也归属财务报告类目标。这是因为实物保护控制,连同永续盘存制记录的控制,都被用做保证财务报告的可靠性。

四、如何设定目标

目标设定可以分为三个层次。首先,在企业既定使命或愿景的指导下,管理层制定企业的战略目标;其次,根据战略目标制定业务层面的目标,并在企业内层层分解和落实;最后,根据设定的目标,合理确定企业整体风险承受能力和具体业务层次上的可接受的风险水平。

(一) 制定战略目标

一般来说,确定企业战略目标需要经历调查研究、拟定目标、评价论证和目标决断这样四个具体步骤。[①]

1. 调查研究

在制定企业战略目标之前,必须进行调查研究工作。同时,在进行战略目标制定的过程中,还必须对已经作过的调查研究成果进行复核,进一步整理研究资料,把机会和威胁、长处与短、自身与对手、企业与环境、需要与资源、现在与未来加以对比,搞清楚他们之间的各种关系,才能为确定战略目标奠定比较可靠的基础。

调查研究一定要全面进行,但又要突出重点。为确定战略而进行的调查研究,不同于其他类型的调查研究。它的侧重点是企业与外部环境的关系和对未来研究及预测。关于企业自身的历史与现状的陈述自然是有用的。但是,对战略目标决策来说,最关键的还是那些对企业未来具有决定意义的外部环境的信息。

[①] 童臻衡:《企业战略管理》,中山大学出版社1996年版。

第4章 风险评估
Chapter 4 Risk Assessment

2. 拟定目标

经过细致周密的调查研究后,便可以着手拟定战略目标。拟定战略目标一般需要经历两个环节:拟定目标方向和拟定目标水平。首先,在既定的战略经营领域内,依据对外部环境与企业自身资源的综合考虑,确定目标方向。通过对现有能力与手段等诸种条件的全面衡量,对沿着战略方向展开的活动所要达到的水平也做出初步的规定,这便形成了可供决策选择的目标方案。

在确定目标的过程中,必须注意目标结构的合理性,并要列出各个目标的综合排列的次序。另外,在满足实际需要的前提下,要尽可能减少目标的个数。一般采用的方法是:(1)把类似的目标合并成一个目标;(2)把从属目标归于总目标;(3)通过度量求和,求平均或过程综合函数的办法,形成一个单一的综合目标。

在拟定目标的过程中,企业领导要注意充分发挥参谋智囊人员的作用。要根据实际需要与可能,尽可能多地提出一些目标方案,以便对其与对比和选优。

3. 评价论证

战略目标拟定出来之后,就要组织多方面的专家和有关人员对提出的目标方案进行评价和论证。

首先,论证和评价战略目标的可行性。论证与评价的方法,主要是按照目标的要求,分析企业的实际能力,找出目标与现状的差距,然后分析用以消除这个差距的措施,而且要进行恰当的运算,尽可能用数据说明。如果制定的途径、能力和措施对消除这个差距有足够的保证,那就说明这个目标是可行的。还有一个倾向需要注意,如果外部环境及未来的变化对企业发展比较有利,企业自身也有办法找到更多的发展途径、能力和措施,那么就要考虑提高战略目标的水平。

其次,对所拟定的目标完善化程度进行评价。要着重考察目标是否明确,目标的内容是否协调一致,有无改善的余地。

如果在评价论证时,人们已经提出了多个目标方案,那么这种评价论证就要在比较中恰当进行。通过对比、权衡利弊,找出各个目标方案的优劣所在。

拟定目标的评价论证过程也是目标方案的完善过程。要通过评价论证,找出目标方案的不足,并想方设法使之加以完善起来。如果通过评价论证,发现拟定的目标完全不正确,或根本无法实现,那就要回过头去重新拟定目标,然后再重新评价论证。

4. 目标决断

在决断选定目标时，要注意从以下三方面，权衡各个目标方案：(1) 目标方向的正确程度；(2) 可望实现的程度；(3) 期望效益的大小。对这三个方面应作综合考虑。所选定的目标，三个方面的期望值都应该尽可能得大。目标决断还必须掌握好决断时机。因为战略决策不同于战术决策。战术目标决策常常会时间比较紧迫，回旋余地很小，而战略目标决策的时间压力相对不大。在决策时间问题上，一方面要防止在机会和困难都还没有搞清楚之前就轻率决策；另一方面又不能优柔寡断，贻误时机。

这四个步骤是紧密结合在一起的。后一步的工作要依赖于前一步的工作。在进行后一步的工作时，如果发现前一步工作的不足，或遇到新情况出现，就需要回过头重新进行前一步或前几步的工作。

（二）制定具体目标

具体目标来源于战略目标及战略规划，反过来具体目标又制约或促进企业战略目标的实现。业务层面的目标应当具体，且具有可衡量性，并与重要的业务流程密切相关。

经营目标来自企业的战略目标和战略规划，并且是根据企业战略目标和规划的分解而做出的。经营目标的制定要适应公司所处的特定经营环境、行业和经济环境，同时，考虑企业的各项资源状况，针对每个重要业务活动有效配置资源，并与其他业务活动保持一致。在经营目标的制定中，还要有管理层对于目标的负责程度方面的规定。企业的年度经营计划的确定过程一般是：公司规划部门根据发展战略以及董事会、管理层的总体要求，提出年度经营业务活动计划编制要求，提出企业的业务活动计划，各个部门根据企业战略目标和业务活动计划并结合本部门的实际情况提出本部门的经营目标，最后企业规划部门进行汇总并综合平衡，提出年度经营目标，经董事会批准后颁布执行。可见，经营目标是通过自上而下、自下而上的不断沟通，并经过管理层的审核最终确定的。为保证各项经营业务活动目标相互协调一致，企业管理层应采取措施，审查各个具体目标，根据业务活动的具体情况及发现的问题定期更新业务活动的具体目标。

报告目标既为管理层提供适合其既定目的的准确和完整的信息，也是为满足外部监管的要求。所以，企业一方面应建立严密的内部报告制度，明确内部报告的形成、内容、审核、时限、传递、答复等内容；另一方面，应建立符合外部监管要求的报告披露制度，明确对外报告的产生、内容、审核、审计、披露等内容。此外,还应确定有关报告目标的风险可接受程度。

合规目标与符合相关法律和法规有关。企业应关注各项活动是否符合法律法规确定的要求。除了遵循相关的法律法规以外,还要成立专门的机构,制定政策和程序来处理、沟通、检查和培训有关法律事项。此外,还应制定关于合规目标的风险可接受程度。

具体目标应根据企业总体目标和自身的实际情况,并通过上下不断沟通来制定。同时,根据企业的发展变化,要定期更新业务活动的目标。在这个过程中,企业需合理地配置资源,保证企业的各项活动的一致性,及时准确地报告企业的经营情况,保证各项活动符合法律法规的要求,最终确保业务层面目标的顺利实现。

（三）合理确定风险承受能力

风险承受能力有两个基本层次,即分别是对企业整体而言的可接受的风险水平和具体业务层次上可接受的风险水平。整体风险承受能力是指企业愿意接受且能够承受的最大风险水平。在此风险水平下,企业能够为目标实现提供合理保证。企业整体风险承受能力确定后,按照系统、科学的方法,将其进行逐级分解,从而得到业务部门或业务单元的最大风险承受能力,即具体业务层次上可接受的风险水平。合理确定风险承受能力,需要考虑以下三个方面的因素:

1. 风险偏好

风险偏好是企业在实现目标的过程中愿意接受的风险的数量。企业可以采用定性和定量两种方法对风险偏好加以度量。风险偏好与企业的战略直接相关。在战略制定阶段,企业应进行风险管理,考虑将该战略的既定收益与企业的风险偏好相结合。

2. 风险容忍度

风险容忍度是企业在目标实现过程中对差异的可接受程度,是企业在风险偏好的基础上设定的对相关目标实现过程中所出现的差异的可容忍限度。在确定各目标的风险容忍度时,企业应考虑相关目标的重要性,并将其与企业风险偏好联系起来。

3. 风险组合观

企业风险管理要求管理者以风险组合的观点看待风险,对相关的风险进行

识别，并采取措施使企业所承担的风险在风险偏好的范围内。对企业内每个单位而言，其风险可能落在该单位的风险容忍度范围内，但从企业整体来看，总风险可以超过企业总体的风险偏好范围。因此，应当从企业总体的风险组合的观点看待风险。

案例13　兖州煤业关于海外并购的风险目标分析

兖州煤业股份有限公司，于1997年依据中国法律注册成立的股份有限公司，其A股、H股及美国存托凭证分别在上海证券交易所、香港联合交易所及纽约证券交易所上市。

目标公司是菲利克斯资源有限公司（Felix Resources Limited），这是一家依据澳大利亚法律成立的公众股份有限公司，其股份在澳大利亚证券交易所挂牌上市。

兖州煤业本次收购战略目标清晰，即通过收购达到增强企业竞争力，在国际煤炭行业新的竞争形势下脱颖而出的目的。作为资源开发类企业，后备资源的储备不足将难以支撑企业长期、稳定、健康的发展。尤其是考虑到公司总部位于煤炭资源紧缺的华东地区，未分配煤炭资源潜力有限。因此，通过外延式发展获得海外的优质煤炭资源对于实现公司的可持续发展至关重要。此外，收购目标公司还对本公司的煤炭深加工产业具有重要的战略意义。煤炭深加工产业拥有较大的市场空间和相对煤炭产品而言更高的附加值，具备较好的投资收益。根据公司未来的发展规划，煤炭深加工产业将是公司进行产业结构优化、未来重点发展的领域之一。收购目标公司将可以保障优质炼焦煤及适用于深加工的其他煤炭产品的稳定供应，有利于促进公司的产业结构优化调整。而在收购完成后，全资子公司兖煤澳洲公司将通过澳思达公司间接持有目标公司和澳思达煤矿两个经营实体，澳思达煤矿位于新南威尔士州猎人谷地区，与目标公司部分煤矿资产的地理位置十分接近。以此为契机，通过对目标公司与澳思达煤矿的整合，将兖煤澳洲公司建设成为本公司海外业务开发整合、资本运作的平台，并在煤炭开采、运输、销售和营销、原料供应等多个环节实现公司在澳大利亚经营的协同效应。

总结来说，从战略层面，兖州煤业的收购有两点，即满足资源储备需求，提高深加工能力，提升公司与澳洲煤矿的协同效应。

资料来源：根据兖州煤业股份有限公司重大资产购买报告书摘要的信息整理。

第4章 风险评估
Chapter 4　Risk Assessment

第3节　风险识别

风险识别是指在风险事故和损失发生之前，在企业所处的内外部环境中，寻找引起风险的各种风险因素。风险识别是企业风险管理中的关键环节，是风险分析、风险应对的基础。风险识别必须考虑与企业相关的包括潜在和现有的供应商、投资者、债权人、股东、雇员、客户、买方、中介、竞争对手、公共机构和新闻媒体等在内的各个利益相关者的所有影响，采用适当的技术和方法进行风险识别和分类。

一、风险识别的概念

风险识别是指风险管理人员运用有关知识和技术方法，系统全面、连续地发现风险管理单位面临的各种风险。风险识别实际上就是收集有关风险因素、风险事件和损失暴露等方面的信息，防范和控制潜在的损失等风险因素。

要全面理解风险识别的概念，应该把握好以下几个方面：

(一) 风险识别是一项复杂的系统工程

风险识别不仅要识别实物资产风险、金融资产风险、人力资本风险，而且还需要识别责任损失风险。同时，风险识别不仅是风险管理部门的工作，还需要生产部门、财务部门、信息处理部门等方面的密切配合，否则难以全面、准确、及时地发现、识别风险。

(二) 风险识别是一个连续的过程

风险管理单位的活动及其所处的环境处在不断变化之中。政府的法律法规的变化、行业内的新的竞争者的进入，都会给企业带来新的机会和风险。所以，风险管理单位要稳定地发展，就必须连续不断地识别各种风险，分析可能造成的后果及其对本单位生产经营的影响。

(三) 风险识别是一个长期的过程

风险是客观存在的。风险事故的发生是一个从渐变到质变的过程。风险事

故的发生是风险因素聚集、增加的结果。在风险因素发展、变化的过程中,风险管理人员需要进行大量的跟踪调查。所以,风险识别是一项长期的工作,不可能一蹴而就。

（四）风险识别是风险分析和风险应对的基础

风险识别为风险分析和风险应对提供了依据和方向。风险识别是否全面、准确、及时,直接影响着风险管理工作的质量,进而影响到企业的经营效果。

二、风险识别应关注的因素

目前,业界广泛使用的风险识别工具是1995年经济学家情报社和安达信公司出版的《商业风险管理：一种整合的方法》中提出的商业风险模型。商业风险模型将风险分为三个大类,即环境风险、流程风险和决策信息风险（见表4-1）。[1]

表4-1　　　　　　　　　　商业风险模型

环境风险		
竞争对手　顾客需求　技术进步　敏感性　股东关系 资金　政治　法律　监管　行业　金融市场　灾害损失		
流程风险		
经营风险	授权风险	财务风险
顾客满意度	领导能力	价格
人力资源	权力、限制	利率
产品开发	外包	货币
效率	业绩激励	权益
生产能力	变化应对	商品
性能差距	沟通	金融工具
周期	信息处理、技术风险	流动性
货源	相关性	现金流量
渠道有效性	系统整体性	机会成本
合作伙伴	接触途径	集中
陈旧、跌价	可获得性	信用
合规性	基础设施	违约

---

[1] 叶陈刚、郑洪涛：《企业风险评估与控制》,机械工业出版社2009年版。

第 4 章　风险评估
Chapter 4　Risk Assessment

续表

经营中断	诚信风险	集中
产品、服务失败	管理层舞弊	清偿
环保	雇员、第三方舞弊	担保
健康与安全	违法行为	
商标价值损失	未经授权的使用	
决策信息风险		
经营决策	财务决策	战略决策
定价	预算和计划	环境监控
合同承诺	会计信息	经营种类组合
考核	财务报告评估	估价
报告合规	税务	组织结构
一致性	养老金	考核
	报告合规	资源分配
	投资评估	计划
		生命周期

（一）环境风险

环境风险列示了影响公司目标和战略的外部因素，共有十二项细化风险。

1. 竞争对手风险

竞争对手的行为或潜在竞争对手的进入，都可能对企业产生威胁。主要威胁有竞争者推出新产品、提高产品质量、仿效企业产品等。其中最为常见的是竞争对手的价格战。有时，竞争对手的某些营销策略会削弱企业自身花费巨资进行的营销活动的效果。

2. 顾客需求风险

顾客的需求总是在不断发生变化。对企业而言，有些变化可能意味着需要加大成本投入，比如提高产品质量、提高服务效率等；有些变化则可能需要企业进行技巧性的改进，如顾客对时尚潮流的偏爱、顾客健康观念、顾客口味的变化和意识的增强等。企业只有时是适时地对变化进行监控，才能掌握变化趋势并做出反应。此外，顾客群本身也在不断变化着。社会的发展，人口结构的变换，如老龄化趋势、丁克家庭趋势等，都会影响公司的目标客户群的数量，

从根本上改变着对公司产品和服务的需求。

3. 技术进步风险

技术进步对企业而言是巨大的风险。技术进步往往意味着更高的质量、更强的性能或更低的成本。如果企业落后于技术进步的大潮,其结果将是绝对致命的。例如,IT行业就是如此,整个行业的发展可以看做是一部科技进步的历史。

4. 敏感性风险

敏感性风险包括过于依赖外界反应和对于外界变化极不敏感两个方面。当公司过分投入资源或者对未来经营活动产生的现金流过分依赖时,就可能产生敏感性风险。这时公司的价值链紧绷,对外界的风吹草动都极为敏感,对环境变化的应对能力很弱。公司对外界的变化极不敏感、反应迟钝,不能根据环境的变化来调整自身的经营活动,这种因迟钝、不敏感产生的风险也归入敏感性风险。

5. 股东关系风险

投资者的信心直接影响公司的筹资能力。现有和潜在的投资者如果对公司的盈利模式、战略等缺乏了解,或者怀疑公司的盈利和实现战略目标的能力,进而怀疑公司给他们带来投资回报的能力,这样公司股权融资的通道就会被堵塞,这对公司无疑是巨大的威胁。例如,从2005年开始,我国进行股权分置改革。许多上市公司由于投资者关系管理不到位,股东大会没有通过其股权分置改革方案,延缓了其优化股权结构和建立现代化公司治理结构的步伐。

6. 资金风险

资金风险是指公司缺乏有效的筹资渠道,从而威胁其成长能力、实现盈利模式的能力以及产生未来回报的能力。在企业的发展过程中,缺乏资金的支持,引发资金链断裂的后果是不可想象的。

7. 政治风险

若在某个国家(地区)进行重大投资,那么该国(地区)的政治动向、相关政策法规的出台等就会对公司产生重大的影响。影响程度与公司在该国(地区)的业务量、签订的合同是否受法律保护等因素有关。政治风险一旦发

第4章 风险评估
Chapter 4 Risk Assessment

生，其损失往往是巨大且难以挽回的。例如，可能的国有化措施、外汇管制、外贸壁垒设置等。

8. 法律风险

公司的经营活动违反法律、法律的变化、新的立法出现、合同协议存在法律漏洞、公司遭受诉讼等都可能导致法律风险。尤其是旷日持久的诉讼的威胁，不仅有损于公司的名誉，还会分散公司的注意力和资源，败诉后还会发生惩罚性损失。

9. 监管风险

国家、地方或行业监管者变更法规条例，改变市场规则，会对企业发生直接的影响。法规条例的改变往往意味着市场环境的改变，或者对公司业务某些方面的限制，这都容易造成公司的竞争压力增大。

10. 行业风险

行业风险指的是该行业失去吸引力的可能性。这种风险与公司战略目标的制定和实现息息相关。例如，行业的生命周期、行业的进入和退出壁垒强度等。这些往往会对公司的长期业绩产生决定性的影响。行业风险是系统性风险，对该行业的所有企业都会产生不利影响。

11. 金融市场风险

金融市场风险是指由于金融市场本身的变动（如交易规则等）或者是金融市场价格的变动（如汇率、利率、股价等），影响公司的收入、费用、资产、负债、股价等的计量价值，从而影响公司的筹资成本、筹资能力、盈利能力和公司价值。

对上市公司而言，金融市场风险有两方面的含义。一方面，企业的资产、负债、收入、费用等相关项目可能与金融市场关系密切，甚至以金融资产的形式体现。此时，这些项目就有金融市场的风险敞口。另一方面，公司的股票本身就是一种金融资产，自然要面临金融市场的风险。

12. 灾害损失风险

意外灾害也威胁着公司的生存，有可能导致公司丧失持续经营的能力，无法提供产品和服务，不能收回运营成本等。灾害根据其可控程度，往往可以分

为不可抗力和可控灾害两类。不可抗力属于"天灾",非公司的能力所及,例如风暴、地震、洪水、火灾、战争、恐怖活动等。虽然它们的发生是不可控制的,但是对于其可能造成的损失却是可控的。大多数商业合同中都包含着发生不可抗力事件时的免责条款,损失由双方共同承担。此外,通过保险的手段,也可以将潜在的损失大大降低。可控灾害的源头是公司可以控制的,例如对环境的污染、公司所提供产品的安全事故(如汽车)、顾客在接受服务时的安全事故(如客运公司)等。这类事故一旦发生,不仅会直接对公司造成经济上的损失,而且很有可能使公司的名誉遭受损害。对于这类灾害,就要通过公司内部控制来消灭源头的隐患。

(二) 流程风险

流程风险可以分为五个大的类别。

1. 经营风险

企业的经营风险是由于企业经营运作效率低、效果差,无法顺利完成公司的盈利目标,满足客户需求,实现公司在质量、成本和耗时方面的目标。企业经营风险主要表现在顾客满意度风险、人力资源风险、产品开发风险、效率风险、生产能力风险、性能差距风险、周期风险、货源风险、渠道有效性风险、合作伙伴风险等17项细分风险。

(1) 顾客满意度风险。当公司的产品和服务的质量低于顾客的期望时,就会导致顾客不满意。尤其是在产品或服务容易出现质量问题的行业,如电子消费品业。实际上,企业要做大、做强,顾客满意度是企业必须重视的首要问题。良好的顾客满意度可以为企业带来回头客,提高顾客的忠诚度,并且更为重要的是,能够在顾客中形成良好口碑,通过口碑的流传为企业带来更多客户,形成良性循环。反之,企业就会陷入口碑传播的恶性循环。

(2) 人力资源风险。公司的某些核心业务往往对任职人员的素质要求较高,需要其具备相应的知识、技能和经验。缺乏的核心职位人员或者该人员不称职都会影响企业目标的实现。此外,在找到称职的员工后,还要注意其离职的风险。尤其是该人才跳槽到企业的竞争对手处,这对公司的打击无疑是巨大的。因此,需要采取各种激励和约束手段来加强员工的忠诚度,尤其是对于核心岗位。

(3) 产品开发风险。产品开发面临的主要风险在于,产品与市场的需求脱节,开发出的产品市场不符合消费者的需求。

第 4 章　风险评估
Chapter 4　Risk Assessment

(4) 效率风险。公司业务的低效率运作，会导致产品和服务的高成本和高耗时。这两者无疑都会大大降低顾客的满意度，使公司在竞争中丧失优势。因此，效率风险是所有的企业都要面对的考验。在某些行业，效率就直接代表着公司形象。例如，在物流、快递行业，将物品快速、准确地送达目的地的能力就是公司的核心竞争力。

(5) 生产能力风险。生产能力风险产生于企业的生产能力与需求不匹配，即生产能力低于或者高于企业产品的需求。生产能力过低不仅直接导致需求的流失、利润的减少，更重要的是，企业会错失扩大规模和市场份额的良机；生产能力过高，企业开工率不足，无法利用所有的生产能力，这样会导致固定成本在少量产品中分摊，单位产品成本过高，从而降低利润甚至引起亏损。

(6) 性能差距风险。绩效差距是指公司的生产和提供服务的能力不强，生产流程管理不完善，从而使得产品性能与竞争对手存在明显差距，从而在竞争中处于不利地位。

(7) 周期风险。公司业务流程中，不需要的和不相关的活动会增加业务流程的总体时间，从而使得公司业务周期的时间过长。一个完整的业务周期包括产品开发、订购、生产、运输等环节。在制造业中，有一种 JIT（Just in Time）的生产方式。JIT 是指"将必要的零件，以必要的数量，在必要的时间送到生产线，并且只将所需要的零件，只以所需要的数量，只在正好需要的时间送到生产线。"这种做法使生产过程中的物品有序流动，不仅消除了库存，而且生产流程不浪费丝毫的时间，大大减少了生产周期。

(8) 货源风险。货源风险是指与供应商有关的风险，公司可能需要从供应商处采购原材料、零件、成品等，而货源的价格、质量、及时性等方面的变动对公司生产和销售会产生巨大影响。

(9) 渠道有效性风险。产品的渠道主要是指公司的营销和物流渠道。有效的渠道能使公司的产品及产品信息顺利、准确地接触到目标客户。

(10) 合作伙伴风险。选择了错误的合作伙伴、无效的执行过程、索取比付出多因而失去合作伙伴、未抓住合作时机、联盟缺乏有效的约束机制等，可能产生这部分风险。

(11) 陈旧/跌价风险。随着时间的推移，公司的存货和其他实物资产会面临陈旧过时、跌价以及损毁的风险。

(12) 合规性风险。公司对外未能符合客户要求、没有遵守法律法规，内部未能按照规定的政策和程序来进行业务流程，从而导致低质量、高成本、收益损失和不必要的延迟等属于合规性风险。

(13) 经营中断风险。当企业进行生产的必要元素，如原材料、有经验的技术工人、信息、机器设备等不能得到及时供给时，就会产生经营中断，陷入不能持续经营的困境。经营的中断不仅会直接给企业带来损失，也有能引发合同无法完成，造成赔偿的潜在损失。

(14) 产品/服务失散风险。公司的产品质量不合格、服务出现问题，会导致顾客的投诉、索赔、维修、退货、换货、折扣、责任追究甚至诉讼。这类风险危害巨大，不仅会直接带来损失，而且会影响公司声誉，降低市场份额。

(15) 环保风险。公司的生产和经营活动，如果可能对环境产生危害，就涉及环保风险。对环境的污染会给企业带来潜在的责任，如导致第三方人身伤害、财产损失的赔偿责任，支付给第三方清除污染的成本，支付给政府的相应罚款等。

(16) 健康与安全风险。企业未能给员工提供一个安全的工作环境，致使其健康和安全受到损害，这样的结果是严重的，企业将面临支付医疗费用的责任和赔偿责任，同时公司的名誉也会受损。

(17) 商标价值损失风险。随着时间的推移，企业商标或品牌的价值可能会逐渐减少甚至消失，这将极大削弱公司保持其产品和服务的需求的能力，以及保持未来收入增长的能力。商标价值的损失可能由于多种原因，如产品质量低、服务质量差、提供的产品或服务过程产生事故、很长时间未进行宣传、假冒商品的出现等。

2. 授权风险

授权风险是指管理者和员工之间存在有以下情况产生的风险：没有正确地引导，不知道做什么、怎样做以及何时做、做事超越了其权限、有做错事的动机等。授权风险很多都是由于领导者的自身因素、内部沟通不畅、权责划分不够清晰、激励机制不够完善所造成的。因此，授权风险主要表现在领导能力风险、权力及限制风险、外包风险、业绩激励风险、变化应对风险、沟通风险六个方面。

(1) 领导能力风险。领导者的个人能力和人格魅力在打造一个经营团队的过程中也是必不可少的。公司的管理层的领导能力有限，员工缺乏有效的领导。拙劣的领导如使员工缺乏方向感，缺乏以顾客为中心的意识，没有足够的激励使员工努力工作，员工对管理层缺乏信任，员工不被理解和关注因而缺乏工作热情等。

第4章 风险评估

（2）权力及限制风险。在管理中，授权是一个很具有艺术性的问题，往往不太容易把握，并且受人的因素影响很大。在授权的同时，又需要对下放的权力进行限制和制衡，并且与责任捆绑，做到责、权、利三者的统一。

（3）外包风险。承接外包的第三方的动机和行为可能与公司的战略目标不一致，因而其行为有可能超越了商定的界限，或者提供的服务质量不足影响公司的价值链实现，或者外包方在市场上与本公司形成竞争，等等。

（4）业绩激励风险。公司经理和员工的工作最终要通过绩效考核来评价。业绩激励风险指的是绩效考核的方法不切实际、被误解、过于主观或者不具操作性等，致使经理和员工的行为与公司的目标、战略、道德标准或者谨慎的商业行为不一致。简言之，就是业绩激励的方向与公司的目标方向偏离。

（5）变化应对风险。对于市场的变化，公司人员无法实施有力的产品和服务流程改造，无法赶上市场变化的速度，使企业的产品和服务面临被淘汰的风险。

（6）沟通风险。企业内部无效的沟通无疑会捆住自己的手脚。纵向沟通无效，会导致高层无法及时得到信息，无法迅速做出决策；低层员工无法及时接到上级的决策、指导或建议，或行为超出授权的界限等。横向沟通无效，会导致各职能部门各自为政，出现问题互相扯皮，企业的价值消环节断裂，无法改善公司业务流程等。

3. 信息处理、技术风险

信息处理、技术风险是指由于企业的信息处理不当，信息系统不够完善等原因使企业有发生损失的可能性。信息处理、技术风险主要包括相关性风险、系统整体性风险、接触途径风险、可获得性风险、基础设施风险等五个细化风险。

（1）相关性风险。相关性风险是指公司的信息收集与汇总系统所产生的信息与信息的使用目的不相关。决策时，不相关信息的使用有可能会对决策产生负面的影响。

（2）系统整体性风险。这一风险涉及信息系统中的各项业务的授权、完整性和准确性，以及各项业务在信息系统中处理、汇总和报告的各环节。信息系统对公司业务的整合过程本身就存在风险。

（3）接触途径风险。接触途径风险指的是人员与信息的接触途径和限制不当所引起的风险。信息接触限制不足会导致不应当接触信息的人接触到机密

信息，从而给公司造成损失。尤其是如今网络木马的盛行更是给黑客窃取信息提供了方便。另一方面，信息接触限制过于严格也对公司不利，这使得员工无法及时利用信息来完成其工作责任，降低了工作效率。

（4）可获得性风险。该风险是指重要的信息在需要的时候却无法得到的风险。这可能是由通信中断、电脑设备故障等造成的信息系统无法持续工作。

（5）基础设施风险。公司缺乏实现信息技术的基础设施，例如硬件、网络、软件、人员和流程。这些基础设施用来支持现在或未来公司的信息需求，使信息系统以高效率、低成本和控制良好的方式运行。

4. 诚信风险

诚信风险是指由于企业的内、外部各利益相关者的信誉原因使得企业面临损失的可能性。诚信风险主要包括管理层舞弊风险、雇员、第三方舞弊风险、违法行为风险、未经授权的使用风险、声誉风险等五个细化风险。

（1）管理层舞弊风险。企业的经营权和所有权分离，以及由此带来的委托—代理问题是公司治理的首要问题。因此，管理层可能存在舞弊的动机，通过牺牲股东的价值来增加自身的利益。例如，管理层粉饰财务报表以得到业绩奖励，从事行贿、收取回扣等其他损害公司价值的行为。

（2）雇员、第三方舞弊风险。雇员、客户、供应商、代理人、经纪人或第三方管理者的舞弊，例如对公司实物资产、财务资产和信息资产的占用或挪用等，也会损害公司的利益。

（3）违法行为风险。公司经理或员工的违法行为，会导致公司或相关人员罚款、入狱，制裁等，并且失去顾客、利润和公司名誉。

（4）未经授权的使用风险。公司的实物资产、财务资产和信息资产被未经授权的员工或其他人使用，会使公司资源浪费和遭受财务损失。更严重的是，信息资产（如专利技术、流程设计、顾客名单或其他商业机密）有可能泄露，从而丧失竞争优势。

（5）声誉风险。不良声誉会使公司失去顾客、核心人才和竞争力，最终丧失收益。不良声誉可能有许多原因产生，如对待顾客的态度不好，大规模拖欠供应商货款、产品质量问题引发公众的信任危机等。

5. 财务风险

财务风险是指企业由于财务结构不合理、融资不当而导致的预期收益下降

第 4 章　风险评估
Chapter 4　Risk Assessment

或现金流不畅的风险。主要包括价格风险、流动性风险和信用风险三个细化风险。

（1）价格风险。价格风险是指市场要素价格的变化导致公司的收入或净价值的变化，从而影响公司的收入、费用以及资产负债表各项的价值。价格风险是一种典型的机会风险。价格向一个方向变化可能会给公司带来损失，但是反向变化就可能给公司带来收益。

（2）流动性风险。流动性风险是指无法及时、低成本地满足公司现金流的需求而造成损失的风险。其中也包括由于市场缺乏足够交易者或者买卖极度不均衡，公司的资产或交易头寸不能以合理的价格在短时间内变现或成交的风险。

（3）信用风险。信用风险是在以信用关系为纽带的交易过程中，与公司有商务关系的经济实体或法人无法履行其承诺的义务而给公司造成损失的风险。信用风险包括违约风险、清偿风险、担保风险等。

（三）决策信息风险

决策信息风险与公司价值创造过程的各个环节有关，分为三个大类：

1. 经营决策风险

经营决策风险是指决策者由于缺乏相关可靠的信息，导致制定的决策不符合企业实际经营状况，从而给企业经营带来损失的可能性。经营决策风险主要包括定价风险、合同承诺风险、考核（经营层）风险、一致性风险和报告合规风险五个细化风险。

（1）定价风险。进行定价决策时，缺乏相关的和准确可信的信息，就容易造成定价不当。定价过高致使定价超出顾客所愿意支付的价格，出现需求不足。定价过低导致价格没有涵盖所有的生产环节的成本，或者没有对汇率风险等销售渠道风险补偿。

（2）合同承诺风险。缺乏相关信息，可能导致在订立合同时增加某些不利于公司总体最佳利益的承诺。例如，合同中往往会详细划分各种风险的承担责任，如果对于这些风险及通常的避险做法和责任分担方法不熟悉，就有可能使公司做出过多的合同承诺，承担不必要的风险。

（3）考核（经营层）风险。财务指标的考核比较容易控制，比较容易实现信息的准确反映。但是，经营过程中，非财务指标的考核控制难度较大，有可能考核体系与经营业绩不相关、不能准确反映绩效等。

（4）一致性风险。一致性风险是指公司业务流程的目标和绩效考核方式与公司层面和业务单元层面的目标不一致，因而在公司内部产生矛盾冲突或者是不合作的行为。

（5）报告合规风险。企业的经营信息报告应该符合监管机构的要求，做到完全、准确、及时，否则将会面临罚款等制裁。

2. 财务决策风险

财务决策风险是指管理者在编制计划时没有充分考虑实际情况，或由于缺乏准确的财务数据的支持，所制定的预算和财务目标没有与企业实际经营业务有机结合，给企业带来损失的可能性。财务决策风险主要包括预算和计划风险、会计信息风险、财务报告评估风险、税务风险、养老金风险、投资评估风险和报告合规风险七个细化风险。

（1）预算和计划风险。预算和计划不符合实际，没有基于准确的数据，没有被管理者接受，流于形式等，都容易造成不恰当的结论，做出错误的财务决策。

（2）会计信息风险。将会计信息用于管理业务流程时，过于强调财务信息的重要性和绩效导向，而没有把财务信息与经营业务有机结合。这样容易导致员工操纵业务成果以达到财务目标，而丧失了对顾客满意度、质量检测、工作效率等非财务目标的关注和实现。

（3）财务报告评估风险。由于缺乏公司外部和内部的相关、可信的信息，致使无法评估财务报表是否需要调整或者某些事项是否需要披露，造成财务报表不能公允地反映公司经营状况。

（4）税务风险。一方面，由于信息不足，对税务法律法规的了解不足，造成纳税方面没有遵循税收的法律法规，从而遭受罚款等处罚；另一方面，由于信息不足和经验不够，以致原本可以合法避税的事项没有避税，给公司造成损失。

（5）养老金风险。企业的养老金制度不完全、不健全，不足以确保及时地完成对员工的福利责任，这样会导致道德和声誉受损、士气不振，工作停歇、诉讼和额外资金需求的风险。

（6）投资评估风险。投资项目的相关信息不足，决策者无法准确地评估该项投资的收益和风险，从而造成决策失误，给公司带来损失。

（7）报告合规风险。公司的财务报告要符合规定，及时、准确地反映公司信息，以便管理层及时掌握公司状况。对上市公司而言，还需要及时向公众披露，否则会受到处罚并丧失名誉。

3. 战略决策风险

战略决策风险是指由于管理者对企业所处的外部环境和企业内部资源的错误判断或没有及时地识别外界环境的变化，以至于制定的战略不符合变化着的环境和企业的发展。战略决策风险主要包括环境监控风险、经营种类组合风险、估价风险、组织结构风险、考核（战略层）风险、资源分配风险、计划风险和生命周期风险八个细化风险。

（1）环境监控风险。公司没有有效地监控外界环境的变化，或者对外界环境变化的理解基于错误的假设或理论之上，这都可能会使公司的战略过时，在变化的竞争中处于劣势。

（2）经营种类组合风险。经营种类组合风险是对具有多种产品和业务部门的多元化公司而言的。对于决策者来说，各部门的信息汇总后往往呈现多元性和复杂性，甚至大量信息与决策不相关。这就容易造成对经营组合的管理失效，没有有效地确定各产品的优先次序或者平衡各产品的比重，从而使公司资源在各产品的配置上没有达到最优。

（3）估价风险。缺乏信息使得管理层无法准确地衡量某一业务或某一部门对公司的价值，从而影响公司对自身业务的评估和做出正确的战略调整决策。

（4）组织结构风险。公司的组织结构不支持公司战略目标的实施，或者管理层缺乏评估组织结构有效性的信息，从而无法对组织结构实施有效的变革。

（5）考核（战略层）风险。这一风险主要是指公司的考核体系没有体现公司的战略目标，激励的方向不对从而影响目标的实现。

（6）资源分配风险。公司缺乏资源分配的流程以及支持资源分配的信息，将阻碍公司将资源用于建立竞争优势上。

（7）计划风险。公司的计划流程不完善，基于不准确的历史数据，没有根据环境变化及时更新，对自身竞争力没有准确的认识，计划不具可操作性等，都会阻碍公司形成有效的战略。

（8）生命周期风险。缺乏足够的数据和信息，造成企业对行业和产品生命周期的认识不充分、不准确，从而采取了错误的战略，来对应当时的生命周期阶段。

案例14 UT斯达康危机

UT斯达康国际通信有限公司（简称UT斯达康），是一家主要从事现代通信领域前沿科技和产品的研究、开发、生产、销售的国际化高科技公司。当第一部PAS无线市话（俗称小灵通）在杭州余杭成功试用后，UT斯达康抓住电信改革后中国移动通信资费较高，而没有移动牌照的固定电话运营商欲争夺移动通信市场的机会，且坐镇中国这个廉价劳动力基地，UT斯达康凭借低廉的资费迅速打开了市场，大力发展小灵通业务，从此进入了"无竞争"的细分市场，占据了中国小灵通系统市场60%、终端市场50%以上的份额。UT其销售额也在7年之内增长过百倍，其高速成长曾让美国华尔街刮目相看。2000年3月在美国纳斯达克成功上市，成为首家在纳斯达克上市的由海外留学生创办的通信公司，筹资2亿美元；2003年第三季度因上市以来连续15个季度实现并超过华尔街预期荣获"最具发展潜力奖"，被多家杂志评为"中国管理最佳的十大企业"之一、"全球IT企业100强"、"全球成长最快企业"之一，并赢得"亚洲最佳雇主"、"中国通信业十大外资企业"等多项荣誉；2004年3月入选《财富》1 000强企业。然而，2004年第三季度公司利润锐减500万美元，第四季度开始出现亏损，2004年实现净利润7 340万美元。2005年，UT斯达康业务急转直下，全年亏损4.26亿美元。从此，营业收入一路下滑，财务状况日趋恶化，随之而来的是裁员、易帅、摘牌警告、行贿事件、投资者诉讼、战略转型受挫、核心团队瓦解……

小灵通业务衰退之快，令UT斯达康措手不及。公司高层预见到，"市场单一、产品单一和客户单一"的经营战略已经不能给公司带来持续的竞争优势，必须迅速向多元化战略转型（包括业务领域多元化和区域市场多元化）。从此，UT斯达康开始了一系列的多元化扩张。回看UT斯达康的扩张路线，不难发现企业在风险识别和风险评估上存在一定的不足，在未充分评估市场和政策走向的情况下，将巨额资金投入到"陌生"的IPTV领域，然而IPTV是高风险的投资，要承受政策关、技术关、资金关、内容关和市场关五道压力考验，指望通过IPTV在短期内获得大规模盈利是不现实的。首先，在政策上，IPTV没有放开，IPTV唯一的一张牌照由广电系的上海文广掌握，由于广电总局与电信、网通运营商在IPTV业务上互不相让，其复杂利益博弈使各地都仅仅停留在少数的商用，运营商更多的是在上海、哈尔滨等地做试点。因牌照问题IPTV短期很难大规模推广。其次，目前全球的IPTV市场依然不明朗。

第4章 风险评估
Chapter 4　Risk Assessment

IPTV 相关的商业模式还处于培育阶段，技术标准尚不成熟，其推广还存在许多制约，从商业模式到产业链，从内容建设到网络建设，IPTV 都并不成熟，而且用户的消费习惯的培养也并非易事。最后，与小灵通市场不同的是，现在至少有超过 18 家以上的设备厂商号称可以提供整体解决方案并拥有全线 IPTV 产品，IPTV 市场的竞争的复杂性和激烈程度远远大于小灵通发展的初期阶段。目前中国市场盗版影视光碟泛滥，价格低廉，视频点播的市场前景相当不明朗，而视频点播恰恰是启动 IPTV 市场首选项目。经过 2005 年和 2006 年的储备，到目前为止，UT 斯达康在 IPTV 领域已研发了近四年，并占有国内 60% 以上的市场份额，在哈尔滨、上海、广州、福州和泉州等地完成了系统规模建设，投入巨大，但是 IPTV 在中国的用户规模还是微不足道，国内的 IPTV 市场仍然没有形成规模的迹象，再加上政策、监管等多重不确定因素，在 IPTV 上的投入还无法在短时间内给 UT 斯达康带来回报。由于 IPTV 的市场远不能跟 3G 市场相比，UT 斯达康很有可能从原先的主流设备商变为二流设备商，并且可能在通信设备市场被"边缘化"。至今，UT 斯达康通往 IPTV 的大道并非想象中的那样一片坦途，即使此次 UT 斯达康押对了 IPTV，它也很难达到其在小灵通行业中的那种绝对优势。

资料来源：吴玉琦：《从 UT 斯达康危机探研企业对外股权投资业务内部控制》，厦门大学 2009 年硕士论文；王荣：《UT 斯达康的迟暮之战》，《华夏时报》；杨清香，张晋：《内部控制缺陷及其改进——来自 UT 斯达康的案例》，《财务与会计》2008 年第 2 期。

三、风险识别方法

风险识别方法有很多可以选择，其中常用的有实地调研法、风险清单分析法、财务报表分析法、流程图法和事故树法等。这些风险识别方法各具特色，有着不同的优势与不足，在具体的风险识别中，需要灵活运用各种风险识别方法，及时发现各种可能引发风险事故的风险因素。

（一）实地调研法

实地调研法是最为常用的方法之一，是指风险管理人员亲临现场，通过直接观察分析管理单位的设备、设施、操作和流程等，了解风险管理单位的生产经营活动和行为方式，调查其中存在的风险隐患。

实地调研法可以获得第一手的资料，减少对中间人报告的依赖性。同时，实地调研的过程本身是一种沟通过程，可以与现场工作人员建立良好的关系，

宣传风险理念，为之后的风险管理措施的落实做铺垫。

但是，实地调研法耗时长且成本高。因此，通常只在某些重要的环节上，才采取实地调研法。此外，如果实地调研过程中沟通不顺畅，或者有关人员的风险意识不够强，实地调研容易导致工作人员的反感，给风险识别工作增加阻力。

（二）风险清单分析法

将企业可能面临的风险及潜在的损失分类，按照一定的顺序排列，就形成了风险清单。对照风险清单，逐项检查，就是风险清单分析法。

风险清单分析有诸多优势，包括成本核算，风险识别过程简单迅速，同时可以避免疏漏风险；通过跟踪检测整个风险管理过程，还可以不断修订检查表以适应变化的环境。但是，风险清单的初次制作以及回收都比较费时，风险清单是一种标准化管理模式，也不可能概括风险管理单位所面临的特殊风险，所以采用风险清单法不能识别所有的风险，质量无法控制。

（三）财务报表分析法

财务报表分析法是由 A. H. 克里德尔于 1962 年提出的一种风险识别方法。克里德尔认为，分析资产负债表、利润表和相关的支持性文件等资料，风险管理人员可以识别风险管理单位的财产风险、责任风险和人力资本风险等。

采用财务报表识别风险的方法，主要有趋势分析法、比率分析法、财务指标分析法。趋势分析法是指根据风险管理单位两期或连续期的财务报表，将报表中的相同指标进行对比分析，确定指标增减变动的方向、数额和幅度，以反映风险管理单位的财务状况和经营成果的变动趋势，找出可能的风险因素。比率分析法是指将财务报表中相关项目的金额进行对比，计算出相应的财务比率，并将该比率与上期比率、计划比率或者同行业平均比率进行比较，以说明风险管理单位的发展情况，计划完成情况或与同行业平均水平的差距。比率分析法主要有构成比率法、相关比率法和效率比率法。财务指标分析法是指风险管理单位在运用财务报表识别风险时，需要借助一些财务指标，这些财务指标是风险管理者识别风险的重要依据。值得一提的是，杜邦分析法是一种对财务指标进行综合分析的常见方法。它将财务指标逐层分解，揭示了指标之间的相互关系，从而为我们寻找财务问题的关键提供了有力的切入点，如图 4-4 所示。

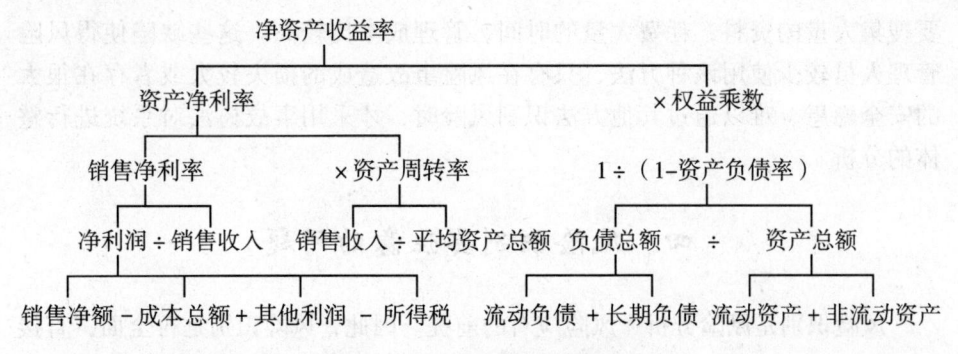

第4章 风险评估
Chapter 4　Risk Assessment

```
                        净资产收益率
                    ┌──────┴──────┐
                资产净利率         × 权益乘数
            ┌──────┴──────┐         │
        销售净利率    × 资产周转率   1÷（1-资产负债率）
        ┌────┴────┐    ┌────┴────┐    ┌────┴────┐
    净利润÷销售收入  销售收入÷平均资产总额  负债总额 ÷ 资产总额

销售净额-成本总额+其他利润-所得税    流动负债+长期负债  流动资产+非流动资产
```

图4-4　杜邦财务分析体系

（四）流程图法

流程图法就是将风险主体按生产经营的过程和日常活动内在的逻辑联系绘成流程图，并针对流程中的关键环节和薄弱环节进行调查，进而识别风险。企业的经营活动由多个流程组成，要把风险管理融入到企业的日常经营活动中，就必须对公司的业务流程进行认识和分析。企业的流程大致都可以分为三大类：生产流程、客户流程和管理流程。通过对公司业务流程的详细解读，可以将其用流程图的形式描述出来，据以分析影响每个细节模块的内部和外部因素，这是寻找风险因素、把握风险敞口的有力方法。从流程中来，到流程中去。这种方法可以将复杂的生产过程简单化，从而易于发现风险。其缺点是流程图的绘制一般要由具有专业知识的风险管理人员绘制，需要花费的时间比较多，其管理成本也比较高。此外，流程图是否准确，决定着风险管理部门识别风险的准确性。

（五）事故树法

事故树法又称故障树法，是指从某一风险结果出发，运用逻辑推理的方法，推导出引发风险的原因，即遵循风险事件—中间事件—基本事件的逻辑结构。事故树法的理论基础是，任何一个风险事故的发生，必定是一系列事件按照时间顺序相继出现的结果，前一事件的出现是随后发生事件的条件，在事件的发展过程中，每一事件都有成功或失败两种可能的状态。事故树把影响企业整体目标实现的诸多因素及其因果关系一步步清楚地列示出来，有利于进行下一步深入的风险分析。同时，运用事故树法可以确定消除风险事故的措施。但是，事故树的绘制需要特定的技术，且采用事故树法识别风险需

要搜集大量的资料，耗费大量的时间，管理成本比较高。这些缺陷使得风险管理人员较少使用该种方法，只有在风险事故造成的损失较大或者存在很大的安全隐患、难以通过其他方法识别风险时，才采用事故树法对系统进行整体的分析。

四、风险识别要注意的问题

风险识别是风险分析、风险应对的前提。因此，风险识别是否全面，直接影响着企业风险管理的成败。特别是，有可能对企业造成重大损失的风险因素的遗漏，更是容易对企业形成致命的伤害。如果说风险管理是"扫除地雷"的过程，那么风险识别就是要对影响企业发展的"地雷"进行定位，关键就是要发现所有的"地雷"，确保不留下未识别的风险隐患。

为此，进行风险识别时，应当注意以下问题：

（1）在识别的过程中，需要综合运用多种方法和技术，而不是将一种技术方法运用于所有的部门或所有的流程。

（2）考虑风险事件的相互依赖性。一个事件往往会引发其他事件的发生；多个事件也可能同时发生，共同影响企业的风险。因此，风险识别应注意风险事件之间的关联，要联系地看问题，而不是将各个风险因素孤立起来看待。

（3）对风险因素进行分类，便于分析和处理。分类是处理问题的好方法，能够起到提纲挈领、纲举目张的效果。按照内部外部、业务模块、部门单位等条件，将各类风险因素分类汇总，有助于管理层更好地理解因素之间的关系，从整体上把握风险和机会，并有助于各个职能部门更好地认识和关注与其直接相关的风险。

（4）注意区分风险和机会。有许多时候，机会与风险是并存的。企业风险管理委员会应当在董事会的指导下，对所面临的环境进行深入的分析，以免错过企业发展的好机会。

☞ **案例 15　风险识别技术之流程图法**

某生产制造企业的生产销售流程图如下图所示：

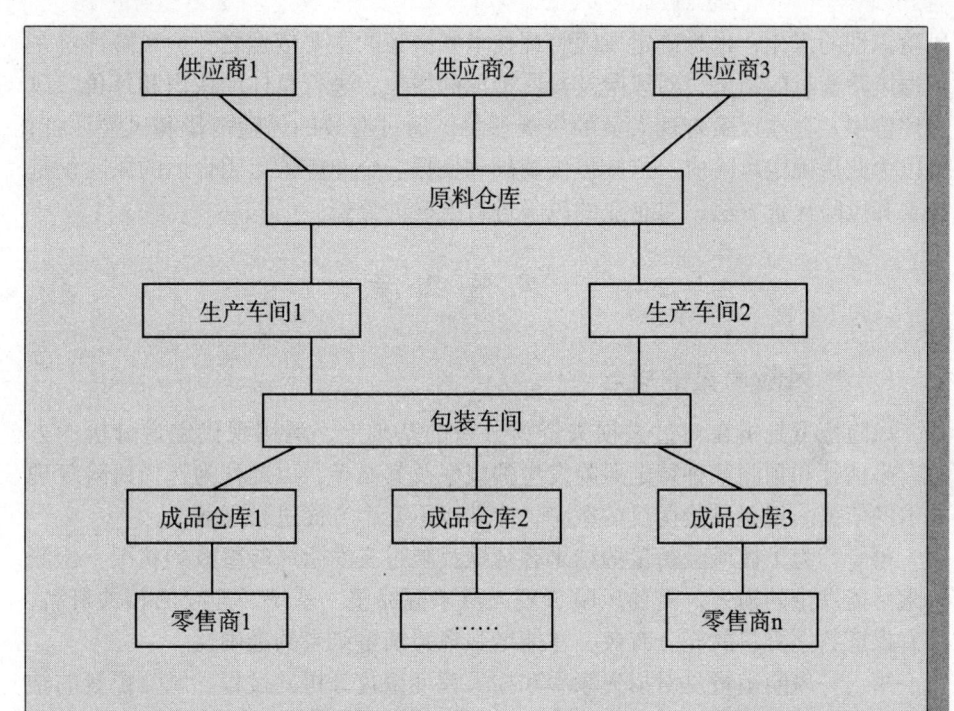

第 4 章 风险评估
Chapter 4　Risk Assessment

```
供应商1      供应商2      供应商3
         ↓    ↓    ↓
          原料仓库
         ↓         ↓
     生产车间1   生产车间2
         ↓         ↓
          包装车间
       ↓     ↓     ↓
   成品仓库1 成品仓库2 成品仓库3
       ↓     ↓     ↓
     零售商1  ……   零售商n
```

原材料的来源、生产加工、包装、存储、销售等不同阶段都反映到了流程图上，在产品生产销售的任何一个环节出现问题，都会引发企业生存的风险。原材料供应不上或者遭遇意外损失，会导致生产的中断；生产过程中的意外事故也可能导致生产的中断，还会引起企业财产和人员的损失；产品仓库的风险事故会引起企业财产和人员的损失，会导致企业利润的损失；产品销售不畅，会导致企业利润的损失，带来生产经营的困境。所以，企业应实时监控各个阶段可能出现的意外情况，识别风险，保证企业生产经营活动正常进行。

资料来源：刘钧：《风险管理概论》，清华大学出版社 2008 年版。

第 4 节　风险分析

企业在识别风险后，必须对风险进行分析，主要包括风险衡量和风险评价。风险衡量就是在风险识别的基础上，对风险进行定量分析和描述。它是对

风险识别的深化,也是确定风险管理技术和决策的主要依据之一。风险评价是依据风险衡量的结果,对风险及其所造成的损失,进行总体的认识和评价。风险评价中,存在风险管理人员的主观评价。通过有效的风险衡量和风险评价,可以为此后确定风险应对措施提供基础和依据。企业应该运用合适的风险衡量技术和风险评价方法,对企业的风险进行准确的分析。

一、风险衡量

（一）风险衡量的概念

风险衡量是指在对过去损失资料分析的基础上,运用现代定量分析的方法,来估计和预测某种特定风险发生的概率及其结果,以此作为选择风险管理技术的依据。把握风险衡量的概念,应从以下几个方面进行理解。

第一,为了使风险衡量的结果客观地反映过去发生风险事故的状况,预测未来可能发生的损失,需要风险管理人员掌握完整、系统、连续的相关资料,只有保证数据资料的充分有效,才能增强风险衡量结果的准确性。

第二,风险衡量是对损失频率和损失程度量化分析的过程。风险衡量的结果可以为风险评价提供依据,也可以为风险管理者进行风险决策管理提供依据。统计分析和概率分析师衡量风险的重要工具和手段,也是风险衡量具有科学性的重要原因,但是统计分析和概率分析并不等于风险衡量。

第三,风险衡量是风险管理的重要手段,也是风险管理的重要环节。但是,风险衡量不是风险管理的目的,其只是为风险管理者处理风险提供依据,风险管理的目的是选择防范和处理风险的有效方法。

（二）风险衡量的方法

风险的大小与未来各种可能结果变动程度的大小有关。因此,对风险大小的衡量,经常使用概率论和数理统计方法。按照风险衡量中是否采用事件发生的概率,可以分为概率衡量技术和非概率衡量技术。传统概率分析、贝塔指标分析法、在险价值、经济资本等被称为概率技术。还有诸如敏感性分析、情景分析、设定基准、层次分析法和各种计分方法等非概率技术。

1. 概率衡量技术

（1）传统概率分析。

传统概率分析是风险管理理论中比较成熟的一种度量方法。根据风险的含

第 4 章 风险评估
Chapter 4 Risk Assessment

义,风险体现了实际损失或收益和预期损失或收益的偏差,这种偏差可以借助一些概率统计量来衡量,包括损失或收益率的期望值、方差、标准差和差异系数等。这些统计量事实上是测量损失或收益率围绕其期望值变化的程度,如果围绕期望值变化剧烈则表明收益率具有很大的不确定性。

为了度量偏差,首先要确定损失或收益的期望值,或者更广义地说,对存在风险的目标进行中心趋势的测量,这是确定风险概率分部中心的重要方法。在各种不同的中心趋势测量方法中,主要有算数平均数、加权平均数和中位数。

(2) 贝塔指标分析法。

贝塔指标分析法是近两年发展起来的风险计量方法,主要适用于金融市场风险的分析。按照使用分析的数据不同,贝塔指标可以分为市场贝塔值和会计贝塔值。

市场贝塔值是使用单项资产和资产组合市价的历史数据,运用线性回归技术进行估计的。其具体步骤为:首先计算出企业股票的收益率与市场组合收益率,然后再将两者进行回归拟合,所得回归直线的斜率即为该股票的市场贝塔值。

会计贝塔值可以通过计算企业的每季度或每年的收益率相对于同一时期行业的收益率进行回归求得,其特点在于,会计贝塔值的计算是基于本公司的会计收益而不是基于交易价格进行的。这种方法在实际中主要应用于非公开上市的公司。

从金融市场的角度看,企业风险可以分为非系统风险和系统风险。在这两种风险中,前者由市场偏差所产生,因而不能通过多样化的方法进行分散;后者则可以通过多样化的方法消除。总地来说,贝塔指标应用于企业的风险投资组合分析和管理。但是,这种对风险收益的描述是一种期望形式,因此在本质上是不可检验的。该模型的一系列严格假设和对市场指数的过于依赖,也使其受到不少质疑。

(3) 在险价值法。

在险价值是指在一定的时间(t)内,在一定的置信度(比如95%)下,投资者最大的期望损失。作为一种市场风险测量和管理的新工具,在险价值法就是为了度量一项给定的资产或负债在一定时间里和在一定的置信度下其价值最大的损失额。J.P. 模根银行在1994年提出的"风险度量制"模型是这种方法的典型代表。

总地来说,在险价值法具有很强的科学性,提供了一个统一的方法来测量不同行业的风险,并充分考虑到了不同资产价格变化之间的相关性。但是,这一方法同样需要较强的数理统计知识,并且也是金融市场风险领域发展得较为

成熟，有待进一步拓宽适用范围。

（4）经济资本法。

经济资本是一个新出现的统计学的概念。它是描述在一定的置信度水平上（如99%），一定时间内（如一年），为了弥补企业的非预计损失（Unexpected Losses）所需要的资本。经济资本是两个变量的函数：企业的偿付能力标准和它的风险。

企业的偿付能力标准是合意的企业信用度，并且可以从其债务评级中推断出来。例如，某企业具有的目标偿付能力标准是99%，则平均而言，它每100年就会违约一次。

在给定的风险水平下，较高的偿付能力标准意味着要拥有较多的经济资本。换言之，一个企业承担的风险越大，为了维护给定的偿付能力标准，它必须具有越多的财务资源。一个企业的经济资本的计算是自下而上的。企业应先针对每一类风险分别估算出经济资本，然后把分散化效应考虑进来进行汇总，以得出整个企业的总经济资本。具体来说，就是先计算出每一种风险源所引起的企业价值的变化的单独分布，然后把单独分布联合起来，并以合意的目标偿付能力标准为基础计算出总经济资本，最后基于每一项业务活动所产生的风险额，把经济资本进行划归。

2. 非概率衡量技术

（1）敏感性分析。

敏感性分析是指从定量分析的角度研究有关因素发生某种变化对某一个或一组关键指标影响程度的一种不确定分析技术。其实质是通过逐一改变相关变量数值的方法，来解释关键指标受这些因素变动影响大小的规律，找出对投资项目经济效益指标有重要影响的敏感性因素，并分析、测算其对项目经济效益指标的影响程度和敏感性程度，进而判断项目承受风险能力的一种不确定性分析方法。

敏感性分析法通俗易懂，使用方便，是一种实用性很强的风险衡量技术。但是，这一分析需要使用准确的企业内部数据，而且当因变量随多个自变量变化时，就会变得难以区分和判定每个变量对其的影响。

（2）情景测试。

情景测试是考虑多个因素的变化而达到某人状态时，通过对风险标志性指标报告的预测，来分析公司的整体风险。这是一种自上而下的，考虑"如果—什么"问题的分析方法，衡量的是某事件或事件组合对企业将会产生的影响。

第4章 风险评估
Chapter 4　Risk Assessment

情景测试可以结合经营连续性计划或估价系统故障或网络故障的影响来使用,从而反映风险对企业经营的全面影响。如果企业风险管理部门试图把增长、风险和利润联系起来,在战略计划编制中就可以实施情景分析,从而有预见性地制定风险应对方案。在实际操作中,企业通常会按照以下三种情景来分析预测风险指标数据,并进而评估相应风险:乐观激进情景,即内外部环境都有利的情景;保守情景,即内外部环境都不利的情景;中性状态情景,即以事项发生的最大可能性作为预测基准。

(3) 设定基准。

企业可以使用设定基准技术,从可能性和影响方面,来评价一个特定的风险,再以此为基础寻求改善应对决策、降低其可能性或影响的途径。基准数据能使企业风险管理部门根据其他组织的经验,了解风险的可能性或影响。设定基准也用于经营过程中的活动,以识别过程改进的机会。实践中,使用的标注包括行业标准和公认标准。在比较分析时,既可以采用本企业指标与同行业平均水平指标进行对比,也可以用本企业指标与同行业先进水平比较(标杆比较法),还可以用本企业指标与同行业公认的指标标准进行比较。

企业通过为典型风险指标设定对比基准,可以帮助其确定自身的风险水平,明确本企业所处的地位,及时发现风险管理运作中需要改进的地方,从而制定适合本企业的有效的风险应对策略。因此,这个方法最大的特点就是将企业与行业内的企业联系起来,再不是脱离企业生存的外部环境闭门造车,为各个风险管理层次提供知己知彼的机会。

(4) 层次分析法。

层次分析法是一种将与决策有关的元素分解成目标、准则、方案等一系列层次结构,在此基础上进行定性和定量分析,以确定多目标、多方案优化决策问题中各个指标权重的决策方法。这种方法的特点是在对复杂的决策问题的本质、影响因素及其内在联系进行深入分析的基础上,利用较少的定量信息使决策的思维过程数学化,从而为多目标、多准则或无结构特性的复杂决策问题提供简便的决策方法,尤其适合对决策结果难于直接准确计量的场合。

二、风险评价

(一) 风险评价的概念

风险评价是指在风险识别和风险衡量的基础上,将损失频率、损失程度,

以及其他因素综合起来考虑，分析风险的影响，并对风险的状况进行综合评价。如果说风险衡量是对风险状况的客观反映，那么风险评价则是依据风险衡量的结果对风险及其所造成的损失，进行总体的认识和评价。全面准确地把握风险评价的定义，应理解其四个方面的特点。

第一，风险评价是风险单位的综合评价。在引起损失的各类风险因素中，有些风险因素是相互联系的。不同风险因素之间的联系可能会提高或降低这些风险因素对风险单位的影响。在风险评价的过程中，需要综合考虑各种风险因素的影响，对可能会引起损失的风险事件进行综合评价。

第二，风险评价需要定量分析的结果。风险评价是在风险衡量的基础上，对企业风险状况进行综合评价的过程，需要风险衡量中对于风险的量化结果。定量分析的质量与准确性决定了风险评价的准确性。

第三，风险评价离不开特定的政治经济环境和制度。风险管理者往往以发生损失的概率和损失的程度来评价风险。但是，对风险管理单位的风险评价，离不开特定的国家、社会经济和政治制度。例如，对于正在经历恶性通货膨胀的国家进行风险评价，就会面临很大的挑战，对这些国家财产价值的评估会迅速失效；另外，政局不稳定的动态风险，也会使风险评价面临很大的挑战。

第四，风险评价受到风险管理者态度的影响。风险管理者对自然风险、社会风险和经济风险的认识和判断不同，其风险评价的结果也会不同。风险管理者的个性、风险识别能力等都会对风险评价的结果产生很大的影响。

（二）风险评价的方法

风险评价对于风险控制以及企业管理具有重要作用，科学地评价风险至关重要，采用适当的风险评价方法具有重要意义。风险评价可以采取简单的方式，也可以运用风险衡量的结果进行评价。目前，国际上比较流行的风险评价方法，主要有风险度评价法、检查表评价法、优良可劣评价法、单项评价法、直方图评价法和矩阵评价法。[①]

1. 风险度评价法

风险度评价是对风险事故造成损失的频率或损害的严重程度进行的综合评估。风险度评价可以分为风险事故发生频率评价和风险事故造成损害程度的评价两类。无论风险单位、损失事件和损失形态的组合如何，风险管理人员均可

---

① 刘钧：《风险管理概论》，清华大学出版社2008年版。

第 4 章 风险评估

以将损失频率评价划分为几乎不会发生、不太可能发生、偶尔发生和经常发生四种。同时，将损失程度可以分为轻微损失、中等损失、重大损失和特大损失。一般来说，风险评价可以分为 1~10 级，级别越高，危险程度就越大。

风险度评价法的优点是，便于风险管理人员或其他人员使用风险评价的结果，风险度评价的结果就好比在证券市场上，将经营业绩比较差的股票标示 ST，可以比较直观地揭示上市公司的财务风险状况，也可以提示投资者规避上市公司的风险。这种评价方法也有其不足的地方，采用该方法要将风险度标准进行分类，这些缺乏客观标准，易受管理者个人主观影响，此外，采用该方法管理成本比较高。

2. 检查表评价法

根据安全检查表，将检查对象按照一定标准给出分数，对于重要的项目确定较高的分值，对于次要的项目确定较低的分值，再按照每一检查项目的实际情况评定一个分数。每一检查对象必须满足相应的条件时，才能得到这一项目的满分；当不满足条件时，按一定的标准将得到低于满分的评定分，所有项目评定分的总和不超过 100 分。最终，可以根据被调查风险单位的得分，评价风险因素的风险度和风险等级。

检查表风险评价方式的优点是，可以综合评价风险单位的状况，评价结果之间易比较。但是其结果的准确性依赖于所列举风险因素的全面性，检查表设计是否全面是检查表评价能否准确的关键。

3. 优良可劣评价法

优良可劣评价法是从风险管理单位的特点出发，根据风险管理单位以往管理风险的经验和状况，对风险因素列出全面的检查项目，并将每一检查项目分成优、良、可、劣若干个等级。在进行风险评价时，由风险管理人员和操作人员共同进行，以此确定被检查单位的风险状况。

优良可劣风险评价标准比较直观，可操作性强，如果风险管理单位被评估为可或者劣时，就需要采取相应的措施加以改进。

4. 单项评价法

单项评价法是指风险管理单位列举各项符合标准的项目，凡是具有一项或者一项以上的项目符合标准者，就评价为风险管理的重点。

单项评价法的优点是管理比较简单，只要风险单位具备管理项目中的一项

就是管理的重点。这种方法易于突出风险管理的重点，可以提高风险管理的效率。但是，采用该种方法，风险管理者对可能发生的风险事故的列举是否全面，以及对风险因素重要性的看法，都会影响风险评价的成败。

5. 直方图评价法

直方图分析法是利用直方图直观反映数据分布的情况，通过观察直方图的形状和公差标准，从而评价风险因素的稳定性。采用直方图进行风险评价关键是将直方图与公差进行比较，单纯地观察直方图只能判断风险单位是否稳定正常，并不能判断，只有通过二者的比较才能达到评价风险的目的。对比的方法是观察直方图是否都落在规格或公差范围内，是否有相当的余地，以及偏离程度如何。典型的直方图和公差标准的比较情况有理想型、偏向型、无富余型、能力富余型、能力不足型和陡峭型。理想型表示数据分布范围充分居中，分布在规格上下界限内，这种状态表明，风险单位处于稳定正常的状态不需要针对目前的状况进行调整。偏向型表示数据分布虽然在规格范围内，但是分布中心偏向一侧，这种状态说明发现单位处于基本稳定状态，但存在一定的系统偏差，应针对某些问题采取措施。无富余型表示数据分布虽然在规格范围内，但是两侧均无余地，稍有波动就会出现超差，引发风险事故，这种状态存在风险隐患，应采取措施预防风险事故的发生。能力富余型表示数据过于集中，分布范围与规格范围相比，余量过大，说明风险控制较严格，不存在风险隐患。能力不足型表示数据分布范围已经超出规格范围，已经引发了风险事故，针对这种情况，风险管理人员应及时采取措施抑制损失的扩大。陡峭型表示数据分布过于偏离规格中心，已经造成偏差，产生了风险事故，这种状态是由于控制不严格所造成的，所以风险管理者应采取措施是均值接近规格的中间值，同时减少波动，防止风险事故的发生。

通过观察直方图的分布状态，以及将其与公差标准相比较，可以评价风险因素是否存在风险隐患、分辨风险单位是否存在异常状态，便于风险管理者采取必要的措施，将风险隐患和异常状态消除在萌芽状态。但是，该方法只能提供发现单位所处风险的大致状况，无法提供存在风险隐患的原因。此外，直方图评价需要大量的有关风险单位的统计数据，评价的效果依赖于数据的真实性。

6. 矩阵图评价法

矩阵图评价法是一种利用多维思考逐步明确问题的方法，就是从问题的各种关系中找出成对要素，用数学矩阵的形式排成行和列，在其交点处标示各因素之间的相互关系，通过在交点处给出行和列对应要素的关系和关系程度，确定关键点的方法。

矩阵图评价法是采用多维思考方式评价风险因素的一种比较有效的风险管理办法，可以对导致风险事故发生的各种风险因素有一个大致的评价，可以分辨出主要的风险因素、次要风险因素和可疑风险因素。这样进行风险评价比较简单明了，且为风险决策管理提供了可靠的依据。但是风险管理者在判断时容易掺入评价者的主观意见，要完全真实地反映风险因素的状况具有一定的困难。此外，风险管理者获得相关的数据资料比较的困难，在一定程度上影响了矩阵图风险评价的准确性。

☞ **案例 16　优良可劣评价法的具体运用**

英国化工协会制订的企业安全生产评价标准如下表所示：

防火	劣	可	良	优
化学危险品	无使用说明和相关数据	只有组长知道使用方法和具体数据	只有组长知道使用方法，具体数据和使用标准	在必要的地方都有详细的要求和规定，张贴出来，并进行检查
易燃和易爆品	储存设施不符合防火规定，容器未注明所贮何物，未使用批准的设备，工作地点储有过量的原料	某些储存设施符合规定，大多数容器注明所贮物品的名称，使用了批准的设备	储存设施符合防火规定，大多数容器注明所贮何物，一般均使用批准的设备，工作地点原料储存量限制在1天使用量之下，小型容器均放在批准的小室内	除了符合良好的要求外，所以设备均选用质量最好的，并维持在最佳状态
消防设施	不符合防火规定	满足最低要求	除了满足最低标准外，还提供水龙头和灭火器，动火时有制度，所有焊工操作均配有灭火器	除了具有良好的标准外，还有组织好的消防队，处理紧急状况和救火

根据上表，可以评价企业的风险状况。

资料来源：刘钧：《风险管理概论》，清华大学出版社 2008 年版。

第5节 风险应对

风险应对建立在深入的风险评估基础之上,为风险的控制活动提供依据。风险管理单位应该在充分考虑单位的相关目标的基础上,根据单位风险偏好、风险可接受程度、风险发生的原因和风险的重要性水平等,权衡风险和收益。结合本单位的实际情况,综合运用风险避免、风险降低、风险分担和风险承受等四种基本的风险应对策略,实现对风险的有效应对,进而为进一步的风险控制活动提供依据。

一、风险避免

在风险识别、风险衡量和评价工作完成以后,若风险管理人员发现某些风险发生损失的可能性很大,或者一旦发生损失且损失的程度很严重时,可以采取主动放弃原先承担的风险或完全拒绝承担该种风险的行动方案,这就是风险避免。风险避免的方式主要有两种,分别是完全拒绝承担风险和放弃原先承担的风险。完全拒绝承担风险的特点在于风险管理者预见到了风险事故发生的可能性,在风险事故未发生之前进行处理。例如,我国的保险公司为了避免巨额赔偿的风险,将地震列为财产保险保单中的除外责任。又如,在城市规划、大型水库和堤坝的建设、核能利用设施的兴建等决策过程中,都在可行性研究中充分重视对风险的评价,如果发现建设方案中潜伏着引发巨大损失的风险时,必须慎重对待。如果没有有效的措施消除或转移风险,就应考虑放弃该项计划。放弃原先承担的风险的特点在于风险因素已经存在,被风险管理者发现,及时进行处理。例如,某药厂发现其生产的药品会产生严重的副作用,药厂决定停止生产该药品,这样该药厂就放弃了原来承担的责任风险,控制了由于药品不合格可能产生的责任风险。如果单纯地从处理特定风险的角度来看,风险避免自然是最彻底的方法,风险避免可以将损失发生的可能性降为零,完全避免了可能造成的损失当损失风险大而又无法转移时采取避免风险的措施无疑是明智之举。但是,风险避免是对可能造成损失的活动采取规避的态度,这种不作为的态度无疑有它的局限性,从而限制了风险避免这一处置风险方法的适用范围。具体来说,风险避免主要有三方面的缺陷。首先,在经济活动中,风险

第4章 风险评估
Chapter 4 Risk Assessment

和收益往往是相伴出现的。一般来说,风险和收益是成正比例的,高风险往往意味着高回报。风险避免是风险管理单位面对损失的主动放弃,其在规避风险的同时,也放弃了获得收益的机会。第二,对于一些不可避免的风险和正在实施的工作,风险避免并不适用。某些风险是无法避免的,如地震、海啸、暴风等自然灾害,因而无法采用风险避免的手段。风险避免的决策应放在某项工作的计划阶段时确定,对于正在实施的工作来说,也不能采用风险避免。第三,在采用改变工作性质或方式的措施来避免某种风险时,很可能产生另一种风险。

从上述分析不难发现,风险避免适用于以下几种情形:损失频率和损失程度都较大的特定风险;损失频率虽不大,但损失后果严重且无法得到补偿的风险;采用其他风险管理措施的经济成本超过了进行该项经济活动的预期收益的情形。

二、风险降低

风险降低是指有意识地采取行动防止或减少灾害事故的发生以及所造成的经济及社会损失。它的目标分为两种:一是风险预防,是指在损失发生之前,全面地消除损失发生的根源,尽量减少损失发生频率;二是损失抑制,是在损失发生之后努力减轻损失的程度。

由于着眼点不同,所采用的措施亦有所差别。风险预防的措施根据侧重点不同又有不同的方法。如果风险预防的措施侧重于发现单位的物质因素则称为工程物理法,如防火结构的设计、机器安全检查等。如果风险预防侧重于人员行为教育则称为人们行为法,如实施职业安全教育。如果风险预防侧重于建立规章制度则属于规章制度法。损失抑制是在风险事故发生后,采取措施,减少损失发生的范围或损失的严重程度,其方式多种多样,常用的主要有分散风险单位和备份风险单位。分散风险单位是指将风险单位划分成若干个数量少且价值低的独立单位,分散在不同的空间以减少风险事故的损失程度。备份风险单位是指再准备一份发现单位所需的设备。在采用风险降低的方式应对风险时,除了把握各种具体方法,还要兼顾以下几个方面的问题:

1. 防损措施和减损措施并重

损失预防措施能够减少损失发生的频率,它可分为纯预防措施和保护措施,前者着重消除造成损失的原因,后者试图保护处于危险环境下的人或物。

损失预防的措施多种多样，而且与所要防止的损失种类有关。例如，通过提高产品质量，选择信誉好的经销商，严格审查产品广告中的明示保证，就能减少产品责任损失。又如，消灭潜在的火源，以耐火、阻燃材料代替易燃材料则可以消除火灾隐患。

损失预防的观念应贯穿于一个企业生产经营活动的全过程，在项目的计划、试验、投产、销售各个环节都必须加强防损工作，以期投入较少的费用获得较大的安全效益和经济效益。

在意外事故发生后，需要采用减损措施，以减轻损失的程度和不利后果，即尽力保护受损财产的价值和受伤人员的身体机能。例如，安装自动喷水灭火装置的目的是在火灾发生时立即控制火势蔓延，以减少火灾造成的损失。又如，营救遇难船只和打捞沉船都能减少海难造成的损失。

2. 人为因素和物质因素兼顾

经济活动的主体是人，绝大多数意外事故损失都与人的行为过失有直接或间接的联系。工作人员的粗心大意，缺乏专业技术知识，责任心不强，缺乏防灾防损意识等，都构成意外事故损失的风险因素，直接导致损失发生或增加损失程度。现代的损失控制愈来愈重视对人为因素的管理。其主要管理手段是加强对员工的安全教育，内容包括：安全法制教育，如宣传国家颁布的安全法规和企业自己制定的安全规章制度；风险知识教育，如讲解工作岗位上存在着哪些事故风险；安全技能教育，如通过实践掌握安全操作方法，养成良好和安全作业习惯，掌握简单的施救技能。除了加强安全教育外，风险的物质因素绝不容忽视，这需要加强安全工程管理。例如，置换有缺陷的电线，淘汰性能差的汽车，改进公路交叉口的设计。又如，导致油库爆炸的风险因素有：油气浓度达到爆炸极限，火源存在，监测器失灵。为了防止油库爆炸，可采用的工程措施有：密封油罐减少汽油漏油，配足排风扇以保持油气的低浓度，定期检查可燃气体监测器，控制火源，杜绝明火等。

3. 加强系统安全的观念

应用系统安全这种概念，在风险管理工作中，一家企业将被视做一个完整的系统，而不是只把可能受损的标的物作为一个个割裂的分析对象。系统安全的概念最初是在1962年由美国空军当做工程规范提出的，旨在保证兵器系统的成功运作。系统安全要求把一家企业的各个工作部分同时纳入考察范围，如工厂坐落的位置，照明、噪声、通风排气、机器设计、保护措施及操作规范。

第4章 风险评估
Chapter 4 Risk Assessment

安全系统工程应用系统工程的原理和数理方法，如事故树、概率统计和运筹学等工具，分析潜在的缺陷之间的关系及后果，做出定量和定性分析，预测事故发生的可能性，然后采取相应的安全措施。这样，大范围的损失控制方案就可以实施。显然，安全系统工程方法是从人为因素和物质因素两方面入手，以防止损失的发生和减轻损失后果。

只有将防损和减损紧密结合起来，并加强员工教育培训，在企业中树立系统安全的观念，才能有效地发挥风险降低的优势，积极应对风险。

三、风险转移

风险转移是将自己面临的损失风险转移给其他个人或单位去承担的行为。风险转移主要分为两类：一类是非保险转移，另一类是保险转移。

（一）非保险方式转移风险

非保险方式转移风险是指风险管理单位将损失的法律责任转移给非保险公司的另一个单位承担和管理的技术。非保险方式的转移风险的实现大多是借助于协议或者合同，将损失的法律责任或财务后果转由他人承担。非保险方式的转移风险的承担者不是保险人，而是合同的受让人。

具体来说，非保险方式转移风险的方式一般可通过以下两种途径转移风险：

1. 转移风险源

从风险来源分析，一般有两种情况：一是拥有的财产遭受损失；二是在从事生产或经营活动中使他人的财产遭受损失或人身受到伤害，要负赔偿责任。因此，转移风险源（财产或活动）的所有权或管理权就可以部分或全部地将损失风险转移给他人承担。具体来说，可以采用以下几种方式转移风险源：出售承担风险的财产，同时就将与财产有关的风险转移给购买该项财产的人或经济单位；财产租赁可以使财产所有人部分地转移自己所面临的风险；建筑工程中的承包商可以利用分包合同转移风险。

2. 签订转移风险的合同

在风险管理中，签订合法、有效的合同，签订转移风险的条款，可以起到转移风险的作用。一般来说，签订合同方式转移风险具体包括签订免除责任条

款、签订转移责任条款和签订保证合同。签订免除责任条款，是合同的一方运用合同条款将合同履行中可能发生的对他人人身伤害和财产损失的责任转移给另一方承担。在许多场合，转移带有风险的财产或活动可能是不现实的或不经济的，典型的例子如医生一般不能因害怕手术失败的风险而拒绝施行手术，签订免除责任协议就是这种情况下的一种解决问题的方法。医院在给垂危病人施行手术之前会要求病人家属签字同意：若手术失败，医生不负责任。在这纸协议中，医生不转移带有风险的活动（动手术），而只转移可能的责任风险。对医生而言，风险被免除了。在日常生活中，能够见到一些意欲免除责任的单方约定，它们是否合法合理可能会引起争议，也许无法达到免除责任的初衷。签订转移责任条款，在主要针对经济活动的合同中，变更某些条款或巧妙地运用合同语言，可以将损失责任转移给他人。例如，建筑工程的工期一般较长，承包方面临着设备、建材价格上涨而导致的损失。对此，承包方可以要求在合同条款中写明：若因发包方原因致使工期延长，合同价额需相应上调。这就是转移责任条款，承包方使用这项条款就把潜在损失风险转移给发包方。签订保证合同，是由保证人堆被保证人因其不履行某项规定的义务而导致权利人的损失予以赔偿的一种书面合同。保证合同的当事人是保证人、被保证人和权利人，权利人借助保证合同条款可以将被保证人违约的风险转移给保证人，一旦发生合同规定的损失，权利人可以从保证人处获得经济损失的赔偿。

采用非保险方式是否能够顺利地转移风险是有条件的。首先，转移责任条款必须是合法有效合同的组成部分，如果风险转移方式违反了法律法规的规定，其转移风险的方式不具有法律效力，从而也就失去了风险转移的可能。其次，受让人即非保险方式的转移风险的承担者具有偿付能力，如果受让方没有能力赔偿损失，转让方就必须对已经转移出去的风险承担责任，就不能实现风险的真正转移。最后，非保险转移风险需要支付一定的费用给受让方，这是受让方承担风险的条件。

（二）保险方式转移风险

保险方式转移风险是指通过保险实现风险的转移，保险人提供转移保险的工具给被保险人或投保人，一旦发生保险责任范围内的损失，保险人就可以补偿被保险人的经济损失。保险作为一种风险管理方式同其他风险管理方式相比，具有两方面的特点。第一，保险方式转移风险同非保险方式转移风险相比，由于保险公司是以提供专业转移风险服务为经营目的的，具有管理风险的经验和优势，所以能够主动积极地为企业提供转移风险的服务。第二，与损失

第4章 风险评估
Chapter 4 Risk Assessment

抑制注重减少损失相比，保险的目的是在风险单位遭受无法预期的损失时，可以得到保险公司的经济补偿。

保险作为风险转移的一种方式，与非保险方式转移风险一样，也需要具备一定的条件。第一，只有纯粹风险才能够通过保险来转移风险，对于投机风险不具有可保性；第二，必须存在大量同质风险，只有在具有大量同质风险、拥有足够多客户的情况下，保险人才能比较精确地预测损失的概率和损失的程度；第三，损失的发生不可预测；第四，损失是可以测定的，即损失发生原因和损失程度是可以通过长期观察进行测定的，而测定的结果是保险公司确定合理的保险费率的基础。

四、风险承受

风险承受即风险自留，是指面临风险的企业或单位在经济损失有不确定变为确定的事实后，自己承担风险所造成的损失，并做好相应的资金安排。风险承受的实质是：当损失发生后受损单位通过资金融通来弥补经济损失，即在损失发生后自行提供财务保障。

风险承受也许是无奈的选择。任何一种对付风险的方法都有一定的局限性和适用范围，其他任何一种方法都无法有效地应用于处理某一特定风险或处理风险的成本太高，令企业无法接受。在这种情况下，风险承受是无可奈何的唯一选择。

风险承受可分为主动的、有意识的、有计划的自留和被动的、无意识的、无计划的自留。风险管理人员识别了风险的存在并对其损失后果获得较为准确的评价和比较各种管理措施的利弊之后，有意识地决定不转移有关的潜在损失风险而由企业自身承担时，就成为主动的、有意识的、有计划的风险自留。被动的、无意识的、无计划的自留风险一般有两种表现：一是没有意识到风险存在而导致风险的无意识自留；二是虽然意识到风险的存在，但低估了风险的程度而额外自留的风险。

采用风险承受的方式应对风险需要企业有一定的资金安排，一般来说，企业采用的筹资方式有现收现付方式、专用基金和专业自保公司方式。所谓现收现付方式，是在损失发生时直接计入当期的成本费用中，应用当期收入来补偿损失。该种方法适用于较频繁的小额损失，当发生较大金额的损失时现金收付方式存在很大局限性，一方面企业可能没有足够的资金应对，另一方面大额损失可能会造成企业损益的剧烈波动。专用基金是企业为应付巨额损失风险，从

每年的现金流量中提取一定金额，逐年累积，以形成意外损失专用款项。采用专用基金的方式可以筹集较多的资金储备，以应对比较大额的损失。专业自保公司原指由非保险企业拥有或控制的保险公司，向母公司及其子公司提供保险，后来含义则有所扩展。设立专业自保公司的公司一般都是规模很大的企业，而且集中在能源、石化、采矿、建筑材料等行业。

> ☞ **案例 17　学院网站建设项目的风险识别、分析与应对**
>
> 　　某学院网站建设项目组决定，必须使用规范的风险管理思想来识别、分析、应对与监控学院网站建设项目的风险。本项目风险的识别与应对经过了三个步骤：风险识别：列出所有可能的风险事件；风险分析：为每个风险事件分析风险概率和风险影响值，计算风险期望值，确定风险的级别和顺序；风险应对：确定风险应对的策略、应对措施及其截止时间和负责人。
>
> 　　1. 风险的识别
>
> 　　风险识别的方法是确定"风险编号"，找出可能发生风险的"WBS 模块"，再拟定"风险事件名称"。
>
> 　　项目组成员依据前已有的 WBS 中那些没有下一层工作的底层工作包，通过头脑风暴法识别出可能会影响项目进度、成本、范围、质量的潜在风险，对每个风险事件都进行编号，赋予一个含义明确的名称记录在风险识别、分析和应对表中。
>
> 　　2. 风险的分析
>
> 　　风险的分析阶段由项目团队分别确定"风险概率"、"风险影响描述"、"风险影响值"、"风险期望值"、"排序"、"风险级别"。具体做法如下：
>
> 　　（1）对每件风险事件，由项目组有经验的成员分别对该风险事件发生概率进行估计，加总平均得出此事件的风险概率。
>
> 　　（2）对每件风险事件，由项目组有经验的成员分别对该风险事件一旦发生，造成的影响进行讨论。将在进度、成本、范围与质量四方面的影响进行具体描述，然后在风险影响值的转换表中分别找到对应的影响值，将四方面影响最大的影响值填入风险识别、分析和应对表中的"风险影响值"一栏中，将对应的风险影响描述填入"风险影响描述"一栏中。
>
> 　　（3）根据得出"风险概率"和"风险影响值"，将"风险概率"与"风险影响值"相乘计算得出"风险期望值"，并将风险事件按照"风险期望值"

第 4 章 风险评估
Chapter 4 Risk Assessment

从大到小排序，为其赋予一个顺序编号，于前十个风险我们要重点进行监控，进行十大风险追踪。

（4）我们项目组假设参照风险等级划分表确定风险等级，可以根据得到的风险期望得到风险的级别，并确定相应的风险负责人。假设规定风险期望值在［0，0.05］之间的风险为四级风险，由项目的相应工作包负责人负责，并通知项目经理；（0.05，0.1］之间的风险为三级风险，由项目经理负责。

3. 风险的应对

在风险应对中，确定"风险策略"、"风险应对措施"、"风险处理截止时间"和"风险负责人"。对每件风险事件，项目组员讨论确定一种主要的风险策略，确定出一项或多项措施来应对风险。参照风险的级别可以得出每件风险事件的负责人。根据所要采取的具体措施，确定处理的截止时间，比如截止时间填写一周，那么，对于预防类措施，截止时间是指风险识别之后的一周之内；对于纠正类措施，截止时间是风险发生之后的一周之内。

经过上述分析，学院网站建设项目的风险识别、分析和应对表如下所示：

编号	WBS 模块	风险事件	风险概率	风险影响描述	风险影响值	风险期望值	排序	级别	风险应对
1	项目管理	项目费用超过预算	6%	10%≤成本增加＜20%	0.2	0.012	8	四级	缓解
2	项目管理	项目时间超过计划时间	10%	5%≤进度拖延＜10%	0.2	0.02	6	四级	缓解
3	项目管理	项目成员积极性不高	9%	工作质量受到较小影响	0.1	0.009	9	四级	缓解
4	需求调研	院党委调研经常推后	20%	10%≤进度拖延＜20%	0.4	0.08	1	三级	接受
5	需求分析	某些需求超出项目范围	25%	范围主要部分受到影响	0.2	0.05	3	三级	规避
6	模块设计	漏掉某些模块	6%	范围的次要部分受到影响	0.1	0.006	11	四级	接受
7	模块设计	多设计了某些功能	15%	10%≤进度拖延＜20%	0.4	0.06	2	三级	接受
8	美工设计	界面设计不友好	9%	质量降低需要得到学院领导批准	0.2	0.018	7	四级	接受

169

续表

编号	WBS模块	风险事件	风险概率	风险影响描述	风险影响值	风险期望值	排序	级别	风险应对
9	硬件规划与采购	软硬件不兼容	1%	项目的最终产品实际上不能使用	0.8	0.008	10	四级	规避
10	系统测试	测试有漏洞	5%	质量降低使产品不能使用	0.8	0.04	4	四级	接受
11	撰写报告	提交的报告用户看不懂	8%	10%≤进度拖延<20%	0.4	0.032	5	四级	接受
12	产品转移	用户不愿意使用新系统	1%	质量降低需要得到有关领导的批准	0.2	0.002	12	四级	接受

资料来源：教育部–IBM，精品建设课程：《IT项目管理》。

控制活动

Chapter 5　Control Activity

第 1 节　控制活动概述
第 2 节　职责分工控制
第 3 节　授权审批控制
第 4 节　会计系统控制
第 5 节　财产保护控制
第 6 节　预算管理控制
第 7 节　运营分析控制
第 8 节　绩效考评控制

上市公司内部控制

企业应当综合运用控制活动实现对具体业务与事项的控制，合理保证将剩余风险控制在可接受水平之内。控制活动的运用，并不能保证企业可以杜绝全部风险，但可以合理保证将剩余风险控制在可接受水平之内，可以合理保证企业不出现内部控制的重大缺陷，可以合理保证企业内部控制目标的实现。控制活动通常包括职责分工控制、授权审批控制、会计系统控制、财产保护控制、预算控制、营运分析控制、绩效考评控制等。

第1节 控制活动概述

企业应当综合运用控制活动实现对具体业务与事项的控制，合理保证企业内部控制目标的实现。剩余风险是指企业采取控制活动之后仍可能发生的风险。控制活动的运用，并不能保证企业可以杜绝全部风险，但可以合理保证将剩余风险控制在可接受水平之内，可以合理保证企业不出现内部控制的重大缺陷，最终实现企业内部控制的目标。

一、什么是控制活动

（一）控制活动概念

美国COSO委员会发布的《内部控制整体框架》与其发布的《企业风险管理框架》中的控制活动的概念基本相同，两者都将控制活动定义为用于帮助管理层确保其指令得以贯彻实施的政策和程序。两者都认为控制活动通常包括两个要素，即政策和程序。政策确定应该做什么；程序用来贯彻政策，即人们直接或通过技术的运用来执行政策的行动。政策是程序的基础，如一项政策要求证券公司的客户经理对客户交易活动进行审核，而程序则是及时实施审核本身以及关注政策中列举的因素。

控制活动总是与企业的目标相联系，根据控制活动与相关目标的性质，控制活动可分为经营、财务报告和合规等类别的控制活动。某项控制活动虽然都可以划归其中一个类别，但某项特定的控制活动可能有助于企业多类目标的实现。如用于经营控制的特定控制活动既可以确保财务报告可靠性目标的实现，也有助于合规性目标的实现。举个例子来说，销售经理为了及时了解某些商品和地区的销售情况,应每日从地区负责人那里取得最新的报告。因为销售经理会将该信息与会计系统中的销售记录和销售人员奖金相联系,所以,这一控制活动既与经营目标,又与财务报告相联系。

作为内部控制基本要素之一的控制活动,在内部控制中处于特殊的位置,是实现内部控制目标的关键要素。企业内部控制理念需要通过控制活动体现出来;内部环境在为控制活动提供基础的同时,需要通过控制措施,借助于控制活动发挥其实现控制的作用;而风险评估的目的就在于为选择控制措施提供依据。可以说,风险评估的最终目的要通过运用各项控制措施,把对风险的识别通过控制活动表现出来。

(二) 控制活动分类

控制活动的分类方法有多种,基于不同的分类标准,控制活动的类型有不同的表述。其中较常见的分类方法是按控制活动对象划分。

1. 重要业务循环控制

重要业务循环包括销售与收款循环、采购与付款循环、生产与存货循环、工资薪金循环、固定资产与在建工程循环、货币资金循环、期末财务报告循环等。重要业务循环控制的主要内容:作业环节、会计认定、关键控制点、具体控制目标、关键控制原则、重要控制方法、标准控制程序、关键控制文档、重要控制指标和指标警戒线、常见控制缺陷。

2. 高风险业务控制

高风险业务包括投资业务、融资业务、担保业务、委托理财业务、期货业务、股票投资业务、衍生工具投资业务、企业并购投资业务等。高风险业务控制的主要内容包括:高风险单元的关键控制点、具体控制目标、关键控制原则、重要控制方法、标准控制程序、关键控制文档、重要控制指标和指标警戒线、常见控制缺陷。

3. 高风险单元控制

高风险单元包括母子公司控制、关联交易控制、信息系统控制、境外企业控制、财务公司控制等。

二、控制活动要素

关于控制活动的类型，《内部控制整体框架》和《企业风险管理框架》均提出包括预防性控制、发现性控制、人工控制、计算机控制和管理控制，均列举了高层审核、直接的职能和管理活动、信息处理、实物控制、业务指标、职责分离等六项控制活动。

根据我国《企业内部控制基本规范》，控制活动是为实现既定目标而采取的控制措施，其要求企业通过手工控制与自动控制、预防性控制与发现性控制相结合的方法，运用相应的控制措施，将风险控制在可承受度之内。控制措施一般包括职责分工控制、授权审批控制、会计系统控制、财产保护控制、预算控制、运营分析控制和绩效考评控制等。本章将在第二节至第九节中对上述控制活动进行详细阐述。

三、控制活动与风险应对策略的联系

《内部控制整体框架》和《企业风险管理框架》要求，企业应当在风险评估的基础上，与风险应对相结合，确定控制措施，实施控制活动。在选择控制活动的过程中，企业应当充分考虑到各项控制活动的相互关联性。

在某些情况下，一项控制活动可以实现多项风险应对；而在另外一些情况下，一项风险应对需要多项控制活动。尽管控制活动一般是为了保证风险应对措施的恰当执行，但对于一些特定目标来说，控制活动自身就是风险应对措施。比如，为了保证一项特殊交易实现适当授权的目标，其风险应对措施可以是相关职务分离和授权审批等控制活动。

控制活动通常是企业为实现其经营目标所进行的管理活动的一部分，是促进企业经营目标实现的机制。控制活动贯穿于管理过程之中，存在于整个企业的所有层级和所有职能之中。在选择控制活动时，还要考虑控制活动与相关目标的相关性和适当性。这可以通过单独考虑控制活动来进行，也可以通过考虑风险应对和相关控制活动之下的剩余风险来进行。

四、控制活动应注意的问题

企业控制活动必须与风险评估相结合，以帮助企业达成目标。管理层应保

第 5 章 控制活动
Chapter 5　Control Activity

证每项业务活动都有恰当的政策及程序，并确保这些政策及程序能够得到有效执行。为此，企业控制活动的实施应注意以下几个方面：

（一）企业特殊性

《内部控制整体框架》和《企业风险管理框架》都要求控制活动必须考虑企业的特殊性。每一企业都有自己的战略目标和经营目标，其控制活动也必然会存在差异。企业经营的复杂性及其经营活动的性质和范围，均会对其控制活动产生影响。企业管理层的职业判断也影响着控制活动。企业所处的环境和行业、企业的规范和自身情况的复杂性及其经营活动的性质和范围、发展历史和企业文化均会对控制活动产生影响。

上述这些因素从不同角度共同影响着企业的控制活动，企业的控制活动应根据自身的特殊性因素制定，以实现企业的目标。

（二）建立风险控制文档

企业针对各项生产经营活动，制定采购、生产、销售、服务等业务活动方面的管理规程；针对各项管理活动，制定财务、人事、行政、质量安全环保、监察、审计、法律事务、资本运营等管理活动方面的管理规程。风险控制文档用于确认、记录每个流程及每个步骤中存在的风险和已建立的控制，并与相应的制度和控制实施证据相对应。企业通过建立风险控制文档进行差异分析，查找现有控制的差距和不足，然后补充和完善现有控制措施，以达到防范风险的目的，同时，也为进一步补充、修订制度提供依据。具体的执行步骤是：

（1）建立风险控制文档编制规范；
（2）建立业务流程的风险控制文档；
（3）分析查找差距，补充和完善现有控制措施；
（4）内控部门组织相关部门对风险控制文档进行分析，查找现有控制措施的缺失和不足，由相关部门进行整改，并补充、修订相关制度。

（三）建立关键控制

关键控制，是在相关流程中影响力和控制力相对较强的一项或多项控制，其控制作用是必不可少和不可替代的。如果缺少该项控制，将在很大程度上直接导致财务风险的产生。确认关键控制的步骤为：

（1）在确认重要风险和关键控制目标的基础上确认关键控制；
（2）建立"关键控制文档"；

(3) 建立"关键控制文档";

(4) 在确认关键控制的基础上,建立"关键控制文档";

(5) 关键控制的审定、审批和执行。

(四) 制定控制程序文件

企业在建立风险控制文档的基础上,建立与控制相对应的程序文件和与控制相关的、有示范意义的控制证据。

(五) 完善内控制度体系

根据变化的内外部环境调整控制措施,并完善相应的制度文件。随着企业经营活动外部环境和内部管理的变化,风险评估的结果也会不断更新,内部控制措施也将随之发生变化。因此,内控部门每年定期组织相关部门对新增或变动的风险进行以下判断:是否有新增的业务活动;已有的控制活动是否有变化;这些控制活动中哪些是关键控制。然后将这些新增或变化后的控制活动记录在风险控制文档中,并根据识别出的关键控制对关键控制文档进行更新。

第 2 节 职责分工控制

职责分工控制是要求根据企业目标和职能任务,按照科学、精简、高效的原则,合理设置职能部门和工作岗位,明确各部门、各岗位的职责权限,形成各司其职、各负其责、便于考核、相互制约的工作机制。职责分工控制一般包括不相容职务分离控制和关键岗位轮换控制。

一、不相容职务分离控制

最早对不相容职务进行研究的是美国,美国在 20 世纪 30 年代就对不相容职务进行论述,目前国际上对于不相容职务论述的源头来自于 COSO 委员会。COSO 委员会提出,不相容职务分离的核心是"内部牵制",它要求每项经济业务都要经过两个或两个以上的部门或人员的处理,使得单个人或部门的工作必须与其他人或部门的工作相一致或相联系,并相互监督和制约。

不相容职务是指如果由一个人担任既可能发生错误和舞弊行为,又可能掩盖其错误和舞弊行为的岗位和职务。职务分离控制的内容包括：一是不相容职务应在组织机构之间分离。例如，对企业的材料收发、产品制造、产品销售等应分别由供应、生产、销售等部门分别管理。二是不相容职务应在组织结构内部分离。例如，在财会部门内，差旅费的审批与报销职权的分离。

（一）不相容职务分离的基本原则

企业内部不相容职务有：授权批准职务、业务经办职务、财产保管职务、会计记录职务和稽核检查职务。这五种职务分离应实行如下原则：
(1) 授权批准职务与执行业务职务相分离；
(2) 业务经办职务与稽核检查职务分离；
(3) 业务经办职务与会计记录职务分离；
(4) 财产保管职务与会计记录职务分离；
(5) 业务经办职务与财产保管职务相分离。

企业应当通过内部管理制度汇编、员工手册、组织结构图、业务流程图、岗位描述、权限指引等适当方式，使企业员工了解和掌握内部机构设置及权责分配情况，促进企业各层级员工明确职责分工，正确行使职权，并加强对权责履行的监督。

（二）不相容职务分离的要点

以上是对几项普遍存在于各类企业经营管理过程中的不相容职务岗位分离的具体规定，可以适用于大部分的企业。但事实上，企业实际存在的不相容职务远不止这些。由于每一个企业都有其自身的特点，行业的不同、性质的不同、规模的不同使各个企业的具体情况不一样。从管理范畴上确定，可能有多个不相容职务；从某一具体业务流程中确定，也可能有多个不相容职务。若要把这些不相容职务一一列出，并加以分离，形成覆盖企业所有不相容职务的岗位分离制度是不现实的。因此，在建立不相容职务岗位分离制度时应注重以下要点：

(1) 确保与国家现行的相关法律法规一致，这就要求在制定制度时要有法律专业知识人员，如法律顾问的参与。

(2) 着重于企业的主要经营管理业务和重点环节，对主要经营管理业务和重点环节中的不相容职务应做出详尽的岗位分离规定。对次要经营管理业务和次要环节，则做出原则性规定，由各业务部门根据实际情况贯彻落实。

(3) 要根据制度建立的基本原则及企业经营管理业务的实际需要出发，

避免盲目设岗,确需实行岗位分离的才分离,尤其不能从现有人员的角度出发,因人设岗,使岗位分离失去实际效力。

(4) 可操作性。岗位分离后各部门或人员应能相互配合,各岗位和环节都能协调同步,各项业务程序和办理手续紧密衔接,从而避免扯皮和脱节现象,减少矛盾和内耗,以保证经营管理活动的连续性和有效性。

特别地,企业如要建立内部财务牵制制度,主要有以下几个步骤:①确定牵制环节;②确定牵制内容;③确定牵制主体;④明确牵制责任人;⑤规定牵制手续;⑥规定财务部门内部各岗位的职责;⑦制定监督检查机制。

二、岗位轮换控制

(一) 什么是岗位轮换

岗位轮换制是企业有计划地按照大体确定的期限,让员工轮换担任若干种不同工作的做法,从而达到考查员工的适应性和开发员工多种能力、进行在职训练、培养主管的目的。关键岗位轮换控制是指根据岗位特点和重要程度,制定会计等关键岗位员工轮岗的期限和要求,并建立规范的岗位轮换制度。

企业应当结合岗位特点和重要程度,明确财会等关键岗位员工轮岗的期限和有关要求,建立规范的岗位轮换制度,对关键岗位的员工,可以实行强制休假制度,并确保在最长不超过五年的时间内进行岗位轮换,防范并及时发现岗位职责履行过程中可能存在的重要风险,以强化职责分工控制的有效性。

(二) 岗位轮换的作用

岗位轮换在企业经营上有很重要的作用:

首先,岗位轮换制有助于打破部门横向间的隔阂和界限,为协作配合打好基础。一个企业内的工作是系统的、各岗位的工作是相互关联的,由于对其他岗位不了解和人员间缺乏沟通,大家之间容易有误解、偏见,不利于工作的顺利开展。有的企业比较大,岗位设置是"一个萝卜,一个坑",由于每个岗位的工作内容不一样,有些人就会认为自己的岗位任务重,别人的岗位比较清闲,适当的定期轮换,就可以让他体验一下别的岗位工作,消除不良想法。

其次,有助于员工认清本职工作与其他部门工作的关系,从而理解本职工作的意义,提高工作效果。

最后,岗位轮换制消除不满情绪,激励工作热情。财会工作本身就单调枯燥，一个人在同一岗位工作时间过长，很容易产生厌烦感和怠工的消极情绪，而适当的岗位轮换会使人产生一种新鲜感和工作紧迫感。这样既可以调动人才的积极性，又能发现有发展潜力的人才，是增强员工工作满意度的一种有效方法。

（三）岗位轮换应注意的问题

如果在企业张扬"内部流动"的管理方式和理念，就会误导员工，易导致短期行为。专业分工是每个企业所具有的最基本的特征。公司的每个岗位都是依据其岗位的专业性和高效性而设置。岗位本身要求员工向纵深发展，精益求精，追求卓越。蜻蜓点水式工作方式是不可能在一个岗位上做好的，日本企业之所以能够取得举世的成功，其中一条，就是以极其专一的敬业精神，在自己熟悉的岗位上，做精细，干出色。

岗位流动易滋长浮躁心理。在一个岗位上，从事一个项目，就要有一头扎进去的劲头，真正深入到里面去认识规律、掌握规律，把工作做好。如果手上做着这件事，心里又在想另外的事，结果，两件事都有可能做不好。

岗位流动易诱发投机心理。古人曰：身在曹营心在汉。当想到有另一个岗位有争取的可能时，有人就有可能三心二意，甚至采取投机取巧的方式来达到"流动"的目的，这给团队合作带来障碍。一个团队需要相对稳定、彼此默契配合。一旦出现急于求成、朝三暮四的人，团队整体作用就受影响。

（四）岗位轮换应坚持的原则

在实施岗位轮换制的过程，应坚持以下原则：

1. 用人所长原则

在制定岗位轮换制时，应制订详尽的长期计划，根据每个员工的能力特点和兴趣个性统筹考虑安排，在企业内部人才合理流动的基础上，尽量做到使现有员工能学有所长，提高人才使用效率。为了保证企业内部组织的相对稳定，岗位轮换应控制在一定范围内，具体范围大小可根据企业的实际情况决定。

2. 自主自愿原则

虽然岗位轮换制可提高员工的工作满意度，但因具体情况的不同，效果也各不一样。在施行过程中应尽可能采用双方见面、双向选择等体现员工自主自愿的方式，使岗位轮换达到应有的效果。

3. 合理流向原则

在岗位轮换时，既要考虑到企业各部门工作的实际需要，也要能发挥岗位轮换员工的才能，保持各部门之间的人才相对平衡，保证岗位轮换的合理流向，推动组织效能的提升。

4. 合理时间原则

岗位轮换有其必要性，但必须注意岗位轮换的时间间隔。如果在过短时间内员工工作岗位变换频繁，对于员工心理带来的冲击远远大于工作新鲜感给其带来的工作热情。一般来说，每个员工在同一工作岗位上连续待5年以上，又没有得到晋升的机会，就可考虑岗位轮换。如果一名员工一直在同一企业中工作，考虑其晋升和岗位轮换的总数在7~8次较为合适。

三、职责分工控制的难点

（一）成本与收益

一个有效的职责制度，在很大程度上受运行成本的制约。首先，岗位的分离需要付出效率降低的成本。经办环节多了，办事的效率必然会降低。其次，岗位的分离需要付出更高的人工成本，岗位分离必然需要配备更多的人员，对业务经办执行情况的监督、检查力量也需要增强。如果为了节约成本，岗位分离过于简单又会收不到应有的效果，经营管理过程中出现差错、发生舞弊行为的可能性就会增大。因此，岗位分离应视企业的具体情况而定，既要追求内部控制的严密性，又要考虑成本的控制。

（二）制度固有的僵化性

制度固有的僵化性，容易导致岗位分离的失效。一方面，不相容职务在设置的初期是有效的，随着时间的推移，人们对于制度逐步适应，制度的威慑力会逐渐衰减而失去效用。另一方面，不相容职务岗位分离制度是针对企业经常且重复发生的经营管理业务，随着企业员工数量、经营业务、发展战略、市场环境的变化，如果出现重大的未预计到的经营管理业务时，不相容职务岗位分离制度就会失去效力。因此，企业应根据形势的发展及时对制度本身进行完善，或对执行制度的人进行调整。有许多时候企业出问题并不是原来制度不好,而是因为制度是有"寿命"的。

(三) 内部控制制度总体制约

职责分工只是整个内部控制体系的一部分,其他的内部控制还有实物控制制度、文件管理制度、信息传递制度等,这些制度需要相互配合,形成一种良好的制度动态群。如果其他制度没有起到作用,单纯的职责分离制度难以起作用,一种制度单独推进是不会有长期生命的。

(四) 串通舞弊

职责分工可以避免一个人单独从事和隐瞒不合规的行为,但是,它并不能完全防止两个或两个以上的人员或业务部门共同作弊行为的发生,它只能够将出现差错和舞弊行为的机会降低。例如,出纳与会计共同作弊,采购部门与会计部门联合作弊,审计部门与会计部门合伙舞弊等。如果这样,再完备、再严密的不相容职务岗位分离制度也形同虚设,不能发挥其应有的作用。在这种情况下,监督检查职务独立设置岗位就显得很有必要了。

(五) 管理越权

各种控制措施都是管理的工具,但是,任何控制措施都不能保证完全杜绝那些负责授权批准和监督控制的管理人员滥用职权或不正当地行使职权,如上级越权经办下级业务时就最容易出现舞弊行为。因此,职责分工制度执行过程中特别要注意企业高层管理人员越权行使职能的行为。

第 3 节　授权审批控制

所谓授权审批控制是指企业各级人员必须经过授权和批准才能执行有关经济业务,未经授权和批准,不得处理有关业务。授权批准控制不仅关系到个人和团队在遇到问题时,解决问题的主动性,也关系到员工所享有权利的上限。并且授权批准控制要求各级人员在其业务处理职责权限范围内,无须请示便可以直接处理业务,从而避免推诿踢皮球现象的发生,不仅充分体现了"分工负责、权责分明",而且也大大提高了工作效率。

一、授权控制

所谓授权,是指授权者给予下属一定的权力,被授权者对授权者负有相应责任的用权方式。授权控制要求企业根据职责分工,明确各部门、各岗位办理经济业务与事项的权限范围、审批程序和相应责任等内容。企业内部各级管理人员必须在授权范围内行使职权和承担责任,业务经办人员必须在授权范围内办理业务。

(一) 授权的种类

授权一般包括常规性授权和特别授权。

常规性授权是指企业在日常经营管理活动中按照既定的职责和程序进行的授权。这种权力授予的时间较长,没有特别情况,一旦授予,被授权人可以长期行使。这种权力一般以岗位责任制或管理文件以及任命书等形式明确。如销售部门确定产品销售价格的权力,物资供应部门确定物资采购的品种、质量和价格的权力,财务部门批准费用报销的权力等。

特别授权是指企业在特殊情况、特定条件下进行的应急性授权。这种权力是一种临时性的,多数是一次性的授权。如总经理授权某部门经理,与合作厂商谈判共同开发某一市场,必须授予他必要的谈判权力,明确谈判的范围,可以承诺的内容等。一旦谈判结束,授权也自动终止。

(二) 授权的原则

1. 信任原则

"疑人不用,用人不疑"。管理者通过考察了解,一旦授权就要信任他,一般不要直接干涉被授权者的工作,以发挥他们工作上的积极性。

2. 慎选原则

授权既是一门艺术,也是一项政策性、原则性很强的严肃性工作,必须慎重行事。除慎重地确定授权范围和大小外,特别要注意选好被授权者,如果被授权者选择不好,不仅难以取得预期的授权效果,反而会给管理者带来麻烦。

3. 层级原则

一个组织从最高主管到每一层级下属人员的职权系统越明确则决策和信息

沟通工作就越有效。下级人员必须知道是谁授予自己的职权,当遇到超出职权范围内的问题,应该向谁请示。

4. 适度原则

各级管理者授权要掌握"度",既不能过小,也不能过大。过小,就可能压抑了下属的积极性,不利于他们尽职尽责;过大,就会大权旁落,造成授权者不好控制,命令指挥就难以执行。

5. 权责对等原则

授权时必须保证被授权者的职权与职责相一致,即有多大的权力就应担负多大的责任,做到权责统一。

6. 可控原则

授权绝对不是弃权,没有可控制的授权就是弃权。授权者应该经常综合观察全局的计划进程,对可能出现的偏离目标的局部现象要进行协调,对被授权者实行必要的监督制,否则,命令指挥就难以执行。

> **案例 18　衍生金融产品的内部控制研究——中航油事件引发的内控思考**
>
> 金融衍生工具的内控是企业内控的重点和难点,纵观历史,金融衍生工具内控失效的事件都有一个相似点,就是企业在对某些领导层进行相应的授权后,控制活动却没能做到相应程度的完善,致使历次曝出的金融衍生品的内控失效都让人们在震惊之余产生许多疑惑。以下是近年内中外企业在衍生产品交易中失手的案例:
>
> | 事件主体 | 亏损金额 | 后果 | 社会影响 |
> | --- | --- | --- | --- |
> | 巴林银行(英国) | 14 亿美元 | 破产 | 引发人们对衍生金融品内部控制的思考 |
> | 住友商社(日本) | 18 亿美元 | 失去多头地位 | 引发内部控制中关于限制个人权限的讨论 |
> | 中航油(中国) | 5.5 亿美元 | 被迫重组 | 将内部控制的重心由交易人员转向管理层 |

> 从巴林银行倒闭、住友事件、中航油被迫重组到国储铜事件，我们在关注事件发生的始末的同时，一定会注意到其间反复出现的交易员的名字。里森、滨中泰男、陈久霖、刘其兵，他们无一不是扮演着交易员的角色，出事前都是"明星交易员"，个人简历上都曾有过显赫的战绩，都由平等的团队成员，最后演变成了独揽交易大权和几个部门的控制人。对风险也是乐于接受，甚至早已视风险如生活的一部分了。正是这些常年在风口浪尖工作的人对风险的麻痹，加上利益的诱惑和个人私欲的膨胀，最终将企业至于万劫不复之地。住友事件中，滨中泰男假借公司的名义以私人账户进行期铜交易，还要求经纪公司非法提供虚假交易证明，他这种未经授权参与期铜交易的行为本身就应当引起相关人员重视。中航油事件中的陈久霖，参与国内法规明令禁止的投机性期货和金融衍生产品交易，未经过总公司的批准擅自扩大业务范围，违规从事场外石油指数期权交易。而我国作为缺铜国，严格来讲只能买不能卖，但刘其兵还是把20万吨期铜空单抛向了市场。在这些事件中，我们不难发现一个共同点，每起事件的发生，都是交易人员无视规章制度，越权甚至非法参与衍生金融产品交易的结果。事实上，自从住友事件暴露以来，业内关于限制个人权限的讨论一直不曾间断。关注如何约束机构内部成员的个人行为，从而避免由个人行为导致的无可挽回的巨大损失，是衍生金融产品交易内部控制最值得重视的环节。
>
> 资料来源：中国论文下载中心：《衍生金融产品的内部控制研究——中航油事件引发的内控思考》。

（三）授权的几个要点

1. 职责界限要清楚

在授权前，企业内部各单位的职责需要划分清楚。界限不清，可能造成职责不明，要么职责重叠，要么留有空隙。实践证明，工作职位离实际工作越近，职责越容易明确，反之，离实际工作越远越模糊。应当按照与具体成果联系的程度，划分出直接责任与间接责任，实时责任与事后责任，例如在生产一线的，应负直接责任和实时责任；在后方的管理部门，要负间接责任和事后责任。

2. 授权包括横向联系的内容

在规定某个岗位职责的同时，必须规定与其他单位或部门或个人协调配合的要求，从而有效地提高组织的整体功能。

3. 要求把职责落实到人，做到事事有人管，人人有事干

如果职责不落实到人，而没有分工的共同负责，实际上是职责不清的无人负责，结果必然导致管理上的混乱和效率的降低。职责、权限与利益应该是相等的。

此外，企业可以根据常规性授权编制权限指引并以适当形式予以公布，提高权限的透明度，加强对权限行使的监督和管理。同时，企业应当加强对临时性授权的管理，规范临时性授权的范围、权限、程序、责任和相关的记录措施。有条件的企业，可以采用远程办公等方式逐步减少临时性授权。对于金额重大、重要性高、技术性强、影响范围广的经济业务与事项，应当实行集体决策审批或者联签制度，任何个人不得单独进行决策或者擅自改变集体决策意见。

二、审批控制

审核批准控制要求企业各部门、各岗位按照规定的授权和程序，对相关经济业务和事项的真实性、合规性、合理性以及有关资料的完整性进行复核与审查，通过签署意见并签字或者签章，做出批准、不予批准或者作其他处理的决定。

（一）审批的原则

1. 不得越权审批和越级审批

越权审批就是超越授权权限审批，常常表现在下级行驶了上级的权利。譬如，人事部门招聘员工未经总经理或分管人事的副总经理批准，将不符合规定条件的人也录取了；财务部门将超过开支标准的费用，也给予报销等等。越级审批是包办代替下级的事务，应该由下级审批的上级包办了。譬如，资金的调度权，规定属于总会计师的职权范围，可是总经理未与总会计师商讨，就直接通知出纳将资金借给其他企业，等等。

2. 审批应该有依据

授权批准控制的目的是控制，不使行为偏离预定的方向和目标。所以审批者不能利用职权随意审批，即使在自己的职权范围内，也要承担相应的责任。故而，审批要有依据。譬如，生产部门负责人在批准领用材料时，要根据当期的生产计划；设备管理部门在购置固定资产时，要根据投资预算；在批准对外担保时，要根据股东大会的决议，等等。

（二）审批的形式

批准应该采用书面形式。书面形式可以是在下级的报告上批示，也可以专门行文批示，也可以是在有关的凭证上批准等。但是不可口头标准，以免口说无凭，责任不清。

第4节 会计系统控制

《高级会计实务》中对会计系统控制有这样的论述：会计作为一个信息系统，对内能够向管理层提供管理方面诸多信息，对外可以向投资者、债权人等提供用于投资等方面决策的信息。由此可见，会计系统控制是内部控制活动的重要组成部分。

一、会计系统控制概述

（一）什么会计系统控制

会计系统控制要求企业依据《中华人民共和国会计法》、国家统一的会计制度，制定适合本企业的会计制度，明确会计凭证、会计账簿和财务报告以及相关信息披露的处理程序，规范会计政策的选用标准和审批程序，建立、完善会计档案保管和会计工作交接办法，实行会计人员岗位责任制，充分发挥会计的监督职能，确保企业财务报告真实、可靠和完整。

第5章 控制活动
Chapter 5 Control Activity

(二) 会计系统控制基本要求

为了使会计系统控制起到应有的功效,在其管理过程中,应明确会计系统控制的基本要求:

(1) 明确记账人员与经济业务和会计事项的审批人员、经办人员、财物保管人员应相互分离、相互制约,并明确每位人员的职责和权限;

(2) 明确重大投资、资产处置、资金调度和其他重要经济事项决策和执行的监督、制约程序;

(3) 明确财产清查的范围、期限和组织程序;

(4) 明确对会计资料定期进行内部审计的办法和程序。

(三) 会计系统控制的内容

从企业业务循环的角度分析,一个企业的业务一般包括:采购与付款、销售与收款、成本费用、存货与仓储、筹资与投资和货币资金等内容。业务循环内部控制设计便是将企业的主要业务体系分解成几个子循环,然后根据各自子循环的特点和控制目标分别进行控制设计。以下对各个循环分别进行介绍。

二、货币资金控制

货币资金是企业流动性最强的资产,任何企业要进行生产经营活动都必须拥有货币资金。由于其具有很强的流动性和购买力,很容易被贪污、盗窃或挪用,因此对任何企业的内部控制设计来说都是重中之重。

(一) 良好的货币资金内部控制的标准

(1) 货币资金收支与记账岗位分离;

(2) 货币资金收入、支出要有合理、合法的凭据;

(3) 全部收支及时准确入账,并且支出要有核准手续;

(4) 控制现金坐支,当日收入现金应及时送存银行;

(5) 按月盘点现金,编制银行存款余额调节表,以做到账实相符;

(6) 加强对货币资金收支业务的内部审计。

（二）货币资金具体控制

1. 岗位分工及授权批准

（1）企业应当建立货币资金业务的岗位责任制，确保办理货币资金业务的不相容岗位相互分离、制约和监督。出纳人员不得兼任稽核、会计档案保管和收入、支出、费用、债权债务账目的登记工作。企业不得由一人办理货币资金业务的全过程。

（2）企业应当对货币资金业务建立严格的授权批准制度，明确审批人对货币资金业务的授权批准方式、权限、程序、责任和相关控制措施，规定经办人办理货币资金业务的职责范围和工作要求。

审批人应当根据货币资金授权批准制度的规定，在授权范围内进行审批，不得超越审批权限。经办人应当按照审批人的批准意见办理货币资金业务。对于审批人超越授权范围审批的货币资金业务，经办人员有权拒绝办理，并及时向审批人的上级授权部门报告。

（3）企业应当按照规定的程序办理货币资金支付业务：①支付申请。企业有关部门或个人用款时，应当提前向审批人提交货币资金支付申请，注明款项的用途、金额、预算、支付方式等内容，并附有效经济合同或相关证明。②支付审批。对不符合规定的货币资金支付申请，审批人应当拒绝批准。③支付复核。复核人应当对批准后的货币资金支付申请进行复核，复核货币资金支付申请的批准范围、权限、程序是否正确，手续及相关单证是否齐备，金额计算是否准确，支付方式、支付单位是否妥当等。复核无误后，交由出纳人员办理支付。④办理支付。出纳人员应当根据复核无误的支付申请，按规定办理货币资金支付手续，及时登记库存现金和银行存款日记账。

（4）企业对于重要货币资金支付业务，应当实行集体决策和审批，并建立责任追究制度，防范贪污、侵占、挪用货币资金等行为。

（5）严禁未经授权的机构或人员办理货币资金业务或直接接触货币资金。

2. 现金和银行存款的管理

（1）企业应当加强现金库存限额的管理，超过库存限额的现金应及时存入银行。

（2）企业必须根据《现金管理暂行条例》的规定，结合本企业的实际情况，确定本企业现金的开支范围。不属于现金开支范围的业务应当通过银行办理转账结算。

（3）企业现金收入应当及时存入银行，不得用于直接支付企业自身的支出。因特殊情况需坐支现金的，应事先报经开户银行审查批准。企业借出款项必须执行严格的授权批准程序，严禁擅自挪用、借出货币资金。

（4）企业取得的货币资金收入必须及时入账，不得私设"小金库"，不得账外设账，严禁收款不入账。

（5）企业应当严格遵守银行结算纪律，不准签发没有资金保证的票据或远期支票，套取银行信用；不准签发、取得和转让没有真实交易和债权债务的票据，套取银行和他人资金；不准无理拒绝付款，任意占用他人资金；不准违反规定开立和使用银行账户。

（6）企业应当指定专人定期核对银行账户，每月至少核对一次，编制银行存款余额调节表，使银行存款账面余额与银行对账单调节相符。如调节不符，应查明原因，及时处理。

（7）企业应当定期和不定期地进行现金盘点，确保现金账面余额与实际库存相符。发现不符，及时查明原因，作出处理。

3. 票据及有关印章的管理

（1）企业应当加强与货币资金相关的票据的管理，明确各种票据的购买、保管、领用、背书转让、注销等环节的职责权限和程序，并专设登记簿进行记录，防止空白票据的遗失和被盗用。

（2）企业应当加强银行预留印鉴的管理。财务专用章应由专人保管，个人名章必须由本人或其授权人员保管。严禁一人保管支付款项所需的全部印章。

4. 监督检查

货币资金监督检查的内容主要包括：货币资金业务相关岗位及人员的设置情况。重点检查是否存在货币资金业务不相容职务混岗的现象；货币资金授权批准制度的执行情况。重点检查货币资金支出的授权批准手续是否健全，是否存在越权审批行为；支付款项印章的保管情况。重点检查是否存在办理付款业务所需的全部印章交由一人保管的现象；票据的保管情况。重点检查票据的购买、领用、保管手续是否健全，票据保管是否存在漏洞。

三、采购与付款控制

采购是企业为了满足对物品或劳务的需要而进行的各项购买活动。采购业务往往与付款业务相联系，付款业务是对采购的物品或劳务支付款项的行为。采购业务是企业经营活动中的重要内容，采购付款直接关系到企业的信誉和形象，如果企业在采购活动中出现任何错误弊端，将会影响企业生产和销售活动的正常进行，影响企业信誉，影响资金的使用和周转，影响企业经营效率和效益的提高。因此，企业采购和付款的内部控制设计对于企业而言是极其关键的。

（一）购货与付款循环的业务活动

在一个企业，如可能的话，应将各项职能活动指派给不同的部门或职员来完成。这样，每个部门或职员都可以独立检查其他部门和职员工作的正确性。下面以采购商品为例，分别阐述采购与付款循环所涉及的主要业务活动及其适当的控制程序和相关的认定。

1. 请购

请购单也是采购交易轨迹的起点。商品和劳务仓库负责对需要购买的已列入存货清单的项目填写请购单，其他部门也可以对所需要购买的未列入存货清单的项目编制请购单。大多数企业对正常经营所需的物资的购买均作一般授权，比如，仓库在现有库存达到再订购点时就可直接提出采购申请，其他部门也可为正常的维修工作和类似工作直接申请采购有关物品。但对资本支出和租赁合同，企业政策则通常要求作特别授权，只允许指定人员提出请购。请购单可由手工或计算机编制。由于企业内不少部门都可以填列请购单，不便事先编号，为加强控制，每张请购单必须经过对这类支出预算负责的主管人员签字批准。

2. 编制订购单

采购部门在收到请购单后，只能对经过批准的请购单发出订购单。对每张订购单，采购部门应确定最佳的供应来源。对一些大额、重要的采购项目，应采取竞价方式来确定供应商，以保证供货的质量、及时性和成本的低廉。

订购单应正确填写所需要的商品品名、数量、价格、厂商名称和地址等，预先予以编号并经过被授权的采购人员签名。其正联应送交供应商,副联则送至企业内部的验收部门、应付凭单部门和编制请购单的部门。随后,应独立检查订购单的处理,以确定是否确实收到商品并正确入账。

3. 验收商品

有效的订购单代表企业已授权验收部门接受供应商发运来的商品。验收部门首先应比较所收商品与订购单上的要求是否相符,如商品的品名、说明、数量、到货时间等,然后再盘点商品并检查商品有无损坏。

验收后,验收部门应对已收货的每张订购单编制一式多联、预先编号的验收单,作为验收和检验商品的依据。验收人员将商品送交仓库或其他请购部门时,应取得经过签字的收据,或要求其在验收单的副联上签收,以确立他们所采购的资产应负的保管责任。验收人员还应将其中的一联验收单送交应付凭单部门。

验收单是支持资产或费用以及与采购有关的负债的"存在或发生"认定的重要凭证。定期独立检查验收单的顺序以确定每笔采购交易都已编制凭单,从而保证采购交易的完整性认定。

4. 储存已验收的商品存货

将已验收商品的保管与采购的其他职责相分离,可减少未经授权的采购和盗用商品的风险。存放商品的仓储区应相对独立,限制无关人员接近。这些控制与商品的"存在"认定有关。

5. 编制付款凭单

记录采购交易之前,应付凭单部门应编制付款凭单。这项功能的控制包括:

(1) 确定供应商发票的内容与相关的验收单、订购单的一致性。
(2) 确定供应商发票计算的正确性。
(3) 编制有预先编号的付款凭单,并附上支持性凭证(如订购单、验收单和供应商发票等)。这些支持性凭证的种类,因交易对象的不同而不同。
(4) 独立检查付款凭单计算的正确性。
(5) 在付款凭单上填入应借记的资产或费用账户名称。
(6) 由被授权人员在凭单上签字,以示批准照此凭单要求付款。所有未付凭单的副联应保存在未付凭单档案中,以待日后付款。经适当批准和有预先

编号的凭单为记录采购交易提供了依据,因此,这些控制与"存在"、"发生"、"完整性"、"权利和义务"和"计价和分摊"等认定有关。

6. 确认与记录负债

正确确认已验收货物和已接受劳务的债务,要求准确、及时地记录负债。该记录对企业财务报表反映和企业实际现金支出有重大影响。因此,必须特别注意,按正确的数额记载企业确实已发生的购货和接受劳务事项。

应付账款确认与记录相关部门一般有责任核查购置的财产并在应付凭单登记簿或应付账款明细账中加以记录。在收到供应商发票时,应付账款部门应将发票上所记载的品名、规格、价格、数量、条件与订货单上的有关资料核对,如有可能,还应与验收单上的资料进行比较。

应付账款确认与记录的一项重要控制是要求记录现金支出的人员不得经手现金、有价证券和其他资产。恰当的凭证、记录与恰当的记账手续,对业绩的独立考核和应付账款职能而言是必不可少的控制。

在手工系统下,应将已批准的未付款凭单送达会计部门,据以编制有关记账凭证和登记有关账簿。会计主管应监督为采购交易而编制的记账凭证中账户分类的适当性;通过定期核对编制记账凭证的日期与凭单副联的日期,监督入账的及时性。而独立检查会计人员则应核对所记录的凭单总数与应付凭单部门送来的每日凭单汇总表是否一致,并定期独立检查应付账款总账余额与应付凭单部门未付款凭单档案中的总金额是否一致。

7. 付款

通常是由应付凭单部门负责确定未付凭单在到期日付款。企业有多种款项结算方式,以支票结算方式为例,编制和签署支票的有关控制包括:

(1) 独立检查已签发支票的总额与所处理的付款凭单的总额的一致性;

(2) 应由被授权的财务部门的人员负责签署支票;

(3) 被授权签署支票的人员应确定每张支票都附有一张已经适当批准的未付款凭单,并确定支票收款人姓名和金额与凭单内容是否一致;

(4) 支票一经签署就应在其凭单和支持性凭证上用加盖印戳或打洞等方式将其注销,以免重复付款;

(5) 支票签署人不应签发无记名甚至空白的支票;

(6) 支票应预先连续编号,保证支出支票存根的完整性和作废支票处理的恰当性;

（7）应确保只有被授权的人员才能接近未经使用的空白支票。

8. 记录现金、银行存款支出

仍以支票结算方式为例，在手工系统下，会计部门应根据已签发的支票编制付款记账凭证，并据以登记银行存款日记账及其他相关账簿。以记录银行存款支出为例，有关控制包括：

（1）会计主管应独立检查记入银行存款日记账和应付账款明细账的金额的一致性，以及与支票汇总记录的一致性；

（2）通过定期比较银行存款日记账记录的日期与支票副本的日期，独立检查入账的及时性；

（3）独立编制银行存款余额调节表。

（二）购货业务的内部控制

鉴于采购交易与销售交易的内部控制就原理而言大同小异，以下仅就采购交易在上述方面的特殊之处予以说明。

1. 适当的职责分离

财政部于 2002 年 12 月 23 日发布的《内部会计控制规范——采购与付款》中规定，单位应当建立采购与付款业务的岗位责任制，明确相关部门和岗位的职责、权限，确保办理采购与付款业务的不相容岗位相互分离、制约和监督。

不相容岗位至少包括：请购与审批；询价与确定供应商；采购合同的订立与审批；采购与验收；采购、验收与相关会计记录；付款审批与付款执行。

2. 内部核查程序

采购与付款内部控制监督检查的主要内容，包括：

（1）相关岗位及人员的设置情况。重点检查是否存在采购与付款业务不相容职务混岗的现象。

（2）授权批准制度的执行情况。重点检查大宗采购与付款业务的授权批准手续是否健全，是否存在越权审批的行为。

（3）应付账款和预付账款的管理。重点审查应付账款和预付账款支付的正确性、时效性和合法性。

（4）有关单据、凭证和文件的使用和保管情况。重点检查凭证的登记、领用、传递、保管、注销手续是否健全，使用和保管制度是否存在漏洞。

（三）付款业务的内部控制

与付款交易相关的内部控制内容包括：

（1）单位应当按照《现金管理暂行条例》、《支付结算办法》和《内部会计控制规范——货币资金（试行）》等规定办理采购付款业务。

（2）单位财会部门在办理付款业务时，应当对采购发票、结算凭证、验收证明等相关凭证的真实性、完整性、合法性及合规性进行严格审核。

（3）单位应当建立预付账款和定金的授权批准制度，加强预付账款和定金的管理。

（4）单位应当加强应付账款和应付票据的管理，由专人按照约定的付款日期、折扣条件等管理应付款项。已到期的应付款项需经有关授权人员审批后方可办理结算与支付。

（5）单位应当建立退货管理制度。对退货条件、退货手续、货物出库、退货货款回收等做出明确规定，并及时收回退货款。

（6）单位应当定期与供应商核对应付账款、应付票据、预付款项等往来款项。如有不符，应查明原因，及时处理。

☞ 案例19　企业内部控制操作案例分析——工程经理沦为铁窗囚

采购业务是企业经营活动中的重要内容，采购付款直接关系到企业的信誉和形象，如果企业在采购活动中出现任何错误弊端，将会影响企业生产和销售活动的正常进行，影响企业信誉，影响资金的使用和周转，影响企业经营效率和效益的提高。因此，企业采购和付款的内部控制设计对于企业而言是极其关键的。本案例通过讲述一个国有企业采购经理的沉浮来剖析一个企业的采购内部控制制度。

50岁的归某，是原上海同协技术工程企业（以下简称同协）轻纺工程部经理，身为国有企业工作人员，没有将权力释放在规定的活动中，而是利用职务上的便利，骗取国有财产64万余元，面对法院的终审判决，被告人归某不得不低下头，吞下自己"精心隐藏"7年的苦果，等待他的将是15年的牢狱生活。

1992年11月，山东某公司向同协公司求购精疏机一套，但当时同协没有购买此类机械的配额，头脑活络的归某想出一个好办法，利用其他公司的

第 5 章 控制活动
Chapter 5　Control Activity

配额到上海纺机总厂定购。随后，归某将本公司的 45 万余元划入纺机总厂。然而，1993 年年初，他代表公司到纺机总厂核账时发现，纺机总厂财务出错：把已提走的设备，当做其他公司购买，而他划入的 45 万余元却变为同协的预付款。于是，一场偷梁换柱的把戏开始上演。

1993 年 3~4 月，归某派人到纺机总厂以同协的名义购买混条机等价值 60 万余元的设备。因为有了 45 万余元的"预付款"，归某仅向"纺机总厂"支付了 15 万元。随后，他找到了亲戚经营的大发纺织器材公司，开出了同协以 67 万元的价格购得这批设备的发票。而同协不知内情，向大发公司支付了全部购货款，归某从中得利 52 万元。同年 7~10 月期间，归某又以相同手段骗得同协 11 万余元，占为己有。1993 年年底，归某终于梦想成真，开办了自己的公司—中岛纺织机械成套设备公司，并担任法定代表人。

2000 年上半年，纺机总厂发现 45 万元被骗，向公安机关报案，归某随后被捕。法院认定归某贪污公款 64 万余元，构成贪污罪，判处归某有期徒刑 15 年。

案例分析：

一个普通的轻纺工程部经理，利用手中的职权和相关内部控制的漏洞，竟采用相同的伎俩两次贪污公款共 64 万余元，这个案例不能不引起我们的反思其内部控制究竟出了什么问题，会给犯罪分子以可乘之机。

（1）从同协公司角度来看，其采购业务的相关职务未分离。一般而言，健全的采购业务中，采购员、审批人和执行人、记录人应分离。如果其中关键的职务没有分离，那极有可能发生舞弊，同协公司就是这样的案例。工程部经理归某，利用手中的职权，未经审批就私下决定向纺机总厂购买价值 60 万元的设备，这已经暴露出了授权审批控制的弱点。本来应该有第三方执行付款，并与纺机总厂核账，但令人惊讶的是，核账竟然也是归某一人亲手所为。所以，采购、审批、执行和记录的职务分离漏洞给了归某可乘之机，使其掩盖了同纺机总厂的交易问题，进而上演了后来偷梁换柱的把戏。

另外，同协公司的验收和付款也存在漏洞。付款员明明将 7 万元款项划给了大发公司，这纯粹是归某利用其亲戚的关系虚构的交易，如果验收员按照同大发公司签订的购货合同上写明的条款以及发货发票来仔细验货，是不难发现归某冒用大发公司的名义购进了纺机总厂价值仅 60 万元的设备的偷梁换柱的把戏的。一般而言，会计部门应该在按购货协议划出款项之后将购货单和购货发票转到验收部门，而验收部门应该收到会计部门转来的购货单和

购货发票副联仔细查验其发货企业、收到货物的数量和质量后签收。但是同协公司没有做到，验收部门根本就没有仔细查验发货企业，以至于归某的把戏得以蒙混过关，使同协公司支付了 67 万元买进了价值 60 万元的设备，白白损失的 7 万元落入了归某的腰包。

（2）从轻纺总厂角度看，其内控存在问题的问题也不容忽视。首先，从职务分离来看。对于轻纺总厂来说，这是一笔销货业务。收款、发货和记录应该分离，使这些职务相互查验和监督，以防止因一人操纵关键职务而发生错误和舞弊。收款部门收到同协公司的 45 万元，会计部门应该在银行日记账借记"银行存款"，其他的职员应贷记"主营业务收入"。但是，由于销售部门、收款部门和会计部门协调不力，将同协公司的购货款记成了预付款项。

其次，轻纺总厂销货业务的执行制度存在问题。企业仓储部门的基本职责是，只有得到一定的授权才能发货。这一授权是取得由销售部门编制和其负责人签字认可的发货通知单来获得的。实际发货的品种和数量应记录在有关账册和发货通知单各副联上，并将其中一联交会计部门做账。在整个发货业务中，发货执行者得行为必须受到其他独立职员（通常是门卫）的监督。

最后，从发货通知单的编制和征实制度来看，轻纺总厂在这方面也存在漏洞。发货通知单的作用首先是将各种不同的客户订单内容，如货物的货号、数量、价格等以完整和规范化的格式反映出来，同时，还能使销售过程中所需的各种授权和批准在发货通知单上能得到证明。发货通知单另一个作用是使各与销售环节有关的部门在执行发运业务或记录有关账册时有书面依据，并通过各环节的签字来监督每一环节中的业务处理工作。如果轻纺总厂建立了健全的发货通知单的编制和征实制度，并得以真正有效执行，就不可能发生"把已提走的设备，当做其他公司购买，而归某划入的 45 万余元却变为同协公司的预付款"这样的事故。如果有完善健全的内控并得到执行，轻纺总厂损失的 45 万元，是完全可以避免的。

资料来源：王保平：《企业内部控制操作实务与案例分析》，中国财政经济出版社 2010 年版及 http: //estudy. nai. edu. cn/b; cpa/info/0125 084328. htm, 2007 - 01 - 25。

四、销售与收款控制

销售与收款是指企业销售商品、提供劳务以及由此引起的款项收取的业务活动。销售与收款业务是企业的基本业务，而且销售与收款的每一笔业务的发生都涉及企业内部多个部门和多个环节。另外，销售收入确认的复杂性以及应收账款收回中的风险性,众多因素都决定了销售与收款业务容易产生舞弊行为,因此应加强和关注销售与收款的内部控制。

(一) 销售与收款循环的业务活动

1. 接受顾客订单

顾客提出订货要求是整个销售与收款循环的起点。顾客的订单只有在符合企业管理层的授权标准时,才能被接受。管理层一般都列出了已批准销售的顾客名单。销售单管理部门在决定是否同意接受某顾客的订单时,应追查该顾客是否被列入这张名单。如果该顾客未被列入,则通常需要由销售单管理部门的主管来决定是否同意销售。

很多企业在批准了顾客订单之后,下一步就应编制一式多联的销售单。销售单是此笔销售的交易轨迹的起点。

2. 批准赊销信用

对于赊销业务,赊销批准是由信用管理部门根据管理层的赊销政策在每个顾客的已授权的信用额度内进行的。信用管理部门的职员在收到销售单管理部门的销售单后,应将销售单与该顾客已被授权的赊销信用额度以及至今尚欠的账款余额加以比较。执行人工赊销信用检查时还应合理划分工作职责,以切实避免销售人员为扩大销售而使企业承受不适当的信用风险。

企业的信用管理部门应对每个新顾客进行信用调查,包括获取信用评审机构对顾客信用等级的评定报告。无论批准赊销与否,都要求被授权的信用管理部门人员在销售单上签署意见,然后再将已签署意见的销售单送回销售单管理部门。

3. 按销售单供货

企业管理层通常要求商品仓库只有在收到经过批准的销售单时才能供货,这样做为了防止仓库在未经授权的情况下擅自发货。因此,已批准销售单的一联通常送达仓库,作为仓库按销售单供货和发货给装运部门的授权依据。

4. 按销售单装运货物

将按经批准的销售单供货与按销售单装运货物职责相分离,有助于避免负责装运货物的职员在未经授权的情况下装运产品。此外,装运部门职员在装运之前,还必须进行独立验证,以确定从仓库提取的商品都附有经批准的销售

单，并且，所提取商品的内容与销售单一致。

装运凭证是指一式多联的、连续编号的提货单，可由电脑或人工编制。按序归档的装运凭证通常由装运部门保管。装运凭证提供了商品确实已装运的证据，因此，它是证实销售交易发生的另一种形式的凭据。而定期检查以确定在编制的每张装运凭证后均已附有相应的销售发票，则有助于保证销售交易完整性。

5. 向顾客开具账单

开具账单包括编制和向顾客寄送事先连续编号的销售发票。这项功能所针对的主要问题是：（1）是否对所有装运的货物都开具了账单；（2）是否只对实际装运的货物才开具账单，有无重复开具账单或虚构交易；（3）是否按已授权批准的商品价目表所列价格计价开具账单。

为了降低开具账单过程中出现遗漏、重复、错误计价或其他差错的风险，应设立以下的控制程序：

（1）开具账单部门职员在编制每张销售发票之前，独立检查是否存在装运凭证和相应的经批准的销售单；

（2）依据已授权批准的商品价目表编制销售发票；

（3）独立检查销售发票计价和计算的正确性；

（4）将装运凭证上的商品总数与相对应的销售发票上的商品总数进行比较。

6. 记录销售

在手工会计系统中，记录销售的过程包括区分赊销、现销。按销售发票编制转账记账凭证或现金、银行存款收款凭证，再据以登记销售明细账和应收账款明细账或库存现金、银行存款日记账。

记录销售的控制程序包括以下内容：

（1）只依据附有有效装运凭证和销售单的销售发票记录销售。这些装运凭证和销售单应能证明销售交易的发生及其发生的日期。

（2）控制所有事先连续编号的销售发票。

（3）独立检查已处理销售发票上的销售金额同会计记录金额的一致性。

（4）记录销售的职责应与处理销售交易的其他功能相分离。

（5）对记录过程中所涉及的有关记录的接触予以限制，以减少未经授权批准的记录发生。

（6）定期独立检查应收账款的明细账与总账的一致性。

（7）定期向顾客寄送对账单，并要求顾客将任何例外情况直接向指定的未执行或记录销售交易的会计主管报告。

7. 办理和记录现金、银行存款收入

这项功能涉及的是有关货款收回，现金、银行存款增加以及应收账款减少的活动。在办理和记录现金、银行存款收入时，最应关心的是货币资金失窃的可能性。货币资金失窃可能发生在货币资金收入登记入账之前或登记入账之后。处理货币资金收入时最重要的是要保证全部货币资金都必须如数、及时地记入库存现金、银行存款日记账或应收账款明细账，并如数、及时地将现金存入银行。在这方面，汇款通知单起着很重要的作用。

8. 办理和记录销售退回、销售折扣与折让

顾客如果对商品不满意，销售企业一般都会同意接受退货，或给予一定的销售折让；顾客如果提前支付货款，销售企业则可能会给予一定的销售折扣。发生此类事项时，必须经授权批准并应确保办理此事有关的部门和职员各司其职，分别控制实物流和会计处理。在这方面，严格使用贷项通知单无疑会起到关键的作用。

9. 注销坏账

不管赊销部门的工作如何主动，顾客因经营不善、宣告破产、死亡等原因而不支付货款的事仍时有发生。销售企业若认为某项货款再也无法收回，就必须注销这笔货款。对这些坏账，正确的处理方法应该是获取货款无法收回的确凿证据，经适当审批后及时做会计调整。

10. 提取坏账准备

坏账准备提取的数额必须能够抵补企业以后无法收回的销货款。

（二）销售与收款循环的内部控制

1. 充分的凭证和记录

种类齐全、设计充分。如一式多联的销售单、发运凭证，分别用于批准赊销、审批发货、记录发货数量以及向顾客开具账单等。便于相互检查，减少漏开账单、少计收入的情况。

2. 凭证的预先编号

可防止销售后忘记向顾客开票入账，也可防止重复开票或重复记录。

需有配套的独立检查人员，对凭证的编号加以清点，否则预先编号就会失去其控制意义。

具体可由收款员对每笔销售开具账单后，将发运凭证按顺序归档，而由另一位职员定期检查全部凭证的编号，并调查缺号的原因。

3. 适当的职务分离

销售单、销售发票及批准折扣不应集中在销售部门，否则不利于加强财会人员对销售过程的监督控制，销售和批准赊销职务应分开，避免出现销售部门为扩大销售而使企业蒙受信用风险。

记录收入和应收账款账目分开，并由第三者调节总账和明细账。

负责收入账户和应收账款记录的不得经手货币资金。

4. 正确的授权审批

销售与收款循环的审批程序有四个关键点：

在销售发生之前，赊销已经正确审批；

未经正当审批，不得发出货物；

（这两项控制可防止公司向假造的顾客或者无力支付货款的顾客发货而使企业蒙受财产损失）

销售价格、销售条件、运费、折扣等必须经过审批。保证销售交易按照企业定价政策规定的价格开票收款；

审批人应当根据销售与收款授权批准制度的规定，在授权范围内进行审批，不得超越审批权限。对授权审批范围设定权限的目的则在于防止因审批人决策失误而造成严重损失。

5. 每月寄出对账单

由独立的、不负责现金出纳和销货及应收账款记录的人员每月向顾客寄发对账单，能促使顾客在发现余额不正确后及时作出说明，同时也使本企业发现问题，因而是一项有用的控制。

最好将账户余额中出现的所有核对不符的账项，指定一位不掌管货币资金也不记载主营业务收入和应收账款账目的主管人员处理。

第5章 控制活动
Chapter 5　Control Activity

6. 内部核查

内部核查是由内部审计人员或其他独立人员核查销货交易业务的处理和记录，是实现内部控制目标所不可缺少的一项控制措施。

> **☞ 案例20　销售与收款控制马虎不得**
>
> 　　销售与收款环节一旦失控，贪污舞弊行为就有可能滋生，企业利益就会受损。某市铁路运输某中心医院收费挂号处负责人司某，利用销售与收款管理环节上的漏洞，三年多时间内少上缴医药费94.8万余元。据司某供述，有一次她故意将缴款凭证上的金额少写了300元，财务人员在收款时仅核对了缴款单与现金的数字，而没有复核收费存根联与现金是否相符，便盖上了收款专用章。300元就这样轻而易举到手后，司某从此一发不可收拾，贪污的次数越来越多，贪污的数额也越来越大。后来，她索性在地摊上私刻了"医院财务室现金收款专用章"和"医院医疗服务中心财务室现金收款专用章"，专门用于自己填写的缴款单上。最后发展到将整本收费本和缴款凭证上，都盖上私刻的公章，侵吞大额公款。至案发，司某在360余本收据上做了手脚。公诉机关出示的印模鉴定结论，证实司某经手的360余本收费收据上的缴款单和封底上盖有假的收款专用章，司某对此供认不讳。
>
> 　　按照内部控制制度要求，企业应当建立销售与收款业务的岗位责任制，明确相关部门和岗位的职责权限，确保办理销售与收款业务的不相容岗位相互分离、制约和监督。例如，现钞的收入业务必须由两个以上的职员来处理。收款的职员不能担任开票业务。收款员在收款时，应仔细核对开票员开给顾客的销货或营业收据，并核对现钞是否一致。各种收据应事先按顺序编号，每天营业结束后，记账员应清点开票员当天开出的所有收据并据以登记现金日记账。如记账员发现有缺号收据的问题，应及时向财务经理报告，并着手进行调查。很明显，由于上述控制在执行过程已经"形同虚设"，才让司某有机可乘。
>
> 　　从加强内部控制要求来看，该医院职务分离没有贯彻到位。缴款凭证是收费员自行编制的，现金也是收费员收取并上缴的，一般后面还要附上该款项原始的收费存根，以证明缴款凭证、收费存根、上缴现金三者相符。其中，核对原始的收费凭证对于收费员上缴的款项具有牵制和稽核作用。但是，该医院的财务人员却没有复核收费存根，让司某钻了空子，即将缴款凭证上的

金额少写，从而将差额装入个人腰包。

按理说，医院应当定期抽查、核对销售业务记录、销售收款会计记录，及时发现并处理销售与收款中存在的问题；同时，还应定期进行盘点。医院确实对收费工作也明确规定要"日清月结"，收费员将所收款缴给财务人员时，财务人员应将收费存根全部复核一遍，然后核对缴款凭证上的钱款数，最后点验上缴的现金，全部核对一致无误后在缴款凭证上盖收款专用章和财务人员私章。但遗憾的是，有的财务人员并未严格执行，马虎大意；有些检查措施只是写在纸上，事前、事中、事后都没有发挥出应有的作用。司某正是利用了管理环节上的漏洞才实施犯罪的。

由于钻了销售与收款环节失控的漏洞，一位才三十多岁的收费挂号处负责人，把自己送上了被告席，被判无期徒刑。

资料来源：李敏：《销售与收款控制马虎不得——内控案例分析与警示之七》，上海市注册会计师协会期刊 2010 年第 4 期。

五、存货与仓储控制

存货与仓储是企业重要的资产，在企业资产总额中往往占有很大的比重。由于存货和仓储具有种类、数量繁多，流动性强等特点，存货比其他资产更容易发生重大错误或舞弊。所以企业应该对存货的内部控制更加重视。

（一）涉及的主要业务活动

同样以制造业为例，存货与仓储循环所涉及的主要业务活动包括：计划和安排生产；发出原材料；生产产品；核算产品成本；储存产成品；发出产成品等。

1. 计划和安排生产

生产计划部门的职责是根据顾客订单或者对销售预测和产品需求的分析来决定生产授权。如决定授权生产，即签发预先编号的生产通知单。该部门通常应将发出的所有生产通知单编号并加以记录控制。此外，还需要编制一份材料需求报告，列示所需要的材料和零件及其库存。

2. 发出原材料

仓库部门的责任是根据从生产部门收到的领料单发出原材料。领料单上必须列示所需的材料数量和种类，以及领料部门的名称。领料单可以一料一单，也可以多料一单，通常需一式三联。仓库发料后，将其中一联连同材料交给领料部门，其余两联经仓库登记材料明细账后，送会计部门进行材料收发核算和成本核算。

3. 生产产品

生产部门在收到生产通知单及领取原材料后，便将生产任务分解到每一个生产工人，并将所领取的原材料交给生产工人，据以执行生产任务。生产工人在完成生产任务后，将完成的产品交生产部门查点，然后转交检验员验收并办理入库手续；或是将所完成的产品移交下一个部门，作进一步加工。

4. 核算产品成本

为了正确核算并有效控制产品成本，必须建立健全成本会计制度，将生产控制和成本核算有机结合在一起。一方面，生产过程中的各种记录、生产通知单、领料单、计工单、入库单等文件资料都要汇集到会计部门，由会计部门对其进行检查和核对，了解和控制生产过程中存货的实物流转；另一方面，会计部门要设置相应的会计账户，会同有关部门对生产过程中的成本进行核算和控制。成本会计制度可以非常简单，只是在期末记录存货余额；也可以是完善的标准成本制度，它持续地记录所有材料处理、在产品和产成品，并形成对成本差异的分析报告。完善的成本会计制度应该提供原材料转为在产品，在产品转为产成品，以及按成本中心、分批生产任务通知单或生产周期所消耗的材料、人工和间接费用的分配与归集的详细资料。

5. 储存产成品

产成品入库，须由仓库部门先行点验和检查，然后签收。签收后，将实际入库数量通知会计部门。据此，仓库部门确立了本身应承担的责任，并对验收部门的工作进行验证。除此之外，仓库部门还应根据产成品的品质特征分类存放，并填制标签。

6. 发出产成品

产成品的发出须由独立的发运部门进行。装运产成品时必须持有经有关部门核准的发运通知单，并据此编制出库单。出库单至少四联：一联交仓库部门；一联发运部门留存；一联送交顾客；一联作为给顾客开发票的依据。

（二）存货与仓储循环内部控制

生产循环的内部控制包括存货的内部控制、成本会计制度及工薪的内部控制三项内容。这里主要介绍成本会计制度、工薪内部控制。

1. 成本会计制度内部控制

（1）授权控制。生产任务经过适当的审核和批准确认；领料单经过适当的授权批准（使用部门主管）；工资经过适当的授权批准（人事部门）。

（2）成本核算以经过审核的生产通知单、领发料凭证、产量和工时记录、人工费用分配表、材料费用分配表、制造费用分配表为依据。

（3）生产通知单、领发料凭证、产量和工时记录、人工费用分配表、材料费用分配表、制造费用分配表均事先编号并已经登记入账。

（4）采用适当的成本核算方法、费用分配方法，并且前后各期一致；采用适当的成本核算流程和账务处理流程。

（5）存货保管人员与记录人员职务相分离。

（6）定期进行存货盘点。

2. 工资薪金的内部控制

（1）授权控制。关于工资薪金的各项标准和文件都要经过适当的审批。包括工作时间（特别是加班时间）、工资和佣金标准、代扣款项、工资结算表和工资汇总表等。

（2）工时卡经领班核准；用生产记录钟记录工时。

（3）工资分配表、工资汇总表完整反映已发生的工薪支出。

（4）采用适当的工资费用分配方法，并且前后各期一致；采用适当的账务处理流程。

（5）人事、考勤、工薪发放、记录等不相容职务相互分离。

第 5 章 控制活动
Chapter 5　Control Activity

☞ 案例 21　存货失控

K 公司属于中小企业，存货管理集中在一个大仓库内，里面分设原材料、低值易耗品、产成品三个仓库，有简易的隔离设施和明显的标识。每个仓库各配有一名保管员专人负责，这个管理人员负责存货的验收、入库、记账、发出、盘点等日常存货的管理工作。三个保管员各司其职。

由于仓库人手少，管理松懈，存在账实不符和串库情况。而公司财务科只要求每个仓库每年末盘点一次，并以各仓库的保管员年末编制的盘点表上的实盘数为准，调整财务上有关存货的账面记录。

年报审计时，审计人员发现，盘点表上只有保管员一个人签字，实际盘点数与财务账面期末数的差异均作为盘盈盘亏处理后计入当期损益，既没有原因分析，也没有报批手续和领导签字，财务账户处理的依据就是仓库的保管员年末编制的盘点表。据说这样的做法已成习惯，多年一贯制，所以也没有人提出过什么疑义。但是，每年存货的盘亏大于盘盈，有的数额较大，针对上述情况询问财务人员，也说不清具体原因，只是提到可能存在货物已到、发票未到的情况；询问仓库保管员，以为有时候生产领用存货没有及时办理手续所造成的，究竟是什么原因，具体数额多少，不得而知。企业也没有内审人员和存货定期检查制度。

案例分析：

很显然，K 公司的存货管理不符合内部控制要求，具有以下漏洞引为关注：

保管员专人负责存货的验收、入库、记账、发出、盘点等日常存货的管理工作，不符合不相容职务应当分离的要求；每年只盘点一次，并且盘点表上只有保管员一个人签字，不符合定期盘点、内部牵制与内部审核要求；实际盘点数与财务账面期末数的差异均作为盘盈盘亏处理，既没有原因分析，也没有报批手续和领导审批，不符合授权批准规定；财务账户处理的依据就是仓库的保管员年末编制的盘点表，不符合现行对盘盈盘亏账户处理的规范要求；未查明原因也未经领导批准，财务就进行计入当期损益的会计处理，既不符合会计处理的规定，也是一种越权行为；该公司的财务和仓库保管员对每年发生的盘亏大于盘盈，而且数额较大的原因说不清楚，是一种管理人员失职与内部管理失控的具体表现。

如果说这样的情况已成习惯，多年一贯制，也没有人提出过什么疑义，

那么该公司存货管理的失控现象已经令人担忧。

结合上述案例，建议该公司应当加强存货控制流程，尤其应当健全存货仓储环节的内部控制制度，认真负责做好以下管理工作：

1. 该企业应当对存货业务建立严格的不相容职务分离和授权批准制度。首先不应当让保管员负责存货的验收、入库、记账、发出、盘点等日常存货管理的全套工作。同时应当明确审批人对存货业务的授权批准方式、权限、程序、责任和相关控制措施，规定经办人办理存货业务的职责范围和工作要求。经办人应当在职责范围内，按照审批人的批准意见办理存货业务。

2. 实物管理部门可以根据企业业务规模和需要统设仓库或分设仓库。如分设仓库，不同仓库之间的物资流动也应办理出入库手续。

3. 实物管理部门对仓储物资应按其所要求的储存条件贮存，并建立和健全防火、防潮、防鼠、防盗和防变质等措施。

4. 仓储的物资应由责任保管员控制，严格限制接触存货，入库存货应及时记入收发存登记簿或存货卡片，并详细标明存放地点。除实物管理部门及仓储人员外，其余部门和人员接近存货时，应由有权部门特别授权。如存贮的是贵重物品、危险品或需加以保密的物品，则需扩大接近限制，必要时，实物管理部门内部也执行授权接近。

5. 保管人员应经常对存货实物进行检查，发现存在损坏、变质或长期积压的存货时应及时汇报，待批准后作出处理。

6. 实物管理部门对接收的货物按类别、编号、名称、规格型号、计量单位、单价、金额等设置存货实物明细账，并定期与财务部门核对。对会计期末货物已到、发票未到的收货，可暂估入账。

7. 企业应制定存货定期盘点制度、抽查制度和监盘制度，明确盘点范围、方法、人员、频率、时间等。具体盘点时，需详细制订盘点计划，合理安排人员，有序摆放存货，保持完整盘点记录，并按照规定程序及时处理盘盈盘亏。必要时，也可安排临时突击盘点。实施存货盘点的目的是确保账实、账表相符，确保存货等财产物资的安全完整。盘点结果应当分清原因，盘点人员、抽查人员和监盘人员应在盘点清单上签字，并按照规定程序办理报批手续。

8. 公司财务科应当根据经过审核与批准后的盘点表，在抽查核实，分析盘盈盘亏情况及其原因的基础上，调整财务上有关存货的账面记录。盘亏数大于盘盈数的情况存在可能有多方面的原因，例如，仓库的材料物资发生被盗窃、挪用、少开领料单、账实不符等。对于每年的盘亏数都大于盘盈数，可能会发生管理上的漏洞，应予关注，而不能转账了事。财务科应当经相关部门批准后，在期末结账前处理完毕。

9. 企业应当按照规定配备内审人员，健全存货定期检查制度等内部控制制度，并加以落实。

应当看到，存货控制制度是企业整个（尤其是制造业和商品流通企业）内部控制制度中的重点内容和中心环节。企业制定存货内部控制制度并加以检查监督的根本目的在于保障存货资金的安全完整，加速存货资金的周转，提高存货资金的使用效益。

资料来源：李敏：《存货失控，疑点重重——内控案例分析与警示之六》，上海市注册会计师协会期刊2010年第3期。

六、筹资与投资循环所涉及的主要业务活动

企业生存和发展需要一定的资金，特别在面临前景好的项目时，筹资活动也就显得更为重要。为保证筹资业务的正常进行，企业应建立完善的内部控制制度。

（一）筹资所涉及的主要业务活动

（1）审批授权。企业通过借款筹集资金需经管理层的审批，其中债券的发行每次均要由董事会授权；企业发行股票必须依据国家有关法规或企业章程的规定，报经企业最高权力机构（如董事会）及国家有关管理部门批准。

（2）签订合同或协议。向银行或其他金融机构融资须签订借款合同，发行债券须签订债券契约和债券承销或包销合同。

（3）取得资金。企业实际取得银行或金融机构划入的款项或债券、股票的融入资金。

（4）计算利息或股利。企业应按有关合同或协议的规定。及时计算利息或股利。

（5）偿还本息或发放股利。银行借款或发行债券应按有关合同或协议的规定偿还本息，融入的股本根据股东大会的决定发放股利。

（二）筹资的内部控制

由于股票融资有严格的法律强制性规定，我们仅以长期借款和应付债券来说明其内部控制。

上市公司内部控制

1. 长期借款的内部控制

（1）适当的授权。长期借款属于重大筹资活动，金额大、期间长，对企业未来的财务状况和盈利能力具有深远影响。因此须经企业最高管理当局批准（由公司章程决定）。

（2）职责分工。长期借款的批准、执行与记录等职责应分工。

（3）按时支付利息和偿还本金。

（4）定期的独立核对。每隔一段时间，由独立于记录职责的人员复核长期借款的总账和明细账以及利息计算，并与银行对账单核对，出现差异时应查明原因，及时调节。

2. 应付债券的内部控制

（1）应付债券的发行要有正式的授权程序，每次均要由股东大会授权。

（2）申请发行债券时，应履行审批手续，向有关机关递交相关文件。

（3）应付债券的发行，要有受托管理人来行使保护发行人和持有人合法权益的权利（《公司债券发行试点办法》有规定）。

（4）每种债券发行都必须签订债券契约。

（5）债券的承销或包销必须签订有关协议。

（6）记录应付债券业务的会计人员不得参与债券发行。

（7）如果企业保存债券持有人明细分类账，应同总分类账核对相符，若这些记录由外部机构保存，则须定期同外部机构核对。

（8）未发行的债券必须有专人负责。

（9）债券的回购要有正式的授权程序。

☞ **案例22　××股份公司筹资内部控制制度**

第一章　总　　则

第一条　定义与范围

为规范××公司（以下简称"公司"）的筹资行为，根据《××公司章程》（以下简称《公司章程》），特制定本制度。

本制度适用于财务部、投资管理部、法务部等部门。

第 5 章　控制活动
Chapter 5　Control Activity

本制度所称筹资，是指公司为了满足生产经营发展需要，通过发行股票、债券或者银行借款等形式筹集资金的活动。

第二条　控制目标

（一）加强对筹资业务的内部控制，控制筹资风险，防止筹资过程中的差错与舞弊；

（二）保证公司生产经营所需资金，筹资决策科学、合理，降低筹资成本，提高资金使用效益；

（三）保证合理、规范使用资金，确保资金安全；

（四）不同岗位实施有效的制约和监督；

（五）保证筹资相关记录完整、及时、准确。

第二章　岗位分工与授权批准

第三条　公司筹资应严格按照《中华人民共和国公司法》及其他相关法律、法规和《公司章程》、《××公司股东大会议事规则》、《××公司董事会议事规则》、《中源协和干细胞生物工程股份公司总经理工作细则》等规定的权限履行审批程序。

第四条　公司股东大会、董事会、总经理办公会为公司筹资的决策机构，各自在其权限范围内，对公司的筹资作出决策。其他任何部门和个人无权作出对外筹资的决定。

第五条　公司筹资实行专业管理和逐级审批制度。

第六条　财务部是公司贷款管理的主管部门，负责办理公司银行贷款、还款事宜，并负责相关筹资文件的收集、整理、归档、保管，同时办理所有筹资业务的相关会计处理投资管理部是公司发行公司债券、股票的主管部门，负责联络承销机构、拟定发行公司债券或股票筹资方案和相关文件的准备、起草、归集、协助申报，并负责相关筹资文件的收集、整理、归档、保管。如有必要，也可由公司管理层指定其他相关部门提供协助。

法务部负责审核筹资文件。

董事会秘书负责筹资业务相关的信息披露。

第七条　办理筹资业务的人员应具备必要的筹资业务专业知识和良好的职业道德，熟悉国家有关法律法规及证券、金融业务。

第三章　筹资决策控制

第八条　公司为实现筹资全局性、根本性和长期性战略目标，建立筹资业

务决策环节的控制制度，确保筹资决策科学、合理、有效。

第九条　财务部根据公司发展战略和经营预算、计划，进行所需资金分析，根据成本效益原则，全面综合地衡量筹资环境、筹资规模、公司财务状况、收益情况、筹资成本、风险因素、偿还能力等，做到量力而行，拟定筹资方案。

公司筹资方案应比较各种资金筹措方式的优劣和筹资成本的大小，要考虑最佳资本结构，确定所需资金筹措方式。

第十条　筹资方案经公司总经理办公会评估、审批后，由相关部门拟定具体筹资方案。评估、审批意见应形成书面文件，超过总经理权限的，应根据《公司章程》的规定上报董事会或股东大会。

第十一条　借款方案由财务部负责拟定，发行公司债券或股票由投资管理部起草方案，其他部门配合。

第十二条　筹资方案应当符合国家产业政策和有关环境保护、土地管理等法律、法规的规定和公司筹资预算要求，明确筹资规模、筹资用途、筹资结构、筹资方式、筹资对象、偿债计划，并对筹资时机选择、预计筹资成本、潜在筹资风险、股权结构的变化导致的影响、对未来影响公司股价的因素和具体应对措施等作出说明和安排。

第十三条　为了避免盲目筹资，要对筹资的效益可行性进行分析论证，确保筹资活动的效益性。

第十四条　公司在拟定发行股票、债券、大额借款等重大筹资方案时，应对下列领域中可能存在的风险进行评估：

（一）产品或服务的市场前景、行业经营环境的变化、商业周期或产品生命周期的影响、市场饱和或市场分割、过度依赖单一市场、市场占有率下降；

（二）经营模式发生变化、经营业绩不稳定、主要产品或主要原材料价格波动、过度依赖某一重要原材料、产品或服务、经营场所过度集中或分散；

（三）资金周转能力较差导致的资产流动性风险、现金流状况不佳及债务结构不合理导致的偿债风险、各项主要资产减值准备计提不足的风险、重大对外投资和境外投资管理不善或财务失控的风险、非经常性损益比重较大等因素导致公司盈利来源不稳定的风险、公司未来资本性支出计划存在的投资风险；

（四）技术不成熟、技术尚未产业化、技术缺乏有效保护或保护期限短、缺乏核心技术或核心技术依赖他人、产品或技术面临被淘汰；

第5章 控制活动
Chapter 5　Control Activity

（五）投资项目在市场前景、技术保障、产业政策、环境保护、土地使用、融资安排、与他人合作等方面存在的问题，因营业规模、营业范围扩大或者业务转型而导致的管理风险、业务转型风险，因固定资产折旧大量增加而导致的利润下滑风险，以及因产能扩大而导致的产品销售风险；

（六）由于财政、金融、税收、土地使用、产业政策、行业管理、环境保护等方面法律、法规、政策变化引致的风险；

（七）可能严重影响公司持续经营的其他因素，如自然灾害、安全生产、汇率变化、外贸环境、担保、诉讼和仲裁等。

第十五条　公司拟以发行公司债券或股票方式筹资时，应当充分考虑相关中介机构的意见和建议。

公司也可以聘请外部专家对重要的筹资文件进行审核，提出意见，以备决策时参考。

第十六条　董事会秘书负责在规定时间内按要求披露相关信息。

第十七条　公司筹资方案需经国家有关管理部门批准的，由公司投资管理部、财务部负责申报环节的有关事宜，也可以由公司董事会授权总经理组成筹资项目小组承办。

第四章　筹资执行控制

第十八条　鉴于筹资事项涉及业务所具有的高风险特征，相关筹资合同、协议在签署以前，必须由法务部进行法律风险审核。

审核人员应当对合同的合法性、完整性进行审核，审核情况和意见应形成完整的书面记录。

经法务部审核无异议的合同，法定代表人或其授权代表方可对外签署。

第十九条　公司根据业务需要可以通过融资租赁方式解决资金短缺问题。公司办理融资租赁业务时应当比照申请银行贷款方式办理有关申请批准手续。同时结合固定资产管理制度对租赁资产进行管理。

公司办理筹资业务时，不得由一个人办理上述业务的全部过程。

第二十条　公司变更筹资合同或协议，应当按照原审批程序进行。

第二十一条　公司通过发行债券、股票募集的资金，应当按照公司《募集资金管理制度》的相关规定执行。

第二十二条　公司取得的非货币性资产，财务部应根据合理的价值及时进行会计处理，并督促相应部门及时办理财产转移手续。对需要进行评估的资产，应当聘请有资质的中介机构及时进行评估。

第二十三条　发行公司债券，财务部专人负责保管公司债券存根簿。公司应保存债券持有人的明细资料，并定期核对。如由外部机构保存，需定期与外部机构核对。

第二十四条　公司对筹资环节的费用进行严格管理，除承销费用、保荐费用、律师费用、验资费用等合同规定的合理费用外，不得将其他费用计入。

第二十五条　筹措资金到位后，必须对筹措资金使用的全过程进行有效控制和监督。

筹措资金要严格按筹资计划拟定的用途和预算进行使用，确有必要改变筹措资金的用途或预算，必须事先获得批准该筹资计划的批准机构或人员的批准后才能改变资金的用途或预算。

对资金使用项目进行严格的会计控制，确保筹措资金的合理、有效使用，防止筹措资金被挤占、挪用、挥霍浪费，具体措施包括对资金支付设定批准权限，审查资金使用的合法性、真实性、有效性，对资金项目进行严格的预算控制，将资金实际开支控制在预算范围之内。

公司应当结合偿债能力、资金结构等，保持足够的现金流量，确保及时、足额偿还到期本金、利息或已宣告发放的现金股利等。

第五章　筹资偿付控制

第二十六条　财务部应当指定专人负责筹资偿付工作，掌握资金偿还的时间、本息，并按时偿还资金本息。财务部可以根据需要与公司其他部门相衔接。

第二十七条　财务部支付筹资利息、租金、股利等，应当履行审批手续，经公司授权人员批准后方可支付。

第二十八条　公司委托代理机构对外支付债券利息，应清点、核对代理机构的利息支付清单，并及时取得有关凭据。

第二十九条　公司以非货币资产偿付本金、利息、租金或支付股利时，应当由相关机构或人员合理确定其价值，并报授权批准部门批准，必要时可委托具有相应资质的机构进行评估。该类资产在办完交付后，需办理产权转移手续的，相关部门应该及时办理，财务部要按时进行账务处理。

第三十条　公司以抵押、质押方式筹资，应当对抵押物、质押物进行登记。业务终结后，应当对抵押、质押资产进行清理、结算、收缴，及时注销有关担保内容。

第三十一条　公司以融资租赁形式筹资，偿付程序和要求参照上述规定

第 5 章 控制活动
Chapter 5　Control Activity

执行。

第三十二条　财务部应当按照有关会计准则的规定设置核算筹资业务的会计科目，通过设置规范的会计科目，按会计准则的规定对筹资业务进行核算，详尽记录筹资业务的整个过程，实施筹资业务的会计核算监督。

第六章　监督检查

第三十三条　筹资事项由监事会和审计委员会行使监督检查权，重点审查如下内容：

（一）筹资业务相关岗位及人员的设置情况。重点检查是否存在一人办理筹资业务全过程的情形；

（二）筹资业务授权批准制度的执行情况。重点检查筹资业务的授权批准手续是否健全，是否存在越权审批行为；

（三）筹资计划的合法性。重点检查是否存在非法筹资的情形；

（四）筹资活动有关的批准文件、合同、契约、协议等相关法律文件的保管情况。重点检查相关法律文件的存放是否有序以及是否完整无缺；

（五）筹资业务核算情况。重点检查原始凭证是否真实、合法、准确、完整，会计科目运用是否正确，会计核算是否准确、完整；

（六）所筹资金使用情况。重点检查是否按计划使用筹集资金，是否存在挪用的情形；

（七）所筹资金归还的情况。重点检查批准归还所筹资金的权限是否恰当以及是否存在逾期不还且未及时办理展期手续的情形。

第三十四条　监督检查机构对于发现的筹资事项中存在的薄弱环节，应当形成书面检查报告，通报公司董事会。

第七章　附　　则

第三十五条　本制度自董事会审议通过之日起实施。

第三十六条　本制度未尽事宜，按国家有关法律、法规和《公司章程》的规定执行；本制度如与国家日后颁布的法律、法规或经合法程序修改后的《公司章程》相抵触时，按国家有关法律、法规和《公司章程》的规定执行，并立即修订本制度，报董事会审议通过。

第三十七条　本制度由公司董事会负责解释和修订。

资料来源：《筹资内部控制制度（2010年6月）》，金融界网，2010年6月5日。

对外投资是指企业为通过分配来增加财富，或为谋求其他利益，而将资产让渡给其他单位以获得另一项资产的活动，投资活动与企业的其他业务相比具有交易数量少、每笔交易金额大、风险大等特点。

（三）投资所涉及的主要业务活动

（1）审批授权。投资业务应由企业的高层管理机构进行审批。

（2）取得证券或其他投资。企业可以通过购买股票或债券进行投资，也可以通过与其他单位联合形成投资。

（3）取得投资收益。企业可以取得股权投资的股利收入、债券投资的利息收入和其他投资收益。

（4）转让证券或收回其他投资。企业可以通过转让证券实现投资的收回；其他投资已经投出，除联营合同期满，或由于其他特殊原因联营企业解散外，一般不得抽回投资。

（四）投资的内部控制

（1）授权控制。①一般授权：一般投资应由企业的主管经理负责管理，并聘用专人负责经营，授予经营决策权。在执行投资决策前，应经主管经理批准。②特殊授权：重大的投资项目，关系到企业的兴衰存亡，应该由董事会组成投资小组进行可行性研究，执行时由董事会批准。投资资产的出售和回收也应同样经过授权和批准才能进行。

（2）合理的职责分工制度。在业务的授权、执行、会计记录以及投资资产的保管等方面都应有明确的分工，任何两个环节不得由一人或一个机构独立负责。

常见分工：企业高层管理机构核准后，可由高层负责人员授权签批，由财务经理办理具体的股票或债券买卖业务，由会计部门负责进行账务处理，并由专人负责保管。

（3）对投资凭证的保管。

①委托证券经纪人代为保管。

②将各项投资凭证存放在银行保管箱内。

③自行保管。应设置安全可靠的保管箱，建立严格的联合控制制度。

（4）健全的会计核算制度。完整的会计记录和相关的会计核算。

（5）严格的记名登记制度。除无记名证券外，股票或债券应在购入的当日及时登记于企业名下，切忌登记于经办人员名下，以防止冒名转移并借其他名义谋取私利的舞弊行为发生。

(6) 完善的盘点核对制度。企业所拥有的投资如果是委托专业机构保管，应该建立起定期核对制度。如果投资存放在企业内部，应该由独立于投资授权、买卖、保管、记录的人员进行定期盘点。

案例 23　短期亏损与长期战略的权衡

一个企业的收购，包括很多因素在内，还包括非金融、非企业管理的因素在内。中国铝业收购澳大利亚力拓公司的案例是一个典型的"短期亏损与长期战略"相权衡的案例。

截至 12 月 23 日记者发稿，力拓股价 13.94 英镑，如此计算，中国铝业目前账面价值仅为 152.6 亿元人民币，浮亏约 770 亿元人民币。

巨额浮亏

2008 年 2 月 1 日，中国铝业宣布该公司通过新加坡全资子公司，联合美国铝业公司，获得了力拓英国上市公司（Rio Tinto Plc）12%的现有股份，从而获得力拓集团 9%的股份，交易总对价约 140.5 亿美元。其中，中铝因出资占此次收购的 90%，成为力拓单一最大股东。

当时中国铝业的这笔交易被市场广泛解读为阻止"两拓"合并，而这笔投资也是中国企业最大的一笔海外投资。

随着次贷危机的逐步深化，中国铝业的投资在不断缩水，公司董事长肖亚庆多次表示，对于力拓的这笔投资仍抱有信心。

11 月 25 日，必和必拓宣布放弃收购力拓的计划，导致力拓当日股价大跌 37%，以每股 15.5 英镑收盘。相比 10 个月前中国铝业收购力拓股权所出的 60 英镑的价格，下跌幅度超出 74%。

而在这个时期，正好英镑的汇率发生大幅下跌，导致中国铝业的投资除市值缩水外，还承受了很大的汇率损失压力。中国铝业收购力拓 9%股权的 1 月 31 日当天，英镑兑换人民币的汇率是 14.3；而 12 月 23 日，英镑兑换人民币的汇率已大幅下滑至 10.14。

按照汇率计算，中国铝业 1 月 31 日购买力拓 9%股权花费的 128.5 亿美元，按照当天的英镑兑美元汇率 1.99 和美元兑人民币的汇率 7.18 计算，中国铝业的这笔投资额相当于 922.6 亿元人民币。而按照 12 月 23 日收盘的股价以及汇率计算，中国铝业的这笔投资现在的价值大约为 152.6 亿元人民币。

二者相减，中国铝业差不多损失了 770 亿元人民币，而这也代表着中国的这笔最大的海外投资成了近年来中国海外投资战略中损失最惨重的一笔投资。

拥有约550亿美元资产的中国铝业，其2007年的利润也不过100亿元左右。

寒冬依然在继续

力拓亚洲及中国区总裁路久成曾对媒体表示，收购力拓这样的公司比单纯的资本投资风险要小得多，力拓是一家资源类公司且经营良好，中国铝业分享的将不仅仅是投资收益，而且为其后期资本运作打下良好的基础。在全球资源紧缺的情况下，中国铝业收购力拓股份成为最大单一股东也加大了中国企业在世界资源争夺中的话语权。

但市场总是用数字说话的

从2008年年中开始愈演愈烈的金融危机似乎让中国铝业的投资产生了账面亏损。"谁也没能预料到这场金融海啸，中国铝业也不例外。"有业内人士说。

"中国铝业在收购力拓股份的时候，价格确实是高了。但那个时候公司有实力完成这项投资。"了解有色行业收购兼并业务的一位人士称。此后人民币升值和澳元贬值的这轮风潮，也让中国铝业的损失雪上加霜。

不过，业内人士仍然表示，对于战略性海外并购、投资，特别是资源类投资，国家还是鼓励的。而当下，正是中国企业出手千载难逢的机会。

案例分析：

长期股权投资方案的确定不能仅仅考虑财务损益，而应更着重于企业的长远战略发展需要。从中国铝业的案例来看，虽然由于全球金融危机的侵蚀，中国铝业收购澳大利亚铁矿石巨头力拓公司这笔交易产生了巨大的浮亏，但是从长远战略来看，该项投资决策有利于防止形成上游产业的垄断，能够显著增强企业的战略执行能力。

一方面，中国未来经济增长，肯定是需要大量铁矿石的，而价格主要是铁矿石三大巨头巴西淡水河谷、澳大利亚力拓和澳大利亚必和必拓手中。另一方面，中国铝业的收购背景则是必和必拓要收购力拓，一旦两澳巨头合并形成，其对国际铁矿石掌控能力就越强，中国铝业可能会不得不一次又一次地接受钢铁掌控。中国铝业在国开行资金支持下，制止了两巨头合并，是个比较好的投资案例。"只要是长期投资还是有机会的，未来一旦实体经济复苏，资源类行业一定会好起来。"

从投资方案的收益与风险的分析来看，中国铝业的投资方案显然未能充分预料到金融危机的严重性，从而导致了巨额的账面亏损。

资料来源：朱荣恩：《企业内部控制规范与案例》，中国时代经济出版社2009年版。

第 5 章 控制活动
Chapter 5　Control Activity

第 5 节　财产保护控制

众所周知，保护财产的安全完整是企业最关心的问题之一。保护资产的安全完整是内部控制的重要目标，财产保护控制就是为了保护资产的安全而采取的控制措施。

财产保护控制要求企业限制未经授权的人员对财产的直接接触和处置，采取财产记录、实物保管、定期盘点、账实核对、财产保险等措施，确保财产的安全完整。

财产保护控制的手段有以下几点：

一、限制接触

限制接触是指只有经过授权的人员才能接触资产。其他人员不论职位高低都限制接触特定资产。限制接触包括对资产的直接接触和通过文件批准的方式对资产的间接接触。此项控制措施，可以防止非经授权的人员因接触资产而使资产受到侵害，特别是易于流动、容易变形的资产。

（一）限制接触货币资金

限制接触的货币资金包括现金、银行存款和其他货币资金，以及与货币资金有关的重要凭证，如银行汇票、空白支票和信用证等，只能由经过授权的出纳人员经管；汇往外埠的银行采购款项，只能由指定的采购人员经管。经管货币资金的出纳人员与控制货币资金余额以及登记应收账款、应付账款的会计人员应当分离，不得兼任。货币资金，尤其是库存现金，是流动性最强的资产，因此需倍加防范，防止被偷盗。有条件的企业，应当单独设置出纳室，并装置安全设施；缺少条件的企业，出纳应当配备保险柜。规定出纳人员下班时，应当送存银行。向银行提取大额现金时，必须有两人以上同行。

签发支票、汇票和信用证时，必须按照规定的程序，经过企业负责人、总会计师或主管会计人员审查签发。签发支票的印章应该分开保管，不得由出纳人员一人保管，更不得放在同一保险柜中。银行对账单应由会计人员负责核对，超过一个月的未达账项，应该列出清单呈报总会计师或会计主管人员查明原因。

（二）限制接触存货

限制接触的存货包括原材料、半成品、产成品，尤其是贵重、有毒、易燃易爆品。除了仓库保管人员外，其他人员不能经管。存放贵重、有毒、易燃易爆品的仓库，应当与一般仓库分开，非保管人员不得进入仓库。在库房内须装置消防和防盗设施。贵重品可以存放银行保鲜库。存放危险品的仓库，必须设有特别安全设施，并远离厂区。仓库重地必须日夜有人巡视。

仓库保管人员和控制库存的人员应该分开。财务部门稽核人员应当定期、轮番对仓库存货进行检查，检查凭证的合法性和真实性，核对账目与存量，确保账实相符。

二、定期盘点

固定资产必须每年至少一次清查盘点，存货必须每个季度清查一次，变化比较大的应不定期抽查，甚至每天清查盘点。在清查盘点中发现的差异，必须记录，填制规定的凭证，经经管人员签字确认后登记入账，不可将差异挂在账外。地对发生的差异，应当查明原因，追究责任，严肃处理。针对财产管理上的纰漏，要及时健全和完善管理控制制度，以杜绝漏洞。

三、记录监控

企业应建立资产档案，对资产增减变动进行及时、全面的记录。例如，固定资产可以实行核算卡制度，对每项资产设立一式三份的核算卡片，使用部门、会计部门和经管部门各执一份。在卡片上，填写关于该项固定资产的各种属性信息，包括资产编号、名称、型号、购置成本和购置日期等。当固定资产发生维修、附件增减变动以及处置时，在核算上予以记录。

企业还应加强对财产所有权证的管理。注意核对所有权证上财产所有人的名称与企业名称是否一致，若两者不一致，必须查明原因，并及时更正。

四、财产保险

通过向保险公司投保的方式，确保资产安全。万一实物受损，如火灾、盗窃等，就可获得一定的补偿。

第6节 预算管理控制

预算管理是指企业在战略目标的指导下,对未来的经营活动和相应财务结果进行充分、全面的预测和筹划,并通过对执行过程的监控,将实际完成情况与预算目标不断对照和分析,从而及时指导经营活动的改善和调整,以帮助管理者更加有效地管理企业和最大限度地实现战略目标。全面预算管理是全员的、全过程的、全方位的预算管理。

一、预算管理

(一)全面预算的范围

就其预算范围而言,全面预算包括财务预算、业务预算、资本预算和非财务预算,如表5-1所示。其中,财务预算、业务预算和资本预算是以货币计量的

表5-1 全面预算范围

全面预算	业务预算	销售或营业预算	
		生产预算	
		产品成本预算	直接材料预算
			直接人工预算
			制造费用预算
		营业成本预算	
		期间费用预算	管理费用预算
			销售或营业费用预算
			财务费用预算
		营业外收支预算	
	资本预算	投资预算	固定资产投资预算
			权益性投资预算
			债权性投资预算
		筹资预算	银行借款预算
			非银行金融机构借款预算
			发行股票、债券预算
			归还借款预算
	财务预算	现金流量预算	
		预计资产负债表	
		预计利润表	
	非财务预算	人力资源预算	
		主要原材料预算	
		生产能力预算	

预算，而非财务预算是以劳动和实物等计量的预算，后者往往是前者编制的基础。

（二）预算管理控制的作用

1. 有利于明确企业发展目标，实现长期战略规划和短期策略实施的结合

在市场经济规律中，能否广泛收集信息、把握信息，及时抓住机遇是企业驾驭市场、占领市场的关键。通过编制全面预算，有计划、有步骤地将企业的长期战略规划、短期经营策略和发展方向予以具体化和有机的结合，明确各自的责任及其努力方向，能激励每个职工参与实现企业经营目标的积极性，齐心协力地从各自的角度去完成企业发展的最终战略目标。

2. 有利于企业加强各项管理的基础工作，控制日常经济活动，提高企业管理水平

编制全面预算是企业经营管理的起点，也是控制日常经济活动的依据。推行全员的、全过程的、全方位的全面预算制度，按"谁负责谁承担"的原则，进行全面预算管理，并按责任归属设立责任中心，在企业内部各个部门、各个单位、各个环节全面落实经营目标和经营责任，起到全面预算对经济活动的事前预测作用。以预算数为各个经济单位实际执行的标准，通过收集各种预算和实际资料进行计量、对比，及时发现、揭露实际脱离预算的差异并分析其原因，并及时反馈给各个责任单位，以便采取必要的措施，消除薄弱环节，使企业的经济活动符合经营目标的要求，确保预算目标的顺利实现，达到全面预算对经济活动的事中控制作用。预算期终，通过各个经济单位的业绩报告，对比各个责任单位的实际支出数与预算数，揭示超支和节约，作为评价各个责任单位经营业绩和确定偏离预算责任的依据，管理当局可据以了解整个企业预算期的预算目标实现情况，是全面预算对经济活动的事后反映。

3. 有利于企业开展现代化管理，增强市场竞争能力和抵御风险能力

推行全员动员的全面预算制度，完善经济责任制，管理人员和广大职工参与预算编制，了解企业的发展目标和明确责任，可以调动管理人员和广大职工开动脑筋想办法，走科技与经济相结合的道路，走内涵扩大再生产的道路，挖掘企业内部潜力，改善经营管理，降低和控制产品成本，增强企业的凝聚力、市场竞争能力和抵御风险能力，提高企业长期的、稳定的持续经营能力，顺利实现企业长期发展战略目标。

4. 有利于企业确定合理的管理机制、运行机制，协调平衡各方关系，实现资源的综合配置

全面预算把企业各方面工作纳入统一计划之中，通过编制全面预算。将企业经营长期战略目标和短期战略规划，分解到各个经济单位，使各个经济单位的经营奋斗目标与企业的最终目标一致，明确各个经济单位的经营奋斗目标和活动范围，完善机构设置的合理性和业务流程的合理性，理顺上下级之间、各部门之间、各经营单位之间的权责划分和机构内部的职能关系。以其通过预算的编制和综合平衡，促使企业内部各个经济单位之间相互协调、环环紧扣、减少内部矛盾，达到供、产、销、管理各环节都能在确保企业总体战略目标实现的前提下，组织各自的生产经营活动和管理活动，实现企业资源的综合配置和最优利用，促进企业最终战略目标的实现。

5. 有利于企业对各个经济单位经营业绩的考核和评价

经审批确定的各种预算指标，是考核和评价各个经济单位工作业绩的基本尺度，对企业各个经济单位及其主管经济业务的经营业绩，都应以预算指标作为考核、评价的衡量标准。通过各个经济单位实际与预算的对比，考核各个经济单位预算指标的完成情况，分析实际偏离预算的程度，查找出现偏差的原因，划清责任，评价其预算期的经营业绩或工作业绩，按照经济责任制，落实奖惩政策。

二、预算管理控制流程

预算控制体系包括预算编制、预算执行和预算考评三个环节在内的控制系统。

（一）预算编制控制

1. 选择预算管理模式

作为实现企业战略目标的手段，预算管理的重点必然要体现战略的要求。不同的战略规划决定企业选择不同的预算管理模式，进一步影响企业选择不同

的预算编制切入点、程序和方法。

(1) 以资本预算为核心的预算管理模式。该预算管理模式适用于处于创业期的企业,其预算管理的重点是:①谨慎进行投资预算;②利用财务决策技术进行资本支出的项目评价;③项目投资总额预算和各期现金流出总额预算;④融资预算;⑤以预算为标准对实现构建过程进行监控与管理;⑥对照资本预算,评价资本支出项目的实际支出效果。

(2) 以销售预算为核心的预算管理模式。该预算管理模式适用于步入成长期的企业。预算管理的重点是借助预算机制与管理形式来促进营销战略的全面落实,以取得企业可持续的竞争优势。以销售预算为核心的预算管理模式,能够为企业营销战略实施提供全方位的管理支持。

(3) 以成本预算为核心的预算管理模式。该预算管理模式适用于市场成熟期的企业和大型企业集团的成本中心。以成本预算为核心的预算编制核心思想为:以期望收益为依据、以市场价格为已知变量来规划企业总预算成本;以总预算成本即目标成本为基础,分解到涉及成本发生的所有责任单位,形成约束各个责任单位的分预算成本。

(4) 以现金流量预算为核心的预算管理模式。该预算管理模式适用于市场衰退期的企业,其预算管理重点是:①企业及其各部门、子公司的现金的来源;②企业现金支出的途径;③现金流入、流出的具体时点;④在某一个时点上可用的现金余额;⑤如何从外部筹措所需要的资金;⑥控制不合理的现金支出,防止自由现金流量的滥用。

2. 明确预算编制程序

预算编制程序主要有自下而上式、自上而下式和上下结合式。

(1) 自下而上式。所谓自下而上式,是指各部门和子公司负责编制、上报预算,总部对预算负有最终的审批权,预算管理的主动性在于基层单位,总部主要起到管理中心的作用。自下而上式适用于分权制管理的企业。

(2) 自上而下式。所谓自上而下式,是指集团公司总部根据战略管理需要,制定全面而详细的预算,各部门或子公司只是预算执行主体,所有管理权力集中在总部。自上而下式适用于集权制管理的而企业和产品生产、经营单一的企业。

(3) 上下结合式。所谓上下结合式,博采上述两个方式的优势,在预算编制过程中,经历了自上而下和自下而上的往复。这种方式既体现了管理层的意志,反映了企业战略发展的要求,又考虑了基层单位的实际情况。这一方式

第5章 控制活动
Chapter 5　Control Activity

的关键在于上与下如何结合、对接点如何确定的问题。

3. 选择预算编制方法

预算编制的具体方法根据不同部门、不同单位的性质和费用形态而确定。通常,预算编制方法有以下几种。

(1) 传统预算法。传统的全面预算编制方法主要包括固定预算法、定期预算法和增(减)调整预算法。固定预算法,又称静态预算法,是指以预算期内某一固定业务量水平为基础来编制与该业务量相关的各个预算项目的预算。定期预算法是指每一年的年末都要编制下一年各个预算项目的预算。增(减)量调整预算法则是以基期(一般是上期)各个预算项目的实际发生数为基础,结合预算期内生产经营环境可能发生的变化,对各个预算项目的基期实际发生数进行适当的增减调整后形成预算期的预算数。这些传统的编制方法具有简便易行的优点,但缺乏灵活性,适用于业务量平稳、变动幅度不大的企业。

(2) 弹性预算法。又称变动预算,是指企业在编制预算时,按照预算期可预见各种业务量水平,编制出能够适应不同的业务量水平的预算的一种方法。按弹性预算方法编制的预算不再是只适应一个业务量水平的一个预算,而是能够随业务量水平的变动作机动调整的一组预算。其基本原理是:按成本习性的要求,将一切费用分为固定费用和变动费用,固定费用包括固定性制造费用和固定性推销及管理费用,变动费用包括直接材料、直接人工、变动性制造费用和变动性推销及管理费用。在一定范围内,固定费用保持不变,变动费用则随业务量的增长而成正比例变化。因此,在编制弹性预算时,只需将变动费用部分按业务量的变动加以调整即可。

弹性预算与固定预算相比,不仅扩大了预算的适用范围,便于预算指标的调整,而且弹性预算是按成本的不同性态分类列示的,便于在预算期终了时,将实际指标与实际业务量相对应的预算额进行比较,使预算执行情况的评价与考核建立在更加客观和可比的基础上,更好地发挥预算的控制作用。弹性预算为实际结果与预算的比较提供了一个动态的基础,从而能更好地履行其在控制依据和评价标准两方面的职能。

(3) 零基预算法。其全称为"以零为基础的编制计划和预算的方法",简称零基预算法,它是指在对某一个预算项目进行预算时,根据该预算项目在预算期内的实际需要和现实的可行性,以零为起点(而不是以前期的实际执行结果为基点)来合理确定该预算项目的预算数的一种预算编制方法。这种预算编

制方法是相对于传统预算编制方法中的增（减）量调整预算法的不足而设计的。增（减）量调整预算法以前期的实际执行结果为基点来编制预算期的预算数，必然会使预算期内的预算受到前期实际执行结果的影响，进而容易使某些不合理的预算相关因素得以长期沿袭，从而导致预算期内的预算有失水准。然而，这种方法编制过程烦琐耗时，编制成本比较高。

（二）预算执行控制

1. 预算控制主体

企业应当建立严密的预算监控机构，即预算管理控制主体，以保证全方位的预算控制。而预算系统具有的全面性和系统性以及成本、能力等因素的制约，使得企业难以通过设置一个专门的预算监控和管理控制相结合。这就决定了预算组织机构即为预算的控制主体。与预算组织机构相对应，预算控制也是分三个层次展开：

（1）预算管理委员会。预算管理委员会是全面预算管理的领导机构，自然应当作为最高级别的控制主体承担其监控职责。

（2）预算管理机构。预算管理机构对企业预算执行情况进行日常监督和控制，收集预算执行信息，形成分析报告，一般由财务总监负责。财务部的地位决定其理应成为预算监控中心和预算信息反馈中心。

（3）责任中心。各个责任中心既是预算的执行者，又是预算执行的监控者。各责任中心包括所有基层预算人员在各自职权范围内以预算指标作为生产经营行为的标准，如果超越预算，要向上级责任中心申请报批。各责任中心的专职预算员记录任务实际完成情况，同预算指标比较，进行自我分析，上报上级管理人员采取相应措施。

2. 预算控制的执行步骤

（1）预算指标的分解与下达。年度预算经过董事会批准后，需要分解为月度预算，有条件的企业，还可以分解到天，以保证预算的有效执行。企业将分解后的预算指标下达给各个责任中心，以此作为对责任主体的硬约束。

（2）业务执行。各预算责任部门以预算指标作为业务活动的标准，本月无法完成的预算可以流转到下月执行，但要单独列示。各个预算责任部门应指定专职或兼职预算管理员，登记预算台账，形成预算执行统计记录，并定期与财务部门核对。

第5章 控制活动
Chapter 5　Control Activity

（3）业务审批。业务审批要素包括审批权限、审批依据和审批责任。对于预算业务申请，首先要划分预算内和预算外支出。如果属于预算内支出，则限额内实行责任人审批制，限额外由主管业务副总经理及以上人员审批。预算外支出需要提交预算管理委员会审议。

（4）财务审核。财务部门对各级业务部门的日常业务进行财务监督和审核。财务审核的重点是财务支出，尤其是成本支出和资本性支出。对于预算限额外支出，业务副总经理审批通过后，财务总监还要减产审批程序是否合规合法，并签署意见。

3. 预算信息反馈

预算信息反馈是指预算指标执行情况的报告制度，包括预算责任报告体系和预算报告例会制度。

（1）预算责任报告体系。预算责任报告体系是对预算执行情况进行诊断和比较分析的正式报告，是预算控制的有机组成部分。预算责任报告坚持"谁执行谁编制"的原则，各个预算责任部门负责编制责任报告，财务部门将其汇总后，上报预算管理委员会。不同责任中心的责任范围不同，预算报告的具体项目也有所差别，但一般都包含四项内容，即预算数、实际数、差异额和预算完成率或差异率。

（2）预算报告例会制度。预算报告例会制度是指公司应定期召开预算例会，汇报预算的完成情况，以及执行中需要解决的问题。例会召开的时间根据企业的实际状况和需求而定。通常企业会在月末、季末和年末召开预算例会。为了提高效率，预算例会可以结合业务例会进行。

（三）预算考核控制

预算考核以责任中心为考核主体，以预算指标为依据，定期比较预算执行结果与预算指标的差异，分析差异形成的原因，据以评价责任中心的工作业绩，并按照奖罚制度对各个责任人进行考核和激励。

预算考核是对企业各级责任主体预算执行情况的评价。从预算考核的方式看，可以分为动态考核和综合考核；从预算考核的内容和性质看，又可分为过程监控和结果评价。预算考核一般分两个阶段进行，即预算执行过程的动态考核和预算期末的综合考核。

1. 执行过程的动态考核

在预算执行过程中开展预算考核，能够既是提供各级责任主体预算执行情况的信息，通过差异分析，及时纠正行为偏差，督促其落实预算任务。预算差异分析包括四个步骤：首先，确定差异分析对象和差异分析方法，一般针对金额较大、性质特殊的差异进行分析，具体分析项目的确定视企业情况而定。其次，收集企业内部和外部差异资料，计算差异数额。接着，进行差异分析。确定差异原因是差异分析的重点，关键是要确定责任的可控与否。最后，根据差异分析结果，考虑可能采取的应对措施。

2. 预算期末的综合考核

在预算期末，对全面预算管理一年的运行进行总结和综合评价，为下一次准确地编制和有效地运行预算积累经验。预算期末考核应与企业的绩效考核及激励机制结合起来，分为高级经理、责任中心和基层员工等多个考核层次，并据此进行相应的奖励与惩罚。

预算考核常采用定性考核与定量考核相结合、财务指标与非财务指标相结合的方式。既然预算考核是对预算目标实现和预算责任履行情况的考核，自然考核指标应对于预算目标和责任指标相对应。定量考核就是对各责任主体预算责任指标和预算目标的实际执行情况进行差异分析，根据分析结果决定奖惩措施。定量考核侧重于结果评估和数量考核。定性考核则是对在全面预算管理过程中表现优异的部门和个人进行奖励，侧重于行为评估。

财务指标在预算考核中占据主导地位，但是财务指标的局限性也是显而易见，它过多地关注过去的经营业绩而忽视未来的发展，片面分析管理者而容易误导经营行为，评价指标注重企业内部而忽视外部市场竞争。因此，在预算考核中很有必要引入非财务指标，注重企业的未来成长、战略发展和外部市场，促使经营者而加强内部管理和员工的培训，加大市场开发力度。

三、全面预算管理中应注意的问题

（一）避免目标置换

预算目标从属于、服从于企业目标，但在企业实际活动中常常会出现严格按预算规定，始终围绕预算目标，而忘却了首要职责是实现企业目标的状况。

究其原因，一是没有恰当掌握预算控制力度，二是预算指标没有很好地体现企业目标的要求，或是经济环境的变化造成预算目标和企业目标的偏离。为了防止预算控制中出现目标置换，一方面应当使预算更好地体现计划的要求，另一方面应适当掌握预算控制力度，使预算具有一定的灵活性。

（二）避免过繁过细

有些企业认为，预算作为管理和控制的手段，应对企业未来经营的每一个细节都作出具体的规定，实际上这样做会导致各职能部门缺乏应有的余地，不可避免地影响企业运营效率，所以预算并非越细越好。究竟预算应细化到什么程度，必须联系对职能部门授权的程度进行认真酌定，过细过繁的预算等于让授权名存实亡。

（三）避免因循守旧

不少企业的预算制定采用基数法，即以历史的情况作为评判现在和未来的依据。如职能部门用以前年度的日常支出作为预算编制标准，职能部门就有可能故意扩大日常支出，以便在以后年度获得较大的预算支出标准。因此，必须采取有效的预算控制措施来避免这一现象，如通过详尽报表内容，健全报表体系等方法减少人为因素，提高精确性和科学性。

（四）避免一成不变

预算制定出来以后，预算执行者应当对预算进行管理，促进预算的实施，必要时可根据当时的实际情况进行检查、修订和调整。尽管我们在制定预算时预见了未来可能发生的情况，并制定出相应的应变措施，但预算一方面不可能面面俱到，另一方面情况在不断变化，总有一些问题是不可能预见到的。故预算管理不能一成不变，要对预算进行定期检查，如果情况已经发生重大的变化，就应当调整预算或重新制定预算，以达到预期目标。

例如，在浙江移动，管理部门要定期提交一份特殊的"成绩单"，这份"成绩单"记载了主营业务收入、利润目标等，它就是以资金流量、成本费用控制为重点的全面预算责任报告书。这是近年来浙江移动再实施全面预算管理中推出的新举措。全面预算管理的作用是显而易见的，近年来，浙江移动业务收入和净利润逐年上升，资金使用效率明显提高，资产负债率则呈明显下降趋势。更为关键的是，全面预算管理培养了浙江移动员工的成本效益观念，养成了工作中对经济数据进行"平衡"思维的习惯，称道"用数据说话"的公司

文化。在浙江移动，全面预算管理就好像是一个称的"准星"，它衡量着公司精英的中心，统揽了全面优质管理体系的全局，引导企业走向内涵式精细管理模式。[①]

第7节 运营分析控制

运营分析控制，是运用经济核算资料和经济指标，对企业一定期间的经济活动进行比较分析和研究，以求改善生产经营管理，提高经济效益的一种管理活动。

运营分析控制要求企业综合运用生产、购销、投资、财务等方面的信息，利用比较分析、比率分析、因素分析、趋势分析等方法，定期对企业经营管理活动进行分析，发现存在的问题，查找原因，并提出改进意见和应对措施。

一、运营分析控制的内容

运营分析控制的内容，主要取决于国民经济各部门的特点和企业业务的性质。在工业企业，通常有生产分析、成本分析、销售和利润分析以及资金分析，还有专项资金项目的经济效果分析。

1. 生产分析

生产分析包括对生产均衡性、产品产量、产品品种、产品质量和生产成套性以及固定资产利用情况、材料供应和利用情况、劳动生产率、工时利用情况等影响生产各个主导因素的分析。

2. 成本分析

成本分析主要包括对生产费用预算执行情况的分析、全部商品产品成本计划完成情况的分析、可比产品成本降低任务完成情况的分析、主要产品单位成本的分析、主要技术经济指标的变动对成本影响的分析，以及产品成本功能分析。

---

① 参见《浙江移动公司全面预算管理案例分析》，www.chinaacc.com

3. 销售和利润分析

销售和利润分析包括对产品销售和产品销售利润、其他销售利润、营业外收支，以及利润分配的分析。

4. 资金分析

资金分析主要包括资金来源和资金占用状况的一般分析、固定资金利用情况的分析、定额和非定额流动资金的分析、流动资金周转率的分析、资金利润率的分析，以及产值资金率的分析。在商业企业，除资金、利润分析外，着重进行商品流转分析和商品流通费分析。

二、运营分析种类

按范围可分为全企业的经济活动分析、车间或部门的经济活动分析、班组或柜组的经济活动分析；按要求可分为综合分析、典型分析和专题分析；按时间可分为定期分析和不定期分析；按任务可分为事前的预测分析、事中执行过程的控制分析，以及事后的检查分析等。

三、运营分析程序

运营分析过程以大量实际资料为依据，通过调查研究，剖析生产经营中的得失，是总结经验教训、指导实践的过程。一般程序是：（1）指定课题，明确对象；（2）占有资料，了解情况；（3）核实整理，分析研究；（4）抓住关键，查明原因；（5）评价得失，提出建议。

四、运营分析方法

（一）对比法

对比法，又称比较法。就是把有关指标的本期实际数对比本期计划数、上期实际数、本企业历史最优成绩或同行业先进事迹等，以找出差距，查明原因。这是最基本、最普遍的分析方法。

（二）比率分析法

比率分析法是把对比的数值改成相对数，计算出比率，然后进行对比分析的方法。比率分析法具体有趋势比率分析、构成比率分析和相关比率分析。

1. 反映偿债能力的财务比率

短期偿债能力是指企业偿还短期债务的能力。短期偿债能力不足，不仅会影响企业的资信，增加今后筹集资金的成本与难度，还可能使企业陷入财务危机，甚至破产。一般来说，企业应该以流动资产偿还流动负债，而不应靠变卖长期资产，所以用流动资产与流动负债的数量关系来衡量短期偿债能力，主要有流动比率、速动比率。

长期偿债能力是指企业偿还长期利息与本金的能力。一般来说，企业借长期负债主要是用于长期投资，因而最好是用投资产生的收益偿还利息与本金。主要指标有负债比率和利息保障倍数。

2. 反映营运能力的财务比率

营运能力是以企业各项资产的周转速度来衡量企业资产利用的效率。周转速度越快，表明企业的各项资产进入生产、销售等经营环节的速度越快，那么其形成收入和利润的周期就越短，经营效率自然就越高。一般来说，包括应收账款周转率、存货周转率、流动资产周转率、固定资产周转率和总资产周转率五个指标。

由于上述的这些周转率指标的分子、分母分别来自资产负债表和损益表，而资产负债表数据是某一时点的静态数据，损益表数据则是整个报告期的动态数据，所以为了使分子、分母在时间上具有一致性，就必须将取自资产负债表上的数据折算成整个报告期的平均额。通常来讲，上述指标越高，说明企业的经营效率越高。但数量只是一个方面的问题，在进行分析时，还应注意各资产项目的组成结构，如各种类型存货的相互搭配、存货的质量、适用性等。

3. 反映盈利能力的财务比率

盈利能力是企业成败的关键，只有长期盈利，企业才能真正做到持续经营。因此无论是投资者还是债权人，都对反映企业盈利能力的比率非常重视。一般用毛利率、营业利润率、净利润率、总资产报酬率等来衡量。

上述指标中，毛利率、营业利润率和净利润率分别说明企业生产（或销售）过程、经营活动和企业整体的盈利能力，越高则获利能力越强；资产报酬率反映股东和债权人共同投入资金的盈利能力；权益报酬率则反映股东投入资金的盈利状况。权益报酬率是股东最为关心的内容，它与财务杠杆有关，如果资产的报酬率相同，则财务杠杆越高的企业权益报酬率也越高，因为股东用较少的资金实现了同等的收益能力。

4. 反映企业成长性的比率

在实际当中，我们更为关心的可能还是企业未来的盈利能力，即成长性。成长性好的企业具有更广阔的发展前景，因而更能吸引投资者。一般来说，可以通过企业在过去几年中销售收入、销售利润、净利润等指标的增长幅度来预测其未来的增长前景。常用指标有销售收入增长率、营业利润增长率、净利润增长率。当然，在评价企业成长性时，最好掌握该企业连续若干年的数据，以保证对其获利能力、经营效率、财务风险和成长性趋势的综合判断更加精确。

5. 市盈率

对于上市公司来说，由于其发行的股票有价格数据，一般还计算一个重要的比率，就是市盈率。市盈率＝每股市价/每股收益，它代表投资者为获得的每一元钱利润所愿意支付的价格。它一方面可以用来证实股票是否被看好，另一方面也是衡量投资代价的尺度，体现了投资该股票的风险程度。该项比率越高，表明投资者认为企业获利的潜力越大，愿意付出更高的价格购买该企业的股票，但同时投资风险也高。

市盈率也有一定的局限性，因为股票市价是一个时点数据，而每股收益则是一个时段数据，这种数据口径上的差异和收益预测的准确程度都为投资分析带来一定的困难。同时，会计政策、行业特征以及人为运作等各种因素也使每股收益的确定口径难以统一，给准确分析带来困难。

（三）因素分析法

因素分析法具体有连锁替代法、差额计算法和线性规划法等。

1. 连锁替代法

又称因素替换法，是将影响某项指标的几个相互联系的因素合理地加以排

列，顺次把其中一个因素视为可变，其他因素视为不变，逐个替代，以计算每一因素对指标变动的影响程度的方法。合理排定诸因素的顺序，是运用这种方法的前提条件。因为变换因素替代顺序，会得出不同的结果。

2. 差额计算法

差额计算法是连锁替代法的简化形式，它以各个因素的实际数与基数（计划数或者其他对比的数值）之间的差额，计算确定各因素对指标变动的影响程度。

3. 线性规划法

线性规划法是把相互联系、相互制约的因素纳入一定的数学模型求解，得出一定限制条件下最优方案的方法。

在中国，有些企业定期地举行营运分析会议，由厂长或经理、总会计师、财务会计科长、经济核算人员和职工代表参加。它是专业分析与群众分析相结合、领导检查与群众监督相结合的一种有效形式。

（四）趋势分析法

趋势分析法，是通过对财务报表中各类相关数字资料，将两期或多期连续的相同指标或比率进行定基对比和环比对比，得出它们的增减变动方向、数额和幅度，以揭示企业财务状况、经营情况和现金流量变化趋势的一种分析方法。采用趋势分析法通常要编制比较会计报表。趋势分析法即可用文字表述，也可用图解，表格或比较报告。

值得注意的是，上述各种方法是相互联系的，企业营运分析通常是上述多种方法的结合应用。

第8节　绩效考评控制

绩效考评控制要求企业科学设置业绩考核指标体系，对照预算指标、盈利水平、投资回报率、安全生产目标等方面的业绩指标，对各部门和员工当期业绩进行考核和评价，兑现奖惩，强化对各部门和员工的激励与约束。

一、绩效考评的含义

绩效考评是一种正式的员工评估制度，它是通过系统的方法、原理来评定和测量员工在职务上的工作行为和工作效果。绩效考评是企业管理者与员工之间的一项管理沟通活动。绩效考评的结果可以直接影响到薪酬调整、奖金发放及职务升降等诸多员工的切身利益。

二、绩效考评的类型

根据绩效考评的考评内容，可以分为效果主导型、品质主导型和行为主导型三种类型：

1. 效果主导型

考评的内容以考评工作效果为主，效果主导型着眼于"干出了什么"，重点在结果，而不是行为。由于它考评的是工作业绩，而不是工作过程，所以考评的标准容易制定，并且考评也容易操作。目标管理考评方法就是对效果主导型内容的考评。效果主导型考评具有短期性和表现性的缺点。它对具体生产操作的员工较适合，但对事务性工作人员的考评不太适合。

2. 品质主导型

考评的内容以考评员工在工作中表现出来的品质为主，品质主导型着眼于"他这个人怎么样？"，由于品质主导型的考评需要使用如忠诚、可靠、主动、有创造性、有自信、有协助精神等定性的形容词，所以很难具体掌握，并且操作性与效度较差。但是它适合对员工工作潜力、工作精神及人际沟通能力的考评。

3. 行为主导型

考评的内容以考评员工的工作行为为主，行为主导型着眼于"干什么"、"如何去干的"，重在工作过程，而非工作结果。考评的标准较容易确定，操作型较强。行为主导型适合于对管理性、事务性工作进行考评。

三、绩效考评的作用

绩效考评最显而易见的用途是为员工的工资调整、职务变更提供了依据。但它的用途不仅仅是这些，通过绩效考评还可以让员工明白企业对自己的评价，自己的优势与优势、不足和努力方向，这对员工改进自己的工作有很大好处。另外，绩效考评还可以为管理者和员工之间建立起一个正式的沟通的桥梁，促进管理者和员工的理解和协作。具体而言，绩效考评主要有以下几方面的用途：

（一）为员工的薪酬调整、奖金发放提供依据

绩效考评会为每位员工得出一个评价考评，这个考评结论不论是描述性的，还是量化的，都可以作为员工的薪酬调整、奖金发放提供重要的依据。这个考评结论对员工本人是公开的，并且要获得员工的认同。所以，以它作为依据是非常有说服力的。

（二）为员工的职务调整提供依据

员工的职务调整包括员工的晋升、降职、调岗，甚至辞退。绩效考评的结果会客观的对员工是否适合该岗位做出明确的评判。基于这种评判而进行的职务调整，往往会让员工本人和其他员工接受和认同。

（三）为上级和员工之前提供一个正式沟通的机会

考评沟通是绩效考评的一种重要环节，它是指管理者（考评人）和员工（被考评人）面对面的对考评结果进行讨论，并指出的优点、缺点和需改进的地方。考评沟通为管理者和员工之间创造了一个正式的沟通机会。利用这个沟通机会，管理者可以及时了解员工的实际工作状况及深层次的原因，员工也可以了解到管理者的管理思路和计划。考评沟通促进了管理者与员工的相互了解和信任，提高管理的穿透力和工作效率。

（四）让员工清楚企业对自己的真实评价

虽然管理者和员工可能经常会见面，并且可能经常谈论一些工作上的计划

和任务。但是员工还是很难清楚地明白企业对他自己的评价。绩效考评是一种正规的、周期性的对员工进行评价的系统,由于评价结果是向员工公开的,员工就有机会正面地清楚企业对他的评价。这样可以防止员工不正确地估计自己在组织中的位置和作用,从而减少一些不必要的抱怨。

(五)让员工清楚企业对他的期望

每位员工都希望自己在工作中有所发展,企业的职业生涯规划就是为了满足员工的自我发展的需要。但是,仅仅有目标,而没有进行引导,也会往往让员工不知所措。绩效考评就是这样一个导航器,它可以让员工清楚自己需要改进的地方,指明了员工前进的航向,为员工的自我发展铺平了道路。

(六)企业及时准确地获得员工的工作信息,为改进企业政策提供依据

通过绩效考评,企业管理者和人力资源部门可以及时准确地获得员工的工作信息。通过这些信息的整理和分析,可以对企业的招聘制度、选择方式、激励政策及培训制度等一系列管理政策的效果进行评估,及时发现政策中的不足和问题,从而为改进企业政策提供了有效的依据。

四、绩效考评方法

(一)等级评估法

等级评估法是绩效考评中常用的一种方法。根据工作分析,将被考评岗位的工作内容划分为相互独立的几个模块,在每个模块中用明确的语言描述完成该模块工作需要达到的工作标准。同时,将标准分为几个等级选项,如"优、良、合格、不合格"等,考评人根据被考评人的实际工作表现,对每个模块的完成情况进行评估,总成绩便为该员工的考评成绩。

(二)目标考评法

目标考评法是根据被考评人完成工作目标的情况来进行考核的一种绩效考评方式。在开始工作之前,考评人和被考评人应该对需要完成的工作内容、时间期限、考评的标准达成一致。在时间期限结束时,考评人根据被考评人的工

作状况及原先制定的考评标准来进行考评。目标考评法适合于企业中试行目标管理的项目。

(三) 序列比较法

序列比较法是对相同职务员工进行考核的一种方法。在考评之前，首先要确定考评的模块，但是不确定要达到的工作标准。将相同职务的所有员工在同一考评模块中进行比较，根据他们的工作状况排列顺序，工作较好的排名在前，工作较差的排名在后。最后，将每位员工几个模块的排序数字相加，就是该员工的考评结果。总数越小，绩效考评成绩越好。

(四) 360度考核

360度考核法又称为全方位考核法，最早被英特尔公司提出并加以实施运用。该方法是指通过员工自己、上司、同事、下属、顾客等不同主体来了解其工作绩效，通过评论知晓各方面的意见，清楚自己的长处和短处，来达到提高自己的目的。员工如果想知道别人对自己是怎么评价的，自己的感觉跟别人的评价是否一致，就可以主要提出来作一个360度考核。当然这种考核并不是每个员工都必须要做的，一般是工作较长的员工和骨干员工。

(五) 小组评价法

小组评价法是指由两名以上熟悉该员工工作的经理，组成评价小组进行绩效考评的方法。小组评价法的优点是操作简单、省时省力，缺点是容易使评价标准模糊、主观性强。为了提高小组评价的可靠性，在进行小组评价之前，应该向员工公布考评的内容、依据和标准。在评价结束后，要向员工讲明评价的结果。在使用小组评价法时，最好和员工个人评价结合进行。当小组评价和个人评价结果差距较大时，为了防止考评偏差，评价小组成员应该首先了解员工的具体工作表现和工作业绩，然后再做出评价决定。

(六) 关键业绩指标评价法

KPI (Key Performance Indication) 即关键业绩指标，是通过对组织内部某一流程的输入端、输出端的关键参数进行设置、取样、计算、分析，衡量流程绩效的一种目标式量化管理指标，是把企业的战略目标分解为可运作的远景目标的工具，是企业绩效管理系统的基础。KPI是现代企业中受到普遍重视的业绩考评方法。KPI可以使部门主管明确部门的主要责任，并以此为基础，明确

第 5 章 控制活动
Chapter 5　Control Activity

部门人员的业绩衡量指标，使业绩考评建立在量化的基础之上。建立明确的切实可行的 KPI 指标体系是做好绩效管理的关键。

KPI 法符合一个重要的管理原理——"二八原理"。在一个企业的价值创造过程中，存在着"20/80"的规律，即 20% 的骨干人员创造企业 80% 的价值；而且在每一位员工身上"二八原理"同样适用，即 80% 的工作任务是由 20% 的关键行为完成的。因此，必须抓住 20% 的关键行为，对之进行分析和衡量，这样就能抓住业绩评价的重心。

☞ 案例 24　大庆石油管理局绩效考核程序

大庆石油管理局绩效考核分四个阶段：

第一阶段，自评上报。各企事业单位及管理局机关各部门在年度结束后，对高级管理岗位人员的经营业绩和工作责任目标完成情况进行自评，并按有关要求及时向单项考核部门上报相关指标的完成情况、本单位审计结果及其他有关考核材料。

第二阶段，考评审议。管理局各单项指标考核评议部门对各企业事业单位及局机关部门高级管理岗位人员的经营、管理各项指标及履历测评结果进行考核评分，由考核委员办公室汇总。局考核委员会根据考核结果及其他相关资料对高级管理岗位人员的考核结果进行审议。

第三阶段，审计确认。由管理局审计部门对高级管理岗位人员的年度和任期经营业绩进行内部审计，并将审计报告报送考核办公室，并经局考核委员会审议确认。

第四阶段，奖惩兑现。考核委员会办公室根据局考核委员会最后确认的考核结果，提出兑现方案，报考核委员会讨论确定后，提交局务会审定，并予以兑现。

年度业绩考核每年进行一次，在次年一季度完成业绩考核结果的汇总，于 5 月底前完成财务指标的审计确认工作，并呈局考核委员会审议批准，任期业绩考核在离任 5 个月内完成。

资料来源：于增彪、张双才、梁春秋：《大庆石油管理局业绩评价案例研究》，《新理财》2006 年 7 月。

除了上述活动外，控制活动还包括信息系统控制、内部审计控制等手段，我们将在后续章节中单独介绍。

总之，作为内部控制基本要素之一的控制活动，在内部控制中处于特殊的位置，是实现内部控制目标的关键要素。企业应当以书面形式或者其他适当的形式，记录企业制定的控制活动，促进各项控制活动的有效执行。同时，企业应当完整收集、妥善保存控制活动实施过程中的相关记录或者资料，确保控制活动实施过程的可验证性。

信息与沟通

Chapter 6 Information and Communication

第 1 节　信息与沟通概述
第 2 节　信息
第 3 节　信息系统
第 4 节　沟通
第 5 节　沟通机制

作为内部控制基本要素之一的信息与沟通，在内部控制中发挥着不可替代的作用。它为内部控制的其他要素有效发挥作用提供了信息支撑，也为企业整个内部控制的有效运行提供了信息支持。企业应当建立有效的信息收集系统和信息沟通渠道，确保与影响内部环境、风险评估、控制措施、监督检查有关的信息有效传递，促进企业董事会、管理层和员工正确履行各自相应的职责。

第1节 信息与沟通概述

美国COSO委员会发布的《内部控制整体框架》要求，企业要以一定的形式、在一定的时间范围内识别、获取和沟通相关的信息，以使企业内部的各层次员工能够顺利履行其职责。信息与沟通是指在企业员工能够履行责任的行为及时间范围内，识别、取得和报告经营、财务及法律遵守的相关资讯的有效的程序和系统，包括信息与沟通两个方面的内容。信息与沟通相互联系，信息是沟通的对象和内容，而沟通是信息传递的手段。通过信息与沟通的结合，发挥其在内部控制中的作用。

按照美国COSO委员会发布的《企业风险管理框架》，要求企业识别和获取与企业相关的涉及外部和内部的事项和活动的广泛信息，并以保证员工能履行其企业风险管理和其他职责的形式和时机向员工传递。与《内部控制整体框架》相比，二者的基本内容和要求大致相当，但《企业风险管理框架》的信息与沟通侧重于从风险角度来描述。对于信息，《企业风险管理框架》要求企业建立信息系统，对来自企业内部和外部的数据进行处理，以形成可资利用的信息并予以报告。《企业风险管理框架》特别强调信息的深度和及时性，要求企业信息系统与信息需求的时机和深度相适应，获取信息，识别、评估和应对风险；要求信息的及时性与企业内部和外部环境的变化保持一致。

关于沟通，《企业风险管理框架》要求沟通在更为广泛的范围内进行，以使员工能够履行各自的职责；要求企业提供着眼于行为规范、员工职责方面的具体的和指导性的沟通，包括企业风险管理理念的表述以及明确的授权；要求沟通有效地传达风险管理的重要性和相关性、企业的目标、企业的风险容量与容限以及员工在企业风险管理中的职责等内容。《企业风险管理框架》强调企业应当建立畅通的沟通渠道和清晰的倾听意愿，使员工将需要报告的信息向有

第 6 章　信息与沟通
Chapter 6　Information and Communication

关方面予以报告。关于外部沟通的内容,《企业风险管理框架》的内容与《内部控制整体框架》的内容基本相同。企业不仅要有适当的内部沟通,还需要建立一个开放的外部沟通平台。企业与客户或供应商的沟通,有助于了解公司产品或服务的设计与质量,促使公司满足不断变动的需求或偏好。比如,客户或供应商抱怨和询问有关交货、收款、支付或其他交易活动时经常会切中经营中的问题,甚至涉及欺诈或其他不道德的行为。管理者应该立即意识到问题的所在,进行调查并采取有效的纠正措施,消除或减少其对财务目标、遵循目标以及经营目标的实现所产生的不良影响。对那些与供应链上的其他企业关系密切者和电子商务公司来说,企业风险偏好或风险承受度的外部沟通也是非常重要的,通过与商务合作伙伴的沟通,可以确保企业不承受合作伙伴带来的过多风险。与股东、监管者、财务分析师和其他外部利益相关者的沟通,有助于他们了解企业面临的环境和风险,更好地遵循相关的法律和监管要求。

《企业内部控制基本规范》认为,信息与沟通是及时、准确、完整地采集与企业经营管理密切相关的各种信息,并使这些信息以适当的方式在企业有关层级之间、企业与外部之间进行及时传递、有效沟通和正确使用的过程,是实施内部控制的重要条件。《企业内部控制基本规范》要求企业建立内部控制相关信息与沟通制度,明确相关信息的收集、处理和传递程序,加强信息的及时沟通,促进内部控制有效运行。信息与沟通的要求在于建立信息收集、加工机制、完善信息传递机制、加强信息技术的运用、建立反舞弊机制和建立投诉和举报人保护制度。

第 2 节　信　　息

信息就是经过加工、具有一定含义、对决策有价值的数据。企业的各个层次、每个员工都需要运用信息来确认、评估和应对风险,以便更好地履行职责,并实现公司目标。如今,信息已经成为企业的生产要素之一,企业信息化建设已经成为提高企业竞争力的重要途径。信息流动贯穿于企业的整个风险管理过程。

经济市场化程度的提高要求必须加强信息管理,包括信息的采集、存储、处理加工和运用。信息在企业范围内按照一定的规则和程序进行流动,有助于每一个员工及时地获取有关信息,更好地完成其风险管理的职责。

一、信息的分类

从信息的来源看，信息有内部信息和外部信息之分。

（一）内部信息

内部信息主要包括会计信息、生产经营信息、资本运作信息、人员变动信息、技术创新信息、综合管理信息等。

企业可以通过会计资料、经营管理资料、调查研究报告、会议记录纪要、专项信息反馈、内部报刊网络等渠道和方式获取所需要的内部信息。

（二）外部信息

外部信息主要包括政策法规信息、经济形势信息、监管要求信息、市场竞争信息、行业动态信息、客户信用信息、社会文化信息、科技进步信息等。

企业可以通过立法监管部门、社会中介机构、行业协会组织、业务往来单位、市场调查研究、外部来信来访、新闻传播媒体等渠道和方式获取所需的外部信息。

企业的大量信息涉及各种目标。从内部或外部来源获得的经营性信息，包括财务和非财务的，都与企业的经营目标相关。财务信息，一方面用于实现报告目标而编制财务报表，另一方面用于满足经营决策的需要，如监控企业的经营业绩、分配资源等。可靠的财务信息是企业进行计划、定价、评估供应商绩效、评估合资企业和战略合作伙伴以及其他管理活动的基础。

同样，经营信息也是企业编报财务报告和其他报告的前提，包括日常信息，如采购、销售和其他交易等，也包括竞争者的新品发布和经济环境的变化信息。这些信息会影响到企业存货、应收款项的估值。有些涉及遵循目标的信息，如废弃物的排放、个人信息等，也可能服务于财务报告目标。

企业的信息来源有多种渠道，既有内部的、外部的，也有定量的和非定量的。将大量的数据转化为决策有用的信息，对企业管理者而言，是一个重大挑战。

为迎接这一挑战，企业必须建立相应的信息系统。信息系统可以是正式的，也可以是非正式的。与客户、供应商、监管者和企业员工的交谈经常可以提供确认风险与机遇的关键信息。

第 6 章 信息与沟通
Chapter 6　Information and Communication

二、信息质量

随着人们对日益复杂的信息系统以及信息驱动的自动决策系统和流程式的依赖程度增加，信息的可靠性至关重要。不准确的信息会导致风险不被确认或错误的评估，以及做出低劣的管理决策。因此，企业在日常经营以及战略决策过程中，必须高度注意信息的质量。高质量的信息具有如下几个方面的特征：

（1）完整性。信息必须包含完整的内容。例如，可作比较的外部数据及不同时期的可比较信息。

（2）准确性。数据的记录方式、合计方法应当合理，数据四舍五入的程度是适当的，各个项目的信息应当按适当类别进行划分，与不确定的信息相关的假设应当详细指明。

（3）相关性。只保留对管理层决策有帮助的信息，删除与决策无关的信息，以便信息使用者更易掌握信息，并做出相关的决策。

（4）及时性。信息必须是与当前企业经营及决策有关的，在企业有关人员需要的时候能够及时获取。

（5）成本效益。获取信息的成本应该不超过从该信息中可以获得的收益，否则，信息的收集与处理就失去了意义。

（6）可靠性。信息的来源必须是可靠的。信息不能是虚假信息或是未经证实的信息。

（7）考虑信息使用者的需要。对于不同的信息使用者，提供信息的详略、方式等也各有差别。例如，企业高层管理人员需要的信息可能是摘要，而企业初级管理者使用的可能就是详情。

为提高数据的质量，某一组织必须建立企业级的数据管理项目，包括相关信息的获取、维护和分发。如果没有这些项目，信息系统将不能为管理者或其他员工提供所需信息。

提高信息质量的困难很多，包括职能部门的需求矛盾、系统限制，以及非集成的处理会阻碍信息的获取与有效使用。要迎接这些挑战，管理层必须在数据的整合方面制定清晰的战略计划，明确职责并定期对信息质量进行评估。

第3节 信 息 系 统

信息系统（Information System）是以提供信息服务为主要目的的数据密集型、人机交互的计算机应用系统。随着信息技术在会计信息系统中的深入运用，传统的会计核算环境发生了巨大的变化，要保证会计信息的准确与可靠必须要有一套与之相适应的控制制度和技术来支撑。

一、网络环境下会计信息系统内部控制

（一）网络环境下会计信息系统内部控制的变化

1. 内部控制形式的变化

由于计算机具有高速、稳定的特点，有很强的逻辑判断和逻辑分析能力，以及网络实现会计数据共享，使内部控制形式主要产生了两个方面的变化：第一，手工操作下的一些内部控制措施在网络环境下没有存在的必要性，如编制科目汇总表、凭证汇总表、试算平衡表等；第二，手工操作下的一些内部控制措施，在网络环境下转移到会计软件中，由计算机程序完成，如凭证的借贷平衡检验，余额、发生额的平衡检查等。

2. 内部控制内容的变化

计算机和网络技术的引入，给会计工作增加了新的工作内容。同时，也增加了新的控制措施。比如计算机硬件及软件分析，编程、维护人员与计算机操作人员的内部牵制，计算机会计信息的安全保护，计算机病毒防治，计算机操作人员、网络系统管理员、网络系统维护人员的授权与岗位责任等。

3. 内部控制重点的变化

网络环境下的内部控制的重点将放在原始数据输入计算机的控制、会计信息的输出控制、人机交互处理的控制、计算机系统之间连接的控制等方面。

第6章 信息与沟通
Chapter 6　Information and Communication

4. 对内部控制组织要求的变化

与传统的电子数据处理系统相比,网络使各个子系统之间的数据直接以电子数据的形式进行,企业的会计核算都集中在一个数据处理系统内,提高了企业内各核算部门之间数据的一致性程度和数据的传输速度。为保证会计信息的正确性,需要采用一些新的控制组织方式。会计的内部控制将转化为组织控制措施为主的一般控制和以计算机控制程序为主的系统控制,组织控制是网络会计信息系统内部控制的基础和保障。

(二) 网络环境下会计信息系统内部控制面临新的挑战

风险使控制成为必要。不同的风险,需要不同的控制手段。网络环境给会计核算和会计监督带来了新的风险,也为内部控制带来了新的挑战。

1. 会计信息储存方式和存储媒介发生了变化

随着计算机技术和网络技术的兴起,传统手工环境中严格的凭证制度会逐渐减少或消失,凭证的控制功能被弱化。计算机的存储方式将是把信息转化为电子形式存储在磁、光介质上,而磁、光性介质极易被篡改甚至伪造,且不留痕迹。交易的"无痕迹"给控制带来了一定难度,也给一些不法行为(比如通过伪造或修改客户或银行凭证,编造虚假交易而侵吞公款等犯罪活动)提供了机会。同时,随着电子商务的迅猛发展,网上交易愈加普遍,在不久的将来,企业的全部原始凭证可能都将成为电子格式,这使企业对网上公证机构的依赖性进一步增强。但是,直到目前,相应的技术和法规还远未达到完善的程度,这也给系统内部控制的实现带来了较大的困难。

2. 程序化控制易使差错反复发生

在手工操作系统中,所用的控制手段一般都是手工控制。这时,发生差错往往是个别现象,且由于不相容职责的相互分离,数据处理分散于多个部门,由多个人员去完成,一个部门或人员的差错往往可以在下一个环节中发现和改正。所以,一般而言,一定时间内数据反复发生错误的可能性并不大。然而,在网络环境下的内部控制,具有人工控制与程序控制相结合的特点,且随着计算机应用的程度不同,程序化控制的范围也会有所不同。一般来说,计算机应用的程度越高,采用的程序化控制也就越多,程序控制处理结构化的基础作业,其质量好坏直接决定着整个系统内部控制的质量。在信息系统应用程序

中，包含了许多内部控制功能，若应用程序中存在严重的 BUG 或恶意的后门，便会严重危害系统安全。但是，由于人们对系统的依赖性以及程序运行的重复性，将使失效控制长期不被发现，并被多次重复，从而使系统在特定方面发生错误或违规行为的可能性更大、问题更严重。

3. 系统整合集成加大信息风险

传统的内部控制主要针对单独的交易处理，而在网络环境下，整合集成系统要求集中存储数据和程序，这在一定程度上带来了信息安全的隐患，容易出现一损俱损、全军覆没的危险。而且，对于日益庞大复杂的信息系统，其内部稽核难度加大、成本增加。如由外部监理机构完成，则可能泄露商业机密，影响其竞争力；如由企业内部自行解决，则必须配备具有复杂高深核查技术的专业人员才能胜任。

4. 网络开放危及信息安全

网络是一个开放的环境，在这个环境中，一切信息在理论上都是可以访问到的，除非它们在物理上断开连接。因此，网络环境下的信息系统很难避免非法侵袭，极有可能遭受非法访问甚至黑客或病毒的侵扰。这种攻击可能来自系统外部，也可能来自系统内部，而且一旦发生将造成巨大的损失。

（三）网络环境给会计信息系统内部控制提供的机遇

网络如一把双刃剑，在给内部控制带来全新风险的同时，也为其提供了新的机遇。网络环境下的会计信息系统控制相比手工系统有如下特点：

1. 事前检查，提高信息质量

随着计算机在会计工作中的普遍应用，管理部门对由计算机产生的各种数据、报表等会计信息的依赖越来越强，这些会计信息的产生只有在严格的控制下，才能保证其可靠性和准确性。同时，也只有在严格的控制下，才能预防和减少计算机犯罪的可能性。因此，在业务活动发生、有关数据进入企业数据库之前，检查这些数据的精确性、完整性和合法性就显得尤为重要。例如，对业务活动所涉及的资源及其数量进行检查（如客户通过信用卡从 ATM 机中取款，每日最高限额为 5 000 元）；检查活动执行人的权限（该客户有无透支权限，以及透支额度控制）。此外，如果输入数据不符合既定的逻辑和控制标准（当日连续三次密码输入错误，ATM 机将吞卡），处理可能被中断，如果让处理继

第 6 章　信息与沟通
Chapter 6　Information and Communication

续下去，负责控制的某些人应该得到例外通知（客户须持有效证件，到银行柜台办理吞卡取出业务）。在某些情况下，可能会允许一些人凌驾于控制之上，但任何这种超越控制的行为应该通知所有有关控制人员。这样一来，只有数据准确、完整、合法，继续处理也符合流程，事件相关数据才能被加入到数据库中。

2. 事中网上公证，形成三方牵制

由于网络环境下的原始凭证用数字方式进行存储，所以不能像手工系统那样对每一张凭证做痕迹检验。可是，利用网络技术所特有的实时传输功能和日益丰富的互联网服务项目，我们可以实现原始交易凭证的第三方监控，即网上公证。比如，每一家企业都在互联网认证机构申领数字签名和私有密钥，当交易发生时，交易双方将单据或有关证明均传到认证机构，由认证机构核对确认，进行数字签名并予以加密，然后将已加密凭证和未加密凭证同时转发给双方，这样就完成了一笔交易双方认可并经互联网认证机构公证的交易。在这笔交易中，交易一方因无法获得另一方的数字签名和私有密钥，很难伪造或篡改交易凭证，只能修改其未加密的那一份。这样，一旦审计人员或主管人员对某笔业务产生怀疑，只需将加密凭证提交认证机构解密并与未加密凭证相对照即可。也就是说，手工环境下的内部牵制是通过多人分工劳动实现牵制；网络环境下的内部牵制依然遵循职责分离原则，只不过有些分工由人人分离转为人机分离甚至机机分离而得以实现。

3. 事后追溯，利用电子审计线索

在手工系统中，原始凭证的审核是通过对纸质原始凭证上有关责任人签名的辨别和相关凭证内容的相互核对来完成的。在无纸化的会计信息系统环境中，如果应用软件正确无误，系统传输安全可靠，则会计信息系统中派生数据的正确性、完整性和合法性完全取决于电子原始数据；如果不精确、不完整、不合法的电子原始数据被记录和维护，将会影响以后所有的会计处理，导致一系列派生数据的失真。因此，电子原始数据的审核和确认就显得尤为重要。电子原始数据的审核可采用类似的方法：一要注意相关业务的不同数据记录之间的相互核对；二要注意经办人、批准人等相关人员的电子签名。电子签名不同于手工签章，会计如何确认电子签名的有效性是一个不容忽视的问题。为了防止电子签名被模仿或伪造，宜采用加密码进行电子签名，增强电子原始数据的防伪功能。

由此可见，网络环境下的内部控制，挑战和机遇并存，风险与收益同增。有效的内部控制不在于运用过多的审核人员，而在于利用控制技术实现对业务

和信息过程的充分控制。信息系统中内部控制设计是否得当决定了该系统的生死存亡。

二、信息系统的类型

信息系统是包括所有涉及信息收集、储存、产生和分配的系统和程序。企业在一定时期内在行使不同的职权时需要不同的信息系统来为其提供所需要的信息。信息系统可分为七类：事务处理系统、管理系统、企业资源系统、战略管理系统、决策系统、经理信息系统和专家系统。

1. 事务处理系统

事务处理系统处理企业日常经营的常规事务，收集与企业商业交易相关的源数据。例如，零售企业通过电子销售点、电子转账业务、网络购物等手段收集与商品销售有关的数据。

2. 管理系统

管理系统主要是将从事务处理系统和其他内部渠道获取的数据资料进行处理后生成综合性的信息，如摘要报告等。

3. 企业资源系统

企业资源系统通常记录用于会计处理的事务数据、操作型数据和客户及供应商数据，同时通过数据仓库获得这些数据，并在此基础上生成自定义报告。企业资源系统是企业进行生产管理及决策的平台工具，根据企业发展需要可采取面向供应商、客户或管理层的发展方向。

4. 战略管理系统

战略管理系统是为企业战略管理过程提供所需支持的信息系统，它为企业在战略分析、战略制定和战略实施环节中提供所需的信息。

5. 决策系统

决策系统主要用于为管理层作出决策提供支持，它包含了一些数据分析模式，能使管理层模拟企业经营问题并提出解决方案。例如，管理层可以运用该系统在产品盈利能力的决策中修改产品的销售价格以观察其对产品整体销售额

第 6 章　信息与沟通
Chapter 6　Information and Communication

的影响，从而帮助企业正确制定产品价格。

6. 经理信息系统

经理信息系统主要为经理层决策提供支持，从而帮助高层经理对于企业及其环境有关的信息进行评价。

7. 专家系统

专家系统储存那些从专家处获取的与专门领域相关的数据，并将其保存在结构化的格式或知识库中。

☞ **案例 25**

宝钢股份销售管理采用高度的信息化管理，产品销售信息由公司"9672 产品销售子系统"自动生成，系统已实现从产品价格库生成、登记客户需求、签订合同、运输发货、财务评审和结算、产品质量异议处理管理等全过程控制。其主要流程是：

（一）处理订单

对用户填写的订货卡片，或宝钢国际各贸易公司输入"9672 系统"的草约付款清单，销售部组织生产、制造部等部门对品种、规格、价格等进行技术评审，并负责生产能力评审、运输方式评审。如评审通过，由销售业务人员在订货卡片或草约付款清单上签字或盖章确认，再送交财务评审。财务人员对付款草约的结算方式、货款金额、票据安全性等进行审核，确认收款依据。

（二）签订合同

销售业务人员按评审通过的内容，打印正式合同，经供需双方确认签字后，合同生效。销售部将合同信息通过"9672 系统"下发给制造部并根据合同的交货期和生产计划编制原则进行排产。制造部依据生产计划及交货期及时安排、调整生产计划，确保合同按时完成。

（三）发货

销售部根据制造部的"准发信息"和合同规定的运输方式，向运输部提交成品厂内转库组批计划。运输部据以编制厂内装船、装车作业计划，核对实物，按规定要求装车（船），与承运方办理实物交接，办理出库提货手续。

销售部收到成品装运出厂信息，负责配齐码单、质量保证书和运单，与用户进行产品最终交付。

（四）财务结算

财务人员根据接收到的"三单"信息，开具增值税发票，进行销售结算，确认销售收入，核销预收款或进行收款。

资料来源：谢中新：《谈宝钢销售与收款环节的内部控制》，《冶金财会》，2004年第4期。

三、企业信息系统的开发

企业在开发信息系统时，企业应遵循因地制宜、成本效益、理念与技术并重的原则，充分考虑业务和信息的集成性，优化流程，科学设计开发信息系统，提高信息系统效率。

（一）信息系统设计

目前我国采用的系统开发方法中，生命周期法是占主导地位的，它符合程序设计的普遍思路和设计规律，其设计流程主要包括如下环节：可行性研究与总体规划、系统需求分析与概要设计、系统详细设计、系统实现与测试、系统运行及维护。

（1）可行性研究与总体规划。根据企业需要确定所设计系统应当具有的性能和所能提供的支持，并对系统技术上的可操作性和经济可行性进行分析。

（2）系统需求分析与概要设计。事先调查并确定企业信息系统所要覆盖的基本事务，确保管理人员和业务人员能及时准确地录入和获取相关部门信息；不断完善数据库系统，保证各部门间的数据交换和资源共享，减少信息冗余。

（3）系统详细设计。理清信息资源的关系，设计系统结构，合理划分子系统，提高数据处理效率和质量。

（4）系统实现与测试。根据系统分析与设计，划分子系统，并完成相关硬件系统设备的安装、调试等。

（5）系统运行及维护。系统开始使用之后，要不断对其进行维护，校正和改进系统，以提高系统使用效率。

（二）信息系统外包

企业在开发信息系统时不必完全依靠自行设计，而可以选择将信息技术服务方面外包给专业的公司。这样，企业就可以集中精力于自己的核心活动。随着信息技术的发展，信息系统的外包范围愈加广泛，可以是整个信息技术部门或大部分的具体内容，例如，计算机编程、维护和数据恢复。将信息系统外包

第6章　信息与沟通
Chapter 6　Information and Communication

具有获取更高标准和质量的服务，减轻管理专业人员负担等优点，但是从战略角度来看，一旦外包服务不在企业的控制中，则整个企业就会失去灵活性，这对企业发展而言是极为不利的。

（三）基于 MVC 模式构建的信息管理系统开发实例

本书以采用 MVC 模式的信息系统设计与开发为例，介绍信息系统在企业日常经营以及战略决策中的应用。在信息系统软件体系架构中采用 MVC 模式，即 Model-View-Controller，是指把一个应用的输入、处理和输出流程按照 Model、View、Controller 的方式进行分离，这样一个应用被分成了模式层、视图层、控制层。

模式层（Model）：就是业务流程或状态的处理以及业务规则的制定。业务流程的处理过程对其他层来说是"暗箱操作"，模型接受视图请求的数据，并返回最终的处理结果。业务模型的设计可以说是 MVC 最主要的核心。

视图层（View）：用户操作界面，对于 Web 应用来说，可以概括为 HTML 界面，但有可能为 XHTML、XML 和 Applet，一个预约的视图只接受来自模型的数据并显示给用户，以及将用户界面的输入数据和请求传递给控制和模型。

控制层（Controller）：可以理解为从用户接收请求，将模型与视图匹配在一起，共同完成用户的请求。划分控制层的作用也很明显，它清楚地告诉你，它就是一个分发器，选择什么样的模型，选择什么样的视图，可以完成什么样的用户请求。控制层并不做任何的数据处理。例如，用户点击一个连接，控制层接受请求后，并不处理业务信息，它只把用户的信息传递给模型，告诉模型做什么，选择符合要求的视图返回给用户。

采用 MVC 模式，信息管理系统的架构如图 6-1 所示。

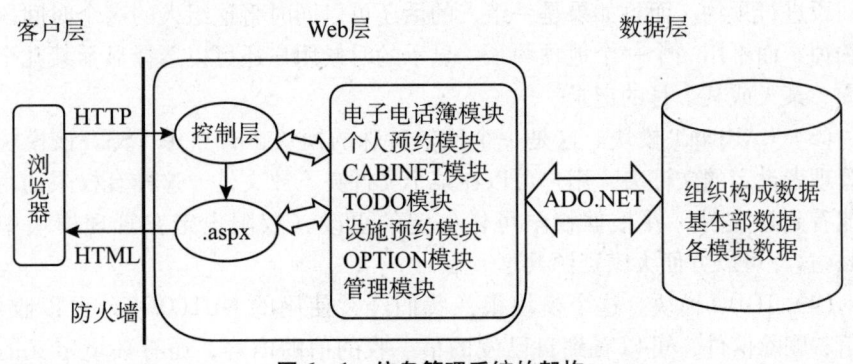

图 6-1　信息管理系统的架构

该系统分成客户层、Web 层和数据层三层结构。

客户层在浏览器中运行，客户层通过 HTTP 协议与 Web 层传递信息。系统代码集中在服务器端，给系统部署带来极大方便，也降低了系统的维护和更新成本。客户层用于显示和收集信息，主要通过 HTML 技术和 XML 技术实现。表单数据合法性的检验通过客户端 JavaScript 代码来检验。

Web 层实现业务逻辑。当客户层请求传递到 Web 层，由控制层首先处理。控制层根据实际情况，先检验数据的合法性或做出适当形式转换，然后调用业务层完成业务逻辑处理，访问数据库。最后通过".aspx"页面把处理结果反馈回客户端。".aspx"页面只负责信息显示功能，尽量不处理业务逻辑。通过分别处理应用逻辑和表示逻辑，应用逻辑组件具有更好的独立性，给代码重用带来极大方便。这种分离的优势在于创造了更多的可重用性、可移植性、平台无关组件，大大提高了系统的可扩展性、可维护性和灵便的集成功能。

数据层采用通用的关系数据库管理系统。Web 层的业务层通过 ADO.NET 技术连接数据库，完成数据访问与存储逻辑。其中 Web 层主要由七个模块组成：

（1）电子电话簿模块。这个模块实现的是一个电话簿的功能。在该模块用户可以看到公司所有人的个人信息（包括个人 CODE、姓名、职务名、个人 E-mail 等，某信息是否显示由管理员在管理模块中来控制），并可选择性地方便地对某组成员发信。组的个数和其中的成员由用户自己或管理员来设定。为了方便，该模块还有检索功能，通过输入一定的条件可以检索出想要得到的个人信息和给其发信。

（2）个人预约模块。通过这个模块，用户可以看到公司所有人每天每小时的时间安排，如果某个人某个时间段没有预约的话，就可以对这个人的这个时间段进行预约。而且如果是一组人的话还可以同时将这组人的这个时间段都预约掉，而不用一个一个地预约了。显示的时候用户还可以选择显示某几个人某周、某天或某个月的记录。

（3）CABINET 模块。这是一个比较特殊的模块，有点像 VSS。该模块包含管理者设定的文件夹，用户可以在某个文件夹下放文件，这样有权限的用户就能看到该文件，并根据权限可做一定的更改（权限设定在管理模块中设定），这样可以方便大家资源共享。

（4）TODO 模块。这个模块很像我们经常使用的 OUTLOOK，可以收信、发信、删除信件，可以看到自己发的信、收的信的内容，还有环境定义的功能。环境定义中要求用户设定一个 E-mail 地址和收信期限，如果用户某个邮

第6章 信息与沟通
Chapter 6　Information and Communication

件从收信日开始到收信期限一直都没有看信,则系统管理员将会将该没被看过的信件转发到用户指定的 EMAIL 地址中。另外还有检索的功能,通过输入的条件,检索出用户想找到的信件。

(5) 设施预约模块。这个模块和个人预约模块很像,只是将对人的预约改成了对设施的预约。而且多了一个检索功能。通过用户条件的键入,用户可以方便地检索出想得到的预约信息。

(6) OPTION 模块。这是一个独立的模块,在这个模块中,用户可以设定新的登录密码。

(7) 管理模块。这是一个很重要的模块,主要目的是对数据库中的信息和系统进行维护,主要使用对象是系统管理员。通过这个模块系统管理员能对以上各模块的一些信息进行设定,对每一个用户组(包含多个用户的集合)进行权限设定,可以设定某些人、某些部署、某些职务对该组的访问权限,这样可以对系统进行更好地维护。该模块又分为4个小模块,分别为电子电话簿管理模块、个人预约管理模块、CABINET 管理模块、设施预约管理模块。

MVC 模式增加了软件的复杂程度,但是它提高了信息系统的灵活性,由于一个应用被分成3层,改变其中一层就能满足应用的改变,这增强了企业的适应能力,尤其在多变的经营环境下,这种适应能力的优势就更为明显。

四、信息系统内部控制

系统和数据很容易由于人为错误、蓄意的欺骗行为、技术性错误(硬件或软件故障)和自然灾害(火灾等)原因而遭到破坏,因此需要加强企业信息系统的内部控制。信息系统的内部控制一般分为两类,即一般控制和应用控制。它们均是计算机应用于会计信息系统所产生的特殊控制,用来预防、发现和纠正系统中所发生的错误、舞弊和故障,使系统能正常运行,是其提供可靠和及时的会计信息的重要保证。

(一) 会计信息系统内部控制:一般控制

一般控制又称普通控制,是指对电算化会计信息系统的研制开发、组织、鉴定、应用环境等方面进行的控制。一般控制所采用的控制措施普遍适用于某一单位的会计系统,同时也为每一应用系统提供了环境。一般控制的强弱,直接影响到每项电算化应用的成败,可以说,一般控制是应用控制的基础。一般控制主要包括:

1. 组织控制

组织控制，即在会计电算化信息系统中，通过划分不同的职能部门实施内部控制。如将财务部门按照职能分为系统开发部门和系统应用部门。

2. 授权控制

授权控制，即通过限制会计电算化信息系统有关人员业务处理的权限，实施内部控制。如系统开发部门承担系统软件的开发和日常维护工作，不能运用软件进行日常业务操作；系统应用部门只能应用系统软件进行日常业务处理，不能对系统软件进行增、删、修改。以保证系统内不相容职责相互分离，保证会计信息处理部门与其他部门的相互独立，有效减少发生错误和舞弊的可能性。

3. 职责分工控制

职责分工控制，建立岗位责任制，明确各工作岗位的职责范围，切实做到事事有人管，人人有专责，办事有要求，工作有检查。应明确规定不相容职务相分离，如系统管理员、系统操作员、凭证审核员、会计档案保管员等职务不相容，必须明确分工，责任到人，不得兼任。

4. 业务处理程序控制

业务处理程序控制，即通过明确有关业务处理标准化程序及相关制度，实施内部控制。如规定录入凭证必须有合法、合理、真实、有效的原始凭证，而且要手续齐全；记账凭证必须经审核后才能登账；录入人员不能反审核或反过账等。

5. 安全保密控制

安全保密控制，即通过严格执行会计软件与数据的维护、保管、使用规程和制度，达到内部控制目的。会计电算化信息系统中内部控制既要防止操作失误造成的数据破坏，也要防止人为有意的数据破坏。为保证会计软件与数据文件不丢失、不损毁、不泄露、不被非法侵入，可采取设置口令、密码、保存操作日志、对数据文件定时备份并加密等手段。同时，还要防止病毒对会计软件的破坏。

第6章 信息与沟通
Chapter 6　Information and Communication

（二）会计信息系统内部控制：应用控制

应用控制，又称运行控制，是指对电算化会计信息系统中具体的数据处理功能的控制。应用控制具有特殊性，不同的应用系统有不同的处理方式和处理环节，因而有不同的控制问题和控制要求。但一般来说，电算化会计信息系统的应用控制包括输入控制、处理控制和输出控制、软件的与数据的安全保密控制等。

1. 输入控制

输入控制的主要目的是保证输入数据的合法性、完整性和准确性。输入控制的方法有：

（1）授权审批控制。为保证作为输入依据的原始凭证的真实、完整，在输入计算机前必须经过适当的授权和审批。

（2）人员控制。应配备专人负责数据录入工作，同时采用口令加以控制，并对每个会计软件用户建立详细的上机日志。

（3）数据有效性检验。包括建立科目名称与代码对照文件，以防止会计科目输错；在系统软件中设置科目代码自动检验功能，以保证会计科目代码输入的正确性；设置对应关系参照文件，用来判断对应账户是否发生错误；试算平衡控制，对每笔分录进行借贷平衡校验，防止金额输入错误。

2. 处理控制

处理控制的主要目的是保证数据计算的准确性和数据传递的合法性、完整性、一致性。处理控制主要针对业务处理程序、处理方法进行控制，如业务处理流程控制、数据修改控制、数据有效性检验和程序化处理检验。

（1）处理流程控制。会计业务处理具有一定的时序性，如凭证在审核之前不能做登账处理，记账后才可以出报表等。通过对业务处理流程的控制，保证业务处理的正确性。

（2）数据修改控制。通过对数据修改过程的控制，防止业务处理的随意性，降低舞弊发生的可能性。如对于尚未审核的记账凭证，允许任意修改；但对已经审核的记账凭证，则不允许在原记账凭证上直接修改，以体现"有痕迹修改"的原则。对已结账的凭证与账簿，系统不提供更改功能；而且，记账凭证录入人员不能被授予反复核、反过账、反结账等权限。

3. 输出控制

输出控制的主要目的是保证输出数据的准确性、输出内容的及时性和适用性。常用的输出控制方法有：检查输出数据是否准确、合法、完整；输出是否及时，能否及时反映最新的会计信息；输出格式是否满足实际工作的需要；数据的表示方式等是否符合工作人员的习惯；只有具有相应权限，才能执行输出操作，并对输出操作进行登记，按会计档案要求保管等。通过这些输出控制方法，限制会计信息输出，保证会计信息的安全。同时，要严格按照财政部有关规定的要求，由专人负责会计档案管理；做好防磁、防火、防潮、防尘与防毒工作，重要会计档案应双备份，并存放在不同的地点；如果采用磁性介质保存会计档案，要定期进行检查、定期复制，以防止由于磁性介质损坏导致的会计档案丢失。

（三）一般控制与应用控制之间的关系

这两类会计信息系统的内部控制是相互关联的。一般控制用于保证建立在信息系统程序上的应用性控制得以实施。

例如，应用控制如计算机匹配和编辑检查功能对数据的在线录入进行测试。当数据不匹配或格式错误时，它们可以提供及时的反馈，以便作出修改。它们显示出错信息，说明数据哪里出错，或编制例外事项报告以便进行跟踪。

如果没有充分的一般控制，也就不可能有可靠的应用控制，因为，应用控制的前提是假设系统本身运行良好，与正确的文件相匹配，或所提供的出错信息准确反映了问题所在，或在例外事项报告中包括了所有的意外情况。

应用控制和一般控制之间的关系是：一般控制用于支持应用控制的功能，两者都用于保证信息处理过程的完整性和准确性。

五、信息系统 SAP 应用实例

随着信息技术的发展，MRP、ERP 等信息化财务内部控制系统应运而生，对于加强公司内部控制，提高管理水平有着巨大的帮助，因而这些系统在公司中也很快得到了普及。广东生益科技股份有限公司就是受益者之一。

广东生益科技股份有限公司创建于 1985 年，经过短短的十年时间的经营，自 1994 年之后，公司的覆铜板在产量、产值、销售收入、出口创汇、利税方面军名列中国覆铜板工业之首。这一骄人业绩的取得，与公司以 ERP 为支撑

第6章 信息与沟通
Chapter 6　Information and Communication

的财务内部控制管理体系的建立和完善有着千丝万缕的联系。

公司为改进自有的信息系统，加强内部控制，斥资 2 000 万引进德国知名的 SAP 的 ERP 系统，借助这一财务会计为导向的全面企业集成系统，加强对销售业务的监控，避免了认为操作对正常业务流的影响，真正地实现了内部控制管理的监督职能。

（一）销售价格管理

为保证产品销售价格，避免人为改动价格，生益公司在销售部成立了技术监督控小组，主要负责根据公司经营管理委员会的价格政策，完成目标销售价格的编制并在 SAP 系统中进行价格设定，并对销售业务员的实际销售价格低于目标销售价格的事务进行检查、处理。当销售业务员输入的价格低于目标价格时，系统就无法生成销售订单，从而阻止了业务员的从事公司所允许的事务之外的操作。这样，该系统就能保证每一单产品的销售价格都能够按照价格标准进行销售，确保了公司销售目标和利润的实现。

（二）销售风险控制

在销售环节，生益公司还成立信用风险控制小组，负责客户销售信用额度和放账期的审核和设定。该小组于每年第一季度对所有已交易客户半年度信贷额度及放账期数进行评估，并将评估结果录入 SAP 系统。如果客户未准时付清到期货款或信贷额度超出范围，这将导致系统不能发货，从而避免了客户对销售人员进行利诱而导致信用风险的增加。

生益公司借助 SAP 系统，对销售价格和客户信用进行控制，避免了人为操作和相关人员违反公司规定随意操作销售业务的行为，大大提高了公司的管理水平和效率。

第 4 节　沟　　通

沟通是信息从发送者传递到接受者的过程和行为。任何一种沟通都需要围绕一定的内容（统称为信息），在"两方"之间进行，并借助于一定的渠道和方式，所以沟通过程有四个基本要素：发送者（信源）、接收者或接受者（信宿）、所传递的内容（信息）和传递信息的渠道（信道）。

一、沟通的重要性

萧伯纳曾经说过:"你有一个苹果,我有一个苹果,彼此交换,则各人手里还是一个苹果。你有一种思想,我有一种思想,那么两人则拥有两种思想。"由此可知,沟通的作用是显而易见的。良好的沟通可促使有关想法、意见、情报、消息等得到交流、交换和共享,从而达成双方相互的了解与信任。当今的企业比以往任何一个时期更需要沟通,有两个数字可以很直观地反映沟通在企业里的重要性,就是两个70%:

第一个70%,是指企业的管理者,实际上70%的时间用在沟通上。开会、谈判、谈话、作报告是最常见的沟通形式,撰写报告实际上是一种书面沟通的方式,对外各种拜访、约见也都是沟通的表现形式,管理者大约有70%的时间花在此类沟通上。

第二个70%,是指企业中70%的问题是由于沟通障碍引起的。比如,企业常见的效率低下的问题,往往是有了问题后,大家没有沟通或不懂得沟通所引起的。另外,企业里执行力差领导力不强的问题,归根到底,都与沟通能力的欠缺有关。比如说经理们在绩效管理的问题上,经常对下属恨铁不成钢,年初设立的目标没有达到,工作过程中的一些期望也没有达到等。为什么下属达不到目标的情况经常会出现?在很多调研中都发现,下属对领导的目的或者期望事先并不清楚,当然无法使经理满意,也导致员工对年度的绩效评估不能接受。这无论是领导表达的问题,还是员工倾听领会的问题,都是沟通造成的问题。

二、沟通与企业文化的关系

沟通的有效性与企业文化直接相连。管理者最重要的功能是把企业的构想、使命、期望与绩效等信息准确地传递到职工,并指引和带领他们完成目标,是培养企业核心竞争能力的基础。核心竞争能力是指企业的技能和竞争力的集合,从某种意义上说,企业是可以用来获得特许市场地位的各种专门化资源的积累,是一种可持续的竞争优势。一个企业的经历、特点和文化、优势和能力对于企业的竞争力的形成至关重要。

但是,不同的管理团队造就不同的企业文化。对这一点,有的管理者这样认为:"你期待员工如何表现,你就要如何表现;你倡导双向沟通、倾听对方,

第6章 信息与沟通
Chapter 6　Information and Communication

平息部门间冲突，减少内部协调成本，你就要亲历亲为地做给大家看。你认为素质、技能提高和不断学习重要，你就和他们一起去听课，把你读过的好书与他们分享，简单地说，就是亲自参与到其中，去做，去干。"因此，沟通文化也是企业文化的一个重要方面，许多管理者认为持续改善内部沟通很重要，但关键在于实际执行。管理者不仅是企业文化的思想者，更是倡导者和影响者，更重要的是行为者。如果管理者能在电梯或走廊与下属们轻松交谈，随机与员工一起就餐，是反映企业宽松的沟通环境和民主的企业文化的最好说明。

三、沟通与组织设置的关系

随着信息沟通技术的不断发展，企业的组织结构越来越向有利于信息沟通的方向发展，具有较少层次的扁平型组织结构是现代企业管理的发展趋势。员工在完成其工作的过程中，越来越多地依靠信息来驱动。这种趋势显示了向员工提供正确与及时信息的重要性。为了用分散的方式使决策更接近于客户，企业内部的信息流程也分散化。但对于快速成长阶段的公司，以及并购了其他公司或部门的公司主管，能够有预见地改善组织结构，是降低内部沟通协调成本的事半功倍之举。

此外，组织机构的调整与重组，也应有利于信息沟通。首先是辅助公司更重要的战略的实施或核心能力的充实；为了降低沟通成本而实行的重组发生在核心业务逐步健全的成长型公司。例如，一家60多人的网络公司，一开始设计人员隶属于业务部，当有另外两个小组开发新业务时（可能成长为业务2部、业务3部），他们与设计人员之间有频繁的沟通，一时间，"设计人员"成为三个部门竞相争夺的资源，冲突不断，效率递减。这时，就要将"设计"职能独立出来，成立与业务部平行的部门，以利于他们规划和开展工作。

四、沟通的基本类别

作为在企业运行过程中起着重要作用的员工沟通，可按其不同的划分方式进行分类。

（一）按沟通方向划分

按沟通方向分，可分为纵向沟通与横向沟通。纵向沟通是指沟通方向按照企业组织机构设置的垂直方向进行沟通。纵向沟通可分为上行沟通、下行沟

通。横向沟通是指依照企业机构划分，在同一机构层面进行沟通。横向沟通主要可体现在书面及口头上，书面包括通知、说明等，口头即同一层面上员工的相互交流活动。

（二）按沟通性质划分

按沟通性质分，可分为正式沟通和非正式沟通。正式沟通指在企业运行过程中通过正式表单、报表、会议、谈话等方式进行的企业与员工、员工与员工间的沟通。非正式沟通是不通过正式制定的沟通渠道、形式而进行的沟通。这种沟通大量存在于员工之中，下班后的聚会、聊天就是典型的非正式沟通。

（三）按沟通内容划分

按沟通的内容可分为入职沟通、工作中的沟通、绩效问题的沟通和离职沟通四大类。

入职沟通，是指企业对新聘用的员工进行的沟通。入职沟通主要目的是让新员工了解企业的基本情况、熟悉部门及同事，让新员工消除陌生感，以便尽快地熟悉环境、融入工作。

工作中的沟通是指在工作过程中为了工作而进行的沟通。沟通技巧与方法是有效沟通的举措。

绩效问题的沟通是指在评定员工绩效时，由人力资源部专门人员和被评定员工进行的沟通，以了解员工一段时期内获得的成绩或造成工作失败的原因，以总结经验，提高工作效率。

离职沟通即与要离职员工进行的沟通。离职沟通的重要性在于：一方面，可以更清楚地了解员工离职的原因，以便日后加强、改善企业管理；另一方面，以真诚友好的方式与离职员工交流，能够改变员工对企业的看法，以致离职后不会对企业进行负面宣传，破坏企业形象。

（四）按沟通范围划分

按沟通范围划分，沟通包括内部沟通与外部沟通。

内部沟通包括企业风险管理哲学和方式的明确陈述、明确的授权等，与活动流程和程序相关的沟通应与企业所希望建立的文化相协调，并支持这种文化的建立。有效的内部沟通应包括：

（1）有效的企业风险管理的重要性和相关性；

（2）企业的目标；

第6章 信息与沟通
Chapter 6　Information and Communication

（3）企业的风险偏好与风险承受度；
（4）共同的风险语言；
（5）每个员工在企业风险管理中的角色和职责。

员工还必须知道各种活动之间的联系，这种沟通与知识有助于其确认工作中的问题所在，查找原因并决定改进措施。员工还应该被明确告知，哪些行为企业是不能接受的。

企业不仅要有适当的内部沟通，还需要建立一个开放的外部沟通平台。企业与客户或供应商的沟通，有助于了解公司产品或服务的设计与质量，促使公司满足不断变动的需求或偏好。比如，客户或供应商抱怨和询问有关交货、收款、支付或其他交易活动时经常会切中经营中的问题，甚至涉及欺诈或其他不道德的行为。管理者应该立即意识到问题所在，进行调查并采取有效的纠正措施，消除或减少其对财务目标、遵循目标以及经营目标的实现所产生的不良影响。

对那些与供应链上的其他企业关系密切者和电子商务公司来说，企业风险偏好或风险承受度的外部沟通也是非常重要的，通过与商务合作伙伴的沟通，可以确保企业不承受合作伙伴带来的过多风险。

与股东、监管者、财务分析师和其他外部利益相关者的沟通，有助于他们了解企业面临的环境和风险，更好地遵循相关的法律和监管要求。

第5节　沟通机制

建立有效的沟通机制是任何管理艺术的精髓，企业的成败在于沟通管理中。有效的沟通可以和睦共事，同心同德，形成强大的合力，推动企业的发展。在建立长效沟通机制的过程中，我们应采用恰当的沟通方式，建立适合本企业发展的内部沟通机制，从而有助于企业的发展壮大。

一、沟通方式

沟通的实际运作可通过多种途径。口头沟通可能是运用最广泛的方式。文字沟通（包括书面和屏幕形式）及音频/视频沟通（包括远程通信）在现代社会中是同等重要的沟通途径。然而，沟通不仅仅是上述几种方法，在人们面对

面地交流时，眨一下眼睛、用手指轻轻地弹一下等都是同样重要的沟通方法。在某些公开场合，携带旗帜或其他标志物都有一定的含义。有时，一个人的衣着和身体姿势也可能具有非常重要的含义。有时非语言沟通比其他沟通方法更为重要。

（一）口头沟通

口头沟通是运用最为广泛的沟通方式。它是一种高度个人化的交流思想、内容和情感的方式。口头沟通与文字沟通相比，为沟通双方提供了更多的平等交换意见的可能性。人们通过沟通信息的内容培育相互之间的理解。但它也有局限性。一是语义，不同的词对不同的人有不同的意义。二是语音，语调使意思变得复杂，不利于意思的传递。意思会因人的态度、意愿和感知而被偷换。人们推知的意思可能是正确的也可能是不正确的。据估计，在口头沟通中最终原汁原味地保留下来的内容不超过原来信息的20%。在不同的企业文化背景下，对同样的语言，会有不同的理解，或者在同企业内部，由于文化认同不一，也会产生语言沟通的很大偏差。

（二）文字沟通

在缺乏面对面的接触或远程通信设施的情况下，这种沟通方式是传递信息非常有价值的工具。特别是在面对很多人传递同一信息而且还需有一个永久存档时，这种方法尤其有用。沟通者可以精确地表达他所想传递的信息，并有机会在给接受者发送之前充分地准备、组织这则信息。文字沟通的其他问题有：不能得到即时的反馈，有关的部门没有机会对该信息进行讨论。现代通信技术能够在一定程度上解决这些问题。但从个人化和说服力的角度来看，这种沟通的效果是有限的。企业文化的差异，会导致对文字含义的不同理解。在一个有数千名职员的大型企业中，文字沟通可能是最方便的沟通途径，但必须运用文化进行理解整合。

（三）音频/视频/通信沟通

通过高度发达、高效的通信/音频/视频辅助设施来使沟通变得更为有效，这种现象近年来日益增多。视觉感知是影响思想的一个很有潜力的工具。人们更易于理解并保留视觉印象而不是文字印象。由于人脑保留视觉形象的时间比保留语音文字的时间长，所以，现代通信技术可作为一个极好的工具用来支持和强化其他形式的沟通。正在出现的"信息高速公路"就是一个例子，它能

第6章 信息与沟通
Chapter 6 Information and Communication

为增强沟通效果发挥重要的作用。有利于在一个语境下，理解信息传播者的真实含义。

沟通是双向的智能化的增值过程；沟通可以结合组织的特点和文化背景采取多种方式。要重视沟通的有效性，不仅要重视沟通的形式，更要重视沟通的内涵。组织应通过实施ISO9000族标准，对沟通做出策划、安排和实施，营造一种全方位沟通的氛围，增加凝聚力，齐心协力实现组织的质量方针和目标。面对不断出现的具有竞争力的各种挑战，企业必须不断地开发优质新产品，并提供高质量的服务来保持市场的占有量。利用先进的信息技术来帮助企业进行全面质量管理是最为有效的方法之一。

二、建立企业内部沟通机制的途径方法

塑造优秀的企业质量文化并非一朝一夕，需要长期的努力方可见效，在这个努力的过程中，建立一个畅通的内部沟通机制是必不可少的。但大多数企业并没有认识到建立一个高效率的企业内部沟通机制的重要性和必要性，在企业管理过程中、建设企业质量文化过程中存在着沟通方式上单一性、沟通效率上过低。因此，加强企业内部沟通机制是企业必需的，建立企业内部沟通机制有如下途径与方法。

（一）沟通的方式多样化

大多数企业最常见的沟通方式是书面报告和口头表达，但书面报告最容易掉进文山会海当中，失去了沟通的效率，而口头表达则容易被个人主观意识所左右，无法客观地传达沟通内容。因此，企业内部的沟通方式要多样化。

1. 公司领导与员工直接沟通

公司领导可以通过定期或不定期地到基层调查研究和检查工作时，与基层员工进行沟通交流，了解员工的思想状况；通过与员工代表座谈的形式，听取员工对公司各项改革的意见和建议，听取员工的呼声和意愿。

2. 公司领导与直属单位、部室负责人直接沟通

通过一些会议和非正式会议及拓展活动来进行沟通，如每月召开生产经营分析会、每周的会议安排，通过这种形式对一些重大改革和经营情况进行上传下达。

3. 部室与部室之间或下属单位与下属单位之间或县局与部室之间的相互沟通

通过各部室、下属单位之间召开一些座谈会互相通报情况和部室、下属单位之间通过一些活动来达到沟通，增进相互之间的了解、理解和支持，形成共同的努力方向和目标。

4. 部室与员工之间的沟通

可以通过部门的例会、交谈、布置工作等方面来达到沟通。

5. 积极开展形式多样的文体活动，丰富员工的业余文化活动

通过举办体现整个企业团队精神的如"企业是我家"文艺晚会、拔河、篮球、足球比赛等，为领导和员工构筑轻轻松松交流沟通的渠道。再比如，根据企业的实际，开展类似"沟通面对面"企业文化论坛的活动。

（二）沟通制度化、规范化

在企业内部要有一个沟通的规范，也就是说用什么样的方式、什么样的格式、什么样的语言要有一个规范，这样就不会产生因不同的沟通方式之间产生信息差别。其中合理化建议就需要形成一种制度，让其成为一种制度化、规范化的企业内部沟通渠道，使广大员工能够直接参与管理，下情上达，与管理者保持实质性的沟通，使企业内部的各种意见能够以公开、正面、肯定的形式表达或宣泄出来，从而具有"保险阀"的功能，提高企业内部信息沟通的管理水平。

（三）沟通信息化

企业的信息化要求企业内部的沟通也要具有信息化，因为企业信息化能加强企业内部的沟通与交流，提高办事效率，有利于营造富于活力的企业质量文化。有条件的企业通过内部网络办公，能加强企业内部员工之间、部门与部门之间、决策管理者与基层员工之间的沟通，提高工作效率，同时也为员工积极参与公司管理开辟了畅通的渠道，还能节约办公成本，提高劳动生产率，使企业内部整体运营效率提高。这种虚拟沟通平台的延伸，使互联网时代的组织文化更具备了真实性和有效性，更体现了企业文化的价值所在。

第 6 章　信息与沟通
Chapter 6　Information and Communication

（四）沟通双向性

企业的沟通必须是双向的，也就是说信号的下达自上而下然后自下而上的或者自左而右然后自右而左的一个过程，这样可以保证企业沟通的正向性和准确性。但很多企业只注重自上而下的沟通，忽视了自下而上的沟通方向，这种沟通只是单向的，只偏重于领导传达命令，这样就会使企业内部沟通信号被误解，造成沟通的障碍。因此，企业的沟通必须具有双向性原则，尤其要重视自下而上的沟通过程。沟通最基本的目的是消除员工之间的疑虑，设身处地，从集体和个人的角度出发，寻求二者利益的平衡点，营造公司双赢的氛围。以此为目的，重视自下而上的沟通，共同营造出一种民主、进取、合作的健康氛围。

通过以上在建立企业内部沟通机制上的四种途径，就能提升企业管理水平，增强企业的凝聚力和向心力。

总之，建立良好的信息与沟通系统是有效地实施内部控制的必要条件，每一个企业均应建立适合该企业需要的良好的信息与沟通系统。

☞ 案例 26　沟通才有凝聚力

现代企业都非常注重沟通，既重视外部的沟通，更重视与内部员工的沟通。有沟通才有凝聚力。以下是一些值得借鉴的好做法：

讲故事：波音公司在 1994 年以前遇到一些困难，总裁康迪上任后，经常邀请高级经理们到自己的家中共进晚餐，然后在屋外围着个大火坑讲述有关波音的故事。康迪请这些经理们把不好的故事写下来扔到火里烧掉，以此埋葬波音历史上的"阴暗"面。只保留那些振奋人心的故事，以此鼓舞士气。

聊天：奥田是丰田公司第一位非丰田家族成员的总裁，在长期的职业生涯中，奥田赢得了公司内部许多人士的深深爱戴。他有 1/3 的时间在丰田城里度过，常常和公司里的 1 万多名工程师聊天，聊最近的工作，聊生活上的困难。另有 1/3 的时间用来走访 5 000 名经销商，和他们聊业务，听取他们的意见。

解除后顾之忧：西南航空公司总裁凯勒尔了解到员工最大的担心是失业，因为很多航空公司都是旺季时大量招人，在淡季时则辞退员工。凯勒尔上任后宣布，永不裁员，他认为不解除员工后顾之忧，员工就没有安全感和忠诚心。

从此，该公司以淡季为标准配备人员，当旺季到来时，所有员工都会毫无怨言地加班加点。

帮员工制订发展计划：爱立信是一个"百年老店"，每年公司的员工都会有一次与人力资源经理或主管经理的个人面谈时间，在上级的帮助下制定个人发展计划，以跟上公司业务发展，甚至超越公司发展步伐。该公司认为，一个企业要保持领先的地位，最重要的一点是员工的整体素质能够保持领先。

鼓励越级报告：在惠普公司，总裁的办公室从来没有门，员工受到顶头上司的不公正待遇或看到公司发生问题时，可以直接提出，还可越级反映。这种企业文化使得人与人之间相处时，彼此之间都能做到互相尊重，消除了对抗和内讧。

动员员工参与决策：福特公司每年都要制订一个全年的"员工参与计划"，动员员工参与企业管理。此举引发了职工对企业的"知遇之恩"，员工投入感、合作性不断提高，合理化建议越来越多，生产成本大大减少。

返聘被辞退的员工：日本三洋公司，曾经购买美国弗里斯特市电视机厂，日本管理人员到达弗里斯特市后，不去社会上公开招聘年轻力壮的青年工人，而是聘用那些以前曾在本厂工作过，而眼下仍失业的工人。只要工作态度好，技术上没问题，厂方都欢迎他们回来应聘。被返聘的员工深受感动。

培养自豪感：美国西思公司创业时，工资并不高，但员工都很自豪。该公司经常购进一些小物品如帽子，给参与某些项目的员工每人发一顶，使他们觉得工作有附加值。当外人问该公司的员工："你在西思公司的工作怎么样？"员工都会自豪地说："工资很低，但经常会发些东西。"

领导者表扬：表扬被认为是当今企业中最有效的激励办法。日本松下集团，很注意表扬人，创始人松下幸之助如果当面碰上进步快或表现好的员工，他会立即给予口头表扬，如果不在现场，松下还会亲自打电话表扬下属。

资料来源：廖仲毛：《沟通才有凝聚力》，《思维与智慧》2002 年第 10 期。

内部监督

Chapter 7　Internal Supervision

第1节　监督控制及其方式
第2节　持续性监督
第3节　专项监督
第4节　内部控制缺陷报告
第5节　内部控制自我评价（CSA）
第6节　内部审计

上市公司内部控制

作为控制风险的内部控制系统也需要得到被监控,这是评估系统在一定时期内的运行质量的过程。这一过程通过持续性监督、专项监督或两者的结合来实现。企业对在监督检查过程中发现的内部控制缺陷,应当采取适当的形式及时进行报告。内部控制的自我评价和内部审计制度,既是内部控制系统的组成部分,又是对内部控制的再控制。

第1节 监督控制及其方式

内部监督作为内部控制的基本要素之一,对于内部控制的有效运行,以及内部控制的不断完善起着重要的作用。美国COSO委员会的《内部控制框架》和《企业风险管理框架》中,均规定把监控作为其构成要素。监控这一概念在实际上与我国《企业内部控制基本规范》中作为内部控制基本要素之一的内部监督的概念是一致的。整个内部控制的过程必须施以恰当的监督,通过监督活动,在必要时对其加以修正,才能使企业内部控制系统更加完善。

一、什么是监督机制

所谓监督机制是指监督系统内部各构成要素相互作用的关系及其运行过程和方式。公司内部监督机制,就是指公司内部监督系统各构成要素相互作用的关系及其运行过程和方式。它是公司内控制的重要组成部分,是公司的利益相关者对公司代理人的经营行为、过程或决策等经营活动实施客观、及时的监控所涉及的一系列监督制度的总称。公司监督机制包括内部监督机制和外部监督机制。现实中,由于企业仅仅注重有关制度的建立,而不注重相关制度的执行,这成为我国企业内部控制普遍薄弱的一个关键性因素。要使企业内部控制的效能得到充分地发挥,不仅需要企业建立健全的内部控制,更需要企业本身和社会各方对其内部控制实行有效的监督。

公司内部监督机制主要有以下几方面特征:

第一,公司内部监督主体的独立性。独立性主要是指监督主体要具有独立的法律地位。只有监督机构完全独立于被监督机构,才能真正发挥监督作用,这就要求监督必须来自外部。因此,必须赋予监事会(监事)和独立董事以

第7章 内部监督
Chapter 7　Internal Supervision

相对独立的法律地位，置于被监督者——董事会、高级管理人员势力范围之外。

第二，公司内部监督主体的广泛性。公司资本构成的开放性，造成了公司内部监督主体的广泛性。上市公司不仅在筹集资金方面采用股份制的方式吸引广大社会公众的投资，而且应给予他们经营管理和监督的权力。因此，公司内部监督既是大股东的责任，也是广大中小股东和公司职工代表的权利。公司监督主体的广泛性可以有效保障监督的效果和监督的公正。

第三，内部监督权的权威性。法律赋予了监事会（监事）等监督主体对董事会、高级管理人员公司经营管理及履行职责情况的知情权、询问权、质询权、调查权、否决权等，法律的严肃性决定了监督权的权威性。

第四，内部监督机制的多样性。现代公司为保证监督的效果，设置了多样化的监督机制：按照监督的内容，可分为业务监督和财务监督；根据监督的过程，可分为事前监督、事中监督和事后监督；按照监督的范围，可分为合法性监督和妥当性监督。

根据《内部控制整体框架》使用的监督的概念，是指对内部控制在一定时期内的运行质量进行评估的过程。对控制的监督是指企业对其内部控制的健全性、合理性和有效性进行监督检查与评估，形成书面报告并做出相应处理的过程，是实施内部控制的重要保证。企业应当利用信息与沟通情况，提高监督检查工作的针对性和时效性；同时，通过实施监督检查，不断提高信息与沟通的质量和效率。

二、对内部控制进行监督的必要性

（一）企业内部控制的局限性

企业内部控制的局限性从客观上要求对内部控制进行监督。

1. 人为错误

内部控制效果与实施控制的人员素质和工作质量密切相关。内部控制是由人建立的，也要由人来行使。如果企业内部行使控制职能的人员在心理上、技能上和行为方式上未能达到实施内部控制的基本要求，对内部控制的程序或措施经常误解、误判，那么再好的内部控制也很难充分发挥作用。

2. 串通舞弊

内部控制将不相容职责适当分离，可以避免单独一人舞弊。但是，在实际工作中，如果有处于不相容职务上的有关人员相互串通、相互勾结，失去了不同职务相互制约的基本前提，内部控制也就很难发挥作用。

3. 管理人员凌驾于内部控制之上

如果企业主要管理者故意弄虚作假，跳过管理程序，导致决策出现了问题。那么，贯彻决策人意图的内部控制就会失效。

> **案例27　中行双鸭山票据诈骗**
>
> 2006年，警方破获的中国银行双鸭山分行四马路支行有关工作人员集体"下水"案中，涉案的5名工作人员，从支行领导到经办员沆瀣一气，非法出具大量的承兑汇票，造成了重大的损失。支行行长、主管财会的副行长、汇票保管人员、银行印鉴持有人员共同参与作假，使内部控制机制形同虚设。因此，需建立内部控制监督机制对内部控制进行有效的监督。
>
> 资料来源：根据2006年3月16日东方早报《中行双鸭山票据诈骗窝案揭秘　银行员工集体下水》整理。

（二）环境变化

随着企业外部经营环境的不断发展，以及内部治理结构的不断深化，曾经有效的控制制度也许会变得不太有效，或将不再实施。这些情况的发生，可能源自新员工的到来、培训和监控效果的变化、时间和资源的限制，或额外的压力等。另外，最初制定内控系统的环境也可能改变，使其警示应对新环境带来风险的能力下降。企业应及时更新和完善内部控制，防范经营风险、财务风险和法律风险。所以，内部控制不是一劳永逸的，需要不断更新、完善、加强。

（三）成本效益原则

成本效益原则是指当企业采用一项内部控制时，必须保证实施该控制活动所引起的成本增加小于其所带来的效益的增加。成本效益原则在内部控制中的广泛运用，从客观上使内部控制存在薄弱环节。

股东在委托代理人对公司业务进行经营管理的同时，必须花费监督成本，亲自或者委托监督人代表委托人的利益对代理人进行监督，以求将道德风险控

第 7 章　内部监督
Chapter 7　Internal Supervision

制在最小的范围内。代理问题的实质就是委托人如何对代理人的行为进行有效的约束和激励，降低代理成本，以最大限度地增加委托人的利益。现实中，由于外部监督效率低下，代价高昂，故而世界各国（地区）公司治理结构在此问题上的做法，都致力于建立一个专门的内部监督机构。

总之，不断强化企业的内部控制监督，是内部控制的内在需要，也是保证其在实际工作中得到贯彻落实、发挥作用的客观要求。

从韩国大宇、美国安然到我国银广厦事件中，无不让我们看到一个残酷的现实：在现代公司发展中，权力的集中带来了权力的腐败。因此，必须要有一个相对中立的机构或人士，对企业内部的行为进行适当的制约、提醒和监督，即必须完善公司的权力监督模式。正如姚德年博士所说："可以确定的是，一个治理结构比较完善的上市公司必须要有良好的内部监督机制，一个没有内部监督机制的上市公司很容易在各个执行董事的努力工作中走向崩溃[1]。"

相对而言，公司内部监督机制是公司监督最主要的也是最有效的方式。作为自治监督，它虽然不及公权监督那样有强大的威慑力，但它是建立在契约安排之上的，是公司组织系统内部的自我约束机制，体现出明显的自治性特征，是一种积极主动的全过程监督。监督主体有更多的机会和条件，来了解监督对象的活动，信息获得也很便捷，使得这种监督能够更深入、更持久、更及时、更准确，监督内容更广泛，监督成本更低，监督也更有实效。当然，公权监督也是公司监督不可或缺的一个部分（公司内部自治监督应与公权监督体现出更好的互补性，才能对公司进行卓越有效的监督），但作为公权监督基础的公司内部监督机制，无疑是现阶段公司治理的核心。

三、监督系统的组成

监督系统的主要活动包括：持续性监督、专项监督和内部控制缺陷报告。

企业可通过持续性监督、专项监督或者将这两种方式结合起来对内部控制进行监控。持续性监督和专项监督相结合可以使企业内部控制在不断变化的经营环境中保持有效性。进一步地，监督系统还应包括适当的程序与政策，以保证内部审计和审查工作的结果与建议能够获得管理层重视，并及时得到处理。在监督过程中发现的内部控制缺陷，必须向相关的内部控制责任人报告，严重的缺陷则需要向高级管理层和董事会报告。

---

[1] 姚德年：《我国上市公司监事会制度研究》，中国法制出版社 2006 年版。

四、监督系统的主要参与者及其职能

为了保证监督系统有效发挥作用,针对内部控制的各个关键环节,设定相应的监督制度,并将监督的职责具体分配到组织的各个层级、部门以及个人,是一种必不可少的制度安排。

内部控制监督系统的主要参与者及其职能如下:

(一) 董事会

董事会对内部控制的有效性负最终的责任,也就是说,董事会对内部控制制度的建立健全、有效实施及其检查监督都负有责任。董事会委托相关委员会(如审计委员会)负责对内部控制进行监督和报告,定期从这些委员会接受并审阅内部控制的相关报告。

(二) 审计委员会

审计委员会受董事会的委托,负责指导内部控制监督程序。审计委员会应当定期与直接负责实现内部控制目标的管理人员、内部审计师沟通,以获得有关内部控制的保证以及其他相关信息,并据此判断内部控制的有效性。

(三) 高级管理层

内部控制是否有效在很大程度上取决于高级管理层的表现。企业高层管理人员包括首席执行官、总裁、财务总监、副总监等。首席执行官、总裁、副总监并不广泛地参与内部控制监督程序,而主要由财务总监和首席审计师负责对内部控制的监控职能。

(四) 内部审计

对内部控制进行评价和监督是内部审计的中心任务。内部审计的工作内容和工作成果,是评价内部控制充分性和有效性的一个独立的意见来源。此外,内部审计可以促进其他与内部控制监督程序有关的人员采用更为积极有效的控制和监督方法。一方面,通过对经营方针、决策、计划和执行情况的检查评价,既可确定企业的经营方针、决策、计划,落实各部门的经济责任,又可激发和调动各级管理人员的积极性,落实目标,促进方针的贯彻。另一方面,通过审计查明每个责任人是否完成了应负的经济责任的各项指标,并监控指标是

第 7 章　内部监督
Chapter 7.　Internal Supervision

否真实可靠、资源是否有效利用、资产是否安全。

> ☞ **案例 28　工商银行内控规定**
>
> 　　中国工商银行为强化内部监督，完善内部监督体系，在其内部建立起内部控制的"三道监控防线"。第一道防线：以一线岗位双人、双职、双责为基础，落实责任制，加强员工之间的监督；第二道防线：在"下管一级、监控两级"的管理模式下，通过强化总行垂直管理职能，以及对部分业务实行"拉条式"管理等措施，达到相关部门、相关岗位之间的相互监督制约目的；第三道防线：总行成立稽合监督委员会，改稽核部为稽核监督局，内设内部控制制度监督处，并在 6 个地区派出稽核专员，成立稽核专员办公室。同时，工商银行内部审计局及跨区域的 10 个内审分局，负责全行各项经营活动，并对董事会审计委员会负责；内部控制合规部对各级行长负责，分行本部控制合规部，接受总行内部控制合规部的业务指导。这一系列的举措极大地提高了内部监督的独立性、权威性和有效性。
>
> 　　资料来源：工商银行内部控制暂行规定。

第 2 节　持续性监督

　　持续性监督是指企业对建立和实施内部控制的整体情况所进行的连续的、全面的、系统的、动态的监督检查。它应当与企业的日常经营活动相结合，整合于企业的经营活动过程之中，与日常经营活动结合起来进行；对于发现的内部控制缺陷，应当及时向有关方面报告，并提出解决问题的方案，对存在的问题予以纠正。在上节内容中提到，持续性监督属于监督系统的主要活动之一。本节将对其进行比较详细的表述。

一、持续性监督活动

　　持续性监督活动包括[①]：负责营运的管理阶层在履行其日常的管理活动时，取得内部控制系统持续发挥功能的资料，当营运报告、财务报告和他们所

---

① 引自孙永尧：《内部控制案例分析》，中国时代经济出版社 2007 年版。

得到的资料有较大偏离时,可对报告提出质疑;来自外界团体的沟通,可以验证内部信息的正确性,并能及时反映问题所在;适当的组织机构及监督活动,可用来辨识缺失;各个职务的分离,使不同员工之间可以彼此相互检查,以防舞弊;把信息系统所记录的资料同实际资产核对;内、外部稽核人员定期提出强化内部控制系统的建议;培训课程、规划会议和其他会议,可把控制是否有效的重要信息反馈给管理阶层;定期要求员工陈述他们是否了解企业的行为准则,并加以遵守,对于负责业务和财务的员工,则要求他们陈述某些特定控制是否都予执行,管理阶层或内部稽核人员还必须验证这些陈述是否确实。

持续性监督是企业风险管理对环境改变做出的动态反应,能较快地识别问题。持续性监督越到位,其有效性就越高,企业所需的专项监督也就越少。

二、持续性监督的措施

通常应当由管理人员设计企业的持续监督机制。这包括内部控制执行状况的常规反馈机制,以及对经营活动和控制目标的监督机制等。具体的监督活动则由职能部门经理和项目经理负责,将监督内部控制作为其职责的一部分,并定期地检查内部控制活动的有效性。

为了全面有效地做好持续性的监督工作,企业可以采取以下措施。

(一)健全和维护内部控制体系

通过健全和维护完善的内部控制体系,来规范变更标准、监督机制及考评机制等控制活动,使得企业内部控制体系有效运行。新修订的《会计法》明确规定了各单位应当建立健全本单位内部会计监督制度,并具体规定了单位内部会计监督制度应符合的"四项要求",从而为单位制定内部控制制度指明了方向。建立健全内部控制制度和内部制约机制,具体来说,就是要明确会计工作相关人员的职责权限、工作规程和纪律要求。其目的在于通过建立健全内部控制制度,明确本企业生产经营环节的规程、要求和职责,做到按章办事,减少人为因素的影响,提高会计工作效率和质量,防范经营风险的发生,从而发挥内部监督在企业经营活动中的重要作用。建立健全企业的内部控制制度,是做好内部监督工作的前提,是保证会计工作和会计信息真实、完整的重要措施。

(二)获取内部控制有效执行的证据

企业员工在进行日常的生产经营活动时,必须取得必要的、相关的证据,

第 7 章 内部监督
Chapter 7 Internal Supervision

证明内部控制体系发挥功能的程度，以获取内部控制执行的证据。主要手段包括：

（1）管理层收集汇总各个部门的信息、出现的问题，以及各方面工作的进展情况；

（2）企业各职能部门进行自我检查，确保内部控制体系的有效运行。对发现的问题进行记录，通过分析提出解决方案，进一步完善内部控制系统；

（3）内部控制部门监督、检查相关单位内部控制体系的运行情况。

（三）印证内外信息

印证内外信息是指来自企业外部有关方面的信息支持内部产生的结果，或者反映出内部存在的问题。外部信息主要来源于三个方面：

1. 来自监管部门的信息

企业接受监管部门的监督检查，可以通过汇总、分析监管部门提供的反馈信息，制订出整改方案。

2. 来自客户的信息

一方面，获得来自外部单位的往来账项函证，以此来确认账目数据与函证的一致性；另一方面，召开客户座谈会，检查客户的投诉记录，来获取有关内部控制存在缺陷的信息，进而改善内部控制状况。

3. 来自外部审计师的内控建议

公司管理层会在外部审计师执行财务报表审计中，注意到内部控制缺陷，并就审计师提出的管理建议书做出响应。

（四）盘点制度

企业应当定期地进行财产清查、存货盘点和固定资产盘点，将会计记录的数据与实物资产进行比较，做到账实相符。账实不符时，找出差异原因，并经过授权审批，采取一定的责任追究等措施进行处理。

（五）管理层的监督行为

管理层可以通过各种方式了解内部控制的执行情况，以及控制缺陷的反馈情况和处理情况。其主要的渠道包括：

(1) 内部审计机构（如审计委员会）接收、保留及处理各种投诉及举报，并保证其保密性；

(2) 管理层在培训、会议等场所了解内部控制情况；

(3) 管理层认真审核员工提出的各项建议，并不断完善建议机制；

(4) 监督管理部门组织专项调研，对出现的问题提出改善建议。

> **案例 29　银广夏陷阱**
>
> 2001年《财经》杂志8月号发表文章《银广夏陷阱》，揭露深圳股票交易所上市公司银广夏1999年度、2000年度业绩绝大部分来自造假。从表面看来，银广夏是出口销售问题，实际上是串通舞弊问题。为达到掩盖虚构利润和防止注册会计师查出问题的目的，银广夏的工作人员串通作假。首先，出口销售作假。因为公司没有真正的产品出口，报关单、销售发票等都是伪造的，在与德国诚信公司的合同上作假。其次，生产、库存单等统统作假。最后，银行存款作假。因为巨额的销售款项回收，总会引起审计人员的注意，并能通过审计方法查实。显然，银广夏从凭证到报表整个过程的作假，就是由所有的参与者共同作假过程。显然，银广夏的各部门的相互监督和牵制作用已经名存实亡。
>
> 资料来源：朱荣恩：《内部控制综合案例与分析》，上海市财务会计管理中心网站。

（六）定期考核制度

对于企业内部制定的员工手册或行为规范，应定期考核员工是否真正理解，并且是否遵守了这些标准。监督管理部门要协同人力资源部门，根据高层管理人员的授权，监督员工对有关规范的执行情况。

（七）内部审计活动的执行

首先，公司应对审计部门人员的素质制定明确的要求。内审人员应具有相应的经验和知识技能。其次，要坚持全面审计。在开展财务会计及其他经营资料真实合规性审计的基础上，向规章制度的完善性、有效性等经营管理审计方向发展；同时，要注意突出重点，把重点单位、重点项目、重点资金、重点事项以及领导和群众关心的焦点问题，企业生产经营管理中的难点、弱点或薄弱环节列入审计项目计划，将防止企业资产流失、投入产出比高的审计项目列入审计项目计划。

第7章　内部监督
Chapter 7　Internal Supervision

企业应当有完整的内部审计规范，明确内审范围、责任等。内部审计的内容将在本章第5节详细介绍。

第3节 专项监督

虽然对内部控制的持续监督能够较为迅速地发现企业内部控制存在的问题，但要更为深入地了解和分析问题的具体情况及其内在原因则需要对内部控制实施专项监督。专项监督是指在企业发展战略、组织结构、经营活动、业务流程、关键岗位员工等发生较大调整或变化的情况下，对内部控制的某一方面或者某些方面进行的有针对性的监督检查。

相对于持续性监督对内部控制所进行的连续、全面、系统的监督检查，专项监督对内部控制的监督检查则是不定期和有针对性的。

一、专项监督的基本程序

专项监督可以由管理层、内部审计部门以及外部专家等单独或者共同完成。实施专项监督的人员需要了解作为专项监督对象的内部控制的预期目标以及内部控制实际的运行情况，确定专项监督的目标、标准以及方法，并完整记录专项监督的程序和结果。一个规范化的过程为专项监督提供了良好的基础。

（一）计划阶段

（1）定义目标和专项监督范围；
（2）选定一个具有必要权力的经理负责专项监督；
（3）确定专项监督小组，个人支持和重要经营单位接触；
（4）定义专项监督方法论、时间界限和执行步骤；
（5）同意专项监督计划。

（二）实施阶段

（1）获得经济个体活动的大体情况；
（2）理解经营单位的风险管理程序是如何进行的；
（3）选择合适的方法来监督风险管理过程；

(4) 分析公司内部审计准则和可能执行情况的对比结果；

(5) 文件缺乏和可能的补救措施；

(6) 检查与证实来自员工调查的信息。

（三）报告和补救阶段

(1) 复查经营单位、流程和其他管理信息的结果；

(2) 从个体、经营管理过程中获取评论和补救措施；

(3) 将管理反馈信息融入最终专项监督报告中。

> **案例 30　三鹿内控失职**
>
> 　　河北石家庄三鹿集团股份有限公司曾是国内最大的奶粉生产企业，在乳制品加工企业中位居第三名。2008 年 9 月 11 日，三鹿婴幼儿配方奶粉掺杂致毒化学物三聚氰胺被曝光，三鹿集团被迅速推向破产，引发了"中国奶业的大地震"。
>
> 　　合法性、合规性是企业内部控制的最低目标，是企业在进行内部控制时首先要遵守的原则。三鹿集团作为消费者日常生活必需品——奶制品的生产者，更需要加强食品质量的专项监督。三鹿集团的奶粉掺杂致毒化学物及破产，充分暴露了该集团公司的内部控制的严重失职。
>
> 资料来源：《歧"鹿"亡羊》，《中国总会计师》2010 年第 3 期。

二、如何确定专项监督的范围和频率

企业内部控制的范围和频率各不相同，取决于风险的重大性，以及对企业经营管理的影响性。对于专项监督来讲，在选定评估主体后，应在内部控制系统中，选择适当的部门进行评估，其范围、覆盖的深度和频率应当满足企业内部控制的需要。企业应当根据风险评估的结果以及日常监督的有效性等予以确定。

要经常性地监督那些应对优先考虑的风险的内部控制或对减少风险具有重要作用的内部控制。对整个内部控制体系的监督，可能是由于企业重要战略或管理层发生变化、重大的收购或兼并、运营或处理财务信息的方法发生重大变化。在做出评估企业整个内部控制体系的决策时，应把注意力指向与所有重要活动有关的每一个内部控制要素。评估范围也将取决于计划解决的是三个目标类型（经营、财务报告和合规）中的哪一个。

企业应当制定内部控制体系的验收检查方案及其标准，并逐步开展涵盖内部控制体系框架所有内容的验收测试工作，检查内部控制体系运行的有效性。

内部控制管理部门每年对重要的会计科目、披露事项、重要业务流程进行更新和确认，定期组织相关部门对关键控制管理文件进行修改和完善。

第4节 内部控制缺陷报告

内部控制缺陷报告也属于监督系统的主要活动之一。及时发现并报告内部控制缺陷，有助于管理层和内部控制部门有效地整改、完善内部控制体系。

一、什么是内部控制缺陷

内部控制缺陷包括设计缺陷和运行缺陷。所谓设计缺陷，是指缺少为实现控制目标所必需的控制，或现存内部控制设计不适当、即使正常运行也难以实现控制目标而形成的内部控制缺陷，即建立的内部控制不能充分实现内部控制目标而形成的内部控制缺陷。所谓运行缺陷，是指现存设计完好的控制没有按设计意图运行，或执行者没有获得必要授权或缺乏胜任能力以有效实施控制而产生的内部控制缺陷，即内部控制不能按照建立阶段的意图运行，或运行中错误很多，或实施内部控制的人员不能正确理解内部控制的内容和目标等而产生的内部控制缺陷。某一企业的内部控制体系虽然设计得很完善，但由于实施过程中的偏差，导致内部控制运行缺陷。内部控制的缺陷可以是单项的缺陷，也可以是多项组合的缺陷。

按照内部控制缺陷影响整体控制目标实现的严重程度，内部控制缺陷分为一般缺陷、重要缺陷和重大缺陷。重大缺陷是指一个或多个一般缺陷的组合，可能严重影响内部控制的整体有效性，进而导致企业无法及时防范或发现严重偏离整体控制目标的情形。重要缺陷是指一个或多个一般缺陷的组合，其严重程度低于重大缺陷，但会导致企业无法及时防范或发现偏离整体控制目标的严重程度依然重大，须引起企业管理层关注。除了重要缺陷和重大缺陷以外的其他缺陷，则为一般缺陷。

上市公司内部控制
Internal Control of Listed Company

> **案例 31　东北高速卷入"中行高山案"**
>
> 东北高速卷入"中行高山案"和违规炒期货等轰动全国的案件，就是由于企业内部存在控制上的缺陷所引起的。由于东北高速的大股东之间存在着沟通问题，以及存在人事制度上的一定的漏洞，东北高速自 2001 年起实际由董事长张晓光控制。虽然张晓光是黑龙江省政府交通厅任命的干部，负责处理黑龙江高速的股东权益事宜，但人事方面归该省国资委管理，其组织关系由吉林省委管理，这使得大股东黑龙江高速很难真正能够控制张晓光。正是在这种情况下，张晓光利用职务之便大肆侵吞挪用公司财产，东北高速因此被卷入"中行高山案"和违规炒期货等案件。在狱中，张晓光承认，正是公司相对薄弱的制度约束力，不完善的监督机制等制度，方便了其利用这些漏洞对公司财产侵占和挪用。
>
> 资料来源：韩葱慧，沈琳：《关于上市公司股权制衡与内部监督的案例研究》，中国大学生网，2009 年 12 月 16 日。

二、内部控制缺陷报告体系

企业在对内部控制进行内部监督而发现内部控制缺陷时，需要对内部控制的缺陷进行认定和报告。为此，企业应当根据自身的实际情况，制定本企业内部控制缺陷的认定标准。另外，在对内部控制进行内部监督的过程中，根据确定的标准对内部监督所发现的内部控制缺陷进行认定，分析缺陷的性质和产生的原因，提出整改方案，采取适当的形式及时向董事会、监事会或者经理层报告。企业还应当跟踪内部控制缺陷的整改情况，并就内部监督中发现的重大缺陷，追究相关责任单位或者责任人的责任。

（一）识别内部控制缺陷

内部控制作为企业自我调节和自行制约的内在机制，处于单位中枢神经系统的重要位置。可以说，没有健全完善的内部控制系统，就很难组织起现代化的社会大生产，也就谈不上现代化的企业生产和经营管理。健全有效的内部控制，不仅能保证企业会计信息的真实正确、财务收支的有效合法和财产物资的安全完整，还能保证企业经营活动的效率性、效果性，以及企业经营决策和国家法律法规的贯彻执行。但是，任何事物都不是尽善尽美的，内部控

第 7 章　内部监督

制也同样存在固有的、不可避免的局限性。一般而言，内部控制的局限性主要表现为[①]：

(1) 如果企业内部行使控制职能的管理人员滥用职权，蓄意营私舞弊，即使具有设计良好的内部控制，也不会发挥其应有的效能。因为内部控制作为企业管理的一个组成部分，它理所当然地要按照其管理人员的意图运行，尤其是按照企业负责人的决策意图运行。公司决策者的决策一旦出了问题，贯彻决策人意图的内部控制也就失去了应有的控制效能。

(2) 如果企业内部的不相容职务的人员相互串通作弊，与此相关的内部控制就会失去作用。内部控制的一条重要原则，就是将不相容职务进行分离。在实际工作中，如果出于不相容职务上的有关人员相互串通，相互勾结，失去了不同职务相互制约的基本前提，内部控制也就很难发挥作用。

(3) 如果企业内部行使控制职能的人员素质不适应岗位的要求，也会影响内部控制功能的正常发挥。内部控制是由人建立的，也是要由人来行使的。如果企业内部行使控制职能的人员在心理上、技能上和行为方式上未能达到实施内部控制的基本要求，对内部控制的程序或措施经常误解、误判，那么再好的内部控制也很难充分发挥作用。

(4) 企业实施内部控制的成本效益问题也会影响其效能。控制环节越多、控制措施越复杂，相应的控制成本也就越高，同时也会影响企业生产经营生活的效率。因此，在设计和实施内部控制时，企业必然要考虑控制成本与控制效果之比。当实施某项业务的控制成本大于控制效果而产生损失时，就没有必要设置控制环节和控制措施。这样，某些小错误的发生就可能得不到控制。

(5) 内部控制一般都是针对经常而重复发生的业务而设置的，而且一旦设置就具有相对稳定性。因此，如果出现不经常发生或未预计到的经济业务，原有的控制就可能不适用，临时控制（如实行专门的审批、报告和执行程序来处理临时性或突发性业务）则可能不及时，从而影响内部控制的作用。

内部控制缺陷的信息来源于企业内部和外部。企业应当具有敏锐的洞察力，及时发现并报告相关信息，以保证管理层及内部控制部门能够有效地整改，完善内部控制制度。就此而言，企业应当做到：

(1) 制定内部控制缺陷报告管理制度，明确报告缺陷的标准、报告职责、报告程序及报告内容；

[①] 李学柔、秦荣生：《国际审计》，中国时代经济出版社 2002 年版。

(2) 职能部门和各单位定期或不定期对企业内部控制执行情况自查和互查,对发现的问题进行记录,并采取有效的整改措施;

(3) 职能部门汇集从外部获取的相关信息,分析、发现内部控制可能出现的缺陷,制定整改措施,并监督该措施的执行情况;

(4) 企业每年进行常规的审计和内部控制专项审计,根据发现的问题,查找内部控制方面存在的缺陷,提出改进和加强管理的建议;

(5) 企业应通过信访受理,发现企业内部控制存在的问题,并作出及时有效的整改。

(二) 报告内部控制缺陷

员工发现内部控制缺陷时,不仅要向组织的相关负责人报告,同时还要向直接负责人至少高一级的主管报告,使其可采取有效的矫正措施。对于特殊的或者敏感的信息,企业应当设置其他的方便的沟通渠道。

(1) 企业应制定重大、特大事件报告制度;

(2) 企业各单位对在工作中发现的内部控制问题或缺陷,及时以书面形式向主管和上级报告;

(3) 控制部门定期或不定期地汇报新出现的风险。

(三) 整改措施

企业对识别出的缺陷和问题,应得到及时的纠正,这个过程应受到管理部门的监督。

(1) 企业的内控委员会对内部控制的调查结果和管理层的反馈进行研究分析;

(2) 管理层授权相关部门对发现的内部控制缺陷进行调查、分析,提出整改措施,并监督措施的执行情况;

(3) 管理部门通过实施信访机制,发现内部控制存在的缺陷和问题,进行适当的处理,并实施改进措施;

(4) 发生重大及特大事故后,应配合相关部门调查,落实事故调查报告中的处理意见和防范措施、建议;

(5) 控制部门负责跟踪检查内外审计师提出的管理建议和内部控制整改建议的实施情况。

第 7 章　内部监督

Chapter 7　Internal Supervision

> **案例 32　UT 斯达康内控问题**
>
> UT 斯达康国际通信有限公司（简称 UT 斯达康）成立于 1995 年。它是一家专门从事现代通信领域前沿技术及产品研发、生产及销售的国际化高科技通信公司。2000 年 3 月，该公司在美国纳斯达克市场成功上市。2003 年第三季度，该公司因上市以来连续 15 个季度实现并超过华尔街预期，而荣获"最具发展潜力奖"，被多家杂志评为"中国管理最佳的十大企业"之一。然而，2004 年第三季度，公司的利润锐减 500 万美元，从第四季度开始出现亏损。从此，营业收入继续下滑，财务状况日趋恶化，最终走向了团队瓦解。
>
> UT 斯康达的高层团队多为技术人员出身，"制度管理公司"概念相对薄弱。当 UT 斯达康近乎 100% 的年增长率很快超出了现有内部控制作用的范围时，一系列的内部控制制度缺陷就随之产生。一方面，业务的飞速增长使公司来不及建立新的政策和程序，导致聘任的员工不具备充分的胜任能力。另一方面，业绩的快速增长进一步导致管理层对业绩的过分追求，越权问题频频发生。
>
> 资料来源：根据杨清香，张晋：《内部控制缺陷及其改进——来自 UT 斯达康的案例》，《财务与会计》2008 年第 2 期。

第 5 节　内部控制自我评价（CSA）

内部控制评价是对一个企业内部控制系统的完整性、合理性和有效性进行的分析和评定。内部控制评价包括外部评价和内部评价。外部评价是指外部机构（如注册会计师事务所等）对企业内部控制系统的评价。内部评价则是指内部机构（企业管理当局或内部审计机构）基于某种管理需要，对自身内部控制系统的控制自我评价（control self appraisal，CSA）。

内部评价既有企业自发的自我评价，也有按照相关法规要求进行的自我评价，如上市公司按照监管机构的信息披露要求进行的自我评价。自我评价的主要作用是使内部控制制度与企业的治理结构、约束机制相结合，从而形成有效的内部制衡关系，促进内部控制目标的实现；外部评价则主要指对内部控制的强制审计，着重强调相关监管部门的监督检查。

一、内部控制自我评价（CSA）的含义及特征

国际内部审计师协会在 1996 年的研究报告中，总结了 CSA 的三个基本特征：由管理层和职员共同进行；关注业务的过程和控制的成效；用结构化的方法开展自我评估。具体来讲，CSA 将维持和运行内部控制的主要责任赋予公司管理层。管理层、员工和内部审计人员合作评价控制程序的有效性，使管理层和员工与内部审计人员共同承担对内部控制评估的责任；CSA 以岗位职责和业务操作规程为中心来自我调节和自我完善，涉及所有员工对控制制度本身及其效果和效率进行的评价，以及对参与控制人员的资格、工作程序和工作表现的评价。内部控制自我评价与传统内部审计的对比见表 7-1。

表 7-1　　　　　　　　　内部控制自我评价与传统内部审计对比

	传统内部审计	内部控制自我评价
参与人员	内部审计人员	企业全体成员
评价方法	检查、询问、观察以及重新执行等方法	引导会议法、问卷调查法和管理结果分析法
评价范围	主要关注企业财务控制制度，忽略非财务领域	内部控制各个领域、强调非财务领域的重要性
评价内容	评价诸如财务报告、资产与记录的接触、使用与传递、授权授信、岗位分离、数据处理与信息传递等方面的硬控制	除硬控制外，还包括公司治理、高层经营理念与管理风格、职业道德、诚实品质、胜任能力、风险评估等非正式控制，即软控制
评价程序	分为了解内部控制、评价内部控制设计的合理性、测试和评价内部控制执行的有效性、综合性评价等步骤	分为计划、预备工作、研讨会、报告和行为方案的实施等步骤
作用	执行审计程序，报告其发现	推广内部控制理念，促进企业内部控制的完善和改进

这使以往由内部审计人员对控制的适当性及有效性进行独立验证发展到全新的阶段，即通过设计、规划和运行内部控制自我评估程序，由组织整体对内部控制和公司治理负责。

第 7 章　内部监督
Chapter 7　Internal Supervision

二、内部控制自我评价的方法

西方国家在实践中已经发展了至 20 余种的 CSA 方法，但从其基本形式来看，主要有引导会议法、问卷调查法和管理结果分析法三种。

（一）引导会议法

引导会议法是指由内部审计人员与被评价单位管理人员组成评价工作小组，管理人员在内部审计人员的帮助下，对企业或本部门内部控制的恰当性和有效性进行评价，然后根据评价和集体讨论来提出改进建议出具评价报告，并由管理者实施。引导会议法集中体现了 CSA 全员参与内部控制的理念，改变了把内部控制评价看做是审计人员责任的思想，有效地提升了企业的内部控制环境。

（二）问卷调查法

问卷调查法利用问卷工具使得受访者只要做出简单的"是、否"或"有、无"的反应，控制程序的执行者则利用调查结果来评价他们的内部控制系统。

（三）管理结果分析法

管理结果分析法是指除上述两种方法之外的任何 CSA 方法。通过这种方法，管理当局布置工作人员学习经营过程。CSA 引导者（可以是一个内审人员）把员工的学习结果与他们从其他方面如其他经理和关键人员收集到的信息加以综合。通过综合分析这些材料，CSA 引导者提出一种分析方法，使得控制程序执行者能在他们为 CSA 做出努力时利用这种分析方法。

以上三种方法可由企业根据自己的实际情况选择。目前西方运用得比较多的是引导会议法。在这种方法下，由内部审计人员或高层管理者充当引导者，主持召开一系列的研讨会来进行。

三、内部控制自我评价的步骤

内部控制自我评价的步骤通常包括计划、预备工作、单独的研讨会、系列的联席会议、报告和提供方案的实施等一系列过程。

（一）计划

CSA 要求参与的组织成员理解内部控制的重要性，掌握一定的内部控制知识，明确自己在活动中的角色。这些必要的认知和知识可由企业的内部审计部门提供，为 CSA 的开展工作奠定坚实的基础。

（二）预备工作

预备工作的主要目的是使参与者熟知企业目标及内部控制目标，以及企业的规章制度和管理层预定的发展方向与战略。在此基础上，参与者按照制度要求、发展方向与战略，对企业的内部控制实际情况进行调查，并形成个人意见。

（三）研讨会与系列的联席会议

参与者形成个人意见后，通过会议的形式，发表自己的意见，对企业的内部控制系统进行评价。在实际操作中，研讨会通常采用匿名的方式进行。这样可以鼓励参与者尽量发表自己的真实意见，以便发现问题和解决问题。

（四）报告和提供方案

经过多次研讨会后，作为主要的负责机构，内部审计部门要对研讨会的内容进行综述，描述被评价部门的情况。参与研讨会的管理者要负责对发现的弱点起草解决方案。

四、内部控制自我评价报告应当披露的内容

根据企业内部控制基本规范的有关规定，企业在编制内部控制自我评价报告时，至少应该在报告中披露以下的内容：

（1）声明企业董事会对建立健全和有效实施内部控制负责，并履行了指导和监督职责，能够保证财务报告的真实可靠和资产的安全完整；

（2）声明已经遵循有关的标准和程序对内部控制设计与运行的健全性、合理性和有效性进行了自我评估；

（3）对开展内部控制自我评估所涉及的范围和内容进行简要描述；

（4）声明通过内部控制自我评估，可以合理保证本企业的内部控制不存在重大缺陷；

第 7 章 内部监督
Chapter 7　Internal Supervision

（5）如果在自我评估过程中发现内部控制存在重大缺陷，应当披露有关的重大缺陷及其影响，并专项说明拟采取的改进措施；

（6）保证除了已披露的内部控制重大缺陷之外，不存在其他重大缺陷；

（7）自资产负债表日至内部控制自我评估报告报出日之间（以下简称报告期内），如果内部控制的设计与运行发生重大变化，应当说明重大变化情况及其影响。

☞ 案例 33　涪陵电力（600452）2010 年度内部控制评估报告

董事会全体成员保证本报告内容真实、准确和完整，没有虚假记载、误导性陈述或者重大遗漏。

重庆涪陵电力实业股份有限公司董事会（以下简称董事会）对建立和维护充分的财务报告相关内部控制制度负责。

财务报告相关内部控制的目标是保证财务报告信息真实完整和可靠、防范重大错报风险。由于内部控制存在固有局限性，因此仅能对上述目标提供合理保证。

董事会已按照《企业内部控制基本规范》要求对财务报告相关内部控制进行了评价，并认为其在 2010 年 12 月 31 日（基准日）有效。

本公司聘请的中瑞岳华会计师事务所有限公司已对公司财务报告相关内部控制有效性进行了审计，出具了标准无保留意见。

2010 年度，公司内部控制合理、有效、完整，没有出现内部控制重大缺陷，为公司稳定健康发展发挥了积极的作用。现对公司 2010 年度内部控制体系建设以及内部控制执行情况阐述与评价如下：

一、公司建立与实施内部控制遵循的原则和目标

公司董事会及管理层十分重视内部控制体系的建立健全工作，通过公司治理的完善，内部组织架构的健全，内控制度的建立和修订，建立了一个科学合理的内部控制体系，并根据管理需要及内控环境的变化适时予以修订完善。保证公司经营管理合法合规、资产安全、财务报告及相关信息真实完整，提高经营效率和效果，促进公司实现发展战略。

（一）公司内部控制遵循的原则：按照"优化组织、健全制度、检查执行、持续改善"的原则进行。

（二）公司内部控制的基本目标

1. 根据建立和完善现代企业制度的要求，设置公司内部组织机构，形成

科学的决策机制、执行机制和监督机制，保证公司经营管理目标的实现；

2. 针对各业务循环及价值链管理各环节，建立有效的风险控制系统，强化风险管理，保证公司各项业务活动的健康运行；

3. 建立风险预警及责任追究系统，防止并及时发现和纠正各种错误、舞弊行为，保护公司财产的安全、完整；

4. 规范公司会计行为，保证会计资料真实、完整，提高会计信息质量；

5. 确保国家有关法律法规和公司内部规章制度的贯彻执行。

二、公司内部控制要素

本公司建立和实施内部控制体系时，考虑了以下基本要素：内部环境、风险评估、控制活动、信息与沟通和内部监督五个方面。

（一）内部环境

1. 公司法人治理结构

公司按照《公司法》、《公司章程》等法律法规建立了规范的法人治理结构。股东大会、董事会、监事会、经营层科学分工、权责明确，并相互制衡"三会"议事规则及《总经理工作细则》等基本规则对公司的组织和行为、各层级治理机构的权责体系和议事程序做了明确规定，公司治理结构及治理规则健全。

股东大会是公司权力机构，行使企业经营方针、筹资、投资、利润分配等重大事项的表决权；董事会对股东大会负责，行使企业的经营决策权；监事会对董事会、股东大会负责，是公司的监督机构，监督董事、经理和其他高级管理人员依法履行职责；经营层为公司执行机构，组织实施股东大会、董事会决议事项，负责公司生产经营管理工作。

董事会中独立董事人数占董事总人数的三分之一。董事会下设战略委员会、提名委员会、审计委员会、薪酬委员会共四个专业委员会。各专业委员会从战略论证、重大人事建议与高管考核、控制运行风险等角度，为董事会科学决策提供支持。独立董事关注中小股东利益，就公司关联交易等重大事项发表独立意见。

2. 合理的内部组织机构

公司根据生产经营需要，按照科学、精简、高效的原则，合理地设置公司内部管理职能部门，设立了办公室、财务部、人力资源部、证券投资部、生安部、电力营销中心、电力调度中心、客户服务中心等十几个部门，并制定部门职责文件、安全责任书等，明确了各部门的职责权限和相互之间的责权关系,形成各司其职、各负其责、相互协调、相互制约的部门工作机制,也使全体员工掌握内部机构设置、岗位职责、业务流程等情况,明确权责分配,正确行使职权。

3. 股东关系维护

公司为加强维护股东关系维护,制定了《投资者关系管理制度》,积极促进公司与股东之间的沟通交流,使股东能更加深入地了解公司的发展战略及经营状况;此外,公司还通过电话回答投资者咨询、接待投资者来访等多种方式与投资者积极沟通。

4. 与控股股东关系

本公司自成立之日起,与控股股东之间在业务、人员、资产、机构、财务等方面完全独立。公司拥有独立完整的产、供、销经营系统和独立完整的业务体系并自主生产经营,独立的劳动人事及工资管理系统,独立的财务及会计核算系统,组织机构体系健全,内部机构完整。

(二)风险评估

公司根据战略目标及发展思路,结合行业特点,建立了系统、有效的风险评估体系,并设立了相应职能部门以识别和应对公司可能遇到的各种风险,包括:环境风险、经营风险、财务风险等。同时,公司根据设定的控制目标,全面、系统、持续地收集相关信息,结合实际情况,及时进行风险评估。具体表现为:根据公司战略实施特点,在各个职能部门对风险进行监控,同时对一些高风险、与公司战略目标发展不相符的业务,进行了梳理并坚决退出。对符合公司战略发展方向,但同时存在经营风险的业务,也充分认清风险实质并积极采取降低、分担等策略来有效防范风险。

目前上述工作主要分布在各个职能部门进行,在全面化、体系化的风险管理方面尚需提高,公司管理层已经充分认识到这点,预计在未来有计划、有步骤地对企业全面风险管理体系进行建立和不断完善加强,使风险管理能更加有机地融入到企业组织之中,以确保企业的持续发展。

(三)控制活动

公司主要经营活动都有相应的控制政策和程序。为合理保证各项目标的实现,在制定各项会计制度和财务管理制度的基础上,公司建立了相关的控制程序,主要包括:授权审批控制、不相容职务相互分离控制、凭证与记录控制、财产保护控制、独立稽查控制、风险控制等。

1. 授权审批控制:明确了授权批准的范围、权限、程序、责任等相关内容,

公司内部的各级管理层必须在授权范围内行使相应的职权,经办人员也必须在授权范围内办理相关业务。如制订了《公司印章管理办法》,规范管理公司各部门及分子公司专用印章的使用审批程序。

2. 不相容职务相互分离控制:建立了岗位责任制度和内部牵制制度,通过权利、职责的划分,制定了各组成部分及其成员岗位责任制,以防止差错及舞弊行为的发生,合理设置分工,科学划分职责权限,贯彻不相容职务相分离及每一个人的工作能自动检查另一个人或更多人工作的原则,形成相互制衡机制。

3. 凭证与记录控制:合理制定了凭证流转程序,经办人员在执行交易时能及时编制有关凭证,编妥的凭证及时送交会计部门以便记录,已登账凭证依序归档。公司对外来原始凭证和自制原始凭证均进行严格审核,因采用会计电算化,所以在财务人员中用各自密码,以划分各工作人员责任,保证了财务规章制度的有效执行及会计凭证和会计记录的准确性、可靠性。

4. 财产保护控制:严格限制未经授权的人员对财产的直接接触,采取定期盘点、财产记录、账实核对、财产保险等措施,以使各种财产安全完整。

5. 独立稽查控制:公司设置专门的审计监察科,对货币资金、有价证券、凭证和账簿记录、物资采购、消耗定额、付款、工资管理的真实性、准确性和手续的完备程度进行审查、核实。

6. 风险控制:制定了较为完整的风险控制管理规定,对公司财务结构的确定、筹资结构的安排、筹资成本的估算和筹资的偿还计划等基本做到事先评估、事中监督、事后考核;对各种债权投资和股权投资都要做可行性研究并根据项目和金额大小确定审批权限,对投资过程中可能出现的负面因素制定应对预案;建立了财务风险预警制度与经济合同管理制度,以加强对信用风险与合同风险的评估与控制。

7. 电子信息系统控制:公司已制定了较为严格的电子信息系统控制制度,在电子信息系统开发与维护、数据输入与输出、文件储存与保管等方面做了较多的工作。

(四)信息与沟通

公司建立了与财务报告相关的信息系统,包括交易的生成、记录、处理;电子信息系统开发与维护;数据输入与输出;文件储存与保管;对外信息的披露等;公司信息处理部门与使用部门权责得到较好的划分,程序及资料的存取、数据处理、系统开发及程序修改得到较好的控制,档案、设备、信息

第7章 内部监督
Chapter 7　Internal Supervision

的安全得到较好的控制。

公司建立了有效沟通渠道和机制，使管理层能够对员工的职责履行情况进行及时有效的沟通；与债权人、客户、供应商、监管部门和其他外部单位的及时有效沟通，使管理层面对各种变化能够及时采取适当的积极的行动。

（五）内部监督

公司已建立内部控制监督制度，并设立审计监察科负责监督检查，规范了内部监督的程序、方法、要求以及日常监督和专项监督的范围、频率。对监督过程中发现的内部控制缺陷，能及时分析缺陷的性质和产生的原因，提出整改方案，并及时采取措施予以纠正。

三、重点控制活动自查情况

（一）关联交易的内部控制

公司根据《公司法》、《公司章程》的规定，严格遵循关联交易的原则和审批程序，同时也制定了《关联交易管理办法》、《关联方资金往来管理制度》，对可能的关联交易行为进行规范。

公司按照《上海证券交易所股票上市规则》的要求，在与关联企业及关联人交易时，对交易的必要性和合规性进行评估，严格履行审议程序。同时，公司加强内部资金管理，严格使用程序，遵守"防止大股东及关联方占用上市公司资金"等条款。2010年度，公司不存在大股东及关联方占用公司资金的情况。

（二）对外担保的内部控制

公司能够较严格地控制担保行为，已制定了《对外担保管理办法》。对对外担保决策程序和责任制度、担保金额与批准权限、担保合同的订立与风险管理及担保信息的披露等相关内容作了明确规定，以防范潜在的风险，避免和减少可能发生的损失。2010年度，公司在担保的管理和控制上没有重大漏洞。

（三）募集资金管理的内部控制

为严格控制募集资金的使用，制定了《募集资金管理办法》，对募集资金采用专户储存、专户管理，同一项目在同一专户划转资金等支付结算办法，加强对未完工募集资金项目的投资管理，保证募集资金的使用合理、合法，确保公司和全体股东的权益。2010年度，公司在募集资金的管理上没有重大漏洞。

（四）重大投资的内部控制

公司审慎对外投资行为，《公司章程》明确规定了股东大会、董事会对重

大投资的决策审批权限及相应的审批程序。重大投资项目均进行充分论证，认真审核形成的可行性报告，谨慎决策。

2010年度，公司主要的投资项目均已通过董事会的审议程序，符合公司发展战略。

（五）信息披露的内部控制

公司遵循及时、准确、完整、公平的原则，认真履行信息披露义务。公司制定了《信息披露管理办法》、《对外信息报送和使用管理制度》、《投资者关系管理制度》等，规范信息的收集、传递、保密和披露。2010年度，公司股票受到市场较大关注，公司审慎接待机构调研和投资者来访，未发生应披露信息在披露前泄露的事件。

四、进一步完善内部控制制度的措施

2010年，公司采取措施加强内部控制，制度更加健全，管理更加规范。但公司在内控工作上仍有需改进的方面，尚需加强对《企业内部控制基本规范》及《企业内部控制应用指引》的学习认识和深刻把握，根据实际情况制定公司的措施，使制度更具针对性、可操作性。2011年，在内控建设上应做好以下几个方面：

（一）进一步加强公司反舞弊工作的监督和管理

进一步加强对员工进行反舞弊和反商业贿赂的宣传和教育，加强对反舞弊工作的监管力度，加强对员工及社会投诉、检举通道的建设工作，确保投诉、检举信息的及时传递与处理。

（二）进一步完善对子公司的管控体系

强化外派董事、监事及高级管理人员的责任，健全内部考核体系，在充分发挥经营团队积极性的同时，确保公司整体利益得到保证，公司战略得到有效实施。

（三）加强内部控制执行的检查工作

董事会审计委员会对内控监督检查进行指导，由审计监察科定期或不定期地对内控制度设计和内控制度执行情况进行监督检查，将内部控制制度的健全完备和有效执行情况，作为对公司各部门、分（子）公司的绩效考核重要指标之一，并建立起责任追究机制。

（四）进一步完善风险评估与管理

进一步完善风险评估与管理，使公司能够在日常经营活动中及时根据经营环境的变化对所面临的风险进行识别、评估影响程度以及对评估的风险采

第 7 章 内部监督
Chapter 7　Internal Supervision

> 取相应措施,从而避免公司蒙受损失。
> 　　五、公司内部控制情况总体评价
> 　　经检查公司内部控制设计及运行情况,未发现公司存在内部控制重大缺陷。
> 　　董事会认为:公司法人治理结构健全,运作规范。公司内控制度较为完整、合理,符合相关法律、法规和监管部门的要求。公司内控制度的设计和运行,能够较好地保证公司经营管理的合法合规、保障公司资产的安全;能够对编制真实、完整的会计报表提供合理的保证;能够按照法律法规和监管部门的要求,真实、准确、完整、及时、公平地披露信息。公司今后将进一步完善内控体系建设,使之始终适应公司发展的需要和相关法律、法规的要求。
> 　　资料来源:《涪陵电力年报》。

五、内部控制评价报告披露的发展

内部控制评价报告在上市公司年度报告中并非是一开始就出现的,它是我国证券市场上市公司信息披露机制完善和公司内部控制建设进步的结果。2006年12月,上海证券交易所发布《关于做好上市公司2006年年度报告工作的通知》,要求上市公司在2006年年报的"重要事项"部分,说明公司内部控制建立健全的情况,并鼓励有条件的上市公司同时披露董事会的内控自评报告和注册会计师对自评报告的核实评价意见。自此,上市公司内部控制评价报告的身影才出现在有关监管部门对信息披露的要求中。由于当时这项新政策并没有采取强制实施的方式,它在当年上市公司中并没有得到普遍落实。根据南京大学会计学院《内部控制信息披露的现状与改进——基于2006年沪市公司年报的考察》的调查报告,在上交所的所有上市公司中,仅有30家披露了内部控制评价报告。

后来,随着上市公司内部控制建设和条件成熟,有关部门也加强对内控评价报告的披露要求。2008年6月28日,财政部、证监会、审计署、银监会、保监会联合发布的《企业内部控制基本规范》规定,执行基本规范的上市公司,应对本公司内部控制的有效性进行自我评价,披露年度自我评价报告,并可聘请具有证券、期货业务资格中介机构对内部控制的有效性进行审计。基本规范自2009年7月1日起先在上市公司范围内施行,鼓励非上市的其他大中

型企业执行。自此，我国上市公司内部控制评价报告的披露迈出了历史性的一步。

在酝酿、建立和完善内控制度的过程中，公司上下对加强内部控制，规范企业管理重要性、紧迫性的认识逐渐提高和强化。感到内控制度虽然起因于适应美国《萨班斯法案》和贯彻我国《会计法》等相关监管要求而提出，但应从资产保值增值和防范各种风险方面认真对待这项工作。建立和实施有效的内控制度既是遵循境内外监管法律法规的要求，更是企业自身防范风险、提高管理水平的内在需要，对公司的健康发展有着十分重要的意义。

案例 34　中国石化内控制度介绍

中国石化作为在香港、上海、纽约和伦敦四地上市的公司，上市以来一直遵循"从多不从少，从严不从宽"的原则，自觉遵守上市地的监管要求。自 2003 年以来，中国石油化工股份有限公司遵循美国《萨班斯－奥克斯利法案》，着力推进内部控制工作，建立了内部控制体系。中国石化内控制度的框架结构分总则、正文、附则三个部分，《总则》是对内控制度的概述，主要包括内部控制定义、现状、业务流程格式，内控领导小组及日常组织机构，内控制度生效、更新、监督与检查六个部分。正文部分着重对内控业务流程进行详细描述，共拟订了 43 个业务内部控制流程，内容涵盖了采购、销售、资本支出、成本、费用等 13 大类，设置了 860 个关键控制点。每个业务流程都对该项业务执行过程中重要步骤或环节的责任、授权及不相容职务分离进行规范。附则部分为权限指引、《萨班斯法案》302、404 条款及财政部《内部会计控制规范－基本规范（试行）》。在中国石化推行系统性、可操作性、合法性和包容性很强的内控制度一举多得：它是规范企业管理的"重手拳"，是压扁管理层和机构整合的"助推剂"，是防范经营和财务风险的"防险墙"，是企业实现经营和管理目标的"保护伞"。根据该法案的要求和外部监管对内部控制评价的要求，以及内部管理纳入考核的需要，中国石化于 2006 年制定并颁布了可量化的《内部控制检查与考核暂行办法》，作为对内部控制进行评价的依据。完整的检查评价包括自我评价和独立评价两部分。自我评价以自我检查、测试为基础，检查、测试选取相关业务流程中具有代表性的交易，跟踪整个交易全过程，复制交易涉及的全部文件，确定是否符合实际情况，是否存在缺陷，进行定量评价。内控制度全面试行后，各分（子）公司进行了由本单位内控管理机构牵头，财务、审计、法律及各相关部门人员参与，

第7章 内部监督
Chapter 7　Internal Supervision

对本单位内部控制现状进行全面检查，作出自我评价。在检查和评价的基础上，进一步广泛收集各方面的意见与反映进行总结分析，肯定成绩，查找差距，提出建议，根据市场和业务的变化新增了5个流程。虽然在增加内部控制评价这一环节的同时，也相应增加了成本支出，但是从中国石化长远的发展来看，这有助于发现并纠正内部控制的缺陷，完善内部控制体系，为公司长远发展奠定了坚实基础。

资料来源：根据 wenku. baidu. com 及中石化年度报告整理。

第6节　内部审计

一、内部审计概念

（一）什么内部审计

内部审计是组织内部的一种独立客观的监督和评价活动，它通过审查和评价经营管理活动及内部控制的适当性、合法性和有效性来促进组织目标的实现。内部审计是内部控制的一个重要环节，是对其他控制进行的再控制，被誉为"管理者的耳目"。因此，企业应当根据自身的性质、规模、内部治理机构及相关规定设定内部审计机构，并配合一定数量具有执业资格的内部审计人员，开展内部审计，并参与内部控制的监控工作。

（二）内部审计的产生与发展

近代的内部审计产生于19世纪末期，随着资本主义经济的发展，企业之间的竞争日益激烈，跨国公司也迅速崛起，引起了企业内部管理层次增加，从而产生对企业内部经济管理控制和监督的需要。20世纪初，内部审计首先在美国产生，后来在英国、日本有所发展。近代内部审计发展经历了三个阶段：

（1）财产、查错防弊为主要目标，以事后监督为主，是近代内部审计发展的初级阶段；

（2）企业内部控制制度为主要目标，以评价活动为主要内容，是近代内部审计的发展阶段；

(3) 企业经营管理水平和经济效益为主要目标，以经营及效益评价为主要内容，是近代内部审计发展的新阶段。

我国现代的内部审计起步于 1984 年，是我国经济体制改革的产物，并随市场经济的发展而发展。现在内部审计已经成为我国现代企业管理中不可缺少的组成部分。

作为现代审计体系中的一个重要组成部分，内部审计从最初的以保护企业财产、查错防弊为主要目标，到目前以管理为方向，经营审计和管理审计居主导地位，在加强企业的内部控制，提高企业经营管理水平和经济效益等方面发挥着日益显著的作用。其工作范围已超出了财务审计的界限，进入绩效审计的领域。审计人员更侧重提供建设性而不是批评性的服务，内部审计也正在公司获得更多的承认。从事内部审计的工作人员数量正在不断扩大，而日益增多的会员资格为会员们提供了不断增加的专业服务，同时也对会员们提出了更多的专业要求。

目前，在美国和世界各地正顺利地实行着注册内部审计师计划。英国内部审计师协会于 1981 年颁布了美国第一个职业资格证书，凡是通过考试的人，均被授予"内部审计师协会会员"（MIIA）职业资格。这些都促进了内部审计的发展。

（三）内部审计与外部审计的关系

考虑内部审计师与外部审计师的关系方面，尽管二者的审计目的有所不同，但它们却用相似的方法达到各自的目的。内部审计与外部审计的主要区别可对比如下：

（1）在审计性质上，内部审计属于内部审计机构或专职审计人员履行的内部审计监督，只对本单位负责；外部审计则是由独立的外部机构，以第三者身份提供鉴证活动，对国家权力部门或社会公众负责。

（2）在审计独立性上，内部审计在组织、工作、经济方面都受本单位的制约，独立性受到局限；外部审计在经济、组织、工作等方面，都与被审计单位无关系，具有较强的独立性。

（3）在审计方式上，内部审计是根据本单位的安排进行审计工作，具有一定的任意性；外部审计大多则是受委托施行的。

（4）在工作范围上，内部审计的工作范围涵盖单位管理流程的所有方面，包括风险管理、控制和治理过程等；外部审计则集中在企业的财务流程及与财务信息有关的内部控制方面。

第7章 内部监督
Chapter 7　Internal Supervision

(5) 在审计方法上，内部审计的方法是多样的，应结合组织的具体情况，采取各种不同的方法，其中也可以包括外审的一些程序；外部审计的方法则侧重报表审计程序。

(6) 在服务对象上，内部审计的服务对象是单位负责人；外部审计的服务对象是国家权力机关或各相关利益方。

(7) 在审计报告的作用上，内部审计报告只能作为本单位进行经营管理的参考，对外不起鉴证作用，不能向外界公开；国家审计除涉及商业秘密或其他不宜公开的内容外，审计结果要对外公示；社会审计报告则要向外界公开，对投资者、债权人及社会公众负责，具有社会鉴证的作用。

(8) 在审计权限上，国家审计代表国家利益，对被审计单位的违法违纪问题既有审查权，也有处理权；社会审计只能对委托人指定的被审单位的有关经济活动进行审查、鉴证；内部审计有审查处理权，但其内向服务性决定了其强制性和独立性较国家审计弱，其审查结论也没有社会审计的社会权威性高。

(9) 在审计监督的性质上，国家审计属于行政监督，具有强制性；社会审计属于社会监督，国家法律只能规定哪些企业必须由社会审计组织查账验证，而被审计企业与社会审计组织之间则是双向自愿选择的关系；内部审计是单位自我监督。

(10) 在依据的审计准则上，国家审计所依据的准则是审计署制定的国家审计准则；社会审计依据的审计准则是中国注册会计师协会制定的独立审计准则；内部审计所依据的则是中国内部审计协会制定的内部审计准则。

(四) 内部审计与内部控制的关系

内部审计不仅是内部控制的一个重要组成部分，也是对内部控制执行情况的一种监督形式，是对内部控制的再控制。内部审计与内部控制的最终目的都是管理风险，提升治理水平，实现企业的目标。内部审计作为内部控制方式之一，其作用在于监督业务活动是否符合内部控制结构要求，评价内部控制的有效性，提供完善内部控制，纠正错弊的建议。一方面，内部控制是进行内部审计的前提。内部审计要对企业的内部控制进行评审，了解企业的内部控制是否健全、有效，评价所有的控制目标是否实现，各种制度是否符合内部控制的基本要求，据以确定经济活动的合规性、合法性，会计信息的真实性、可靠性，从而据此有的放矢地深入审查，并提出中肯的建议。另一方面，通过内部审计，揭示管理中所存在的问题，并提出相应的改进建议，进一步促进内部控制的完善。

二、内部审计的职能

传统上,企业内部审计职能可以确定为监督、评价、控制和咨询四项。

(一) 监督职能

内部审计部门是企业内部的一种独立的经济监督主体,其基本职能是进行经济监督。监督职能是指以财经法规和制度规定为评价依据,对被审计对象的财务收支和其他经济活动进行检查和评价,衡量和确定其会计资料是否正确、真实,反映的财务收支和经济活动是否合法、合规、合理和有效,有无违法违纪和浪费行为,从而督促被审计对象遵守财经纪律,改进经营管理水平,提高经济效益。这样使企业自身的经营活动与国民经济和社会发展协调一致,实现自我完善和自我约束。

(二) 评价职能

评价职能就是通过履行审核检查程序,评价被审计对象的计划、预算、决策、实施方案是否先进可行,经济活动是否按照既定的决策程序和目标进行,经济效益的好坏,以及内部控制制度是否健全和有效等,从而有针对性地提出意见和建议,促进企业改善经营管理,提高经济效益。

(三) 控制职能

内部审计人作为企业内部控制系统中一个重要组成部分,是企业内部控制的再控制。由于其受企业主要负责人的直接领导,能够站在企业发展的全局来分析和考虑问题,对企业的生产经营活动实行有效控制,提供直接的技术支持,并检查控制程度和效果,提出控制中存在的不足和问题,实现控制系统的最终目标。

(四) 咨询职能

内部审计机构有义务和责任对企业的各项经营活动提供政策咨询服务,将自身特有的专业优势融入企业经营管理的各个方面,在工作中发现问题,对制度、管理和经营控制等方面有针对性地提供咨询服务,预防出现大的经营波动和管理漏洞。同时,还可以开展一些包括顾问、建议、协调、流程设计和培训等方面的工作,为企业的各个管理层提供扎扎实实的服务。

第 7 章　内部监督
Chapter 7　Internal Supervision

对内部审计要达到的目标，国际新流行的说法是以企业增值为目标。国际内部审计师协会制定的《内部审计实务标准》（2001 年修订本，以下简称《标准》）对内部审计作出了新的定义："内部审计是一种独立、客观的保证工作与咨询活动，它的目的是为机构增加价值，并提高机构的运作效率。它采取系统化、规范化的方法来对风险管理、控制及治理程序进行评价，提高它们的效率，从而帮助实现机构目标。"

三、内部审计的特征

与外部审计相比，内部审计具有以下几个基本特征。

（一）服务的内向性

内部审计的目的在于促进本部门、本单位经营管理和经济效益的提高，因而内部审计既是本单位的审计监督者，也是根据单位管理要求提供专门咨询服务者。服务的内向性是内部审计的基本特征。内部审计一般在本单位的主要负责人领导下进行工作，只向本单位的领导者负责。

（二）工作的相对独立性

内部审计同外部审计一样，都必须具有独立性，在审计过程中必须根据国家的法律法规及有关财务会计制度，独立地检查、评价本部门、本单位及所属各部门、各单位的财务收支及与此相关的经营管理活动，维护国家利益。另外，由于内部审计机构是部门、单位内设的机构，内部审计人员是本单位的职工，这就使内部审计的独立性受到很大的制约。特别是遇到国家利益与部门、单位利益冲突的情况下，内部审计机构的独立决策可能会受到本单位利益的限制。

（三）审计程序的相对简化性

由于内部审计机构对本部门、本单位的情况比较熟悉，在具体实施审计过程中，各个阶段的工作都大为简化。一是规划阶段中的许多工作，往往可以结合日常工作进行，从而使规划工作量得以减少，时间也大为缩短。审计项目计划通常由内部审计机构根据上级部门和本部门、单位的具体情况拟订，并报本部门、单位领导批准后实施。二是内部审计的实施过程，针对性比较强，许多资料和调查都依赖内部审计人员的平时积累。三是内部审计机构提出审计报告后，通常由所在部门和单位出具审计意见书或作出审计决定。四是被审计单位对审计意

见书和审计决定如有异议,可以向内部审计机构所在部门、单位负责人提出。

(四) 审查范围的广泛性

内部审计主要是为本企业、本单位经营管理服务的,这就决定了内部审计的范围必然要涉及单位经济活动的方方面面。内部审计既可进行内部财务审计和内部经济效益审计,又可进行事后审计和事前审计;既可进行防护性审计,又可进行建设性审计。一般应做到,本部门、本单位的领导要求审查什么,内部审计人员就应审查什么。

(五) 对内部控制进行审计

内部审计是内部控制的重要组成部分,同时内部控制又是内部审计的主要内容。通过对本部门、本单位的内部控制制度及经营管理情况的检查,总结经验,找出差距,为本部门、本单位改进经营管理,完善内部控制制度服务,是内部审计的基本职能,体现了内部审计"对内部控制进行审计"的特征。

(六) 审计实施的及时性

内部审计机构是本部门、本单位的一个部门,内部审计人员是本部门、本单位的职工,因而可根据需要随时对本部门、本单位的问题进行审查。一是可以根据需要,简化审计程序,在本部门、本单位负责人的领导下,及时开展审计;二是可以通过日常了解,及时发现管理中存在的问题或问题的苗头,并且可以迅速与有关职能部门沟通或向本部门、本单位的最高管理者反映,以便及时采取措施,纠正已经出现和可能出现的问题。

四、内部审计方法

传统的审计方法往往被认为是审计取证方法,包括检查、监盘、询问、查询、函证、计算、分析性复核等方法。其实,审计方法是一个体系,包括书面资料审阅方法、客观实物证实方法、审计调查方法、分析判断方法、审计沟通方法等。

(一) 书面资料审阅方法

(1) 核对法。核对记账凭证与原始凭证(内容、数量、日期、金额等)、核对凭证与账簿(日期、会计科目、金额、方向等)、核对明细账与总账(期

第 7 章　内部监督
Chapter 7　Internal Supervision

初余额、本期发生额、期末余额)、核对账簿与报表、核对报表与报表。

(2) 审阅法。审阅会计资料完整、齐全、正确；审阅经济活动真实、合法、合理。

(3) 复算法。小计、合计、乘积、余额，通过复算发现差错。

(4) 比较法。实际与计划比较、本期与前期比较，通过比较发现差异。

(5) 财务分析法。比率分析法、趋势分析法、账户分析法与账龄分析法。

(二) 客观实物证实方法

(1) 盘点法。采取恰当的盘存方式，包括突击式盘点(现金和贵重物品)与预告式盘点(一般物资)；选择合适的盘点时间，在营业或工作开始之时与之后；健全有关手续，明确有关责任。

(2) 调节法。通过调节确认结账日实物财产的实存数。

(3) 鉴定法。聘请信誉好且有影响力的专家，对专业事项进行鉴定。

(三) 审计调查方法

(1) 观察法。观察法是"跳出"会计资料，从"账外"捕捉信息的审计调查方法。该方法没有固定格式，应处处留心，见机行事，灵活多样。

(2) 询问法。审计工作要创造审计者与被审计者的相互理解、相互信任的和谐气氛。企业存在的问题大多数是由管理不善引起的，而管理的缺陷既有决策层和管理层的原因，也有具体实施人员的原因。审计人员在询问时，要面带微笑，语言甜美。审计人员最好的办法是引导被审计人自己分析、自己找缺点，避免主观假设、仓促下结论。审计人员要充分体谅被审计人的意图、目的和困难，客观分析缺陷形成的原因，淡化双方的对立情绪，在感情上与被审计人产生共鸣。审计人员在提问时应注意技巧，善于倾听、耐心倾听。我们看到，一些审计人员摆出一副"经济警察"和"财务判官"的派头，甚至对企业被审计人员进行不适当的刁难，有的还借此对企业财务人员进行敲诈，这是非常不恰当的。

(3) 函证法。函证对象的选择主要关注关联方、往来单位、银行、账户余额大小，要加强函证过程的控制。

(4) 审计会议法。参加的人员包括高层、中层管理人员，纪检、监察人员，被审计当事人和企业代表者。要注意加强审计前、审计中、审计后三维立体的会议沟通。

(5) 问卷调查法。问卷涉及规定动作与自选动作调查。要注重对各部门、

各环节的风险因素的调查。

（6）现场走访。审计人员很需要到企业的生产现场进行观察，了解业务流程及其各个细节。在现场调查前，要列出访谈提纲。但是，不要轻易去录音，防止产生误解，要创造相互信任的气氛。

（四）审计分析判断方法

审计是一种需要进行多方面思考的工作，经常要运用取证、判断、推理来核定事实。从一定程度上说，审计与被审计之间是一种智慧的较量。审计判断是审计人员根据自己的专业知识和经验，通过识别和比较，对审计事项和自身行为所做的估计、断定或选择。审计判断具有目标性、主观性、经验性、风险性和连续性。审计判断的方法主要有：

（1）直觉判断法。直接判断法是审计人员运用已有的知识结构，对当前需要判断的事项作出分析和推论。直觉判断是建立在审计人员丰富的实践经验基础之上的。例如，一家企业夸大了其销售收入和净利润，审计人员根据企业现场的机器设备和生产工人，就能大致推测出其产能有多大，收入和利润是否属实。

（2）比较判断法。比较判断法是审计人员运用类比的原理，把需要判断的项目与类似的项目进行对比，从而分析其差异的判断方法。

（3）归纳判断。归纳判断是从个别的特殊事件中推出一般结论的审计判断方法。现代审计中，审计人员通过抽样，从总体中选取一定数量的样本进行测试，并根据样本测试结果推断总体特征。

（4）演绎判断。演绎判断是从一般原理出发，推演出个别结论的思维方法。根据一般法律法规、会计原则和审计准则的要求，针对具体经济业务，推断出具体业务是否合法、公允的结论，是从一般到特殊的判断方法。

（五）审计沟通方法

（1）按照沟通环节可以分为：事前沟通，包括下发审计通知书、张贴审计告示、召开座谈会等；事中沟通，包括个别谈话、资料交流、意见交流等；事后沟通，包括结果沟通、审计报告意见征求、管理建议书、审计决定书、审计通报等。

（2）按照沟通方式可以分为：口头沟通，有询问、会谈、调查、讨论、会议、征求意见等；书面沟通，有问卷调查、审计通知书、内外审计协调报告、管理建议书、审计报告等。

（3）沟通主要类型有：语言沟通（书面语言和口头语言）、非语言沟通

第7章 内部监督
Chapter 7　Internal Supervision

（肢体行为、眼神与动作）、人员沟通（审计人员与相关人员沟通，主要方式是倾听）、组织沟通（审计部门与上、下、左、右、内、外等部门沟通）。

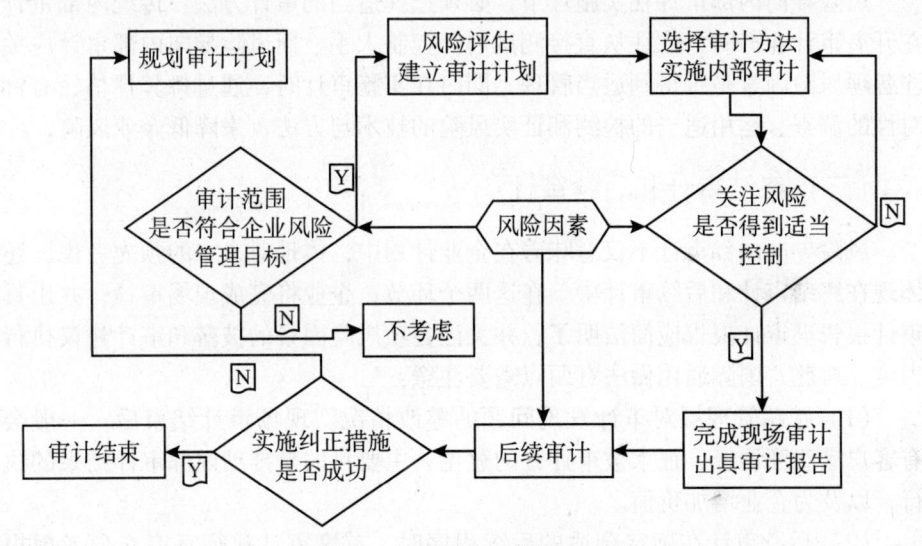

五、风险导向内部审计流程

风险导向内部审计是指以被审计单位的风险评估为基础，综合分析评审影响被审计单位经济活动的各因素，并根据量化风险水平确定实施审计的范围和重点，进而进行实质性审查的一种审计方法。近几年来，风险导向审计在我国得到了快速发展。内部审计工作流程应以风险因素为中心点向外辐射，将风险导向渗透到内部审计准备、实施、终结和后续审计四个环节（如图7-1所示）。

图7-1　风险导向内部审计流程

（一）内部审计准备环节

图7-1以规划审计计划为起点，先考虑审计范围是否符合企业风险管理目标。企业风险管理受运营环境等各种风险因素的影响，而这些风险因素会相互叠加放大或抵消减少。因此，内部审计不能仅从某项业务、某个部门的角度考虑风险，应在审计范围中考虑吸收企业风险管理目标的成分，确定范围后进行年度风险识别，在确定关键风险领域的基础上建立审计计划，使内部审计计

划的制订紧密结合企业风险管理目标。由于内部审计资源有限，在一定的时间内，内部审计活动应突出重点。根据企业管理的需要，选择被审计对象、业务种类。在关注和评估风险及风险暴露优先次序的基础上，利用金额的重要性、资产流动性、管理能力、内部控制的质量、变化或稳定程度等风险因素，确定业务工作的重点、安排审计工作，制订计划，以确定审计日程表及审计所需资源。

因此，风险导向的内部审计在规划审计计划时，就要关注企业风险因素，融合企业风险与审计战略，使内部审计所选择的对象更加针对企业高风险的领域，为企业提供更相关和更有价值的服务。

（二）内部审计实施环节

风险导向内部审计在实施环节，必须选择适当的审计方法。传统内部审计在开展审计业务时，往往从直接测试内部控制入手，而风险导向内部审计应关注各项风险因素是否得到适当管理，同时在实施审计时，通过舞弊评估、有针对性的调查、运用适当的检测和证实风险的技术与方法，来降低企业风险。

（三）终结审计和后续审计

风险导向内部审计不仅意味着在企业计划中，体现对未来的预先考虑，还体现在终结审计和后续审计中。在这两个环节，企业将完成现场审计，并出具审计报告。审计报告应简洁明了，并关注各项风险因素的披露和审计建议执行力度。对此，国际通用做法有两点需要注意：

（1）跟踪管理层对审计发现问题的整改情况。现场审计结束后，一般会有客户满意度调查，征求被审计方的意见，主要目的是推动内部审计结果的执行，以及为企业增加价值。

（2）后续审计在确定合适的后续程序时，首席审计执行官应充分考虑报告中的审计发现和建议所涉及的风险，考虑实施纠正措施的困难程度和时间安排等，并以此为依据安排后续的工作。对于纠正措施失败后仍未消除的风险因素，则将其纳入重新制订审计业务计划时应考虑的风险因素之中。我国在后续审计方面借鉴了国际经验，并结合我国的国情，探索并取得了一套经验。

总之，鉴于风险的客观性，在实现增值目标、进行战略规划及经营计划等决策过程中，以企业目标及风险为出发点判断审计重点的理念，显然更加符合企业需要。风险导向内部审计能够改变内部审计人员对于控制与风险的思考，促使其根据企业的风险因素和程度来调整整个审计计划，确定审计重点，使内

第 7 章　内部监督

部审计人员对于企业所面临的风险予以关注，以提供更相关、更符合管理需要的信息。

六、提高内部审计质量的措施

近些年来，提高内部审计质量已成为内部审计部门的一项极重要的工作。在具体的内部审计实践中，可以综合运用制度控制方法、质量复核方法、区域控制方法、自查互查质量方法、内部审计公示方法等五种方法，加强审计质量的过程控制，建立内部审计项目质量控制制度体系。

（一）运用制度控制方法提高内部审计质量

制度控制方法是指内部审计部门通过建立健全各种质量控制制度，以监督、约束和规范内部审计行为，提高审计质量的方法。对于内部审计部门而言，一方面应通过制度控制来规范内部审计行为；另一方面还必须通过一定的制度控制来明确内部审计的责任。在内部审计业务中实施制度控制，可以严格审计质量，控制审计流程，使内部审计行为做到规范化、标准化，从而建立控制内部审计质量的长效机制。

（二）运用质量复核方法提高内部审计质量

质量复核方法是指在项目审计过程中，通过一定的程序，结合实际情况建立严格的审计质量复核制度。在审计项目实施过程中，进行多层次的复核是十分必要的。

怎样进行审计质量复核？首先，在内部审计制度中，应明文规定要对审计质量进行复核。审计质量复核包括审中复核和审后复核。要对复核人的级别、复核程序与要点、复核人的职责等作出明确的规定。其次，要结合项目审计的特点，扩展审计质量复核层次，建立由内部审计小组、内部审计机构、内部审计分管领导所组成的三级复核制度，分别履行详细复核、一般复核、重点复核的职责。内部审计小组侧重于审中的详细复核，应指定专人或复核小组对审计过程中已完成的业务跟踪进行质量复核。在审计完成阶段，内部审计机构、内部审计分管领导进行审后复核，在作出正式的审计结论前，对审计组已经完成的全部审计业务进行审计质量把关。

(三) 运用区域控制方法提高内部审计质量

区域控制方法是指在审计过程中，内部审计人员将整个审计对象划分为重点审计区域和非重点审计区域，然后对两个区域分别实施详尽程度、繁简程度不同的审计和审计质量控制，做到全面监督和重点检查相结合，提高审计质量。

如何运用区域控制方法进行审计？第一，在审计计划阶段，关键工作是确定重点审计区域和非重点审计区域。在审计方案中，应明确将重点审计区域列入工作重点。第二，在审计实施阶段，分别重点区域和非重点区域，按照不同的审计方法和策略进行审计。对重点区域实施重点审计和详细审计，尽可能做到全面监督和重点检查相结合，确保审计质量。

(四) 运用自查互查质量方法提高内部审计质量

自查互查质量法主要适用于内部审计小组，它是质量复核方法在内部审计小组中的具体运用。自查法，就是审计人员分别根据自己所担负的审计任务，对自己所进行的审计工作进行追溯性检查，以检验审计结果质量的方法；互查法，是指由审计组中担负不同审计任务的审计人员相互之间对审计业务过程进行追溯性检查，以检验审计结果质量的方法。

在实际审计工作中，应努力避免使自查、互查审计质量的行为流于形式。特别需要注意的是，在自查中，审计人员对自己的工作进行复查，受习惯性思维和惯性的影响，可能使自查流于形式。互查法虽然有助于克服上述的局限，但也可能存在审计人员碍于情面，使复查难以深入下去，或因审计人员不熟悉情况，影响工作效率等弊端。因而，在各单位的内部审计制度中，应严格规定内部审计人员的自查责任和互查责任，对违规审计人员要进行处理。

(五) 运用内部审计公示方法提高内部审计质量

内部审计公示方法是内部审计机构对重要内部审计事项的内容、审计程序、过程、结果、举报方式等，采用适当方式向内部被审单位进行公开的制度。内部审计公示的范围包括：一是对内部被审计单位公开，主要是对审计目的、内容、处理结果、审计举报及监督电话进行公开。二是对有关内部主管部门公开，公开的目的是：一方面，取得有关内部主管部门的支持、配合和监督；另一方面，让有关内部主管部门了解被审计单位的审计情况和内部审计机构的审计建议，从而使被审计单位更好地改进自身的工作。

第 7 章 内部监督
Chapter 7　Internal Supervision

如何进行内部审计公示？首先，在审前阶段，在审计项目正式实施以前，内部审计机构要就审计项目名称、审计的目标、审计的范围、内容和重点、审计组成人员、审计地点及联系电话、审计实施期间审计工作纪律、审计人员廉政纪律及内部审计机构监督举报电话，在被审计单位进行公示。审计公示采取书面形式，根据实际需要，可以一份也可以是多份，张贴于被审计单位的显要位置，欢迎被审计单位广大干部职工反映情况和问题，监督审计人员执行工作纪律、廉政纪律情况。其次，在审中和审后阶段，内部审计机构可以在单位职工大会或被审计单位的中层以上干部及职工代表中公布审计中发现的问题和审计报告。

进行内部审计公示，让内部审计行为接受被审计内部单位和被审计单位干部职工的监督，是对监督者（内部审计机构）工作质量的再监督，在很大程度上将有助于内部审计质量的提高。内部审计公示的过程也是督促内部审计人员更加关注审计责任，在认真、尽职中提高内部审计质量，加强自身建设的过程，是审计人员打造更加自警、自重境界的过程。

综上所述，内部审计机构在实施具体的项目审计业务时，应从客观实际出发，从审前、审中、审后等各环节入手，合理地选择和运用科学的方法，建立内部审计项目质量控制制度体系，努力提高内部审计质量。

> **案例 35　法国兴业银行职务舞弊**
>
> 法国兴业银行是世界上最大的银行集团之一，担任着世界最大衍生交易市场领导角色，一直被认为是世界上风险控制最出色的银行之一。然而，2008 年 1 月 24 日，它却曝出有史以来金融业最大的交易员职务舞弊丑闻。交易员热罗姆·盖维耶尔（Jerome Kerviel）在未经授权情况下，大量购买欧洲股指期货，最终给兴业银行造成 49 亿欧元（约合 71.4 亿美元）的损失。法国兴业银行事件对所有企业都提出警示，如何预防职务舞弊已成为面临的重大问题。当前，发现职务舞弊的主要方式有：内部审计、内部控制、偶然发现和举报。在这些方式中，只有内部审计能从制度上有效防止职务舞弊，而且发现职务舞弊本身就是内部审计的一个固有功能。KPMG（毕马威会计事务所）曾调查发现，51% 的公司认为发现职务舞弊是内部审计的责任，43% 的公司认为职务舞弊发现后的调查责任是内部审计的责任。可以说，内部审计的建立和完善对于发现漏洞、防范风险具有非常重要的作用。
>
> 资料来源：何玉：《职务舞弊与内部控制、内部审计——兼评法国兴业银行职务舞弊案例》，《审计研究》2009 年第 2 期。

Chapter 8 内部控制实例——商业银行的内部控制

Internal Control Case Study—Internal Control of Commarcial Bank

第1节 城市商业银行内部控制制度基本描述

第2节 巴塞尔委员会对商业银行内部控制的强调

第3节 商业银行内部控制实例——花旗银行的内部控制体系

第4节 完善内部控制体系，保障稳健经营——中国工商银行

在本章之前，我们已经从各个方面阐述了上市公司内部控制，包括内部控制的含义、内部控制的国际比较、控制环境、风险评估、控制活动以及内部监督。本章将以商业银行为例，阐述商业银行内部控制制度的含义和巴塞尔委员会对商业银行内部控制的强调，并以花旗银行和中国工商银行为例，详细分析了商业银行内部控制制度。

第1节 城市商业银行内部控制制度基本描述

不同国家（地区）对商业银行的内部控制制度有不同的界定。我国银行界认为，商业银行的内部控制制度是商业银行在经营管理活动中，为保证管理有效，保障资产安全完整，保证会计资料准确、真实，为实现其经营目标以及鼓励遵守既定的管理政策而采取的所有相应的方法、手段和措施的总称。中国人民银行在1997年公布的《加强金融机构内部控制的指导原则》中指出，金融机构的内部控制是金融机构的一种自律行为，其内部控制制度是金融机构为完成既定的经营目标而制定和实施的涵盖各项业务活动，涉及内部各级机构、各职能部门及其工作人员的一系列具有控制职能的方法、措施和程序的总称。中国人民银行在2002年4月公布的《商业银行内部控制指引（征求意见稿）》中指出，内部控制制度是商业银行为实现经营目标，通过制定和实施一系列制度、程序和方法，对风险进行事前防范、事中控制和事后评价的动态过程和机制。

一、城市商业银行内部控制的内涵

城市商业银行内部控制的概念包括下列几个方面的内涵：

（1）商业银行内部控制的目标包括三个层次。第一层次的目标是防范经营风险；第二层次的目标是保证资产的安全、会计记录的完整、真实和经营环节的规范；第三层次的目标是为实现经营目标和经营效益提供合理保证。

（2）商业银行内部控制的客体是商业银行的全部经营管理活动，对商业银行的所有业务活动都要进行规范和控制。因此，商业银行内部控制是一个有特定目标的制度、组织、方法、程序的体系，而不是一种狭义的管理制度。

（3）商业银行内部控制的主体是涉及银行业务部门、内审部门、中央银

第 8 章 内部控制实例——商业银行的内部控制
Chapter 8　Internal Control Case Study—Internal Control of Commarcial Bank

行和银监会及外部审计机构五个方面。①建立健全有效的内部控制是商业银行董事会和高级管理层的基本职责；②内部审计是对内部控制措施的补充，其职责在于独立地评价内部控制的完善程度、有效性和效率；③中央银行和银监会作为监管当局，其职责在于：如果商业银行没有建立完善的内部控制或没有很好地执行，它将介入并采取监管措施；④外部审计除独立评估商业银行的内部控制外，还要对内部审计的有效性作出评价。

二、城市商业银行内部控制制度的特征

商业银行的内部控制制度是管理控制理论体系中一个重要分支，是商业银行管理过程中不可或缺的基本环节之一。城市商业银行的内部控制具有以下主要的特征：

（1）城市商业银行的内部控制是一个有机运作的系统。它不仅仅是内部某些单独的管理制度和办法，也不只是内部各种管理制度的综合，而是商业银行经营管理活动自我协调和制约的一种机制，是存在于各种管理制度中的一种有机控制的体系。因此，衡量商业银行内部控制的程度及其有效性，不仅要考察其内部控制制度是否全面、科学、完整，内部控制要素是否齐备，还要看内部控制制度运作的环境是否有利以及系统运行是否正常，功能发挥是否有效。所以，在设计商业银行内部控制系统时，必须兼顾完整性、系统性和有效性。

（2）城市商业银行的内部控制是一种事前防范。内部控制从技术类型上可划分为事前控制（前馈控制）、同步控制（内馈控制）和事后控制（反馈控制）。商业银行经营风险的多发性、连带性与易于扩散的特点，决定了商业银行的内部控制必须努力做到事前防范。所以，内部控制制度体系和控制程序的设计，必须建立在前馈控制的基础之上，并需要广泛运用信息管理技术和预测技术。

（3）城市商业银行内部控制既是针对经常性的预期的事项，又对突发性的事件能够作一些原则性的规定，进行基本控制。商业银行内部控制的设计既是基于对经营管理现状特别是问题与风险的认识与处理，更是为了防止问题的发生，所以它具有常规性与预期性的特点。同时，完善的理想化内部控制还要具有灵活性的特点，即使在计划发生了变化，出现了未预见的情况或计划发生重大错误的情况下，也能够发挥应有的作用。一个真正有效的控制系统，还要能够预测未来，及时发现可能出现的偏差，预先采取措施。对于突发性的带全局性的事件，还要能够提供原则性的规定，并配合有关手段进行特殊的控制处理。

三、城市商业银行内部控制的作用

内部控制是促进城市商业银行有效经营管理的重要工具。加强内部控制制度建设,有利于减少疏漏、错误,尤其是违法行为,有利于激励员工的工作积极性,有利于提高商业银行的工作效率。

1. 统驭整体作用

城市商业银行的机构庞大,业务种类繁多,人员素质参差不齐。如果没有恰当的内部控制,必然会造成整体运作紊乱、无序,甚至出现违规经营的现象。严密的内部控制规定了各部门、各分支机构对业务、管理部门及一线工作人员的工作进行监督、检查和评价的制度,从而使商业银行的各分支机构、各项业务相互联系,相互制约,相互补充。这说明,商业银行内部控制能够将商业银行作为一个整体去统驭和控制。

2. 制约与激励作用

内部控制是一个复杂的系统工程,它不但评价城市商业银行是否有制度或制度是否完善,而且也评价制度的执行情况及执行效果。虽然各家商业银行都有非常完善的内部控制制度,但其执行的效果并不是完全理想的,甚至有些制度的目的没有达到或者没有完全达到。当然,对商业银行内部控制制度的执行情况进行检查也是内部控制的功能之一。由此可见,商业银行内部控制通过对内部控制制度执行情况的检查和评价,可以对员工的工作情况进行严密的监督和考核,对员工的行为进行制约,真实反映其工作业绩,稳定员工的工作情绪,激发他们的工作热情,挖掘他们的工作潜能,提高工作效率。

3. 促进作用

无论是管理还是控制,执行者必须以银行既定的计划或政策目标为依据,了解组织内各部门的职能、各部门之间的相互关系及其管理活动,并对上述各部门进行公正的检查和合理的评价,以促进管理目标的如期实现。通过对各部门、各分支机构的制度设计及制度执行情况进行了解和评价,促使其不断完善,并在实际工作中得到严格遵循。只有这样,有利于消除经营和管理活动中的随意性,取得更好的经营成果和管理绩效。

第 8 章　内部控制实例——商业银行的内部控制
Chapter 8　Internal Control Case Study—Internal Control of Commarcial Bank

第 2 节　巴塞尔委员会对商业银行内部控制的强调

作为跨国银行监管的权威机构——巴塞尔委员会（Basle Committee on Banking Supervision），自 1975 年成立起，就始终将银行风险监管作为研究的重点。该委员会并以此为中心，发布了大量的文件，形成了巴塞尔理论体系。尽管巴塞尔委员会主要是站在监管者的立场上，但巴塞尔体系始终包含着银行内部控制的思想。这是因为，几乎巴塞尔委员会的所有文件都涉及以保护存款人利益、降低金融体系风险为目标的银行流动性、清偿力、外汇活动与头寸的监督管理等内容。巴塞尔委员会对银行内部控制的强调贯穿于其工作的全部过程。

一、巴塞尔委员会对内部控制理论的研究

在 1980 年 8 月颁布的《银行外汇头寸的监管》中，巴塞尔委员会指出："银行外汇运作的安全主要是由其管理者负责。管理者尤其应当负责规定银行在外汇业务中所能承担的风险限额，并负责确保银行在此类业务中设有适当的控制程序。"在 1986 年 3 月的《银行表外风险管理》中指出："无论银行从事何种业务，它都面临着因未能实施适当的内部控制制度而造成损失的风险。适当的内部控制制度包括双人控制、职责分离、风险限制等原则，以及审计、风险控制和信息管理系统。"1988 年的《巴塞尔协议》将内部控制思想具体化到资本充足率的问题上，提出了一级资本（核心资本）、二级资本（附属资本）、表内资产风险权数、表外资产风险换算系数、总资本占风险资产的比例，以及分级资本占风险资产的比例等概念及要求。在 1994 年《衍生产品风险管理原则》中，巴塞尔委员会强调指出："健全的内部风险管理是银行审慎运作的关键，而最低资本金要求等监管工具的作用是远远不够的，健全的内部风险管理，亦是促进整个金融体系稳定的基础。"在 1997 年《利率风险管理原则》中，巴塞尔委员会指出："银行必须为其利率风险管理程序设立适当的内部控制系统。定期独立地评价内部控制系统的有效性和完整性是该系统的一个组成部分，必要时还应修改或加强内部控制。"集巴塞尔体系之大成的 1997 年

上市公司内部控制
Internal Control of Listed Company

《有效银行监管的核心原则》的核心部分——"持续性银行监管的安排",进一步拓展了银行内部控制的思想、理论与方法,提出"银行监管者必须确定银行是否具备与其业务性质及规模相适应的完善的内部控制制度。这应包括对授权和职责分配的明确安排;将银行承诺、付款和资产与负债账务处理方面的职能分离;对上述程序的交叉核对;资产保护;完善、独立的内部或外部审计,以及检查上述控制措施和有关法律规章遵守情况的职能。"同时将银行内部控制划分为四个主要内容:"组织结构(职责的界定、贷款审批的权限分离和决策程序)、会计规则(对账、控制单、定期试算等)、'双人原则'(不同职责的分离、交叉核对、资产双重控制和双人签字等)、对资产和投资的实物控制"。

巴塞尔委员会近年来所发布的所有文件,几乎都贯穿了加强银行内部控制的精神,巴塞尔委员会对银行内部控制的强调贯穿始终。

二、巴塞尔委员会提出的两个银行内部控制文件——《内部控制系统评估框架》与《银行组织内部控制系统框架》

1.《内部控制系统评估框架》

1998年1月,巴塞尔委员会在吸收各成员国经验及其以前出版物所确定的原则的基础上,参照美国等国的理论,针对银行失败的教训,颁发了一份旨在适用于银行一切表内外业务的《内部控制系统评估框架(征求意见稿)》,提出了新的内控定义,其中进一步强调了董事会和高级管理层对内控的影响。它描述了一个健全的内部控制系统及其基本构成要素,提出了若干原则供监管当局用于评价银行的内部控制系统,其核心内容主要体现在以下三个方面。

第一,内部控制活动已成为永恒的日常经营中必不可少的一个部分。高级管理层必须首先建立适当的控制结构,以确保内部控制有效。要对各个业务层面的控制活动予以规定,包括对不同部门进行适当的业务控制;对实物控制;定期检查风险限额的实行情况;审批和授权制度;复核和对账制度。其次,高级管理层在任何阶段都必须确保银行的所有领域遵守事先制定的政策和规程。同时,高级管理层应确保职责适当分离,职员不被委用相互冲突的职责。最后,对可能产生利益冲突的各个方面,应加以识别,设法改善,并密切监视。

第二,内部控制的实施操作状况应该得到有效的监督。高级管理层应不

第8章 内部控制实例——商业银行的内部控制
Chapter 8　Internal Control Case Study—Internal Control of Commarcial Bank

间断地监视商业银行内部控制的整体效果。首先,对关键风险进行监控应是银行日常经营的一个部分,包括按要求进行单独评估。其次,应由有经验和能力的职员对内部控制系统进行有效、全面的内部审计。内部审计部门作为对内部控制系统进行监督的一部分,应直接向董事会或它的审计委员会以及高级管理人员报告。最后,应把内部控制的缺陷向高级管理层和董事会作出报告。

第三,金融监管当局应适时对内部控制系统作出客观的评价。金融监管机构应要求所有的银行,无论其规模大小,都要拥有有效的内部控制系统。该系统应当与其表内外业务的性质、复杂程度以及风险相一致,并反映银行环境和情况的变化。如果监管机构认定银行的内部控制系统不充分,即应对该银行采取措施,以保证内部控制系统及时得到改善。

2.《银行组织内部控制系统框架》

20世纪90年代中期,发生了一系列银行内部控制失效导致银行经营失败或陷入困境的案例。针对这些案例,巴塞尔委员会进行了一系列的研究,在此基础上,总结了银行内部控制失效的集中类型。它们分别是:(1)缺乏充分的管理层监督和责任,未能在银行中建立有力的控制文化;(2)对表内外特定业务的风险估计不足;(3)缺乏或没有诸如岗位分离、批准、核实、协调、检讨经营业绩等关键的控制活动;(4)银行各管理层之间信息沟通特别是问题的上报不足;(5)审计或其他监管活动不足或失效。作为加强银行监管、防范银行风险的国际性的合作机构,为了给各国银行监管当局提供评价银行内部控制的指导原则,巴塞尔银行委员会在充分吸收内部控制研究特别是COSO报告研究成果,总结成员国各国经验、教训和前期发布相关文件精华的基础上,于1998年9月正式颁布《银行组织内部控制系统框架》(Framework For Internal Control Systems In Banking Organizations,以下简称《框架》),系统地提出了评价商业银行内部控制体系的指导原则,这是商业银行内部控制研究的历史性的突破。

《框架》将内部控制定义为"由董事会、高级管理人员以及其他人员实施的一个过程,其目的是为实现经营的效果与效率(操作性目标)、会计与管理信息的可靠、完整与及时(信息性目标)以及经营活动符合现行法律、法规的要求(合规性目标)"。该文提出商业银行内部控制系统由五个性关联的要素组成:管理层监察与控制文化、风险识别与评估、控制活动与岗位分离、信息与沟通、监控活动与偏差纠正。

(1) 管理层监察与控制文化。

原则1：董事会有责任批准和定期检查银行经营的整体战略和重要政策；了解银行的经营风险，确定可接受的风险水平，确保高管人员采取必要的步骤识别、计量、监控风险；批准组织结构；确保高管人员时刻监控内部控制系统的有效性。董事会对建立和维护充分有效的内部控制系统承担最后责任。

原则2：高管人员有责任实施经董事会批准的战略，发展确认、计量、监控银行风险的内部控制过程；维护责、权、报告关系明确的组织结构，确保分配的责任得到有效履行，制定恰当的内部控制政策，监控内部控制系统的充分有效性。

原则3：董事会和高管人员有责任促进高尚道德与城市标准的形成，建立向各级员工强调并显示内部控制重要性的企业文化。各级员工要了解自己在内部控制过程中扮演的角色，并充分参与到内部控制的过程当中。

(2) 风险识别与评估。

原则4：高管人员应确保对实现银行目标造成不利影响的重要风险得到识别和持续性评估。评估应包括银行面临的各种风险（例如信用风险、国家和转移支付风险、市场风险、利率风险、流动性风险、营业风险、法律风险和信誉风险）。内部控制可能需要修正，以适当地处理新的或以前所未控制的风险。

(3) 控制活动与岗位分离。

原则5：控制活动应成为银行日常营业活动的内在组织部分。有效的内部控制要求建立适当的控制结构并明确每一业务层级的控制活动。控制活动包括：高层复核；对不同部门和分支机构适当的控制活动；实物控制；定期检查是否遵循披露限制及违反的频率；批准和授权制度；验证和协调制度。

原则6：有效的内部控制系统要求高管人员应确保适当的岗位分离和分派职员的职责不相冲突。有潜在利益冲突的领域应予以识别、最小化并认真、独立监控。

(4) 信息与沟通。

原则7：有效的内部控制系统要求拥有充分、全面的内部财务、经营、符合性数据以及与决策相关的外部市场信息。信息应可靠、及时、易采集，并以统一格式提供。

原则8：有效的内部控制系统要求建立可靠并覆盖银行所有重要活动的信息系统。信息系统（包括以电子形式保存和使用数据的系统）必须保证安全、独立地被监控并可得到充分灵活安排的支持。

原则9：有效的内部控制系统要求建立有效的沟通渠道，确定所有职员都

第8章 内部控制实例——商业银行的内部控制

充分理解和遵守职责的政策和程序,并且其他相关信息能够传达给适当的职员。

(5)监控活动与偏差纠正。

原则10:银行内部控制的整体有效性应持续地得到监控,对关键风险的监控应成为银行日常营业活动的一部分,并与业务部门和内部审计部门定期评估结合。

原则11:应由独立、经过适当培训、有胜任能力的员工全面、有效地开展对内控系统的内部审计。作为内部控制监控系统的一部分,内部审计部门应直接向董事会(或审计委员会)和高管人员报告。

原则12:无论是业务部门还是内部审计、其他控制人员确认的被控制缺陷,都应及时向适当的管理层报告并得到处理。重大的内部控制缺陷应向高管人员和董事会报告。

此外,巴塞尔委员会还对监管当局对内控系统的评价提出了下列原则:

原则13:监管当局应要求所有银行,无论规模大小,都应具备与其性质、复杂程度、表内外业务风险相适应,并能随环境、条件变化而调整的有效内部控制系统。当监管当局认定某银行特定的风险组合内部控制系统不足或无效(例如未能遵循《框架》包含的所有原则)时,应采取措施确保该银行的内部控制系统立即得到改善。

巴塞尔委员会在1998年提出的这份《银行组织内部控制系统框架》较以往的银行内控理论在许多方面都有所改善和突破。在控制环境中强调了管理层的督促和控制文化;在风险评估方面将风险的识别和风险的评估并举;在控制活动方面又突出了职责分离的重要性;该委员会特别对信息与交流作了更多的解释;除了精度评审活动之外,还把缺陷的纠正这种被COSO认为并非内控的活动归纳为内控活动。巴塞尔委员会还在COSO委员会提出的五大组成部分之外,增加了监管当局对内控的检查和评价,把它作为内控不可忽视的内容之一。

巴塞尔委员会制定的银行内部控制的13项原则,充分反映其对银行内控的强调和国际银行业内部控制的发展趋势。文件中强调高级管理层的控制责任,大力地提倡和营造一种"控制文化",充分关注对银行全部风险的评估,将控制活动提升到银行日常经营中不可分割的重要地位,特别强调了信息与交流的重要性,以及监管当局对内部控制评价的日常监管和现场检查监督,推动商业银行内部控制系统向着更加完善、更加全面的方向发展。

三、《新巴塞尔资本协议》对内控制度的影响

20世纪90年代以后,经济金融环境的巨变迅速改变了银行的经营环境,加大了银行的经营风险。同时,金融的全球化直接推动了全球范围内的银行监管与风险管理原则和框架的整合与统一,并促使这些原则和框架随经济金融环境的变化而进行调整。为此,2001年1月,巴塞尔委员会发布了新资本协议的征求意见稿,并于2005年起全面执行,从而取代了1988年影响最大、曾被视为国际银行业风险管理的"神圣条约"的《巴塞尔协议》。与1988年的《巴塞尔协议》相比,2001年的《新巴塞尔资本协议》适应了银行业全能化发展环境的要求,有更加灵活的风险衡量方式与规则,对内控制度的完善产生了深刻的影响。

《新巴塞尔资本协议》以最低资本要求、外部监管、市场约束为三大支柱,内容涵盖信用风险、市场风险、操作风险三大风险。三大支柱对商业银行的内部控制都有所强调和完善。在最低资本要求中,集中考虑了信用风险、市场风险和操作风险。评估信用风险中,除了标准方法外,还允许银行采用内部评级的基础方法和高级方法,这也是《新巴塞尔资本协议》最大的创新之处及核心所在。此建议最具吸引力的地方在于银行可根据本身持有授信组合的风险来计算资本,所需要的资本比1988年资本协议要求的监管资本更切合银行本身情况,比旧协议统一规定的风险系数更具弹性,更有效减低了银行资本。在外部监管方面,协议中强调每家银行要有合理的内部评估过程,以便银行首先对其面临的风险有正确判断,并在此基础上及时评估资本的充足状况。在市场约束方面,协议强调通过提高银行信息披露程度来支持市场纪律。《新巴塞尔资本协议》充分肯定了市场具有迫使银行有效而合理地分配资金和控制风险的作用,对银行的资本结构、风险状况、资本充足状况等关键信息的披露提出了更为具体的要求。强调了有关风险和资本关系的综合信息披露,监管机构要对银行的披露体系进行评估。

《新巴塞尔资本协议》体现了完善内控制度,防范金融风险的主题思想,力求把资本充足率与银行面临的主要风险有机地结合在一起,力求反映银行业风险管理的最新方面,强调了内控制度的设计要以风险控制为核心的思想。

第8章 内部控制实例——商业银行的内部控制
Chapter 8　Internal Control Case Study—Internal Control of Commercial Bank

第3节　商业银行内部控制实例——花旗银行的内部控制体系

美国银行业在长期的经营实践中，摸索出一套行之有效的内部控制管理策略和运作原则。一些著名银行如花旗银行、美洲银行、纽约银行的内控制度与实践在跨国银行业中有着良好的口碑。本节以花旗银行为例，详细分析花旗银行的内部控制体系[①]。

一、花旗银行的组织机构设置

花旗银行的组织架构分集团、地区、国家三个层面。在每个层面均设有零售银行、批发银行、私人银行、风险管理、财务管理等业务和营运单元，在零售银行内又设有产品、分行管理、营销与品牌等业务单位，在批发银行内又设有企业银行、交易银行、资金部等业务单位。在集团和地区层面均设有对应的后台处理部门，包括托管业务、基金管理、贸易服务、结算处理、支付业务等。各层面的对应部门之间的关系密切、交流频繁，在产品服务、人事架构、操作流程等方面具有高度的统一性。

花旗银行的业务职能部门设置是相互独立又相互制约的，包括市场部、业务部、信贷部、财务监控部、质检部等，在业务运作程序上各部门各负其责。花旗集团在集团、地区和国家三个层面设立相对应的业务和运营部门，形成了矩阵式的管理架构。这样做有利于三个层面的对应部门实现紧密的、一致性的协调与配合，达到协同效益的最大化。与其他国际商业银行相比，花旗银行特别重视三个层面对应部门间的协调与沟通，以便将最新、最好的做法贯彻到全球各个分支机构。这种职能部门明确的职责分工及关系模式，构成了对银行资金管理的安全和效率的最大保障。

二、花旗特色的管理模式——矩阵式的双线报告制

矩阵式的双线报告制的管理模式是花旗银行的特色。它是指由国家层面的

---

① 汪竹松：《商业银行内部控制精析》，中国金融出版社2007年版。

一级业务部门（批发银行、零售银行、私人银行等）主管向地区总部层面一级业务部门主管作实线报告，地区向集团总部相应业务部门主管作实线报告，而国家、地区的一级部门主管向所在国家和地区的首席执行官作虚线报告。实线报告的形式是通过定期的书面和口头报告来实现，虚线报告形式不如实线报告正式。国家层面批发银行内的二级业务部门（如企业银行、交易银行、资金部等）主管作实线报告，而向国家层面的一级部门主管作虚线报告。二级业务部门的主管只需对其直属上司报告，而不涉及双线报告制。

矩阵式的报告架构有利于同时发挥客户、产品、地区及行业的优势，同时加强银行内部纵向与横向的相互制约和监督。由于花旗银行的全球扩展模式是将其在美国多年发展的成熟产品、服务和经营理念推广至世界各分支机构，花旗银行较注重总部各业务部门对地区和国家相应部门的纵向管理。地区和国家的首席执行官的职能主要体现在对所管辖地区日常业务经营的一般性管理和指导，以及开展性质、培养主要客户关系的工作。

三、授权审批制度

花旗银行对信贷管理坚持授权审批控制制度，形成了西方商业银行中典型、有效的模式。该制度包括四方面的内容，即审贷分离；企业授信额度管理；信贷授权审批控制；三人信贷委员会批准制度。其核心内容是信贷申请审批控制，总行设立信贷政策委员会，负责审查决定信贷委员会成员的资格及人选，授权给每个委员一定规模的贷款审批额度，并规定客户授信额度必须由信贷委员会中至少三个委员批准签字。

四、以客户为中心的信贷管理

花旗银行按照客户所在的行业和规模大小，将信贷管理分设有金融机构组、高科技组、电信组、交通组、汽车行业组、跨国公司组、中小企业组等，各行业组的客户经理是客户首要的联络对象，负责联络，维持客户关系，协调各部门为客户提供"一站式"服务。

花旗集团在集团、地区和国家层面都设有信贷委员会，负责贷款的最后审批，客户经理和信贷风险官要参与新贷款审核的全过程，共同撰写详尽的贷款建议书。客户经理没有独立于信贷风险部的信贷审批权，客户经理与信贷风险官的关系是合作又制衡的，以保证信贷审批的客观性和全面性。

第8章 内部控制实例——商业银行的内部控制
Chapter 8　Internal Control Case Study—Internal Control of Commarcial Bank

五、独立的内部审计

公司审计是银行风险管理的重要组成部分,花旗银行推行直接向集团总部和董事会审计委员会的报告制度,保证了公司审计部的独立性。花旗银行的公司审计部又称业务风险稽核部,在集团和主要地区总部设立公司审计部,集团公司审计部直接向花旗董事会内设的、完全由独立董事组成的集团审计委员会报告,地区公司审计部直接向集团总部的首席财务官报告。内部稽核机构在银行内必须保持较大程度的独立性。其职能是稽核、复核和评价各分支机构执行指定职责的效率,并向总行报告对情况的判定。通过商业银行内部检查,可以及时发现问题和隐患,以便有效地预防、对抗风险,避免或减少损失。因此,内部检查制度成为商业银行安全运营的一道"防护网"。花旗银行内部检查制度一般包括三个方面:(1)总行业务部门对其下属分支机构业务部门的对口检查。检查形式主要有:要求报送并审查有关业务资料、财务报表,专门问题报告,召集分支机构行长或业务部门经理座谈会听取报告、了解情况等。(2)总行审计部门对其下属机构进行定期全面检查与不定期抽查或专项检查。(3)银行内部日常检查及外聘审计、会计师进行检查。

六、健全的电子信息管理系统

在当今金融技术日新月异的年代,电子技术的采用正不断地在银行内部深化。花旗银行投入巨资建立健全银行风险电子管理系统,将本行经营方针、政策、业务操作规程及经营活动,尤其是信贷管理、国际结算、资金交易及金融衍生产品交易风险的识别、评估、防范、控制与化解制度与措施纳入管理信息系统管理。这种以业务活动为基础、成本会计系统为纽带的管理信息系统,可以对客户、产品、业务部门在全球、地区、国家、分行和客户经理本人等各层面的情况作详尽的分析报告。

电子管理信息系统的报告由财务管理部门负责设计和维护,报告按使用部门需求每日、每局、每月或每季生成和分发,除定期生成报告外,财务部也可随时提供以往的报告备查。另外,财务人员也可按使用部门的要求对报告内容格式进行必要修改。分析报告的内容包括收入、成本、损益及资本运作效率等,更有按风险资产调整的回报率的分析。管理信息系统实行严格的不相容岗位的分离制度,即将电子管理系统的设计人员、操作人员及相关管理人员分离。

健全的电子管理信息系统为建立有效的绩效考核体系提供了客观和可以量化的标准,实现了对各地区、各分行和各部门及其员工进行全面和准确的绩效考核。同时,对于客户、产品的损益情况的全面掌握也便于客户经理作业务决策、交叉推销银行产品、实现平均客户利润最大化。

花旗银行作为全球性的大型商业银行,其规模庞大,业务种类繁多,没有良好的内控机制是无法维持银行的正常运作,也无法把风险控制在可控范围之内的。总体来说,花旗银行在组织架构上体现出了典型矩阵式结构的特点。花旗这种矩阵式结构由"纵轴"产品线和"横轴"地域组成,轴心是客户群。在其矩阵式管理中,体现了二维双重报告关系;地区分行业务和职能部门分管必须同时向横向划分的集团区域国际主管和纵向划分的集团相应部门主管或业务线主管报告负责。总行的业务部门在产品上拥有更多的话语权,区域主管则更多的是协调好产品进入该市场后的政策法规及文化差异等问题以保证产品能很好地融入市场。

第 4 节 完善内部控制体系,保障稳健经营——中国工商银行[①]

随着我国金融改革的稳步推进和深化,内部控制越来越受到银行董事会、经营管理层以及银行监管部门的重视。工商银行作为一家在境内外上市的银行企业,特别是近年来工商银行的市值不断增加,业务范围不断拓展,如何建立健全银行的内部控制体系成为工商银行实现持续发展、健康经营的首要任务。

一、工商银行内部控制的现状

随着近几年的快速发展,工商银行已经拥有一套内部控制网络体系。工商银行实行"下管一级、监控两级"的内部控制模式,在总行设立了稽核监督委员会,并建立了三级内部控制组织机构。第一级为总行稽核监督局;第二级为省、市、区一级分行稽核监督部;第三级为市、地二级分行稽核监督科

---

① 参考曹小萍:《关于基层工商银行内部控制的组织机构、内部控制制度的描述以及内部控制的评审的思考》,《管理科学文摘》2009 年第 14 期。

第8章 内部控制实例——商业银行的内部控制
Chapter 8 Internal Control Case Study—Internal Control of Commarcial Bank

(部)。这三级内部控制组织机构全面负责本级行和下一级行内部控制的组织、协调、综合管理和监督检查工作。各级内部控制机构的主要职责是:第一级内部控制机构——总行稽核监督局,负责对全行管理制度的执行情况进行稽核监督,对一级分行经营管理状况及经营管理行为进行现场或非现场稽核监督,对总行直属营业机构、主要业务管理机构、海外分行、全资附属公司及总行控股、参股公司的我方派出人员等被稽核对象的经营管理状况及经营管理行为进行现场或非现场稽核监督;第二级内部控制机构——省、市、区一级分行稽核监督部,主要负责对同级及辖区营业机构、主要业务管理机构、全资附属公司的经营管理状况及经营管理行为实施稽核监督,对辖区内违规、违章、违纪事项提出纠正、制止和处罚意见;第三级内部控制机构——市、地二级分行稽核监督科(部),主要负责辖区营业机构贯彻执行上级管理行业务规章制度的正确性、全面性,经营管理行为的合规性、规范性和经营成果的真实性实施稽核监督。这三级内部控制机构的组合,形成了一个内部控制体系,即第一级内部控制机构控制第二级内部控制机构,第二级内部控制机构控制第三级内部控制机构。通过上一级控制下一级,形成了一级控制一级的比较完备和有效运行的内部控制组织体系。

随着工商银行内部控制工作不断加强,内部控制制度建设也得到改善和提高。为了有效控制和规避各类金融风险,近年来,各级工商银行按照内部控制的工作重点,陆续出台一些管理措施,制定了内部控制管理制度和管理措施,内控制度建设迈出了可喜的一步,对有效控制和规避各类金融风险、确保依法合规经营起到了积极的作用。各一级、二级分行根据工商银行总行制定的《中国工商银行内部控制暂行规定》,相应制定了各行的内部控制管理制度。各级行都把建立健全内部控制制度,作为强化内部控制管理的一项重要工作着力抓好,认真抓好内部控制制度的建设。已经从监督管理控制和自律控制这两个方面,建立和实行了许多行之有效的内部控制管、管理制度。

另外,工商银行尽管内部控制组织机构比较健全,制度体系也比较完备,但是内部控制仍然存在一些薄弱环节。近年来,工商银行尽管采取过"拉网式"、"排雷式"等多种形式的依法合规检查,经营风险还是屡禁不止,内部经济案件仍然时有发生,内部控制任务还相当艰巨。内控存在薄弱环节的主要表现:一是内部控制意识没有真正确立起来。个别部门领导和机构负责人不按规章制度办事,滥用职权,玩忽职守,超越授权授信或违规审批、办理贷款、汇票等业务。二是内部控制制度没有完全覆盖关键业务环节和要害部位。三是没有形成内部控制执行、监督和反馈等控制体系。四是内部控制的科技含量

低。内部控制手段滞后于业务发展进程，跟不上业务发展的速度，还没有将内部控制的规定和要求编入计算机程序，实行计算机程序化控制。五是内部控制忽视了对员工的思想教育，员工缺乏风险防范意识和自我保护意识。有的业务操作人员认为内部控制与己无关，不清楚内部控制与认真贯彻执行业务管理制度的密切关系，对一些经营风险和内部控制隐患缺乏应有的认识，存在纪律涣散、有章不循、违规操作的现象。应当从建立健全制度规定，提高和改善内部控制环境着手，对内部控制的基本要素、组织结构、人员素质、控制能力、信息交流、整体协调等方面进行改进，进一步推进和深化内部控制建设。

二、工商银行内控体系的完善之路

（一）内控环境的完善

2005年以来，工商银行制定了《中国工商银行内控体系建设三年规划》，明确了内部控制体系建设的重点和具体任务；制定了《中国工商银行内部控制规定》和信贷、资金、财务、会计、IT、中间业务及反洗钱等方面的制度，还制定了《中国工商银行内部控制评价办法》，从总体制度、具体制度和监督评价制度三个层面构建起了内部控制制度体系。

工商银行自2007年6月对总行层面的组织机构进行了改革。工商银行总行此次的组织机构改革主要涉及对公业务、财务资金和资金交易等三个模块的调整。改革后，新组建公司业务一部、公司业务二部、结算和现金管理部、授信业务部、信用审批部、风险管理部、资产负债管理部、财务会计部、运行管理部和金融市场部，调整机构业务部、信贷管理部、投资银行部和国际业务部职能，撤销原来的公司业务部、信贷评估部、资产风险管理部、消费信贷管理部、资金营运部、计划财务部和会计结算部。其分支机构根据总行的机构改革情况也进行了相应调整。例如，一个地级市的分行从原来的内设办公室、管理信息处、计划财务处、人力资源处、保卫处、资金营运处、中小企业信贷部、信贷审批中心、公司客户经理部、资产风险管理处、信贷管理处、跟入客户经理部、会计结算处、国际业务处、监察室、信息科技处、内控合作处、工会办、监督中心、业务处理中心、现金中心、票据中心、行政处23室再加一个银行卡业务处，调整到现在的办公室、财务会计部、人力资源部、运行管理部、保卫部、监察室、个人金融业务部、公司业务部、结算与电子银行部、机构业务部、国际业务部、内控合规部、业务处理中心、现金运营中心、后勤保

第8章　内部控制实例——商业银行的内部控制
Chapter 8　Internal Control Case Study—Internal Control of Commarcial Bank

障中心、资产风险管理中心、电脑中心、票据中心、信贷管理分部、授信审批分部、银行卡中心等21个部室。

同时，工商银行将公司治理作为增强核心竞争力的基础工程，严格遵守上市地监管机构及交易所的监管规定，不断完善现代公司治理结构，进一步健全了决策科学、执行有力、监督有效的运行机制，以及分工合理、职责明确、相互制衡、报告关系清晰的组织架构。修订并审议通过了新的《中国工商银行股份有限公司章程》及《中国工商银行股份有限公司"三会"议事规则》，修订了五个专门委员会工作规则和《中国工商银行股份有限公司独立董事工作制度》，制定了《中国工商银行股份有限公司董事、监事及高级管理人员持有及变动本行股份管理办法》、《中国工商银行股份有限公司监事会对董事会、高级管理层及其成员监督办法》、《中国工商银行股份有限公司监事会监督委员会工作规则》和《中国工商银行股份有限公司外部监事工作制度》。董事会严格遵循法律法规、公司章程及授权方案的规定，勤勉履行职责，科学谨慎决策，规范行使职权，决策和监督职能得到强化。监事会认真加强制度建设，积极探索实施监督检查的思路和方法，依法履行监督职责和义务，切实发挥了监督职能作用。高级管理层严格按照董事会的授权主持全行的经营管理工作，认真组织实施董事会各项决议，并向董事会提出建议，有效履行了经营管理职责。

近年来，工商银行一直致力于进一步健全以董事会为决策层，各级机构的管理层为建设执行层，各级内控合规部门和垂直独立的内部审计部门为监督评价层的内部控制体系。各级内控合规部门在内部控制的组织、推动和协调，操作风险管理、合规管理和常规检查方面发挥了重要作用。内部审计部门有效履行了监督评价全行风险管理、内部控制和公司治理有效性的职责。

为适应风险管理的要求，工商银行以风险控制为主线，本着横向按职责分离和相互制衡的原则，进一步合理划分各经营管理部门的职责分工；纵向按扁平化管理模式，加强各业务线的内部管理、监督检查及信息传递，并明晰内控合规、内部审计、法律和监察等部门的职责边界，形成了业务管理、合规检查和内部审计有序分工的内部控制三道防线及全流程、全方位覆盖各层级的内部控制监督体系。

（二）识别与评估风险的加强

工商银行重新修订了《中国工商银行全面风险管理框架》，明确了风险管理组织架构、风险管理相关业务构成和各专业风险管理业务流程。在信用风

险、市场风险、操作风险和流动性风险管理等方面制定和实施一系列新的制度和办法，健全了全面风险管理的制度体系。进一步完善市场风险管理的组织架构，使负责市场风险管理的部门与承担风险的业务经营部门保持相对独立。

同时，工商银行还建立了规范的风险报告制度。制定《中国工商银行风险报告制度》，从提交部门、审议机构和报告频率等方面，系统地规范了全行的风险报告行为，基本实现了全面风险管理状况定期报告、重大风险及时报告的目标。投产全面风险管理信息平台——风险状况报告子系统，实现了全行各类风险信息的集中存储、展现、分析、挖掘和重要风险指标的集中监测。

在信用风险评估方面，取得了以下几个方面的成果：

（1）投产 Basel II 内部评级法（IRB）——非零售内部评级工程，达到了巴塞尔新资本协议内部评级法初级法的要求，并已广泛应用于风险限额设定、贷款定价、经济资本计量和配置、风险拨备、绩效考核等风险管理的全过程。

（2）完成了 Basel II 内部评级法（IRB）——零售内部评级项目建设主体任务。

（3）投产押品价值评估系统，实现了押品价值全过程、全方位、全功能的评估信息化。

（4）启动国别风险评价工作，制定主权评级办法，开展了对 110 个国家的主权评级。

工商银行的行业信贷政策覆盖了国家公布的"两高一剩"行业，从而能够结合环保和产业政策，对各行业的信贷政策进行深入分析，适时调整，完善客户和项目的准入与退出标准，及时发布预警提示，提升了对行业信贷风险的识别能力。

在市场风险评估方面，市场风险评估体系与银行目前的交易品种、交易规模和复杂程度相适应。

工商银行制定实施《中国工商银行银行账户和交易账户划分管理办法》、《中国工商银行债券资产分类管理办法》，对银行账户和交易账户的划分管理进行制度上的规定。通过建立交易账户市场风险限额管理指标，对资金交易业务市场风险进行控制。同时，完善优化 BIFT 系统、Kondor+ 系统、Summit 系统、BTS 系统和交易账户风险管理核心系统，实现了交易账户本外币债券市值每日评估和对发行人授信额度的刚性控制。根据理财业务风险特点，运用久期、市值、VAR 值、PV01 值、杠杆比率、资产配置比例等风险指标及时评估和揭示了理财产品的风险。

在操作风险评估方面，工商银行遵循巴塞尔新资本协议的有关规定，制定

第8章 内部控制实例——商业银行的内部控制
Chapter 8　Internal Control Case Study—Internal Control of Commarcial Bank

了操作风险分类方法和指标体系，确立了八大类操作风险类型和 34 个操作风险监测指标，编制了《中国工商银行操作风险管理手册》、《中国工商银行电子银行安全评估管理规定》和《中国工商银行操作风险损失事件统计管理试行办法》，建立了操作风险报告制度和监测分析制度。

同时，通过跟踪操作风险发生的频率、影响程度，分析操作风险损失和监测指标变动情况，发现操作风险管理薄弱环节和风险隐患，进行风险提示，并提出管理建议，有效地促进了全行操作风险识别分析水平的提高。

在关联交易风险评估方面，工商银行制定实施了《中国工商银行股份有限公司关联交易管理基本规范（试行）》，对关联方单位实行了名单制管理。董事会关联交易控制委员会已按照有关规定对银行的关联法人和关联自然人进行了确认，并确保对关联交易方的授信等业务具备风险识别能力。

在工商银行的不断努力下，银行的内控制度得到不断完善。虽然我国在内控制度的建设方面起步较晚，但各银行都在认真审视银行内控机制建设的薄弱环节，努力消除内部控制的风险隐患，积极创造良好的内部控制文化，建立有效适度的内部控制体系，努力缩小与国际主流银行在内控方面的差距，主动吸取经验教训，朝着不断完善的内控体系之路积极迈进。

附录

附录1：企业内部控制基本规范

第一章　总　　则

第一条　为了加强和规范企业内部控制，提高企业经营管理水平和风险防范能力，促进企业可持续发展，维护社会主义市场经济秩序和社会公众利益，根据《中华人民共和国公司法》、《中华人民共和国证券法》、《中华人民共和国会计法》和其他有关法律法规，制定本规范。

第二条　本规范适用于中华人民共和国境内设立的大中型企业。

小企业和其他单位可以参照本规范建立与实施内部控制。

大中型企业和小企业的划分标准根据国家有关规定执行。

第三条　本规范所称内部控制，是由企业董事会、监事会、经理层和全体员工实施的、旨在实现控制目标的过程。

内部控制的目标是合理保证企业经营管理合法合规、资产安全、财务报告及相关信息真实完整，提高经营效率和效果，促进企业实现发展战略。

第四条　企业建立与实施内部控制，应当遵循下列原则：

（一）全面性原则。内部控制应当贯穿决策、执行和监督全过程，覆盖企业及其所属单位的各种业务和事项。

（二）重要性原则。内部控制应当在全面控制的基础上，关注重要业务事项和高风险领域。

（三）制衡性原则。内部控制应当在治理结构、机构设置及权责分配、业务流程等方面形成相互制约、相互监督，同时兼顾运营效率。

（四）适应性原则。内部控制应当与企业经营规模、业务范围、竞争状况和风险水平等相适应，并随着情况的变化及时加以调整。

（五）成本效益原则。内部控制应当权衡实施成本与预期效益，以适当的成本实现有效控制。

第五条 企业建立与实施有效的内部控制，应当包括下列要素：

（一）内部环境。内部环境是企业实施内部控制的基础，一般包括治理结构、机构设置及权责分配、内部审计、人力资源政策、企业文化等。

（二）风险评估。风险评估是企业及时识别、系统分析经营活动中与实现内部控制目标相关的风险，合理确定风险应对策略。

（三）控制活动。控制活动是企业根据风险评估结果，采用相应的控制措施，将风险控制在可承受度之内。

（四）信息与沟通。信息与沟通是企业及时、准确地收集、传递与内部控制相关的信息，确保信息在企业内部、企业与外部之间进行有效沟通。

（五）内部监督。内部监督是企业对内部控制建立与实施情况进行监督检查，评价内部控制的有效性，发现内部控制缺陷，应当及时加以改进。

第六条 企业应当根据有关法律法规、本规范及其配套办法，制定本企业的内部控制制度并组织实施。

第七条 企业应当运用信息技术加强内部控制，建立与经营管理相适应的信息系统，促进内部控制流程与信息系统的有机结合，实现对业务和事项的自动控制，减少或消除人为操纵因素。

第八条 企业应当建立内部控制实施的激励约束机制，将各责任单位和全体员工实施内部控制的情况纳入绩效考评体系，促进内部控制的有效实施。

第九条 国务院有关部门可以根据法律法规、本规范及其配套办法，明确贯彻实施本规范的具体要求，对企业建立与实施内部控制的情况进行监督检查。

第十条 接受企业委托从事内部控制审计的会计师事务所，应当根据本规范及其配套办法和相关执业准则，对企业内部控制的有效性进行审计，出具审计报告。会计师事务所及其签字的从业人员应当对发表的内部控制审计意见负责。

为企业内部控制提供咨询的会计师事务所，不得同时为同一企业提供内部控制审计服务。

第二章 内部环境

第十一条 企业应当根据国家有关法律法规和企业章程，建立规范的公司

治理结构和议事规则，明确决策、执行、监督等方面的职责权限，形成科学有效的职责分工和制衡机制。

股东（大）会享有法律法规和企业章程规定的合法权利，依法行使企业经营方针、筹资、投资、利润分配等重大事项的表决权。

董事会对股东（大）会负责，依法行使企业的经营决策权。

监事会对股东（大）会负责，监督企业董事、经理和其他高级管理人员依法履行职责。

经理层负责组织实施股东（大）会、董事会决议事项，主持企业的生产经营管理工作。

第十二条　董事会负责内部控制的建立健全和有效实施。监事会对董事会建立与实施内部控制进行监督。经理层负责组织领导企业内部控制的日常运行。

企业应当成立专门机构或者指定适当的机构具体负责组织协调内部控制的建立实施及日常工作。

第十三条　企业应当在董事会下设立审计委员会。审计委员会负责审查企业内部控制，监督内部控制的有效实施和内部控制自我评价情况，协调内部控制审计及其他相关事宜等。

审计委员会负责人应当具备相应的独立性、良好的职业操守和专业胜任能力。

第十四条　企业应当结合业务特点和内部控制要求设置内部机构，明确职责权限，将权利与责任落实到各责任单位。

企业应当通过编制内部管理手册，使全体员工掌握内部机构设置、岗位职责、业务流程等情况，明确权责分配，正确行使职权。

第十五条　企业应当加强内部审计工作，保证内部审计机构设置、人员配备和工作的独立性。

内部审计机构应当结合内部审计监督，对内部控制的有效性进行监督检查。内部审计机构对监督检查中发现的内部控制缺陷，应当按照企业内部审计工作程序进行报告；对监督检查中发现的内部控制重大缺陷，有权直接向董事会及其审计委员会、监事会报告。

第十六条　企业应当制定和实施有利于企业可持续发展的人力资源政策。人力资源政策应当包括下列内容：

（一）员工的聘用、培训、辞退与辞职。

（二）员工的薪酬、考核、晋升与奖惩。

（三）关键岗位员工的强制休假制度和定期岗位轮换制度。

（四）掌握国家秘密或重要商业秘密的员工离岗的限制性规定。

（五）有关人力资源管理的其他政策。

第十七条 企业应当将职业道德修养和专业胜任能力作为选拔和聘用员工的重要标准，切实加强员工培训和继续教育，不断提升员工素质。

第十八条 企业应当加强文化建设，培育积极向上的价值观和社会责任感，倡导诚实守信、爱岗敬业、开拓创新和团队协作精神，树立现代管理理念，强化风险意识。

董事、监事、经理及其他高级管理人员应当在企业文化建设中发挥主导作用。

企业员工应当遵守员工行为守则，认真履行岗位职责。

第十九条 企业应当加强法制教育，增强董事、监事、经理及其他高级管理人员和员工的法制观念，严格依法决策、依法办事、依法监督，建立健全法律顾问制度和重大法律纠纷案件备案制度。

第三章　风　险　评　估

第二十条 企业应当根据设定的控制目标，全面系统持续地收集相关信息，结合实际情况，及时进行风险评估。

第二十一条 企业开展风险评估，应当准确识别与实现控制目标相关的内部风险和外部风险，确定相应的风险承受度。

风险承受度是企业能够承担的风险限度，包括整体风险承受能力和业务层面的可接受风险水平。

第二十二条 企业识别内部风险，应当关注下列因素：

（一）董事、监事、经理及其他高级管理人员的职业操守、员工专业胜任能力等人力资源因素。

（二）组织机构、经营方式、资产管理、业务流程等管理因素。

（三）研究开发、技术投入、信息技术运用等自主创新因素。

（四）财务状况、经营成果、现金流量等财务因素。

（五）营运安全、员工健康、环境保护等安全环保因素。

（六）其他有关内部风险因素。

第二十三条 企业识别外部风险，应当关注下列因素：

（一）经济形势、产业政策、融资环境、市场竞争、资源供给等经济因素。

（二）法律法规、监管要求等法律因素。

（三）安全稳定、文化传统、社会信用、教育水平、消费者行为等社会因素。

（四）技术进步、工艺改进等科学技术因素。

（五）自然灾害、环境状况等自然环境因素。

（六）其他有关外部风险因素。

第二十四条 企业应当采用定性与定量相结合的方法，按照风险发生的可能性及其影响程度等，对识别的风险进行分析和排序，确定关注重点和优先控制的风险。

企业进行风险分析，应当充分吸收专业人员，组成风险分析团队，按照严格规范的程序开展工作，确保风险分析结果的准确性。

第二十五条 企业应当根据风险分析的结果，结合风险承受度，权衡风险与收益，确定风险应对策略。

企业应当合理分析、准确掌握董事、经理及其他高级管理人员、关键岗位员工的风险偏好，采取适当的控制措施，避免因个人风险偏好给企业经营带来重大损失。

第二十六条 企业应当综合运用风险规避、风险降低、风险分担和风险承受等风险应对策略，实现对风险的有效控制。

风险规避是企业对超出风险承受度的风险，通过放弃或者停止与该风险相关的业务活动以避免和减轻损失的策略。

风险降低是企业在权衡成本效益之后，准备采取适当的控制措施降低风险或者减轻损失，将风险控制在风险承受度之内的策略。

风险分担是企业准备借助他人力量，采取业务分包、购买保险等方式和适当的控制措施，将风险控制在风险承受度之内的策略。

风险承受是企业对风险承受度之内的风险，在权衡成本效益之后，不准备采取控制措施降低风险或者减轻损失的策略。

第二十七条 企业应当结合不同发展阶段和业务拓展情况，持续收集与风险变化相关的信息，进行风险识别和风险分析，及时调整风险应对策略。

第四章 控制活动

第二十八条 企业应当结合风险评估结果，通过手工控制与自动控制、预防性控制与发现性控制相结合的方法，运用相应的控制措施，将风险控制在可

附录1：企业内部控制基本规范

承受度之内。

控制措施一般包括：不相容职务分离控制、授权审批控制、会计系统控制、财产保护控制、预算控制、运营分析控制和绩效考评控制等。

第二十九条 不相容职务分离控制要求企业全面系统地分析、梳理业务流程中所涉及的不相容职务，实施相应的分离措施，形成各司其职、各负其责、相互制约的工作机制。

第三十条 授权审批控制要求企业根据常规授权和特别授权的规定，明确各岗位办理业务和事项的权限范围、审批程序和相应责任。

企业应当编制常规授权的权限指引，规范特别授权的范围、权限、程序和责任，严格控制特别授权。常规授权是指企业在日常经营管理活动中按照既定的职责和程序进行的授权。特别授权是指企业在特殊情况、特定条件下进行的授权。

企业各级管理人员应当在授权范围内行使职权和承担责任。

企业对于重大的业务和事项，应当实行集体决策审批或者联签制度，任何个人不得单独进行决策或者擅自改变集体决策。

第三十一条 会计系统控制要求企业严格执行国家统一的会计准则制度，加强会计基础工作，明确会计凭证、会计账簿和财务会计报告的处理程序，保证会计资料真实完整。

企业应当依法设置会计机构，配备会计从业人员。从事会计工作的人员，必须取得会计从业资格证书。会计机构负责人应当具备会计师以上专业技术职务资格。

大中型企业应当设置总会计师。设置总会计师的企业，不得设置与其职权重叠的副职。

第三十二条 财产保护控制要求企业建立财产日常管理制度和定期清查制度，采取财产记录、实物保管、定期盘点、账实核对等措施，确保财产安全。

企业应当严格限制未经授权的人员接触和处置财产。

第三十三条 预算控制要求企业实施全面预算管理制度，明确各责任单位在预算管理中的职责权限，规范预算的编制、审定、下达和执行程序，强化预算约束。

第三十四条 运营分析控制要求企业建立运营情况分析制度，经理层应当综合运用生产、购销、投资、筹资、财务等方面的信息，通过因素分析、对比分析、趋势分析等方法，定期开展运营情况分析，发现存在的问题，及时查明原因并加以改进。

第三十五条 绩效考评控制要求企业建立和实施绩效考评制度，科学设置考核指标体系，对企业内部各责任单位和全体员工的业绩进行定期考核和客观评价，将考评结果作为确定员工薪酬以及职务晋升、评优、降级、调岗、辞退等的依据。

第三十六条 企业应当根据内部控制目标，结合风险应对策略，综合运用控制措施，对各种业务和事项实施有效控制。

第三十七条 企业应当建立重大风险预警机制和突发事件应急处理机制，明确风险预警标准，对可能发生的重大风险或突发事件，制订应急预案、明确责任人员、规范处置程序，确保突发事件得到及时妥善处理。

第五章　信息与沟通

第三十八条 企业应当建立信息与沟通制度，明确内部控制相关信息的收集、处理和传递程序，确保信息及时沟通，促进内部控制有效运行。

第三十九条 企业应当对收集的各种内部信息和外部信息进行合理筛选、核对、整合，提高信息的有用性。

企业可以通过财务会计资料、经营管理资料、调研报告、专项信息、内部刊物、办公网络等渠道，获取内部信息。

企业可以通过行业协会组织、社会中介机构、业务往来单位、市场调查、来信来访、网络媒体以及有关监管部门等渠道，获取外部信息。

第四十条 企业应当将内部控制相关信息在企业内部各管理级次、责任单位、业务环节之间，以及企业与外部投资者、债权人、客户、供应商、中介机构和监管部门等有关方面之间进行沟通和反馈。信息沟通过程中发现的问题，应当及时报告并加以解决。

重要信息应当及时传递给董事会、监事会和经理层。

第四十一条 企业应当利用信息技术促进信息的集成与共享，充分发挥信息技术在信息与沟通中的作用。

企业应当加强对信息系统开发与维护、访问与变更、数据输入与输出、文件储存与保管、网络安全等方面的控制，保证信息系统安全稳定运行。

第四十二条 企业应当建立反舞弊机制，坚持惩防并举、重在预防的原则，明确反舞弊工作的重点领域、关键环节和有关机构在反舞弊工作中的职责权限，规范舞弊案件的举报、调查、处理、报告和补救程序。

企业至少应当将下列情形作为反舞弊工作的重点：

（一）未经授权或者采取其他不法方式侵占、挪用企业资产，牟取不当利益。

（二）在财务会计报告和信息披露等方面存在的虚假记载、误导性陈述或者重大遗漏等。

（三）董事、监事、经理及其他高级管理人员滥用职权。

（四）相关机构或人员串通舞弊。

第四十三条 企业应当建立举报投诉制度和举报人保护制度，设置举报专线，明确举报投诉处理程序、办理时限和办结要求，确保举报、投诉成为企业有效掌握信息的重要途径。

举报投诉制度和举报人保护制度应当及时传达至全体员工。

第六章 内部监督

第四十四条 企业应当根据本规范及其配套办法，制定内部控制监督制度，明确内部审计机构（或经授权的其他监督机构）和其他内部机构在内部监督中的职责权限，规范内部监督的程序、方法和要求。

内部监督分为日常监督和专项监督。日常监督是指企业对建立与实施内部控制的情况进行常规、持续的监督检查；专项监督是指在企业发展战略、组织结构、经营活动、业务流程、关键岗位员工等发生较大调整或变化的情况下，对内部控制的某一或者某些方面进行有针对性的监督检查。

专项监督的范围和频率应当根据风险评估结果以及日常监督的有效性等予以确定。

第四十五条 企业应当制定内部控制缺陷认定标准，对监督过程中发现的内部控制缺陷，应当分析缺陷的性质和产生的原因，提出整改方案，采取适当的形式及时向董事会、监事会或者经理层报告。

内部控制缺陷包括设计缺陷和运行缺陷。企业应当跟踪内部控制缺陷整改情况，并就内部监督中发现的重大缺陷，追究相关责任单位或者责任人的责任。

第四十六条 企业应当结合内部监督情况，定期对内部控制的有效性进行自我评价，出具内部控制自我评价报告。

内部控制自我评价的方式、范围、程序和频率，由企业根据经营业务调

整、经营环境变化、业务发展状况、实际风险水平等自行确定。

国家有关法律法规另有规定的，从其规定。

第四十七条 企业应当以书面或者其他适当的形式，妥善保存内部控制建立与实施过程中的相关记录或者资料，确保内部控制建立与实施过程的可验证性。

第七章 附 则

第四十八条 本规范由财政部会同国务院其他有关部门解释。

第四十九条 本规范的配套办法由财政部会同国务院其他有关部门另行制定。

第五十条 本规范自2009年7月1日起实施。

附录2：企业内部控制应用指引

企业内部控制应用指引第1号——组织架构

第一章 总　则

第一条 为了促进企业实现发展战略，优化治理结构、管理体制和运行机制，建立现代企业制度，根据《中华人民共和国公司法》等有关法律法规和《企业内部控制基本规范》，制定本指引。

第二条 本指引所称组织架构，是指企业按照国家有关法律法规、股东（大）会决议和企业章程，结合本企业实际，明确股东（大）会、董事会、监事会、经理层和企业内部各层级机构设置、职责权限、人员编制、工作程序和相关要求的制度安排。

第三条 企业至少应当关注组织架构设计与运行中的下列风险：（一）治理结构形同虚设，缺乏科学决策、良性运行机制和执行力，可能导致企业经营失败，难以实现发展战略。（二）内部机构设计不科学，权责分配不合理，可能导致机构重叠、职能交叉或缺失、推诿扯皮，运行效率低下。

第二章　组织架构的设计

第四条 企业应当根据国家有关法律法规的规定，明确董事会、监事会和经理层的职责权限、任职条件、议事规则和工作程序，确保决策、执行和监督

相互分离，形成制衡。董事会对股东（大）会负责，依法行使企业的经营决策权。可按照股东（大）会的有关决议，设立战略、审计、提名、薪酬与考核等专门委员会，明确各专门委员会的职责权限、任职资格、议事规则和工作程序，为董事会科学决策提供支持。监事会对股东（大）会负责，监督企业董事、经理和其他高级管理人员依法履行职责。经理层对董事会负责，主持企业的生产经营管理工作。经理和其他高级管理人员的职责分工应当明确。董事会、监事会和经理层的产生程序应当合法合规，其人员构成、知识结构、能力素质应当满足履行职责的要求。

　　第五条 企业的重大决策、重大事项、重要人事任免及大额资金支付业务等，应当按照规定的权限和程序实行集体决策审批或者联签制度。任何个人不得单独进行决策或者擅自改变集体决策意见。重大决策、重大事项、重要人事任免及大额资金支付业务的具体标准由企业自行确定。

　　第六条 企业应当按照科学、精简、高效、透明、制衡的原则，综合考虑企业性质、发展战略、文化理念和管理要求等因素，合理设置内部职能机构，明确各机构的职责权限，避免职能交叉、缺失或权责过于集中，形成各司其职、各负其责、相互制约、相互协调的工作机制。

　　第七条 企业应当对各机构的职能进行科学合理的分解，确定具体岗位的名称、职责和工作要求等，明确各个岗位的权限和相互关系。企业在确定职权和岗位分工过程中，应当体现不相容职务相互分离的要求。不相容职务通常包括：可行性研究与决策审批；决策审批与执行；执行与监督检查等。

　　第八条 企业应当制定组织结构图、业务流程图、岗（职）位说明书和权限指引等内部管理制度或相关文件，使员工了解和掌握组织架构设计及权责分配情况，正确履行职责。

第三章　组织架构的运行

　　第九条 企业应当根据组织架构的设计规范，对现有治理结构和内部机构设置进行全面梳理，确保本企业治理结构、内部机构设置和运行机制等符合现代企业制度要求。企业梳理治理结构，应当重点关注董事、监事、经理及其他高级管理人员的任职资格和履职情况，以及董事会、监事会和经理层的运行效果。治理结构存在问题的，应当采取有效措施加以改进。企业梳理内部机构设置，应当重点关注内部机构设置的合理性和运行的高效性等。内部机构设置和运行中存在职能交叉、缺失或运行效率低下的,应当及时解决。

第十条 企业拥有子公司的,应当建立科学的投资管控制度,通过合法有效的形式履行出资人职责、维护出资人权益,重点关注子公司特别是异地、境外子公司的发展战略、年度财务预决算、重大投融资、重大担保、大额资金使用、主要资产处置、重要人事任免、内部控制体系建设等重要事项。

第十一条 企业应当定期对组织架构设计与运行的效率和效果进行全面评估,发现组织架构设计与运行中存在缺陷的,应当进行优化调整。企业组织架构调整应当充分听取董事、监事、高级管理人员和其他员工的意见,按照规定的权限和程序进行决策审批。

企业内部控制应用指引第2号——发展战略

第一章 总 则

第一条 为了促进企业增强核心竞争力和可持续发展能力,根据有关法律法规和《企业内部控制基本规范》,制定本指引。

第二条 本指引所称发展战略,是指企业在对现实状况和未来趋势进行综合分析和科学预测的基础上,制定并实施的长远发展目标与战略规划。

第三条 企业制定与实施发展战略至少应当关注下列风险:(一)缺乏明确的发展战略或发展战略实施不到位,可能导致企业盲目发展,难以形成竞争优势,丧失发展机遇和动力。(二)发展战略过于激进,脱离企业实际能力或偏离主业,可能导致企业过度扩张,甚至经营失败。(三)发展战略因主观原因频繁变动,可能导致资源浪费,甚至危及企业的生存和持续发展。

第二章 发展战略的制定

第四条 企业应当在充分调查研究、科学分析预测和广泛征求意见的基础上制定发展目标。企业在制定发展目标过程中,应当综合考虑宏观经济政策、国内外市场需求变化、技术发展趋势、行业及竞争对手状况、可利用资源水平

和自身优势与劣势等影响因素。

第五条 企业应当根据发展目标制定战略规划。战略规划应当明确发展的阶段性和发展程度，确定每个发展阶段的具体目标、工作任务和实施路径。

第六条 企业应当在董事会下设立战略委员会，或指定相关机构负责发展战略管理工作，履行相应职责。企业应当明确战略委员会的职责和议事规则，对战略委员会会议的召开程序、表决方式、提案审议、保密要求和会议记录等作出规定，确保议事过程规范透明、决策程序科学民主。战略委员会应当组织有关部门对发展目标和战略规划进行可行性研究和科学论证，形成发展战略建议方案；必要时，可借助中介机构和外部专家的力量为其履行职责提供专业咨询意见。战略委员会成员应当具有较强的综合素质和实践经验，其任职资格和选任程序应当符合有关法律法规和企业章程的规定。

第七条 董事会应当严格审议战略委员会提交的发展战略方案，重点关注其全局性、长期性和可行性。董事会在审议方案中如果发现重大问题，应当责成战略委员会对方案作出调整。企业的发展战略方案经董事会审议通过后，报经股东（大）会批准实施。

第三章　发展战略的实施

第八条 企业应当根据发展战略，制订年度工作计划，编制全面预算，将年度目标分解、落实；同时完善发展战略管理制度，确保发展战略有效实施。

第九条 企业应当重视发展战略的宣传工作，通过内部各层级会议和教育培训等有效方式，将发展战略及其分解落实情况传递到内部各管理层级和全体员工。

第十条 战略委员会应当加强对发展战略实施情况的监控，定期收集和分析相关信息，对于明显偏离发展战略的情况，应当及时报告。

第十一条 由于经济形势、产业政策、技术进步、行业状况以及不可抗力等因素发生重大变化，确需对发展战略作出调整的，应当按照规定权限和程序调整发展战略。

企业内部控制应用指引第3号——人力资源

第一章 总 则

第一条 为了促进企业加强人力资源建设，充分发挥人力资源对实现企业发展战略的重要作用，根据有关法律法规和《企业内部控制基本规范》，制定本指引。

第二条 本指引所称人力资源，是指企业组织生产经营活动而录（任）用的各种人员，包括董事、监事、高级管理人员和全体员工。

第三条 企业人力资源管理至少应当关注下列风险：（一）人力资源缺乏或过剩、结构不合理、开发机制不健全，可能导致企业发展战略难以实现。（二）人力资源激励约束制度不合理、关键岗位人员管理不完善，可能导致人才流失、经营效率低下或关键技术、商业秘密和国家机密泄露。（三）人力资源退出机制不当，可能导致法律诉讼或企业声誉受损。

第四条 企业应当重视人力资源建设，根据发展战略，结合人力资源现状和未来需求预测，建立人力资源发展目标，制定人力资源总体规划和能力框架体系，优化人力资源整体布局，明确人力资源的引进、开发、使用、培养、考核、激励、退出等管理要求，实现人力资源的合理配置，全面提升企业核心竞争力。

第二章 人力资源的引进与开发

第五条 企业应当根据人力资源总体规划，结合生产经营实际需要，制订年度人力资源需求计划，完善人力资源引进制度，规范工作流程，按照计划、制度和程序组织人力资源引进工作。

第六条 企业应当根据人力资源能力框架要求，明确各岗位的职责权限、任职条件和工作要求，遵循德才兼备、以德为先和公开、公平、公正的原则，通过公开招聘、竞争上岗等多种方式选聘优秀人才，重点关注选聘对象的价值

取向和责任意识。企业选拔高级管理人员和聘用中层及以下员工，应当切实做到因事设岗、以岗选人，避免因人设事或设岗，确保选聘人员能够胜任岗位职责要求。企业选聘人员应当实行岗位回避制度。

第七条 企业确定选聘人员后，应当依法签订劳动合同，建立劳动用工关系。企业对于在产品技术、市场、管理等方面掌握或涉及关键技术、知识产权、商业秘密或国家机密的工作岗位，应当与该岗位员工签订有关岗位保密协议，明确保密义务。

第八条 企业应当建立选聘人员试用期和岗前培训制度，对试用人员进行严格考察，促进选聘员工全面了解岗位职责，掌握岗位基本技能，适应工作要求。试用期满考核合格后，方可正式上岗；试用期满考核不合格者，应当及时解除劳动关系。

第九条 企业应当重视人力资源开发工作，建立员工培训长效机制，营造尊重知识、尊重人才和关心员工职业发展的文化氛围，加强后备人才队伍建设，促进全体员工的知识、技能持续更新，不断提升员工的服务效能。

第三章 人力资源的使用与退出

第十条 企业应当建立和完善人力资源的激励约束机制，设置科学的业绩考核指标体系，对各级管理人员和全体员工进行严格考核与评价，以此作为确定员工薪酬、职级调整和解除劳动合同等的重要依据，确保员工队伍处于持续优化状态。

第十一条 企业应当制定与业绩考核挂钩的薪酬制度，切实做到薪酬安排与员工贡献相协调，体现效率优先，兼顾公平。

第十二条 企业应当制定各级管理人员和关键岗位员工定期轮岗制度，明确轮岗范围、轮岗周期、轮岗方式等，形成相关岗位员工的有序持续流动，全面提升员工素质。

第十三条 企业应当按照有关法律法规规定，结合企业实际，建立健全员工退出（辞职、解除劳动合同、退休等）机制，明确退出的条件和程序，确保员工退出机制得到有效实施。企业对考核不能胜任岗位要求的员工，应当及时暂停其工作，安排再培训，或调整工作岗位，安排转岗培训；仍不能满足岗位职责要求的，应当按照规定的权限和程序解除劳动合同。企业应当与退出员工依法约定保守关键技术、商业秘密、国家机密和竞业限制的期限，确保知识产权、商业秘密和国家机密的安全。企业关键岗位人员离职前,应当根据有关法律法规的规定进行工作交接或离任审计。

第十四条 企业应当定期对年度人力资源计划执行情况进行评估,总结人力资源管理经验,分析存在的主要缺陷和不足,完善人力资源政策,促进企业整体团队充满生机和活力。

企业内部控制应用指引第4号——社会责任

第一章 总 则

第一条 为了促进企业履行社会责任,实现企业与社会的协调发展,根据国家有关法律法规和《企业内部控制基本规范》,制定本指引。

第二条 本指引所称社会责任,是指企业在经营发展过程中应当履行的社会职责和义务,主要包括安全生产、产品质量(含服务,下同)、环境保护、资源节约、促进就业、员工权益保护等。

第三条 企业至少应当关注在履行社会责任方面的下列风险:(一)安全生产措施不到位,责任不落实,可能导致企业发生安全事故。(二)产品质量低劣,侵害消费者利益,可能导致企业巨额赔偿、形象受损,甚至破产。(三)环境保护投入不足,资源耗费大,造成环境污染或资源枯竭,可能导致企业巨额赔偿、缺乏发展后劲,甚至停业。(四)促进就业和员工权益保护不够,可能导致员工积极性受挫,影响企业发展和社会稳定。

第四条 企业应当重视履行社会责任,切实做到经济效益与社会效益、短期利益与长远利益、自身发展与社会发展相互协调,实现企业与员工、企业与社会、企业与环境的健康和谐发展。

第二章 安全生产

第五条 企业应当根据国家有关安全生产的规定,结合本企业实际情况,建立严格的安全生产管理体系、操作规范和应急预案,强化安全生产责任追究

制度，切实做到安全生产。企业应当设立安全管理部门和安全监督机构，负责企业安全生产的日常监督管理工作。

第六条 企业应当重视安全生产投入，在人力、物力、资金、技术等方面提供必要的保障，健全检查监督机制，确保各项安全措施落实到位，不得随意降低保障标准和要求。

第七条 企业应当贯彻预防为主的原则，采用多种形式增强员工安全意识，重视岗位培训，对于特殊岗位实行资格认证制度。企业应当加强生产设备的经常性维护管理，及时排除安全隐患。

第八条 企业如果发生生产安全事故，应当按照安全生产管理制度妥善处理，排除故障，减轻损失，追究责任。重大生产安全事故应当启动应急预案，同时按照国家有关规定及时报告，严禁迟报、谎报和瞒报。

第三章 产品质量

第九条 企业应当根据国家和行业相关产品质量的要求，从事生产经营活动，切实提高产品质量和服务水平，努力为社会提供优质安全健康的产品和服务，最大限度地满足消费者的需求，对社会和公众负责，接受社会监督，承担社会责任。

第十条 企业应当规范生产流程，建立严格的产品质量控制和检验制度，严把质量关，禁止缺乏质量保障、危害人民生命健康的产品流向社会。

第十一条 企业应当加强产品的售后服务。售后发现存在严重质量缺陷、隐患的产品，应当及时召回或采取其他有效措施，最大限度地降低或消除缺陷、隐患产品的社会危害。企业应当妥善处理消费者提出的投诉和建议，切实保护消费者权益。

第四章 环境保护与资源节约

第十二条 企业应当按照国家有关环境保护与资源节约的规定，结合本企业实际情况，建立环境保护与资源节约制度，认真落实节能减排责任，积极开发和使用节能产品，发展循环经济，降低污染物排放，提高资源综合利用效率。企业应当通过宣传教育等有效形式，不断提高员工的环境保护和资源节约意识。

第十三条　企业应当重视生态保护，加大对环保工作的人力、物力、财力的投入和技术支持，不断改进工艺流程，降低能耗和污染物排放水平，实现清洁生产。企业应当加强对废气、废水、废渣的综合治理，建立废料回收和循环利用制度。

第十四条　企业应当重视资源节约和资源保护，着力开发利用可再生资源，防止对不可再生资源进行掠夺性或毁灭性开发。企业应当重视国家产业结构相关政策，特别关注产业结构调整的发展要求，加快高新技术开发和传统产业改造，切实转变发展方式，实现低投入、低消耗、低排放和高效率。

第十五条　企业应当建立环境保护和资源节约的监控制度，定期开展监督检查，发现问题，及时采取措施予以纠正。污染物排放超过国家有关规定的，企业应当承担治理或相关法律责任。发生紧急、重大环境污染事件时，应当启动应急机制，及时报告和处理，并依法追究相关责任人的责任。

第五章　促进就业与员工权益保护

第十六条　企业应当依法保护员工的合法权益，贯彻人力资源政策，保护员工依法享有劳动权利和履行劳动义务，保持工作岗位相对稳定，积极促进充分就业，切实履行社会责任。企业应当避免在正常经营情况下批量辞退员工，增加社会负担。

第十七条　企业应当与员工签订并履行劳动合同，遵循按劳分配、同工同酬的原则，建立科学的员工薪酬制度和激励机制，不得克扣或无故拖欠员工薪酬。企业应当建立高级管理人员与员工薪酬的正常增长机制，切实保持合理水平，维护社会公平。

第十八条　企业应当及时办理员工社会保险，足额缴纳社会保险费，保障员工依法享受社会保险待遇。企业应当按照有关规定做好健康管理工作，预防、控制和消除职业危害；按期对员工进行非职业性健康监护，对从事有职业危害作业的员工进行职业性健康监护。企业应当遵守法定的劳动时间和休息休假制度，确保员工的休息休假权利。

第十九条　企业应当加强职工代表大会和工会组织建设，维护员工合法权益，积极开展员工职业教育培训，创造平等发展机会。企业应当尊重员工人格，维护员工尊严，杜绝性别、民族、宗教、年龄等各种歧视，保障员工身心健康。

第二十条　企业应当按照产学研用相结合的社会需求，积极创建实习基

地，大力支持社会有关方面培养、锻炼社会需要的应用型人才。

第二十一条 企业应当积极履行社会公益方面的责任和义务，关心帮助社会弱势群体，支持慈善事业。

企业内部控制应用指引第 5 号——企业文化

第一章 总 则

第一条 为了加强企业文化建设，发挥企业文化在企业发展中的重要作用，根据《企业内部控制基本规范》，制定本指引。

第二条 本指引所称企业文化，是指企业在生产经营实践中逐步形成的、为整体团队所认同并遵守的价值观、经营理念和企业精神，以及在此基础上形成的行为规范的总称。

第三条 加强企业文化建设至少应当关注下列风险：（一）缺乏积极向上的企业文化，可能导致员工丧失对企业的信心和认同感，企业缺乏凝聚力和竞争力。（二）缺乏开拓创新、团队协作和风险意识，可能导致企业发展目标难以实现，影响可持续发展。（三）缺乏诚实守信的经营理念，可能导致舞弊事件的发生，造成企业损失，影响企业信誉。（四）忽视企业间的文化差异和理念冲突，可能导致并购重组失败。

第二章 企业文化的建设

第四条 企业应当采取切实有效的措施，积极培育具有自身特色的企业文化，引导和规范员工行为，打造以主业为核心的企业品牌，形成整体团队的向心力，促进企业长远发展。

第五条 企业应当培育体现企业特色的发展愿景、积极向上的价值观、诚实守信的经营理念、履行社会责任和开拓创新的企业精神，以及团队协作和风险防范意识。企业应当重视并购重组后的企业文化建设，平等对待被并购方的员工，促进并购双方的文化融合。

第六条 企业应当根据发展战略和实际情况，总结优良传统，挖掘文化底蕴，提炼核心价值，确定文化建设的目标和内容，形成企业文化规范，使其构成员工行为守则的重要组成部分。

第七条 董事、监事、经理和其他高级管理人员应当在企业文化建设中发挥主导和垂范作用，以自身的优秀品格和脚踏实地的工作作风，带动影响整个团队，共同营造积极向上的企业文化环境。企业应当促进文化建设在内部各层级的有效沟通，加强企业文化的宣传贯彻，确保全体员工共同遵守。

第八条 企业文化建设应当融入生产经营全过程，切实做到文化建设与发展战略的有机结合，增强员工的责任感和使命感，规范员工行为方式，使员工自身价值在企业发展中得到充分体现。企业应当加强对员工的文化教育和熏陶，全面提升员工的文化修养和内在素质。

第三章 企业文化的评估

第九条 企业应当建立企业文化评估制度，明确评估的内容、程序和方法，落实评估责任制，避免企业文化建设流于形式。

第十条 企业文化评估，应当重点关注董事、监事、经理和其他高级管理人员在企业文化建设中的责任履行情况、全体员工对企业核心价值观的认同感、企业经营管理行为与企业文化的一致性、企业品牌的社会影响力、参与企业并购重组各方文化的融合度，以及员工对企业未来发展的信心。

第十一条 企业应当重视企业文化的评估结果，巩固和发扬文化建设成果，针对评估过程中发现的问题，研究影响企业文化建设的不利因素，分析深层次的原因，及时采取措施加以改进。

企业内部控制应用指引第6号——资金活动

第一章 总 则

第一条 为了促进企业正常组织资金活动，防范和控制资金风险，保证资金安全，提高资金使用效益，根据有关法律法规和《企业内部控制基本规

范》，制定本指引。

第二条 本指引所称资金活动，是指企业筹资、投资和资金营运等活动的总称。

第三条 企业资金活动至少应当关注下列风险：（一）筹资决策不当，引发资本结构不合理或无效融资，可能导致企业筹资成本过高或债务危机。（二）投资决策失误，引发盲目扩张或丧失发展机遇，可能导致资金链断裂或资金使用效益低下。（三）资金调度不合理、营运不畅，可能导致企业陷入财务困境或资金冗余。（四）资金活动管控不严，可能导致资金被挪用、侵占、抽逃或遭受欺诈。

第四条 企业应当根据自身发展战略，科学确定投融资目标和规划，完善严格的资金授权、批准、审验等相关管理制度，加强资金活动的集中归口管理，明确筹资、投资、营运等各环节的职责权限和岗位分离要求，定期或不定期检查和评价资金活动情况，落实责任追究制度，确保资金安全和有效运行。企业财会部门负责资金活动的日常管理，参与投融资方案等可行性研究。总会计师或分管会计工作的负责人应当参与投融资决策过程。企业有子公司的，应当采取合法有效措施，强化对子公司资金业务的统一监控。有条件的企业集团，应当探索财务公司、资金结算中心等资金集中管控模式。

第二章 筹 资

第五条 企业应当根据筹资目标和规划，结合年度全面预算，拟订筹资方案，明确筹资用途、规模、结构和方式等相关内容，对筹资成本和潜在风险作出充分估计。境外筹资还应考虑所在地的政治、经济、法律、市场等因素。

第六条 企业应当对筹资方案进行科学论证，不得依据未经论证的方案开展筹资活动。重大筹资方案应当形成可行性研究报告，全面反映风险评估情况。企业可以根据实际需要，聘请具有相应资质的专业机构进行可行性研究。

第七条 企业应当对筹资方案进行严格审批，重点关注筹资用途的可行性和相应的偿债能力。重大筹资方案，应当按照规定的权限和程序实行集体决策或者联签制度。筹资方案需经有关部门批准的，应当履行相应的报批程序。筹资方案发生重大变更的，应当重新进行可行性研究并履行相应审批程序。

附录2：企业内部控制应用指引

第八条 企业应当根据批准的筹资方案，严格按照规定权限和程序筹集资金。银行借款或发行债券，应当重点关注利率风险、筹资成本、偿还能力以及流动性风险等；发行股票应当重点关注发行风险、市场风险、政策风险以及公司控制权风险等。企业通过银行借款方式筹资的，应当与有关金融机构进行洽谈，明确借款规模、利率、期限、担保、还款安排、相关的权利义务和违约责任等内容。双方达成一致意见后签署借款合同，据此办理相关借款业务。企业通过发行债券方式筹资的，应当合理选择债券种类，对还本付息方案作出系统安排，确保按期、足额偿还到期本金和利息。企业通过发行股票方式筹资的，应当依照《中华人民共和国证券法》等有关法律法规和证券监管部门的规定，优化企业组织架构，进行业务整合，并选择具备相应资质的中介机构协助企业做好相关工作，确保符合股票发行条件和要求。

第九条 企业应当严格按照筹资方案确定的用途使用资金。筹资用于投资的，应当分别按照本指引和《企业内部控制应用指引第11号——工程项目》规定，防范和控制资金使用的风险。由于市场环境变化等确需改变资金用途的，应当履行相应的审批程序。严禁擅自改变资金用途。

第十条 企业应当加强债务偿还和股利支付环节的管理，对偿还本息和支付股利等作出适当安排。企业应当按照筹资方案或合同约定的本金、利率、期限、汇率及币种，准确计算应付利息，与债权人核对无误后按期支付。企业应当选择合理的股利分配政策，兼顾投资者近期和长远利益，避免分配过度或不足。股利分配方案应当经过股东（大）会批准，并按规定履行披露义务。

第十一条 企业应当加强筹资业务的会计系统控制，建立筹资业务的记录、凭证和账簿，按照国家统一会计准则制度，正确核算和监督资金筹集、本息偿还、股利支付等相关业务，妥善保管筹资合同或协议、收款凭证、入库凭证等资料，定期与资金提供方进行账务核对，确保筹资活动符合筹资方案的要求。

第三章 投 资

第十二条 企业应当根据投资目标和规划，合理安排资金投放结构，科学确定投资项目，拟订投资方案，重点关注投资项目的收益和风险。企业选择投资项目应当突出主业，谨慎从事股票投资或衍生金融产品等高风险投资。境外

投资还应考虑政治、经济、法律、市场等因素的影响。企业采用并购方式进行投资的，应当严格控制并购风险，重点关注并购对象的隐性债务、承诺事项、可持续发展能力、员工状况及其与本企业治理层及管理层的关联关系，合理确定支付对价，确保实现并购目标。

第十三条　企业应当加强对投资方案的可行性研究，重点对投资目标、规模、方式、资金来源、风险与收益等作出客观评价。企业根据实际需要，可以委托具备相应资质的专业机构进行可行性研究，提供独立的可行性研究报告。

第十四条　企业应当按照规定的权限和程序对投资项目进行决策审批，重点审查投资方案是否可行、投资项目是否符合国家产业政策及相关法律法规的规定、是否符合企业投资战略目标和规划、是否具有相应的资金能力、投入资金能否按时收回、预期收益能否实现，以及投资和并购风险是否可控等。重大投资项目，应当按照规定的权限和程序实行集体决策或者联签制度。投资方案需经有关管理部门批准的，应当履行相应的报批程序。投资方案发生重大变更的，应当重新进行可行性研究并履行相应审批程序。

第十五条　企业应当根据批准的投资方案，与被投资方签订投资合同或协议，明确出资时间、金额、方式、双方权利义务和违约责任等内容，按规定的权限和程序审批后履行投资合同或协议。企业应当指定专门机构或人员对投资项目进行跟踪管理，及时收集被投资方经审计的财务报告等相关资料，定期组织投资效益分析，关注被投资方的财务状况、经营成果、现金流量以及投资合同履行情况，发现异常情况，应当及时报告并妥善处理。

第十六条　企业应当加强对投资项目的会计系统控制，根据对被投资方的影响程度，合理确定投资会计政策，建立投资管理台账，详细记录投资对象、金额、持股比例、期限、收益等事项，妥善保管投资合同或协议、出资证明等资料。企业财会部门对于被投资方出现财务状况恶化、市价当期大幅下跌等情形的，应当根据国家统一的会计准则制度规定，合理计提减值准备、确认减值损失。

第十七条　企业应当加强投资收回和处置环节的控制，对投资收回、转让、核销等决策和审批程序作出明确规定。企业应当重视投资到期本金的回收。转让投资应当由相关机构或人员合理确定转让价格，报授权批准部门批准，必要时可委托具有相应资质的专门机构进行评估。核销投资应当取得不能收回投资的法律文书和相关证明文件。企业对于到期无法收回的投资，应当建立责任追究制度。

第四章 营　　运

第十八条　企业应当加强资金营运全过程的管理，统筹协调内部各机构在生产经营过程中的资金需求，切实做好资金在采购、生产、销售等各环节的综合平衡，全面提升资金营运效率。

第十九条　企业应当充分发挥全面预算管理在资金综合平衡中的作用，严格按照预算要求组织协调资金调度，确保资金及时收付，实现资金的合理占用和营运良性循环。企业应当严禁资金的体外循环，切实防范资金营运中的风险。

第二十条　企业应当定期组织召开资金调度会或资金安全检查，对资金预算执行情况进行综合分析，发现异常情况，及时采取措施妥善处理，避免资金冗余或资金链断裂。企业在营运过程中出现临时性资金短缺的，可以通过短期融资等方式获取资金。资金出现短期闲置的，在保证安全性和流动性的前提下，可以通过购买国债等多种方式，提高资金效益。

第二十一条　企业应当加强对营运资金的会计系统控制，严格规范资金的收支条件、程序和审批权限。企业在生产经营及其他业务活动中取得的资金收入应当及时入账，不得账外设账，严禁收款不入账、设立"小金库"。企业办理资金支付业务，应当明确支出款项的用途、金额、预算、限额、支付方式等内容，并附原始单据或相关证明，履行严格的授权审批程序后，方可安排资金支出。企业办理资金收付业务，应当遵守现金和银行存款管理的有关规定，不得由一人办理货币资金全过程业务，严禁将办理资金支付业务的相关印章和票据集中由一人保管。

企业内部控制应用指引第7号——采购业务

第一章 总　　则

第一条　为了促进企业合理采购，满足生产经营需要，规范采购行为，防范采购风险，根据有关法律法规和《企业内部控制基本规范》，制定本指引。

第二条 本指引所称采购,是指购买物资(或接受劳务)及支付款项等相关活动。

第三条 企业采购业务至少应当关注下列风险:(一)采购计划安排不合理,市场变化趋势预测不准确,造成库存短缺或积压,可能导致企业生产停滞或资源浪费。(二)供应商选择不当,采购方式不合理,招投标或定价机制不科学,授权审批不规范,可能导致采购物资质次价高,出现舞弊或遭受欺诈。(三)采购验收不规范,付款审核不严,可能导致采购物资、资金损失或信用受损。

第四条 企业应当结合实际情况,全面梳理采购业务流程,完善采购业务相关管理制度,统筹安排采购计划,明确请购、审批、购买、验收、付款、采购后评估等环节的职责和审批权限,按照规定的审批权限和程序办理采购业务,建立价格监督机制,定期检查和评价采购过程中的薄弱环节,采取有效控制措施,确保物资采购满足企业生产经营需要。

第二章 购 买

第五条 企业的采购业务应当集中,避免多头采购或分散采购,以提高采购业务效率,降低采购成本,堵塞管理漏洞。企业应当对办理采购业务的人员定期进行岗位轮换。重要和技术性较强的采购业务,应当组织相关专家进行论证,实行集体决策和审批。企业除小额零星物资或服务外,不得安排同一机构办理采购业务全过程。

第六条 企业应当建立采购申请制度,依据购买物资或接受劳务的类型,确定归口管理部门,授予相应的请购权,明确相关部门或人员的职责权限及相应的请购和审批程序。企业可以根据实际需要设置专门的请购部门,对需求部门提出的采购需求进行审核,并进行归类汇总,统筹安排企业的采购计划。具有请购权的部门对于预算内采购项目,应当严格按照预算执行进度办理请购手续,并根据市场变化提出合理采购申请。对于超预算和预算外采购项目,应先履行预算调整程序,由具备相应审批权限的部门或人员审批后,再行办理请购手续。

第七条 企业应当建立科学的供应商评估和准入制度,确定合格供应商清单,与选定的供应商签订质量保证协议,建立供应商管理信息系统,对供应商提供物资或劳务的质量、价格、交货及时性、供货条件及其资信、经营状况等进行实时管理和综合评价,根据评价结果对供应商进行合理选择和调整。企业可委托具有相应资质的中介机构对供应商进行资信调查。

　　第八条　企业应当根据市场情况和采购计划合理选择采购方式。大宗采购应当采用招标方式,合理确定招投标的范围、标准、实施程序和评标规则;一般物资或劳务等的采购可以采用询价或定向采购的方式并签订合同协议;小额零星物资或劳务等的采购可以采用直接购买等方式。

　　第九条　企业应当建立采购物资定价机制,采取协议采购、招标采购、谈判采购、询比价采购等多种方式合理确定采购价格,最大限度地减小市场变化对企业采购价格的影响。大宗采购等应当采用招投标方式确定采购价格,其他商品或劳务的采购,应当根据市场行情制定最高采购限价,并对最高采购限价适时调整。

　　第十条　企业应当根据确定的供应商、采购方式、采购价格等情况拟订采购合同,准确描述合同条款,明确双方权利、义务和违约责任,按照规定权限签订采购合同。企业应当根据生产建设进度和采购物资特性,选择合理的运输工具和运输方式,办理运输、投保等事宜。

　　第十一条　企业应当建立严格的采购验收制度,确定检验方式,由专门的验收机构或验收人员对采购项目的品种、规格、数量、质量等相关内容进行验收,出具验收证明。涉及大宗和新、特物资采购的,还应进行专业测试。验收过程中发现的异常情况,负责验收的机构或人员应当立即向企业有权管理的相关机构报告,相关机构应当查明原因并及时处理。

　　第十二条　企业应当加强物资采购供应过程的管理,依据采购合同中确定的主要条款跟踪合同履行情况,对有可能影响生产或工程进度的异常情况,应出具书面报告并及时提出解决方案。企业应当做好采购业务各环节的记录,实行全过程的采购登记制度或信息化管理,确保采购过程的可追溯性。

第三章　付　　款

　　第十三条　企业应当加强采购付款的管理,完善付款流程,明确付款审核人的责任和权利,严格审核采购预算、合同、相关单据凭证、审批程序等相关内容,审核无误后按照合同规定及时办理付款。企业在付款过程中,应当严格审查采购发票的真实性、合法性和有效性。发现虚假发票的,应查明原因,及时报告处理。企业应当重视采购付款的过程控制和跟踪管理,发现异常情况

的，应当拒绝付款，避免出现资金损失和信用受损。企业应当合理选择付款方式，并严格遵循合同规定，防范付款方式不当带来的法律风险，保证资金安全。

第十四条 企业应当加强预付账款和定金的管理。涉及大额或长期的预付款项，应当定期进行追踪核查，综合分析预付账款的期限、占用款项的合理性、不可收回风险等情况，发现有疑问的预付款项，应当及时采取措施。

第十五条 企业应当加强对购买、验收、付款业务的会计系统控制，详细记录供应商情况、请购申请、采购合同、采购通知、验收证明、入库凭证、商业票据、款项支付等情况，确保会计记录、采购记录与仓储记录核对一致。企业应当指定专人通过函证等方式，定期与供应商核对应付账款、应付票据、预付账款等往来款项。

第十六条 企业应当建立退货管理制度，对退货条件、退货手续、货物出库、退货货款回收等作出明确规定，并在与供应商的合同中明确退货事宜，及时收回退货货款。涉及符合索赔条件的退货，应在索赔期内及时办理索赔。

企业内部控制应用指引第8号——资产管理

第一章 总 则

第一条 为了提高资产使用效能，保证资产安全，根据有关法律法规和《企业内部控制基本规范》，制定本指引。

第二条 本指引所称资产，是指企业拥有或控制的存货、固定资产和无形资产。

第三条 企业资产管理至少应当关注下列风险：（一）存货积压或短缺，可能导致流动资金占用过量、存货价值贬损或生产中断。（二）固定资产更新改造不够、使用效能低下、维护不当、产能过剩，可能导致企业缺乏竞争力、资产价值贬损、安全事故频发或资源浪费。（三）无形资产缺乏核心技术、权属不清、技术落后、存在重大技术安全隐患，可能导致企业法律纠纷、缺乏可持续发展能力。

第四条 企业应当加强各项资产管理，全面梳理资产管理流程，及时发现资产管理中的薄弱环节,切实采取有效措施加以改进,并关注资产减值迹象,合理确认资产减值损失,不断提高企业资产管理水平。企业应当重视和加强各项资产的投保工作,采用招标等方式确定保险人,降低资产损失风险,防范资产投保舞弊。

第二章 存 货

第五条 企业应当采用先进的存货管理技术和方法,规范存货管理流程,明确存货取得、验收入库、原料加工、仓储保管、领用发出、盘点处置等环节的管理要求,充分利用信息系统,强化会计、出入库等相关记录,确保存货管理全过程的风险得到有效控制。

第六条 企业应当建立存货管理岗位责任制,明确内部相关部门和岗位的职责权限,切实做到不相容岗位相互分离、制约和监督。企业内部除存货管理、监督部门及仓储人员外,其他部门和人员接触存货,应当经过相关部门特别授权。

第七条 企业应当重视存货验收工作,规范存货验收程序和方法,对入库存货的数量、质量、技术规格等方面进行查验,验收无误方可入库。外购存货的验收,应当重点关注合同、发票等原始单据与存货的数量、质量、规格等核对一致。涉及技术含量较高的货物,必要时可委托具有检验资质的机构或聘请外部专家协助验收。自制存货的验收,应当重点关注产品质量,通过检验合格的半成品、产成品才能办理入库手续,不合格品应及时查明原因、落实责任、报告处理。其他方式取得存货的验收,应当重点关注存货来源、质量状况、实际价值是否符合有关合同或协议的约定。

第八条 企业应当建立存货保管制度,定期对存货进行检查,重点关注下列事项:(一)存货在不同仓库之间流动时应当办理出入库手续。(二)应当按仓储物资所要求的储存条件储存,并健全防火、防洪、防盗、防潮、防病虫害和防变质等管理规范。(三)加强生产现场的材料、周转材料、半成品等物资的管理,防止浪费、被盗和流失。(四)对代管、代销、暂存、受托加工的存货,应单独存放和记录,避免与本单位存货混淆。(五)结合企业实际情况,加强存货的保险投保,保证存货安全,合理降低存货意外损失风险。

第九条 企业应当明确存货发出和领用的审批权限,大批存货、贵重商品或危险品的发出应当实行特别授权。仓储部门应当根据经审批的销售(出库)

通知单发出货物。

第十条 企业仓储部门应当详细记录存货入库、出库及库存情况，做到存货记录与实际库存相符，并定期与财会部门、存货管理部门进行核对。

第十一条 企业应当根据各种存货采购间隔期和当前库存，综合考虑企业生产经营计划、市场供求等因素，充分利用信息系统，合理确定存货采购日期和数量，确保存货处于最佳库存状态。

第十二条 企业应当建立存货盘点清查制度，结合本企业实际情况确定盘点周期、盘点流程等相关内容，核查存货数量，及时发现存货减值迹象。企业至少应当于每年年度终了开展全面盘点清查，盘点清查结果应当形成书面报告。盘点清查中发现的存货盘盈、盘亏、毁损、闲置以及需要报废的存货，应当查明原因、落实并追究责任，按照规定权限批准后处置。

第三章 固定资产

第十三条 企业应当加强房屋建筑物、机器设备等各类固定资产的管理，重视固定资产维护和更新改造，不断提升固定资产的使用效能，积极促进固定资产处于良好运行状态。

第十四条 企业应当制定固定资产目录，对每项固定资产进行编号，按照单项资产建立固定资产卡片，详细记录各项固定资产的来源、验收、使用地点、责任单位和责任人、运转、维修、改造、折旧、盘点等相关内容。企业应当严格执行固定资产日常维修和大修理计划，定期对固定资产进行维护保养，切实消除安全隐患。企业应当强化对生产线等关键设备运转的监控，严格操作流程，实行岗前培训和岗位许可制度，确保设备安全运转。

第十五条 企业应当根据发展战略，充分利用国家有关自主创新政策，加大技改投入，不断促进固定资产技术升级，淘汰落后设备，切实做到保持本企业固定资产技术的先进性和企业发展的可持续性。

第十六条 企业应当严格执行固定资产投保政策，对应投保的固定资产项目按规定程序进行审批，及时办理投保手续。

第十七条 企业应当规范固定资产抵押管理，确定固定资产抵押程序和审批权限等。企业将固定资产用作抵押的，应由相关部门提出申请，经企业授权部门或人员批准后，由资产管理部门办理抵押手续。企业应当加强对接收的抵押资产的管理，编制专门的资产目录，合理评估抵押资产的价值。

第十八条 企业应当建立固定资产清查制度，至少每年进行全面清查。对固定资产清查中发现的问题，应当查明原因，追究责任，妥善处理。企业应当加强固定资产处置的控制，关注固定资产处置中的关联交易和处置定价，防范资产流失。

第四章 无形资产

第十九条 企业应当加强对品牌、商标、专利、专有技术、土地使用权等无形资产的管理，分类制定无形资产管理办法，落实无形资产管理责任制，促进无形资产有效利用，充分发挥无形资产对提升企业核心竞争力的作用。

第二十条 企业应当全面梳理外购、自行开发以及其他方式取得的各类无形资产的权属关系，加强无形资产权益保护，防范侵权行为和法律风险。无形资产具有保密性质的，应当采取严格保密措施，严防泄露商业秘密。企业购入或者以支付土地出让金等方式取得的土地使用权，应当取得土地使用权有效证明文件。

第二十一条 企业应当定期对专利、专有技术等无形资产的先进性进行评估，淘汰落后技术，加大研发投入，促进技术更新换代，不断提升自主创新能力，努力做到核心技术处于同行业领先水平。

第二十二条 企业应当重视品牌建设，加强商誉管理，通过提供高质量产品和优质服务等多种方式，不断打造和培育主业品牌，切实维护和提升企业品牌的社会认可度。

企业内部控制应用指引第9号——销售业务

第一章 总 则

第一条 为了促进企业销售稳定增长，扩大市场份额，规范销售行为，防范销售风险，根据有关法律法规和《企业内部控制基本规范》，制定本指引。

第二条 本指引所称销售，是指企业出售商品（或提供劳务）及收取款

项等相关活动。

第三条 企业销售业务至少应当关注下列风险：（一）销售政策和策略不当，市场预测不准确，销售渠道管理不当等，可能导致销售不畅、库存积压、经营难以为继。（二）客户信用管理不到位，结算方式选择不当，账款回收不力等，可能导致销售款项不能收回或遭受欺诈。（三）销售过程存在舞弊行为，可能导致企业利益受损。

第四条 企业应当结合实际情况，全面梳理销售业务流程，完善销售业务相关管理制度，确定适当的销售政策和策略，明确销售、发货、收款等环节的职责和审批权限，按照规定的权限和程序办理销售业务，定期检查分析销售过程中的薄弱环节，采取有效控制措施，确保实现销售目标。

第二章 销 售

第五条 企业应当加强市场调查，合理确定定价机制和信用方式，根据市场变化及时调整销售策略，灵活运用销售折扣、销售折让、信用销售、代销和广告宣传等多种策略和营销方式，促进销售目标实现，不断提高市场占有率。企业应当健全客户信用档案，关注重要客户资信变动情况，采取有效措施，防范信用风险。企业对于境外客户和新开发客户，应当建立严格的信用保证制度。

第六条 企业在销售合同订立前，应当与客户进行业务洽谈、磋商或谈判，关注客户信用状况、销售定价、结算方式等相关内容。重大的销售业务谈判应当吸收财会、法律等专业人员参加，并形成完整的书面记录。销售合同应当明确双方的权利和义务，审批人员应当对销售合同草案进行严格审核。重要的销售合同，应当征询法律顾问或专家的意见。

第七条 企业销售部门应当按照经批准的销售合同开具相关销售通知。发货和仓储部门应当对销售通知进行审核，严格按照所列项目组织发货，确保货物的安全发运。企业应当加强销售退回管理，分析销售退回原因，及时妥善处理。企业应当严格按照发票管理规定开具销售发票。严禁开具虚假发票。

第八条 企业应当做好销售业务各环节的记录，填制相应的凭证，设置销售台账，实行全过程的销售登记制度。

第九条 企业应当完善客户服务制度，加强客户服务和跟踪，提升客户满意度和忠诚度，不断改进产品质量和服务水平。

第三章 收 款

第十条 企业应当完善应收款项管理制度,严格考核,实行奖惩。销售部门负责应收款项的催收,催收记录(包括往来函电)应妥善保存;财会部门负责办理资金结算并监督款项回收。

第十一条 企业应当加强商业票据管理,明确商业票据的受理范围,严格审查商业票据的真实性和合法性,防止票据欺诈。企业应当关注商业票据的取得、贴现和背书,对已贴现但仍承担收款风险的票据以及逾期票据,应当进行追索监控和跟踪管理。

第十二条 企业应当加强对销售、发货、收款业务的会计系统控制,详细记录销售客户、销售合同、销售通知、发运凭证、商业票据、款项收回等情况,确保会计记录、销售记录与仓储记录核对一致。企业应当指定专人通过函证等方式,定期与客户核对应收账款、应收票据、预收账款等往来款项。企业应当加强应收款项坏账的管理。应收款项全部或部分无法收回的,应当查明原因,明确责任,并严格履行审批程序,按照国家统一的会计准则制度进行处理。

企业内部控制应用指引第10号——研究与开发

第一章 总 则

第一条 为了促进企业自主创新,增强核心竞争力,有效控制研发风险,实现发展战略,根据有关法律法规和《企业内部控制基本规范》,制定本指引。

第二条 本指引所称研究与开发,是指企业为获取新产品、新技术、新工艺等所开展的各种研发活动。

第三条 企业开展研发活动至少应当关注下列风险:(一)研究项目未经科学论证或论证不充分,可能导致创新不足或资源浪费。(二)研发人员配备

不合理或研发过程管理不善，可能导致研发成本过高、舞弊或研发失败。

（三）研究成果转化应用不足、保护措施不力，可能导致企业利益受损。

第四条 企业应当重视研发工作，根据发展战略，结合市场开拓和技术进步要求，科学制定研发计划，强化研发全过程管理，规范研发行为，促进研发成果的转化和有效利用，不断提升企业自主创新能力。

第二章 立项与研究

第五条 企业应当根据实际需要，结合研发计划，提出研究项目立项申请，开展可行性研究，编制可行性研究报告。企业可以组织独立于申请及立项审批之外的专业机构和人员进行评估论证，出具评估意见。

第六条 研究项目应当按照规定的权限和程序进行审批，重大研究项目应当报经董事会或类似权力机构集体审议决策。审批过程中，应当重点关注研究项目促进企业发展的必要性、技术的先进性以及成果转化的可行性。

第七条 企业应当加强对研究过程的管理，合理配备专业人员，严格落实岗位责任制，确保研究过程高效、可控。企业应当跟踪检查研究项目进展情况，评估各阶段研究成果，提供足够的经费支持，确保项目按期、保质完成，有效规避研究失败风险。企业研究项目委托外单位承担的，应当采用招标、协议等适当方式确定受托单位，签订外包合同，约定研究成果的产权归属、研究进度和质量标准等相关内容。

第八条 企业与其他单位合作进行研究的，应当对合作单位进行尽职调查，签订书面合作研究合同，明确双方投资、分工、权利义务、研究成果产权归属等。

第九条 企业应当建立和完善研究成果验收制度，组织专业人员对研究成果进行独立评审和验收。企业对于通过验收的研究成果，可以委托相关机构进行审查，确认是否申请专利或作为非专利技术、商业秘密等进行管理。企业对于需要申请专利的研究成果，应当及时办理有关专利申请手续。

第十条 企业应当建立严格的核心研究人员管理制度，明确界定核心研究人员范围和名册清单，签署符合国家有关法律法规要求的保密协议。企业与核心研究人员签订劳动合同时，应当特别约定研究成果归属、离职条件、离职移交程序、离职后保密义务、离职后竞业限制年限及违约责任等内容。

第三章 开发与保护

第十一条 企业应当加强研究成果的开发,形成科研、生产、市场一体化的自主创新机制,促进研究成果转化。研究成果的开发应当分步推进,通过试生产充分验证产品性能,在获得市场认可后方可进行批量生产。

第十二条 企业应当建立研究成果保护制度,加强对专利权、非专利技术、商业秘密及研发过程中形成的各类涉密图纸、程序、资料的管理,严格按照制度规定借阅和使用。禁止无关人员接触研究成果。

第十三条 企业应当建立研发活动评估制度,加强对立项与研究、开发与保护等过程的全面评估,认真总结研发管理经验,分析存在的薄弱环节,完善相关制度和办法,不断改进和提升研发活动的管理水平。

企业内部控制应用指引第11号——工程项目

第一章 总 则

第一条 为了加强工程项目管理,提高工程质量,保证工程进度,控制工程成本,防范商业贿赂等舞弊行为,根据有关法律法规和《企业内部控制基本规范》,制定本指引。

第二条 本指引所称工程项目,是指企业自行或者委托其他单位所进行的建造、安装工程。

第三条 企业工程项目至少应当关注下列风险:(一)立项缺乏可行性研究或者可行性研究流于形式,决策不当,盲目上马,可能导致难以实现预期效益或项目失败。(二)项目招标暗箱操作,存在商业贿赂,可能导致中标人实质上难以承担工程项目、中标价格失实及相关人员涉案。(三)工程造价信息不对称,技术方案不落实,概预算脱离实际,可能导致项目投资失控。(四)工程物资质次价高,工程监理不到位,项目资金不落实,可能导致工程

质量低劣，进度延迟或中断。（五）竣工验收不规范，最终把关不严，可能导致工程交付使用后存在重大隐患。

第四条 企业应当建立和完善工程项目各项管理制度，全面梳理各个环节可能存在的风险点，规范工程立项、招标、造价、建设、验收等环节的工作流程，明确相关部门和岗位的职责权限，做到可行性研究与决策、概预算编制与审核、项目实施与价款支付、竣工决算与审计等不相容职务相互分离，强化工程建设全过程的监控，确保工程项目的质量、进度和资金安全。

第二章 工程立项

第五条 企业应当指定专门机构归口管理工程项目，根据发展战略和年度投资计划，提出项目建议书，开展可行性研究，编制可行性研究报告。项目建议书的主要内容包括：项目的必要性和依据、产品方案、拟建规模、建设地点、投资估算、资金筹措、项目进度安排、经济效果和社会效益的估计、环境影响的初步评价等。可行性研究报告的内容主要包括：项目概况，项目建设的必要性，市场预测，项目建设选址及建设条件论证，建设规模和建设内容，项目外部配套建设，环境保护，劳动保护与卫生防疫，消防、节能、节水，总投资及资金来源，经济、社会效益，项目建设周期及进度安排，招投标法规定的相关内容等。企业可以委托具有相应资质的专业机构开展可行性研究，并按照有关要求形成可行性研究报告。

第六条 企业应当组织规划、工程、技术、财会、法律等部门的专家对项目建议书和可行性研究报告进行充分论证和评审，出具评审意见，作为项目决策的重要依据。在项目评审过程中，应当重点关注项目投资方案、投资规模、资金筹措、生产规模、投资效益、布局选址、技术、安全、设备、环境保护等方面，核实相关资料的来源和取得途径是否真实、可靠和完整。企业可以委托具有相应资质的专业机构对可行性研究报告进行评审，出具评审意见。从事项目可行性研究的专业机构不得再从事可行性研究报告的评审。

第七条 企业应当按照规定的权限和程序对工程项目进行决策，决策过程应有完整的书面记录。重大工程项目的立项，应当报经董事会或类似权力机构集体审议批准。总会计师或分管会计工作的负责人应当参与项目决策。任何个人不得单独决策或者擅自改变集体决策意见。工程项目决策失误应当实行责任追究制度。

第八条 企业应当在工程项目立项后、正式施工前，依法取得建设用地、城市规划、环境保护、安全、施工等方面的许可。

第三章 工程招标

第九条 企业的工程项目一般应当采用公开招标的方式，择优选择具有相应资质的承包单位和监理单位。在选择承包单位时，企业可以将工程的勘察、设计、施工、设备采购一并发包给一个项目总承包单位，也可以将其中的一项或者多项发包给一个工程总承包单位，但不得违背工程施工组织设计和招标设计计划，将应由一个承包单位完成的工程肢解为若干部分发包给几个承包单位。企业应当依照国家招投标法的规定，遵循公开、公正、平等竞争的原则，发布招标公告，提供载有招标工程的主要技术要求、主要合同条款、评标的标准和方法，以及开标、评标、定标的程序等内容的招标文件。企业可以根据项目特点决定是否编制标底。需要编制标底的，标底编制过程和标底应当严格保密。在确定中标人前，企业不得与投标人就投标价格、投标方案等实质性内容进行谈判。

第十条 企业应当依法组织工程招标的开标、评标和定标，并接受有关部门的监督。

第十一条 企业应当依法组建评标委员会。评标委员会由企业的代表和有关技术、经济方面的专家组成。评标委员会应当客观、公正地履行职务、遵守职业道德，对所提出的评审意见承担责任。企业应当采取必要的措施，保证评标在严格保密的情况下进行。评标委员会应当按照招标文件确定的标准和方法，对投标文件进行评审和比较，择优选择中标候选人。

第十二条 评标委员会成员和参与评标的有关工作人员不得透露对投标文件的评审和比较、中标候选人的推荐情况以及与评标有关的其他情况，不得私下接触投标人，不得收受投标人的财物或者其他好处。

第十三条 企业应当按照规定的权限和程序从中标候选人中确定中标人，及时向中标人发出中标通知书，在规定的期限内与中标人订立书面合同，明确双方的权利、义务和违约责任。企业和中标人不得再行订立背离合同实质性内容的其他协议。

第四章　工程造价

第十四条　企业应当加强工程造价管理，明确初步设计概算和施工图预算的编制方法，按照规定的权限和程序进行审核批准，确保概预算科学合理。企业可以委托具备相应资质的中介机构开展工程造价咨询工作。

第十五条　企业应当向招标确定的设计单位提供详细的设计要求和基础资料，进行有效的技术、经济交流。初步设计应当在技术、经济交流的基础上，采用先进的设计管理实务技术，进行多方案比选。施工图设计深度及图纸交付进度应当符合项目要求，防止因设计深度不足、设计缺陷，造成施工组织、工期、工程质量、投资失控以及生产运行成本过高等问题。

第十六条　企业应当建立设计变更管理制度。设计单位应当提供全面、及时的现场服务。因过失造成设计变更的，应当实行责任追究制度。

第十七条　企业应当组织工程、技术、财会等部门的相关专业人员或委托具有相应资质的中介机构对编制的概预算进行审核，重点审查编制依据、项目内容、工程量的计算、定额套用等是否真实、完整和准确。工程项目概预算按照规定的权限和程序审核批准后执行。

第五章　工程建设

第十八条　企业应当加强对工程建设过程的监控，实行严格的概预算管理，切实做到及时备料，科学施工，保障资金，落实责任，确保工程项目达到设计要求。

第十九条　按照合同约定，企业自行采购工程物资的，应当按照《企业内部控制应用指引第 7 号——采购业务》等相关指引的规定，组织工程物资采购、验收和付款；由承包单位采购工程物资的，企业应当加强监督，确保工程物资采购符合设计标准和合同要求。严禁不合格工程物资投入工程项目建设。重大设备和大宗材料的采购应当根据有关招标采购的规定执行。

第二十条　企业应当实行严格的工程监理制度，委托经过招标确定的监理单位进行监理。工程监理单位应当依照国家法律法规及相关技术标准、设计文件和工程承包合同，对承包单位在施工质量、工期、进度、安全和资金使用等方面实施监督。工程监理人员应当具备良好的职业操守，客观公正地执行监理任务，发现工程施工不符合设计要求、施工技术标准和合同约定的，应当要求承包单位改正；发现工程设计不符合建筑工程质量标准或者合同约定的质量要求的，应当报告企业要求设计单位改正。未经工程监理人员签字，工程物资不得在工程上使用或者安装，不得进行下一道工序施工，不得拨付工程价款，不得进行竣工验收。

第二十一条　企业财会部门应当加强与承包单位的沟通，准确掌握工程进度，根据合同约定，按照规定的审批权限和程序办理工程价款结算，不得无故拖欠。

第二十二条　企业应当严格控制工程变更，确需变更的，应当按照规定的权限和程序进行审批。重大的项目变更应当按照项目决策和概预算控制的有关程序和要求重新履行审批手续。因工程变更等原因造成价款支付方式及金额发生变动的，应当提供完整的书面文件和其他相关资料，并对工程变更价款的支付进行严格审核。

第六章　工程验收

第二十三条　企业收到承包单位的工程竣工报告后，应当及时编制竣工决算，开展竣工决算审计，组织设计、施工、监理等有关单位进行竣工验收。

第二十四条　企业应当组织审核竣工决算，重点审查决算依据是否完备，相关文件资料是否齐全，竣工清理是否完成，决算编制是否正确。企业应当加强竣工决算审计，未实施竣工决算审计的工程项目，不得办理竣工验收手续。

第二十五条　企业应当及时组织工程项目竣工验收。交付竣工验收的工程项目，应当符合规定的质量标准，有完整的工程技术经济资料，并具备国家规定的其他竣工条件。验收合格的工程项目，应当编制交付使用财产清单，及时办理交付使用手续。

第二十六条　企业应当按照国家有关档案管理的规定，及时收集、整理工程建设各环节的文件资料，建立完整的工程项目档案。

第二十七条　企业应当建立完工项目后评估制度，重点评价工程项目预期目标的实现情况和项目投资效益等，并以此作为绩效考核和责任追究的依据。

企业内部控制应用指引第12号——担保业务

第一章 总 则

第一条 为了加强企业担保业务管理，防范担保业务风险，根据《中华人民共和国担保法》等有关法律法规和《企业内部控制基本规范》，制定本指引。

第二条 本指引所称担保，是指企业作为担保人按照公平、自愿、互利的原则与债权人约定，当债务人不履行债务时，依照法律规定和合同协议承担相应法律责任的行为。

第三条 企业办理担保业务至少应当关注下列风险：（一）对担保申请人的资信状况调查不深，审批不严或越权审批，可能导致企业担保决策失误或遭受欺诈。（二）对被担保人出现财务困难或经营陷入困境等状况监控不力，应对措施不当，可能导致企业承担法律责任。（三）担保过程中存在舞弊行为，可能导致经办审批等相关人员涉案或企业利益受损。

第四条 企业应当依法制定和完善担保业务政策及相关管理制度，明确担保的对象、范围、方式、条件、程序、担保限额和禁止担保等事项，规范调查评估、审核批准、担保执行等环节的工作流程，按照政策、制度、流程办理担保业务，定期检查担保政策的执行情况及效果，切实防范担保业务风险。

第二章 调查评估与审批

第五条 企业应当指定相关部门负责办理担保业务，对担保申请人进行资信调查和风险评估，评估结果应出具书面报告。企业也可委托中介机构对担保业务进行资信调查和风险评估工作。企业在对担保申请人进行资信调查和风险评估时，应当重点关注以下事项：（一）担保业务是否符合国家法律法规和本企业担保政策等相关要求。（二）担保申请人的资信状况，一般包括：基本情况、资产质量、经营情况、偿债能力、盈利水平、信用程度、行业前景等。（三）担保申请人用于担保和第三方担保的资产状况及其权利归属。(四)企业要求担保申请人提供反担保的,还应当对与反担保有关的资产状况进行评估。

第六条 企业对担保申请人出现以下情形之一的,不得提供担保:(一)担保项目不符合国家法律法规和本企业担保政策的。(二)已进入重组、托管、兼并或破产清算程序的。(三)财务状况恶化、资不抵债、管理混乱、经营风险较大的。(四)与其他企业存在较大经济纠纷,面临法律诉讼且可能承担较大赔偿责任的。(五)与本企业已经发生过担保纠纷且仍未妥善解决的,或不能及时足额交纳担保费用的。

第七条 企业应当建立担保授权和审批制度,规定担保业务的授权批准方式、权限、程序、责任和相关控制措施,在授权范围内进行审批,不得超越权限审批。重大担保业务,应当报经董事会或类似权力机构批准。经办人员应当在职责范围内,按照审批人员的批准意见办理担保业务。对于审批人超越权限审批的担保业务,经办人员应当拒绝办理。

第八条 企业应当采取合法有效的措施加强对子公司担保业务的统一监控。企业内设机构未经授权不得办理担保业务。企业为关联方提供担保的,与关联方存在经济利益或近亲属关系的有关人员在评估与审批环节应当回避。对境外企业进行担保的,应当遵守外汇管理规定,并关注被担保人所在国家的政治、经济、法律等因素。

第九条 被担保人要求变更担保事项的,企业应当重新履行调查评估与审批程序。

第三章 执行与监控

第十条 企业应当根据审核批准的担保业务订立担保合同。担保合同应明确被担保人的权利、义务、违约责任等相关内容,并要求被担保人定期提供财务报告与有关资料,及时通报担保事项的实施情况。担保申请人同时向多方申请担保的,企业应当在担保合同中明确约定本企业的担保份额和相应的责任。

第十一条 企业担保经办部门应当加强担保合同的日常管理,定期监测被担保人的经营情况和财务状况,对被担保人进行跟踪和监督,了解担保项目的执行、资金的使用、贷款的归还、财务运行及风险等情况,确保担保合同有效履行。担保合同履行过程中,如果被担保人出现异常情况,应当及时报告,妥善处理。对于被担保人未按有法律效力的合同条款偿付债务或履行相关合同项下的义

务的，企业应当按照担保合同履行义务，同时主张对被担保人的追索权。

第十二条 企业应当加强对担保业务的会计系统控制，及时足额收取担保费用，建立担保事项台账，详细记录担保对象、金额、期限、用于抵押和质押的物品或权利以及其他有关事项。企业财会部门应当及时收集、分析被担保人担保期内经审计的财务报告等相关资料，持续关注被担保人的财务状况、经营成果、现金流量以及担保合同的履行情况，积极配合担保经办部门防范担保业务风险。对于被担保人出现财务状况恶化、资不抵债、破产清算等情形的，企业应当根据国家统一的会计准则制度规定，合理确认预计负债和损失。

第十三条 企业应当加强对反担保财产的管理，妥善保管被担保人用于反担保的权利凭证，定期核实财产的存续状况和价值，发现问题及时处理，确保反担保财产安全完整。

第十四条 企业应当建立担保业务责任追究制度，对在担保中出现重大决策失误、未履行集体审批程序或不按规定管理担保业务的部门及人员，应当严格追究相应的责任。

第十五条 企业应当在担保合同到期时，全面清查用于担保的财产、权利凭证，按照合同约定及时终止担保关系。企业应当妥善保管担保合同、与担保合同相关的主合同、反担保函或反担保合同，以及抵押、质押的权利凭证和有关原始资料，切实做到担保业务档案完整无缺。

企业内部控制应用指引第13号——业务外包

第一章 总 则

第一条 为了加强业务外包管理，规范业务外包行为，防范业务外包风险，根据有关法律法规和《企业内部控制基本规范》，制定本指引。

第二条 本指引所称业务外包，是指企业利用专业化分工优势，将日常经营中的部分业务委托给本企业以外的专业服务机构或其他经济组织（以下简称承包方）完成的经营行为。本指引不涉及工程项目外包。

第三条 企业应当对外包业务实施分类管理，通常划分为重大外包业务和一般外包业务。重大外包业务是指对企业生产经营有重大影响的外包业务。外包业务通常包括：研发、资信调查、可行性研究、委托加工、物业管理、客户服务、IT 服务等。

第四条 企业的业务外包至少应当关注下列风险：（一）外包范围和价格确定不合理，承包方选择不当，可能导致企业遭受损失。（二）业务外包监控不严、服务质量低劣，可能导致企业难以发挥业务外包的优势。（三）业务外包存在商业贿赂等舞弊行为，可能导致企业相关人员涉案。

第五条 企业应当建立和完善业务外包管理制度，规定业务外包的范围、方式、条件、程序和实施等相关内容，明确相关部门和岗位的职责权限，强化业务外包全过程的监控，防范外包风险，充分发挥业务外包的优势。企业应当权衡利弊，避免核心业务外包。

第二章 承包方选择

第六条 企业应当根据年度生产经营计划和业务外包管理制度，结合确定的业务外包范围，拟订实施方案，按照规定的权限和程序审核批准。总会计师或分管会计工作的负责人应当参与重大业务外包的决策。重大业务外包方案应当提交董事会或类似权力机构审批。

第七条 企业应当按照批准的业务外包实施方案选择承包方。承包方至少应当具备下列条件：（一）承包方是依法成立和合法经营的专业服务机构或其他经济组织，具有相应的经营范围和固定的办公场所。（二）承包方应当具备相应的专业资质，其从业人员符合岗位要求和任职条件，并具有相应的专业技术资格。（三）承包方的技术及经验水平符合本企业业务外包的要求。

第八条 企业应当综合考虑内外部因素，合理确定外包价格，严格控制业务外包成本，切实做到符合成本效益原则。

第九条 企业应当引入竞争机制，遵循公开、公平、公正的原则，采用适当方式，择优选择外包业务的承包方。采用招标方式选择承包方的，应当符合招投标法的相关规定。企业及相关人员在选择承包方的过程中，不得收受贿赂、回扣或者索取其他好处。承包方及其工作人员不得利用向企业及其工作人员行贿、提供回扣或者给予其他好处等不正当手段承揽业务。

第十条 企业应当按照规定的权限和程序从候选承包方中确定最终承包方，并签订业务外包合同。业务外包合同内容主要包括：外包业务的内容和范围，双方权利和义务，服务和质量标准，保密事项，费用结算标准和违约责任等事项。

第十一条 企业外包业务需要保密的,应当在业务外包合同或者另行签订的保密协议中明确规定承包方的保密义务和责任,要求承包方向其从业人员提示保密要求和应承担的责任。

第三章 业务外包实施

第十二条 企业应当加强业务外包实施的管理,严格按照业务外包制度、工作流程和相关要求,组织开展业务外包,并采取有效的控制措施,确保承包方严格履行业务外包合同。

第十三条 企业应当做好与承包方的对接工作,加强与承包方的沟通与协调,及时搜集相关信息,发现和解决外包业务日常管理中存在的问题。对于重大业务外包,企业应当密切关注承包方的履约能力,建立相应的应急机制,避免业务外包失败造成本企业生产经营活动中断。

第十四条 企业应当根据国家统一的会计准则制度,加强对外包业务的核算与监督,做好业务外包费用结算工作。

第十五条 企业应当对承包方的履约能力进行持续评估,有确凿证据表明承包方存在重大违约行为,导致业务外包合同无法履行的,应当及时终止合同。承包方违约并造成企业损失的,企业应当按照合同对承包方进行索赔,并追究责任人责任。

第十六条 业务外包合同执行完成后需要验收的,企业应当组织相关部门或人员对完成的业务外包合同进行验收,出具验收证明。验收过程中发现异常情况,应当立即报告,查明原因,及时处理。

企业内部控制应用指引第14号——财务报告

第一章 总 则

第一条 为了规范企业财务报告,保证财务报告的真实、完整,根据《中华人民共和国会计法》等有关法律法规和《企业内部控制基本规范》,制定本指引。

第二条　本指引所称财务报告，是指反映企业某一特定日期财务状况和某一会计期间经营成果、现金流量的文件。

第三条　企业编制、对外提供和分析利用财务报告，至少应当关注下列风险：（一）编制财务报告违反会计法律法规和国家统一的会计准则制度，可能导致企业承担法律责任和声誉受损。（二）提供虚假财务报告，误导财务报告使用者，造成决策失误，干扰市场秩序。（三）不能有效利用财务报告，难以及时发现企业经营管理中存在的问题，可能导致企业财务和经营风险失控。

第四条　企业应当严格执行会计法律法规和国家统一的会计准则制度，加强对财务报告编制、对外提供和分析利用全过程的管理，明确相关工作流程和要求，落实责任，确保财务报告合法合规、真实完整和有效利用。总会计师或分管会计工作的负责人负责组织领导财务报告的编制、对外提供和分析利用等相关工作。企业负责人对财务报告的真实性、完整性负责。

第二章　财务报告的编制

第五条　企业编制财务报告，应当重点关注会计政策和会计估计，对财务报告产生重大影响的交易和事项的处理应当按照规定的权限和程序进行审批。企业在编制年度财务报告前，应当进行必要的资产清查、减值测试和债权债务核实。

第六条　企业应当按照国家统一的会计准则制度规定，根据登记完整、核对无误的会计账簿记录和其他有关资料编制财务报告，做到内容完整、数字真实、计算准确，不得漏报或者随意进行取舍。

第七条　企业财务报告列示的资产、负债、所有者权益金额应当真实可靠。各项资产计价方法不得随意变更，如有减值，应当合理计提减值准备，严禁虚增或虚减资产。各项负债应当反映企业的现时义务，不得提前、推迟或不确认负债，严禁虚增或虚减负债。所有者权益应当反映企业资产扣除负债后由所有者享有的剩余权益，由实收资本、资本公积、留存收益等构成。企业应当做好所有者权益保值增值工作，严禁虚假出资、抽逃出资、资本不实。

第八条　企业财务报告应当如实列示当期收入、费用和利润。各项收入的确认应当遵循规定的标准，不得虚列或者隐瞒收入，推迟或提前确认收入。各项费用、成本的确认应当符合规定，不得随意改变费用、成本的确认标准或计

量方法，虚列、多列、不列或者少列费用、成本。利润由收入减去费用后的净额、直接计入当期利润的利得和损失等构成。不得随意调整利润的计算、分配方法，编造虚假利润。

第九条 企业财务报告列示的各种现金流量由经营活动、投资活动和筹资活动的现金流量构成，应当按照规定划清各类交易和事项的现金流量的界限。

第十条 附注是财务报告的重要组成部分，对反映企业财务状况、经营成果、现金流量的报表中需要说明的事项，作出真实、完整、清晰的说明。企业应当按照国家统一的会计准则制度编制附注。

第十一条 企业集团应当编制合并财务报表，明确合并财务报表的合并范围和合并方法，如实反映企业集团的财务状况、经营成果和现金流量。

第十二条 企业编制财务报告，应当充分利用信息技术，提高工作效率和工作质量，减少或避免编制差错和人为调整因素。

第三章　财务报告的对外提供

第十三条 企业应当依照法律法规和国家统一的会计准则制度的规定，及时对外提供财务报告。

第十四条 企业财务报告编制完成后，应当装订成册，加盖公章，由企业负责人、总会计师或分管会计工作的负责人、财会部门负责人签名并盖章。

第十五条 财务报告须经注册会计师审计的，注册会计师及其所在的事务所出具的审计报告，应当随同财务报告一并提供。企业对外提供的财务报告应当及时整理归档，并按有关规定妥善保存。

第四章　财务报告的分析利用

第十六条 企业应当重视财务报告分析工作，定期召开财务分析会议，充分利用财务报告反映的综合信息，全面分析企业的经营管理状况和存在的问题，不断提高经营管理水平。企业财务分析会议应吸收有关部门负责人参加。总会计师或分管会计工作的负责人应当在财务分析和利用工作中发挥主导作用。

第十七条 企业应当分析企业的资产分布、负债水平和所有者权益结构，通过资产负债率、流动比率、资产周转率等指标分析企业的偿债能力和营运能力;分析企业净资产的增减变化,了解和掌握企业规模和净资产的不断变化过程。

第十八条 企业应当分析各项收入、费用的构成及其增减变动情况,通过净资产收益率、每股收益等指标,分析企业的盈利能力和发展能力,了解和掌握当期利润增减变化的原因和未来发展趋势。

第十九条 企业应当分析经营活动、投资活动、筹资活动现金流量的运转情况,重点关注现金流量能否保证生产经营过程的正常运行,防止现金短缺或闲置。

第二十条 企业定期的财务分析应当形成分析报告,构成内部报告的组成部分。财务分析报告结果应当及时传递给企业内部有关管理层级,充分发挥财务报告在企业生产经营管理中的重要作用。

企业内部控制应用指引第 15 号——全面预算

第一章 总 则

第一条 为了促进企业实现发展战略,发挥全面预算管理作用,根据有关法律法规和《企业内部控制基本规范》,制定本指引。

第二条 本指引所称全面预算,是指企业对一定期间经营活动、投资活动、财务活动等作出的预算安排。

第三条 企业实行全面预算管理,至少应当关注下列风险:(一)不编制预算或预算不健全,可能导致企业经营缺乏约束或盲目经营。(二)预算目标不合理、编制不科学,可能导致企业资源浪费或发展战略难以实现。(三)预算缺乏刚性、执行不力、考核不严,可能导致预算管理流于形式。

第四条 企业应当加强全面预算工作的组织领导,明确预算管理体制以及各预算执行单位的职责权限、授权批准程序和工作协调机制。企业应当设立预算管理委员会履行全面预算管理职责,其成员由企业负责人及内部相关部门负责人组成。预算管理委员会主要负责拟定预算目标和预算政策,制定预算管理的具体措施和办法,组织编制、平衡预算草案,下达经批准的预算,协调解决

预算编制和执行中的问题，考核预算执行情况，督促完成预算目标。预算管理委员会下设预算管理工作机构，由其履行日常管理职责。预算管理工作机构一般设在财会部门。总会计师或分管会计工作的负责人应当协助企业负责人负责企业全面预算管理工作的组织领导。

第二章 预算编制

第五条 企业应当建立和完善预算编制工作制度，明确编制依据、编制程序、编制方法等内容，确保预算编制依据合理、程序适当、方法科学，避免预算指标过高或过低。企业应当在预算年度开始前完成全面预算草案的编制工作。

第六条 企业应当根据发展战略和年度生产经营计划，综合考虑预算期内经济政策、市场环境等因素，按照上下结合、分级编制、逐级汇总的程序，编制年度全面预算。企业可以选择或综合运用固定预算、弹性预算、滚动预算等方法编制预算。

第七条 企业预算管理委员会应当对预算管理工作机构在综合平衡基础上提交的预算方案进行研究论证，从企业发展全局角度提出建议，形成全面预算草案，并提交董事会。

第八条 企业董事会审核全面预算草案，应当重点关注预算科学性和可行性，确保全面预算与企业发展战略、年度生产经营计划相协调。企业全面预算应当按照相关法律法规及企业章程的规定报经审议批准。批准后，应当以文件形式下达执行。

第三章 预算执行

第九条 企业应当加强对预算执行的管理，明确预算指标分解方式、预算执行审批权限和要求、预算执行情况报告等，落实预算执行责任制，确保预算刚性，严格预算执行。

第十条 企业全面预算一经批准下达，各预算执行单位应当认真组织实施，将预算指标层层分解，从横向和纵向落实到内部各部门、各环节和各岗位，形成全方位的预算执行责任体系。企业应当以年度预算作为组织、协调各项生产经营活动的基本依据,将年度预算细分为季度、月度预算,通过实施分期预算控制,实现年度预算目标。

第十一条 企业应当根据全面预算管理要求,组织各项生产经营活动和投融资活动,严格预算执行和控制。企业应当加强资金收付业务的预算控制,及时组织资金收入,严格控制资金支付,调节资金收付平衡,防范支付风险。对于超预算或预算外的资金支付,应当实行严格的审批制度。企业办理采购与付款、销售与收款、成本费用、工程项目、对外投融资、研究与开发、信息系统、人力资源、安全环保、资产购置与维护等业务和事项,均应符合预算要求。涉及生产过程和成本费用的,还应执行相关计划、定额、定率标准。对于工程项目、对外投融资等重大预算项目,企业应当密切跟踪其实施进度和完成情况,实行严格监控。

第十二条 企业预算管理工作机构应当加强与各预算执行单位的沟通,运用财务信息和其他相关资料监控预算执行情况,采用恰当方式及时向决策机构和各预算执行单位报告、反馈预算执行进度、执行差异及其对预算目标的影响,促进企业全面预算目标的实现。

第十三条 企业预算管理工作机构和各预算执行单位应当建立预算执行情况分析制度,定期召开预算执行分析会议,通报预算执行情况,研究、解决预算执行中存在的问题,提出改进措施。企业分析预算执行情况,应当充分收集有关财务、业务、市场、技术、政策、法律等方面的信息资料,根据不同情况分别采用比率分析、比较分析、因素分析等方法,从定量与定性两个层面充分反映预算执行单位的现状、发展趋势及其存在的潜力。

第十四条 企业批准下达的预算应当保持稳定,不得随意调整。由于市场环境、国家政策或不可抗力等客观因素,导致预算执行发生重大差异确需调整预算的,应当履行严格的审批程序。

第四章 预算考核

第十五条 企业应当建立严格的预算执行考核制度,对各预算执行单位和个人进行考核,切实做到有奖有惩、奖惩分明。

第十六条 企业预算管理委员会应当定期组织预算执行情况考核,将各预算执行单位负责人签字上报的预算执行报告和已掌握的动态监控信息进行核对,确认各执行单位预算完成情况。必要时,实行预算执行情况内部审计制度。

第十七条 企业预算执行情况考核工作,应当坚持公开、公平、公正的原则,考核过程及结果应有完整的记录。

企业内部控制应用指引第16号——合同管理

第一章 总　则

第一条 为了促进企业加强合同管理,维护企业合法权益,根据《中华人民共和国合同法》等有关法律法规和《企业内部控制基本规范》,制定本指引。

第二条 本指引所称合同,是指企业与自然人、法人及其他组织等平等主体之间设立、变更、终止民事权利义务关系的协议。企业与职工签订的劳动合同,不适用本指引。

第三条 企业合同管理至少应当关注下列风险:(一)未订立合同、未经授权对外订立合同、合同对方主体资格未达要求、合同内容存在重大疏漏和欺诈,可能导致企业合法权益受到侵害。(二)合同未全面履行或监控不当,可能导致企业诉讼失败、经济利益受损。(三)合同纠纷处理不当,可能损害企业利益、信誉和形象。

第四条 企业应当加强合同管理,确定合同归口管理部门,明确合同拟定、审批、执行等环节的程序和要求,定期检查和评价合同管理中的薄弱环节,采取相应控制措施,促进合同有效履行,切实维护企业的合法权益。

第二章 合同的订立

第五条 企业对外发生经济行为,除即时结清方式外,应当订立书面合同。合同订立前,应当充分了解合同对方的主体资格、信用状况等有关内容,确保对方当事人具备履约能力。对于影响重大、涉及较高专业技术或法律关系复杂的合同,应当组织法律、技术、财会等专业人员参与谈判,必要时可聘请外部专家参与相关工作。谈判过程中的重要事项和参与谈判人员的主要意见,应当予以记录并妥善保存。

第六条 企业应当根据协商、谈判等的结果，拟订合同文本，按照自愿、公平原则，明确双方的权利义务和违约责任，做到条款内容完整，表述严谨准确，相关手续齐备，避免出现重大疏漏。合同文本一般由业务承办部门起草、法律部门审核。重大合同或法律关系复杂的特殊合同应当由法律部门参与起草。国家或行业有合同示范文本的，可以优先选用，但对涉及权利义务关系的条款应当进行认真审查，并根据实际情况进行适当修改。合同文本须报经国家有关主管部门审查或备案的，应当履行相应程序。

第七条 企业应当对合同文本进行严格审核，重点关注合同的主体、内容和形式是否合法，合同内容是否符合企业的经济利益，对方当事人是否具有履约能力，合同权利和义务、违约责任和争议解决条款是否明确等。企业对影响重大或法律关系复杂的合同文本，应当组织内部相关部门进行审核。相关部门提出不同意见的，应当认真分析研究，慎重对待，并准确无误地加以记录；必要时应对合同条款作出修改。内部相关部门应当认真履行职责。

第八条 企业应当按照规定的权限和程序与对方当事人签署合同。正式对外订立的合同，应当由企业法定代表人或由其授权的代理人签名或加盖有关印章。授权签署合同的，应当签署授权委托书。属于上级管理权限的合同，下级单位不得签署。下级单位认为确有需要签署涉及上级管理权限的合同，应当提出申请，并经上级合同管理机构批准后办理。上级单位应当加强对下级单位合同订立、履行情况的监督检查。

第九条 企业应当建立合同专用章保管制度。合同经编号、审批及企业法定代表人或由其授权的代理人签署后，方可加盖合同专用章。

第十条 企业应当加强合同信息安全保密工作，未经批准，不得以任何形式泄露合同订立与履行过程中涉及的商业秘密或国家机密。

第三章 合同的履行

第十一条 企业应当遵循诚实信用原则严格履行合同，对合同履行实施有效监控，强化对合同履行情况及效果的检查、分析和验收，确保合同全面有效履行。合同生效后，企业就质量、价款、履行地点等内容与合同对方没有约定或者约定不明确的，可以协议补充；不能达成补充协议的，按照国家相关法律法规、合同有关条款或者交易习惯确定。

第十二条 在合同履行过程中发现有显失公平、条款有误或对方有欺诈行为等情形，或因政策调整、市场变化等客观因素，已经或可能导致企业利益受损，应当按规定程序及时报告，并经双方协商一致，按照规定权限和程序办理合同变更或解除事宜。

第十三条 企业应当加强合同纠纷管理，在履行合同过程中发生纠纷的，应当依据国家相关法律法规，在规定时效内与对方当事人协商并按规定权限和程序及时报告。合同纠纷经协商一致的，双方应当签订书面协议。合同纠纷经协商无法解决的，应当根据合同约定选择仲裁或诉讼方式解决。企业内部授权处理合同纠纷的，应当签署授权委托书。纠纷处理过程中，未经授权批准，相关经办人员不得向对方当事人作出实质性答复或承诺。

第十四条 企业财会部门应当根据合同条款审核后办理结算业务。未按合同条款履约的，或应签订书面合同而未签订的，财会部门有权拒绝付款，并及时向企业有关负责人报告。

第十五条 合同管理部门应当加强合同登记管理，充分利用信息化手段，定期对合同进行统计、分类和归档，详细登记合同的订立、履行和变更等情况，实行合同的全过程封闭管理。

第十六条 企业应当建立合同履行情况评估制度，至少于每年年末对合同履行的总体情况和重大合同履行的具体情况进行分析评估，对分析评估中发现合同履行中存在的不足，应当及时加以改进。企业应当健全合同管理考核与责任追究制度。对合同订立、履行过程中出现的违法违规行为，应当追究有关机构或人员的责任。

企业内部控制应用指引第17号——内部信息传递

第一章 总 则

第一条 为了促进企业生产经营管理信息在内部各管理层级之间的有效沟通和充分利用，根据《企业内部控制基本规范》，制定本指引。

第二条 本指引所称内部信息传递，是指企业内部各管理层级之间通过内部报告形式传递生产经营管理信息的过程。

第三条 企业内部信息传递至少应当关注下列风险：（一）内部报告系统缺失、功能不健全、内容不完整，可能影响生产经营有序运行。（二）内部信息传递不通畅、不及时，可能导致决策失误、相关政策措施难以落实。（三）内部信息传递中泄露商业秘密，可能削弱企业核心竞争力。

第四条 企业应当加强内部报告管理，全面梳理内部信息传递过程中的薄弱环节，建立科学的内部信息传递机制，明确内部信息传递的内容、保密要求及密级分类、传递方式、传递范围以及各管理层级的职责权限等，促进内部报告的有效利用，充分发挥内部报告的作用。

第二章 内部报告的形成

第五条 企业应当根据发展战略、风险控制和业绩考核要求，科学规范不同级次内部报告的指标体系，采用经营快报等多种形式，全面反映与企业生产经营管理相关的各种内外部信息。内部报告指标体系的设计应当与全面预算管理相结合，并随着环境和业务的变化不断进行修订和完善。设计内部报告指标体系时，应当关注企业成本费用预算的执行情况。内部报告应当简洁明了、通俗易懂、传递及时，便于企业各管理层级和全体员工掌握相关信息，正确履行职责。

第六条 企业应当制定严密的内部报告流程，充分利用信息技术，强化内部报告信息集成和共享，将内部报告纳入企业统一信息平台，构建科学的内部报告网络体系。企业内部各管理层级均应当指定专人负责内部报告工作，重要信息应及时上报，并可以直接报告高级管理人员。企业应当建立内部报告审核制度，确保内部报告信息质量。

第七条 企业应当关注市场环境、政策变化等外部信息对企业生产经营管理的影响，广泛收集、分析、整理外部信息，并通过内部报告传递到企业内部相关管理层级，以便采取应对策略。

第八条 企业应当拓宽内部报告渠道，通过落实奖励措施等多种有效方式，广泛收集合理化建议。企业应当重视和加强反舞弊机制建设，通过设立员工信箱、投诉热线等方式，鼓励员工及企业利益相关方举报和投诉企业内部的违法违规、舞弊和其他有损企业形象的行为。

第三章 内部报告的使用

第九条 企业各级管理人员应当充分利用内部报告管理和指导企业的生产经营活动,及时反映全面预算执行情况,协调企业内部相关部门和各单位的运营进度,严格绩效考核和责任追究,确保企业实现发展目标。

第十条 企业应当有效利用内部报告进行风险评估,准确识别和系统分析企业生产经营活动中的内外部风险,确定风险应对策略,实现对风险的有效控制。企业对于内部报告反映出的问题应当及时解决;涉及突出问题和重大风险的,应当启动应急预案。

第十一条 企业应当制定严格的内部报告保密制度,明确保密内容、保密措施、密集程度和传递范围,防止泄露商业秘密。

第十二条 企业应当建立内部报告的评估制度,定期对内部报告的形成和使用进行全面评估,重点关注内部报告的及时性、安全性和有效性。

企业内部控制应用指引第18号——信息系统

第一章 总 则

第一条 为了促进企业有效实施内部控制,提高企业现代化管理水平,减少人为因素,根据有关法律法规和《企业内部控制基本规范》,制定本指引。

第二条 本指引所称信息系统,是指企业利用计算机和通信技术,对内部控制进行集成、转化和提升所形成的信息化管理平台。

第三条 企业利用信息系统实施内部控制至少应当关注下列风险:(一)信息系统缺乏或规划不合理,可能造成信息孤岛或重复建设,导致企业经营管理效率低下。(二)系统开发不符合内部控制要求,授权管理不当,可能导致无法利用信息技术实施有效控制。(三)系统运行维护和安全措施不到位,可能导致信息泄漏或毁损,系统无法正常运行。

第四条 企业应当重视信息系统在内部控制中的作用,根据内部控制要求，结合组织架构、业务范围、地域分布、技术能力等因素，制定信息系统建设整体规划，加大投入力度，有序组织信息系统开发、运行与维护，优化管理流程，防范经营风险，全面提升企业现代化管理水平。企业应当指定专门机构对信息系统建设实施归口管理，明确相关单位的职责权限，建立有效工作机制。企业可委托专业机构从事信息系统的开发、运行和维护工作。企业负责人对信息系统建设工作负责。

第二章　信息系统的开发

第五条　企业应当根据信息系统建设整体规划提出项目建设方案，明确建设目标、人员配备、职责分工、经费保障和进度安排等相关内容，按照规定的权限和程序审批后实施。企业信息系统归口管理部门应当组织内部各单位提出开发需求和关键控制点，规范开发流程，明确系统设计、编程、安装调试、验收、上线等全过程的管理要求，严格按照建设方案、开发流程和相关要求组织开发工作。企业开发信息系统，可以采取自行开发、外购调试、业务外包等方式。选定外购调试或业务外包方式的，应当采用公开招标等形式择优确定供应商或开发单位。

第六条　企业开发信息系统，应当将生产经营管理业务流程、关键控制点和处理规则嵌入系统程序，实现手工环境下难以实现的控制功能。企业在系统开发过程中，应当按照不同业务的控制要求，通过信息系统中的权限管理功能控制用户的操作权限，避免将不相容职责的处理权限授予同一用户。企业应当针对不同数据的输入方式，考虑对进入系统数据的检查和校验功能。对于必需的后台操作，应当加强管理，建立规范的流程制度，对操作情况进行监控或者审计。企业应当在信息系统中设置操作日志功能，确保操作的可审计性。对异常的或者违背内部控制要求的交易和数据，应当设计由系统自动报告并设置跟踪处理机制。

第七条　企业信息系统归口管理部门应当加强信息系统开发全过程的跟踪管理，组织开发单位与内部各单位的日常沟通和协调，督促开发单位按照建设方案、计划进度和质量要求完成编程工作，对配备的硬件设备和系统软件进行检查验收，组织系统上线运行等。

第八条　企业应当组织独立于开发单位的专业机构对开发完成的信息系统进行验收测试，确保在功能、性能、控制要求和安全性等方面符合开发需求。

第九条 企业应当切实做好信息系统上线的各项准备工作，培训业务操作和系统管理人员，制订科学的上线计划和新旧系统转换方案，考虑应急预案，确保新旧系统顺利切换和平稳衔接。系统上线涉及数据迁移的，还应制订详细的数据迁移计划。

第三章 信息系统的运行与维护

第十条 企业应当加强信息系统运行与维护的管理，制定信息系统工作程序、信息管理制度以及各模块子系统的具体操作规范，及时跟踪、发现和解决系统运行中存在的问题，确保信息系统按照规定的程序、制度和操作规范持续稳定运行。企业应当建立信息系统变更管理流程，信息系统变更应当严格遵照管理流程进行操作。信息系统操作人员不得擅自进行系统软件的删除、修改等操作；不得擅自升级、改变系统软件版本；不得擅自改变软件系统环境配置。

第十一条 企业应当根据业务性质、重要性程度、涉密情况等确定信息系统的安全等级，建立不同等级信息的授权使用制度，采用相应技术手段保证信息系统运行安全有序。企业应当建立信息系统安全保密和泄密责任追究制度。委托专业机构进行系统运行与维护管理的，应当审查该机构的资质，并与其签订服务合同和保密协议。企业应当采取安装安全软件等措施防范信息系统受到病毒等恶意软件的感染和破坏。

第十二条 企业应当建立用户管理制度，加强对重要业务系统的访问权限管理，定期审阅系统账号，避免授权不当或存在非授权账号，禁止不相容职务用户账号的交叉操作。

第十三条 企业应当综合利用防火墙、路由器等网络设备，漏洞扫描、入侵检测等软件技术以及远程访问安全策略等手段，加强网络安全，防范来自网络的攻击和非法侵入。企业对于通过网络传输的涉密或关键数据，应当采取加密措施，确保信息传递的保密性、准确性和完整性。

第十四条 企业应当建立系统数据定期备份制度，明确备份范围、频度、方法、责任人、存放地点、有效性检查等内容。

第十五条 企业应当加强服务器等关键信息设备的管理，建立良好的物理环境，指定专人负责检查，及时处理异常情况。未经授权，任何人不得接触关键信息设备。

附录3：企业内部控制评价指引

第一章 总 则

第一条 为了促进企业全面评价内部控制的设计与运行情况，规范内部控制评价程序和评价报告，揭示和防范风险，根据有关法律法规和《企业内部控制基本规范》，制定本指引。

第二条 本指引所称内部控制评价，是指企业董事会或类似权力机构对内部控制的有效性进行全面评价、形成评价结论、出具评价报告的过程。

第三条 企业实施内部控制评价至少应当遵循下列原则：（一）全面性原则。评价工作应当包括内部控制的设计与运行，涵盖企业及其所属单位的各种业务和事项。（二）重要性原则。评价工作应当在全面评价的基础上，关注重要业务单位、重大业务事项和高风险领域。（三）客观性原则。评价工作应当准确地揭示经营管理的风险状况，如实反映内部控制设计与运行的有效性。

第四条 企业应当根据本评价指引，结合内部控制设计与运行的实际情况，制定具体的内部控制评价办法，规定评价的原则、内容、程序、方法和报告形式等，明确相关机构或岗位的职责权限，落实责任制，按照规定的办法、程序和要求，有序开展内部控制评价工作。企业董事会应当对内部控制评价报告的真实性负责。

第二章 内部控制评价的内容

第五条 企业应当根据《企业内部控制基本规范》、应用指引以及本企业的内部控制制度，围绕内部环境、风险评估、控制活动、信息与沟通、内部监

督等要素，确定内部控制评价的具体内容，对内部控制设计与运行情况进行全面评价。

第六条 企业组织开展内部环境评价，应当以组织架构、发展战略、人力资源、企业文化、社会责任等应用指引为依据，结合本企业的内部控制制度，对内部环境的设计及实际运行情况进行认定和评价。

第七条 企业组织开展风险评估机制评价，应当以《企业内部控制基本规范》有关风险评估的要求，以及各项应用指引中所列主要风险为依据，结合本企业的内部控制制度，对日常经营管理过程中的风险识别、风险分析、应对策略等进行认定和评价。

第八条 企业组织开展控制活动评价，应当以《企业内部控制基本规范》和各项应用指引中的控制措施为依据，结合本企业的内部控制制度，对相关控制措施的设计和运行情况进行认定和评价。

第九条 企业组织开展信息与沟通评价，应当以内部信息传递、财务报告、信息系统等相关应用指引为依据，结合本企业的内部控制制度，对信息收集、处理和传递的及时性、反舞弊机制的健全性、财务报告的真实性、信息系统的安全性，以及利用信息系统实施内部控制的有效性等进行认定和评价。

第十条 企业组织开展内部监督评价，应当以《企业内部控制基本规范》有关内部监督的要求，以及各项应用指引中有关日常管控的规定为依据，结合本企业的内部控制制度，对内部监督机制的有效性进行认定和评价，重点关注监事会、审计委员会、内部审计机构等是否在内部控制设计和运行中有效发挥监督作用。

第十一条 内部控制评价工作应当形成工作底稿，详细记录企业执行评价工作的内容，包括评价要素、主要风险点、采取的控制措施、有关证据资料以及认定结果等。评价工作底稿应当设计合理、证据充分、简便易行、便于操作。

第三章 内部控制评价的程序

第十二条 企业应当按照内部控制评价办法规定的程序，有序开展内部控制评价工作。内部控制评价程序一般包括：制定评价工作方案、组成评价工作组、实施现场测试、认定控制缺陷、汇总评价结果、编报评价报告等环节。企业可以授权内部审计部门或专门机构（以下简称内部控制评价部门）负责内部控制评价的具体组织实施工作。

第十三条 企业内部控制评价部门应当拟订评价工作方案,明确评价范围、工作任务、人员组织、进度安排和费用预算等相关内容,报经董事会或其授权机构审批后实施。

第十四条 企业内部控制评价部门应当根据经批准的评价方案,组成内部控制评价工作组,具体实施内部控制评价工作。评价工作组应当吸收企业内部相关机构熟悉情况的业务骨干参加。评价工作组成员对本部门的内部控制评价工作应当实行回避制度。企业可以委托中介机构实施内部控制评价。为企业提供内部控制审计服务的会计师事务所,不得同时为同一企业提供内部控制评价服务。

第十五条 内部控制评价工作组应当对被评价单位进行现场测试,综合运用个别访谈、调查问卷、专题讨论、穿行测试、实地查验、抽样和比较分析等方法,充分收集被评价单位内部控制设计和运行是否有效的证据,按照评价的具体内容,如实填写评价工作底稿,研究分析内部控制缺陷。

第四章 内部控制缺陷的认定

第十六条 内部控制缺陷包括设计缺陷和运行缺陷。企业对内部控制缺陷的认定,应当以日常监督和专项监督为基础,结合年度内部控制评价,由内部控制评价部门进行综合分析后提出认定意见,按照规定的权限和程序进行审核后予以最终认定。

第十七条 企业在日常监督、专项监督和年度评价工作中,应当充分发挥内部控制评价工作组的作用。内部控制评价工作组应当根据现场测试获取的证据,对内部控制缺陷进行初步认定,并按其影响程度分为重大缺陷、重要缺陷和一般缺陷。

重大缺陷,是指一个或多个控制缺陷的组合,可能导致企业严重偏离控制目标。重要缺陷,是指一个或多个控制缺陷的组合,其严重程度和经济后果低于重大缺陷,但仍有可能导致企业偏离控制目标。一般缺陷,是指除重大缺陷、重要缺陷之外的其他缺陷。重大缺陷、重要缺陷和一般缺陷的具体认定标准,由企业根据上述要求自行确定。

第十八条 企业内部控制评价工作组应当建立评价质量交叉复核制度,评价工作组负责人应当对评价工作底稿进行严格审核,并对所认定的评价结果签字确认后,提交企业内部控制评价部门。

第十九条 企业内部控制评价部门应当编制内部控制缺陷认定汇总表,结

合日常监督和专项监督发现的内部控制缺陷及其持续改进情况，对内部控制缺陷及其成因、表现形式和影响程度进行综合分析和全面复核，提出认定意见，并以适当的形式向董事会、监事会或者经理层报告。重大缺陷应当由董事会予以最终认定。企业对于认定的重大缺陷，应当及时采取应对策略，切实将风险控制在可承受度之内，并追究有关部门或相关人员的责任。

第五章 内部控制评价报告

第二十条 企业应当根据《企业内部控制基本规范》、应用指引和本指引，设计内部控制评价报告的种类、格式和内容，明确内部控制评价报告编制程序和要求，按照规定的权限报经批准后对外报出。

第二十一条 内部控制评价报告应当分别内部环境、风险评估、控制活动、信息与沟通、内部监督等要素进行设计，对内部控制评价过程、内部控制缺陷认定及整改情况、内部控制有效性的结论等相关内容作出披露。

第二十二条 内部控制评价报告至少应当披露下列内容：（一）董事会对内部控制报告真实性的声明。（二）内部控制评价工作的总体情况。（三）内部控制评价的依据。（四）内部控制评价的范围。（五）内部控制评价的程序和方法。（六）内部控制缺陷及其认定情况。（七）内部控制缺陷的整改情况及重大缺陷拟采取的整改措施。（八）内部控制有效性的结论。

第二十三条 企业应当根据年度内部控制评价结果，结合内部控制评价工作底稿和内部控制缺陷汇总表等资料，按照规定的程序和要求，及时编制内部控制评价报告。

第二十四条 内部控制评价报告应当报经董事会或类似权力机构批准后对外披露或报送相关部门。企业内部控制评价部门应当关注自内部控制评价报告基准日至内部控制评价报告发出日之间是否发生影响内部控制有效性的因素，并根据其性质和影响程度对评价结论进行相应调整。

第二十五条 企业内部控制审计报告应当与内部控制评价报告同时对外披露或报送。

第二十六条 企业应当以12月31日作为年度内部控制评价报告的基准日。内部控制评价报告应于基准日后4个月内报出。

第二十七条 企业应当建立内部控制评价工作档案管理制度。内部控制评价的有关文件资料、工作底稿和证明材料等应当妥善保管。

附录4：企业内部控制审计指引

第一章 总 则

第一条 为了规范注册会计师执行企业内部控制审计业务，明确工作要求，保证执业质量，根据《企业内部控制基本规范》、《中国注册会计师鉴证业务基本准则》及相关执业准则，制定本指引。

第二条 本指引所称内部控制审计，是指会计师事务所接受委托，对特定基准日内部控制设计与运行的有效性进行审计。

第三条 建立健全和有效实施内部控制，评价内部控制的有效性是企业董事会的责任。按照本指引的要求，在实施审计工作的基础上对内部控制的有效性发表审计意见，是注册会计师的责任。

第四条 注册会计师执行内部控制审计工作，应当获取充分、适当的证据，为发表内部控制审计意见提供合理保证。注册会计师应当对财务报告内部控制的有效性发表审计意见，并对内部控制审计过程中注意到的非财务报告内部控制的重大缺陷，在内部控制审计报告中增加"非财务报告内部控制重大缺陷描述段"予以披露。

第五条 注册会计师可以单独进行内部控制审计，也可将内部控制审计与财务报表审计整合进行（以下简称整合审计）。在整合审计中，注册会计师应当对内部控制设计与运行的有效性进行测试，以同时实现下列目标：（一）获取充分、适当的证据，支持其在内部控制审计中对内部控制有效性发表的意见。（二）获取充分、适当的证据，支持其在财务报表审计中对控制风险的评估结果。

第二章 计划审计工作

第六条 注册会计师应当恰当地计划内部控制审计工作，配备具有专业胜任能力的项目组，并对助理人员进行适当的督导。

第七条 在计划审计工作时，注册会计师应当评价下列事项对内部控制、财务报表以及审计工作的影响：（一）与企业相关的风险。（二）相关法律法规和行业概况。（三）企业组织结构、经营特点和资本结构等相关重要事项。（四）企业内部控制最近发生变化的程度。（五）与企业沟通过的内部控制缺陷。（六）重要性、风险等与确定内部控制重大缺陷相关的因素。（七）对内部控制有效性的初步判断。（八）可获取的、与内部控制有效性相关的证据的类型和范围。

第八条 注册会计师应当以风险评估为基础，选择拟测试的控制，确定测试所需收集的证据。内部控制的特定领域存在重大缺陷的风险越高，给予该领域的审计关注就越多。

第九条 注册会计师应当对企业内部控制自我评价工作进行评估，判断是否利用企业内部审计人员、内部控制评价人员和其他相关人员的工作以及可利用的程度，相应减少可能本应由注册会计师执行的工作。注册会计师利用企业内部审计人员、内部控制评价人员和其他相关人员的工作，应当对其专业胜任能力和客观性进行充分评价。与某项控制相关的风险越高，可利用程度就越低，注册会计师应当更多地对该项控制亲自进行测试。注册会计师应当对发表的审计意见独立承担责任，其责任不因为利用企业内部审计人员、内部控制评价人员和其他相关人员的工作而减轻。

第三章 实施审计工作

第十条 注册会计师应当按照自上而下的方法实施审计工作。自上而下的方法是注册会计师识别风险、选择拟测试控制的基本思路。注册会计师在实施审计工作时，可以将企业层面控制和业务层面控制的测试结合进行。

第十一条 注册会计师测试企业层面控制，应当把握重要性原则，至少应当关注：（一）与内部环境相关的控制。（二）针对董事会、经理层凌驾于控

附录4：企业内部控制审计指引

制之上的风险而设计的控制。（三）企业的风险评估过程。（四）对内部信息传递和财务报告流程的控制。（五）对控制有效性的内部监督和自我评价。

第十二条 注册会计师测试业务层面控制，应当把握重要性原则，结合企业实际、企业内部控制各项应用指引的要求和企业层面控制的测试情况，重点对企业生产经营活动中的重要业务与事项的控制进行测试。注册会计师应当关注信息系统对内部控制及风险评估的影响。

第十三条 注册会计师在测试企业层面控制和业务层面控制时，应当评价内部控制是否足以应对舞弊风险。

第十四条 注册会计师应当测试内部控制设计与运行的有效性。如果某项控制由拥有必要授权和专业胜任能力的人员按照规定的程序与要求执行，能够实现控制目标，表明该项控制的设计是有效的。如果某项控制正在按照设计运行，执行人员拥有必要授权和专业胜任能力，能够实现控制目标，表明该项控制的运行是有效的。

第十五条 注册会计师应当根据与内部控制相关的风险，确定拟实施审计程序的性质、时间安排和范围，获取充分、适当的证据。与内部控制相关的风险越高，注册会计师需要获取的证据应越多。

第十六条 注册会计师在测试控制设计与运行的有效性时，应当综合运用询问适当人员、观察经营活动、检查相关文件、穿行测试和重新执行等方法。询问本身并不足以提供充分、适当的证据。

第十七条 注册会计师在确定测试的时间安排时，应当在下列两个因素之间作出平衡，以获取充分、适当的证据：（一）尽量在接近企业内部控制自我评价基准日实施测试。（二）实施的测试需要涵盖足够长的期间。

第十八条 注册会计师对于内部控制运行偏离设计的情况（即控制偏差），应当确定该偏差对相关风险评估、需要获取的证据以及控制运行有效性结论的影响。

第十九条 在连续审计中，注册会计师在确定测试的性质、时间安排和范围时，应当考虑以前年度执行内部控制审计时了解的情况。

第四章 评价控制缺陷

第二十条 内部控制缺陷按其成因分为设计缺陷和运行缺陷，按其影响程度分为重大缺陷、重要缺陷和一般缺陷。注册会计师应当评价其识别的各项内

部控制缺陷的严重程度，以确定这些缺陷单独或组合起来，是否构成重大缺陷。

第二十一条 在确定一项内部控制缺陷或多项内部控制缺陷的组合是否构成重大缺陷时，注册会计师应当评价补偿性控制（替代性控制）的影响。企业执行的补偿性控制应当具有同样的效果。

第二十二条 表明内部控制可能存在重大缺陷的迹象，主要包括：（一）注册会计师发现董事、监事和高级管理人员舞弊。（二）企业更正已经公布的财务报表。（三）注册会计师发现当期财务报表存在重大错报，而内部控制在运行过程中未能发现该错报。（四）企业审计委员会和内部审计机构对内部控制的监督无效。

第五章　完成审计工作

第二十三条 注册会计师完成审计工作后，应当取得经企业签署的书面声明。书面声明应当包括下列内容：（一）企业董事会认可其对建立健全和有效实施内部控制负责。（二）企业已对内部控制的有效性作出自我评价，并说明评价时采用的标准以及得出的结论。（三）企业没有利用注册会计师执行的审计程序及其结果作为自我评价的基础。（四）企业已向注册会计师披露识别出的所有内部控制缺陷，并单独披露其中的重大缺陷和重要缺陷。（五）企业对于注册会计师在以前年度审计中识别的重大缺陷和重要缺陷，是否已经采取措施予以解决。（六）企业在内部控制自我评价基准日后，内部控制是否发生重大变化，或者存在对内部控制具有重要影响的其他因素。

第二十四条 企业如果拒绝提供或以其他不当理由回避书面声明，注册会计师应当将其视为审计范围受到限制，解除业务约定或出具无法表示意见的内部控制审计报告。

第二十五条 注册会计师应当与企业沟通审计过程中识别的所有控制缺陷。对于其中的重大缺陷和重要缺陷，应当以书面形式与董事会和经理层沟通。注册会计师认为审计委员会和内部审计机构对内部控制的监督无效的，应当就此以书面形式直接与董事会和经理层沟通。书面沟通应当在注册会计师出具内部控制审计报告之前进行。

第二十六条 注册会计师应当对获取的证据进行评价，形成对内部控制有效性的意见。

第六章　出具审计报告

第二十七条　注册会计师在完成内部控制审计工作后，应当出具内部控制审计报告。标准内部控制审计报告应当包括下列要素：

（一）标题。

（二）收件人。

（三）引言段。

（四）企业对内部控制的责任段。

（五）注册会计师的责任段。

（六）内部控制固有局限性的说明段。

（七）财务报告内部控制审计意见段。

（八）非财务报告内部控制重大缺陷描述段。

（九）注册会计师的签名和盖章。

（十）会计师事务所的名称、地址及盖章。

（十一）报告日期。

第二十八条　符合下列所有条件的，注册会计师应当对财务报告内部控制出具无保留意见的内部控制审计报告：

（一）企业按照《企业内部控制基本规范》、《企业内部控制应用指引》、《企业内部控制评价指引》以及企业自身内部控制制度的要求，在所有重大方面保持了有效的内部控制。

（二）注册会计师已经按照《企业内部控制审计指引》的要求计划和实施审计工作，在审计过程中未受到限制。

第二十九条　注册会计师认为财务报告内部控制虽不存在重大缺陷，但仍有一项或者多项重大事项需要提请内部控制审计报告使用者注意的，应当在内部控制审计报告中增加强调事项段予以说明。注册会计师应当在强调事项段中指明，该段内容仅用于提醒内部控制审计报告使用者关注，并不影响对财务报告内部控制发表的审计意见。

第三十条　注册会计师认为财务报告内部控制存在一项或多项重大缺陷的，除非审计范围受到限制，应当对财务报告内部控制发表否定意见。注册会计师出具否定意见的内部控制审计报告，还应当包括下列内容：（一）重大缺陷的定义。（二）重大缺陷的性质及其对财务报告内部控制的影响程度。

第三十一条 注册会计师审计范围受到限制的,应当解除业务约定或出具无法表示意见的内部控制审计报告,并就审计范围受到限制的情况,以书面形式与董事会进行沟通。注册会计师在出具无法表示意见的内部控制审计报告时,应当在内部控制审计报告中指明审计范围受到限制,无法对内部控制的有效性发表意见。注册会计师在已执行的有限程序中发现财务报告内部控制存在重大缺陷的,应当在内部控制审计报告中对重大缺陷作出详细说明。

第三十二条 注册会计师对在审计过程中注意到的非财务报告内部控制缺陷,应当区别具体情况予以处理:(一)注册会计师认为非财务报告内部控制缺陷为一般缺陷的,应当与企业进行沟通,提醒企业加以改进,但无需在内部控制审计报告中说明。(二)注册会计师认为非财务报告内部控制缺陷为重要缺陷的,应当以书面形式与企业董事会和经理层沟通,提醒企业加以改进,但无需在内部控制审计报告中说明。(三)注册会计师认为非财务报告内部控制缺陷为重大缺陷的,应当以书面形式与企业董事会和经理层沟通,提醒企业加以改进;同时应当在内部控制审计报告中增加非财务报告内部控制重大缺陷描述段,对重大缺陷的性质及其对实现相关控制目标的影响程度进行披露,提示内部控制审计报告使用者注意相关风险。

第三十三条 在企业内部控制自我评价基准日并不存在、但在该基准日之后至审计报告日之前(以下简称期后期间)内部控制可能发生变化,或出现其他可能对内部控制产生重要影响的因素。注册会计师应当询问是否存在这类变化或影响因素,并获取企业关于这些情况的书面声明。注册会计师知悉对企业内部控制自我评价基准日内部控制有效性有重大负面影响的期后事项的,应当对财务报告内部控制发表否定意见。注册会计师不能确定期后事项对内部控制有效性的影响程度的,应当出具无法表示意见的内部控制审计报告。

第七章 记录审计工作

第三十四条 注册会计师应当按照《中国注册会计师审计准则第1131号——审计工作底稿》的规定,编制内部控制审计工作底稿,完整记录审计工作情况。

第三十五条 注册会计师应当在审计工作底稿中记录下列内容:

（一）内部控制审计计划及重大修改情况。
（二）相关风险评估和选择拟测试的内部控制的主要过程及结果。
（三）测试内部控制设计与运行有效性的程序及结果。
（四）对识别的控制缺陷的评价。
（五）形成的审计结论和意见。
（六）其他重要事项。

附录：内部控制审计报告的参考格式

1. 标准内部控制审计报告

内部控制审计报告

××股份有限公司全体股东：

按照《企业内部控制审计指引》及中国注册会计师执业准则的相关要求，我们审计了××股份有限公司（以下简称××公司）×××年×月×日的财务报告内部控制的有效性。

一、企业对内部控制的责任按照《企业内部控制基本规范》、《企业内部控制应用指引》、《企业内部控制评价指引》的规定，建立健全和有效实施内部控制，并评价其有效性是企业董事会的责任。

二、注册会计师的责任我们的责任是在实施审计工作的基础上，对财务报告内部控制的有效性发表审计意见，并对注意到的非财务报告内部控制的重大缺陷进行披露。

三、内部控制的固有局限性内部控制具有固有局限性，存在不能防止和发现错报的可能性。此外，由于情况的变化可能导致内部控制变得不恰当，或对控制政策和程序遵循的程度降低，根据内部控制审计结果推测未来内部控制的有效性具有一定风险。

四、财务报告内部控制审计意见我们认为，××公司按照《企业内部控制基本规范》和相关规定在所有重大方面保持了有效的财务报告内部控制。

五、非财务报告内部控制的重大缺陷。

在内部控制审计过程中，我们注意到××公司的非财务报告内部控制存在重大缺陷［描述该缺陷的性质及其对实现相关控制目标的影响程度］。由于存在上述重大缺陷，我们提醒本报告使用者注意相关风险。需要指出的是，我们并不对××公司的非财务报告内部控制发表意见或提供保证。本段内容不影响

对财务报告内部控制有效性发表的审计意见。

×venue×会计师事务所　中国注册会计师：×××（签名并盖章　　　）

（盖章）

中国注册会计师：×××（签名并盖章　　　）

中国××市　××年×月×日

2. 带强调事项段的无保留意见内部控制审计报告

内部控制审计报告

××股份有限公司全体股东：

按照《企业内部控制审计指引》及中国注册会计师执业准则的相关要求，我们审计了××股份有限公司（以下简称××公司）××年×月×日的财务报告内部控制的有效性。

["一、企业对内部控制的责任"至"五、非财务报告内部控制的重大缺陷"参见标准内部控制审计报告相关段落表述。]

六、强调事项

我们提醒内部控制审计报告使用者关注，（描述强调事项的性质及其对内部控制的重大影响）。本段内容不影响已对财务报告内部控制发表的审计意见。

××会计师事务所　中国注册会计师：×××（签名并盖章　　　）（盖章　　　）

中国注册会计师：×××（签名并盖章　　　）中国××市　××年×月×日

3. 否定意见内部控制审计报告

内部控制审计报告

××股份有限公司全体股东：

按照《企业内部控制审计指引》及中国注册会计师执业准则的相关要求，我们审计了××股份有限公司（以下简称××公司）××年×月×日的财务报告内部控制的有效性。

["一、企业对内部控制的责任"至"三、内部控制的固有局限性"参见标准内部控制审计报告相关段落表述。]

四、导致否定意见的事项

重大缺陷，是指一个或多个控制缺陷的组合，可能导致企业严重偏离控制目标。

[指出注册会计师已识别出的重大缺陷，并说明重大缺陷的性质及其对财务报告内部控制的影响程度。]

有效的内部控制能够为财务报告及相关信息的真实完整提供合理保证,而上述重大缺陷使××公司内部控制失去这一功能。

五、财务报告内部控制审计意见

我们认为,由于存在上述重大缺陷及其对实现控制目标的影响,××公司未能按照《企业内部控制基本规范》和相关规定在所有重大方面保持有效的财务报告内部控制。

六、非财务报告内部控制的重大缺陷

[参见标准内部控制审计报告相关段落表述。]

××会计师事务所　中国注册会计师:×××(签名并盖章　　)(盖章　　)

中国注册会计师:×××(签名并盖章　　)

中国××市　××年×月×日

4. 无法表示意见内部控制审计报告

内部控制审计报告

××股份有限公司全体股东:

我们接受委托,对××股份有限公司(以下简称××公司)××年×月×日的财务报告内部控制进行审计。

[删除注册会计师的责任段,"一、企业对内部控制的责任"和"二、内部控制的固有局限性"参见标准内部控制审计报告相关段落表述。]

三、导致无法表示意见的事项

[描述审计范围受到限制的具体情况。]

四、财务报告内部控制审计意见由于审计范围受到上述限制,我们未能实施必要的审计程序以获取发表意见所需的充分、适当证据,因此,我们无法对××公司财务报告内部控制的有效性发表意见。

五、识别的财务报告内部控制重大缺陷

(如在审计范围受到限制前,执行有限程序未能识别出重大缺陷,则应删除本段)

重大缺陷,是指一个或多个控制缺陷的组合,可能导致企业严重偏离控制目标。

尽管我们无法对××公司财务报告内部控制的有效性发表意见,但在我们实施的有限程序的过程中,发现了以下重大缺陷:

[指出注册会计师已识别出的重大缺陷,并说明重大缺陷的性质及其对财务报告内部控制的影响程度。]

有效的内部控制能够为财务报告及相关信息的真实完整提供合理保证，而上述重大缺陷使××公司内部控制失去这一功能。

六、非财务报告内部控制的重大缺陷［参见标准内部控制审计报告相关段落表述。］

××会计师事务所　中国注册会计师：×××（签名并盖章　　）（盖章　　）

中国注册会计师：×××（签名并盖章　　）中国××市　××年×月×日

参考文献

[1] 毕格曼、巴托、崔冠男、范一筱、胡小俊：《欺诈防范与内部控制执行路线图——创建合规性文化》，中国财政经济出版社 2009 年版。

[2] 财政部：《内部控制理论研究与实践》，中国财政经济出版社 2007 年版。

[3] 财政部：《企业内部控制基本规范》，中国财政经济出版社 2007 年版。

[4] 程新生：《内部控制理论与实务》，北京交通大学出版社 2008 年版。

[5] 方红星、王宏：《企业风险管理——整合框架》（美），东北财经大学出版社 2005 年版。

[6] 胡为民：《内部控制与企业风险管理》，电子工业出版社 2009 年版。

[7] 李连华：《内部控制理论结构》，厦门大学出版社 2007 年版。

[8] 李连华：《内部控制学》，厦门大学出版社 2007 年版。

[9] 罗青：《内部控制设计、测试与评价》，经济科学出版社 2007 年版。

[10] 潘琰：《内部控制》，高等教育出版社 2008 年版。

[11] 孙永尧：《内部控制案例分析》，中国时代经济出版社 2007 年版。

[12] 王宏：《基于国际视野与科学发展的我国内部控制框架体系研究》，东北财经大学出版社 2009 年版。

[13] 王惠彦：《管理学原理》，清华大学出版社 2006 年版。

[14] 徐荣才、李三喜：《内部控制规范化操作指南》，人民邮电出版社 2008 年版。

[15] 杨瑞平：《企业内部控制探索》，中国市场出版社 2004 年版。

[16] 杨雄胜、夏俊：《内部控制评价：理论·实务·案例》，大连出版社 2009 年版。

[17] 叶陈刚、郑君彦：《企业风险评估与控制》，机械工业出版社 2009 年版。

[18] 叶陈云：《公司内部审计——内部控制与风险管理系列》，机械工业

出版社 2009 年版。

[19] 张颖、郑洪涛：《企业内部控制》，机械工业出版社 2009 年版。

[20] 赵纯钧：《信息系统与会计内部控制》，清华大学出版社 2008 年版。

[21] 中国注册会计师协会：《公司战略与风险管理》，经济科学出版社。

[22] 朱荣恩：《内部控制案例》，复旦大学出版社 2005 年版。

[23] 汪竹松：《商业银行内部控制精析》，中国金融出版社 2007 年版。

[24] 蒋建华：《商业银行内部控制与稽核》，北京大学出版社 2002 年版。

[25] 张小霞：《现代商业银行内控制度研究》，中国财政经济出版社 2005 年版。

[26] 工商银行：《2007 年度内部控制自我评估报告》，http://www.guosen.cn/webd/public/infoDetail，2008 - 03 - 26。

[27] 凌轩坤：《跨国银行矩阵式组织架构模式分析——以德意志银行和花旗集团为例》，载《农村金融研究》2006 年第 4 期。

[28] 曹小萍：《关于基层工商银行内部控制的组织机构、内部控制制度的描述以及内部控制制度的评审的思考》，载《企业管理》2009 年第 5 期。

[29] 史蒂文，J. 鲁特著，刘霄仑译：《超越 COSO：强化公司治理的内部控制》，中信出版社 2004 年版。

[30] 谢荣、刘华：《证券公司内部控制系统研究》，中国财政经济出版社 2004 年版。

[31] 吴水澎、邵贤弟、陈汉文：《企业内部控制理论的发展与启示》，载《会计研究》2000 年第 5 期。

[32] 朱荣恩：《内部控制的理论发展》，http://www.e521.com，2006 - 01 - 10。

[33] 刘金文：《"三要素"：内部控制理论框架》，http://www.ciia.com.cn，2006 - 04 - 24。

[34] 张宜霞、舒惠好：《内部控制国际比较研究》，中国财政经济出版社 2006 年版。

[35] 潘琰：《内部控制》，高等教育出版社 2008 年版。

[36] 国务院国有资产监督管理委员会：《中央企业全面风险管理指引》，2006 年。

[37] 财政部、证监会、审计署、银监会、保监会：《企业内部控制基本规范》，2008 年。

[38] 财政部：《内部会计控制规范——基本规范》，2002 年。

[39] 上海证券交易所：《上海证券交易所上市公司内部控制指引》，2006 年。

[40] 深圳证券交易所：《深圳证券交易所上市公司内部控制指引》，2006 年。

[41] 中国银行业监督委员会：《商业银行内部控制指引》，2006 年。

[42] 中国证监会：《证券公司内部控制指引》，2003 年。

[43] 中国证监会：《证券投资基金管理公司内部控制指导意见》，2002 年。

[44] 中国注册会计师协会：《中国注册会计师审计准则第 1211 号》，2006 年。

[45] 银监会：《商业银行市场风险管理指引》，2004 年。

[46] 中国注册会计师协会：《内部控制审核指导意见》，2002 年。

[47] 朱荣恩、贺欣：《内部控制框架的新发展——企业风险管理框架》，载《审计研究》2003 年第 6 期。

[48] 杨书怀：《〈企业风险管理框架〉与〈内部控制整体框架〉的比较分析》，载《技术经济》2006 年第 4 期。

[49] 刘秋明：《公司治理下的内部控制与审计——英国的经验与启示》，载《中国注册会计师》2003 年第 2 期。

[50] 赵丽芬：《管理理论与实务》，清华大学出版社 2004 年版。

[51] 麻蔚冰、于增彪、于正东：《企业内部控制管理操作手册》，中国财政经济出版社 2003 年版。

[52] 池国华：《内部控制学》，北京大学出版社 2010 年版。

[53] 李明：《企业内部控制与风险管理》，经济科学出版社 2007 年版。

[54] 李凤鸣：《内部控制学》，北京大学出版社 2002 年版。

[55] COSO, Internal Control-integrated Framework, 1992.

[56] Cadbury Report The Cadbury Report, The UK perspective, December 1992.

[57] SEC, Management's Reports on Internal Control Over Financial Reporting and Certification of Disclosure in Exchange Act Periodic Reports, 2003, 8.

后 记

《上市公司内控制度》是一部阐释上市公司内部控制制度的理论与实务的著作。它广泛吸取了国内外许多优秀的研究成果，对中国公司的实际情况作出比较全面和深入的阐述，为境内外上市公司提供了内控制度方面相应的理论指导与实践参考。

著名的境内外上市专家、金融和管理学教授、经济学博士后刘李胜先生担任本书主编，他同时也是香港财务策划师和英国ACCA资格获得者。他具体设计了本书的框架和内容，并对全书进行系统修改与定稿。中央财经大学研究生周维协助主编做了许多编写组织工作。参与本书撰稿的还有来自中国人民银行研究生部和中央财经大学的学者周舒展、张孟姬、许宁宁、刘之聪、陈彩云、罗文超、谢星、陈雯靓、龙舒婷、石泰华、王荣荣、李楚、周维等。

在本书的编写过程中，作者参考和引用了大量国内外最新的研究成果和文献资料。尽管作者力图查明原文出处并作出注释，但有些材料限于出处难查，未能一一注明。在此，我们向各位（注出和未能注出的）理论观点和文献资料所有者表示诚挚的谢意和歉意！对于本书的疏漏和不足之处，我们期待专家和读者不吝批评指正，以使本书再版时作进一步的修订。

作者

2011年9月10日